ALMANACH 2024

© Éric Durand. Coiffeuse-maquilleuse : Sarah Leroy-Terquem

Avec ce nouvel almanach de *Notre Temps*, je suis très heureuse de vous présenter votre nouveau compagnon pour une année 2024 riche, joyeuse, ludique, légère. Chaque jour, vous pouvez y trouver un jeu (sudoku, mots fléchés, croisés…), lire des articles (forme, jardin, chanson), découvrir des astuces pour votre maison… Toujours à vos côtés, il vous permet également de noter vos rendez-vous importants. Un moment libre dans la journée ? Il vous offre une pause détente, une balade en France, une visite de monument. Vous êtes en panne d'idée pour régaler vos convives ? Il vous propose de nombreuses recettes, certaines très simples et d'autres plus élaborées, pour toutes les occasions. Utile à la cuisine comme au salon, il vous suit partout et, tel un ami, vous fait sourire, vous remonte le moral. Joli, il apporte également une touche de fraîcheur dans votre décor. Nous espérons que vous aimerez cet almanach autant que nous avons pris plaisir à le concevoir en pensant à vous.

Je vous souhaite une très belle année 2024.

Marie-Ève Gualbert
Rédactrice en chef déléguée
Notre Temps

Notre temps

Calendrier

janvier

1	L	Jour de l'An
2	M	
3	M	
4	J	
5	V	
6	S	
7	D	
8	L	
9	M	
10	M	
11	J	
12	V	
13	S	
14	D	
15	L	
16	M	
17	M	
18	J	
19	V	
20	S	
21	D	
22	L	
23	M	
24	M	
25	J	
26	V	
27	S	
28	D	
29	L	
30	M	
31	M	

février

1	J
2	V
3	S
4	D
5	L
6	M
7	M
8	J
9	V
10	S
11	D
12	L
13	M
14	M
15	J
16	V
17	S
18	D
19	L
20	M
21	M
22	J
23	V
24	S
25	D
26	L
27	M
28	M
29	J

mars

1	V	
2	S	
3	D	
4	L	
5	M	
6	M	
7	J	
8	V	
9	S	
10	D	
11	L	
12	M	
13	M	
14	J	
15	V	
16	S	
17	D	
18	L	
19	M	
20	M	
21	J	
22	V	
23	S	
24	D	
25	L	
26	M	
27	M	
28	J	
29	V	
30	S	
31	D	Pâques

Férié — Vacances scolaires Zone A — Vacances scolaires Zone B — Vacances scolaires Zone C

2024

avril

1	L	Lundi de Pâques
2	M	
3	M	
4	J	
5	V	
6	S	
7	D	
8	L	
9	M	
10	M	
11	J	
12	V	
13	S	
14	D	
15	L	
16	M	
17	M	
18	J	
19	V	
20	S	
21	D	
22	L	
23	M	
24	M	
25	J	
26	V	
27	S	
28	D	
29	L	
30	M	

mai

1	M	Fête du Travail
2	J	
3	V	
4	S	
5	D	
6	L	
7	M	
8	M	Armistice 1945
9	J	Ascension
10	V	
11	S	
12	D	
13	L	
14	M	
15	M	
16	J	
17	V	
18	S	
19	D	Pentecôte
20	L	Lundi de Pentecôte
21	M	
22	M	
23	J	
24	V	
25	S	
26	D	
27	L	
28	M	
29	M	
30	J	
31	V	

juin

1	S	
2	D	
3	L	
4	M	
5	M	
6	J	
7	V	
8	S	
9	D	
10	L	
11	M	
12	M	
13	J	
14	V	
15	S	
16	D	
17	L	
18	M	
19	M	
20	J	
21	V	
22	S	
23	D	
24	L	
25	M	
26	M	
27	J	
28	V	
29	S	
30	D	

Calendrier

juillet			août			septembre	
1	L		1	J		1	D
2	M		2	V		2	L
3	M		3	S		3	M
4	J		4	D		4	M
5	V		5	L		5	J
6	S		6	M		6	V
7	D		7	M		7	S
8	L		8	J		8	D
9	M		9	V		9	L
10	M		10	S		10	M
11	J		11	D		11	M
12	V		12	L		12	J
13	S		13	M		13	V
14	D	Fête nationale	14	M		14	S
15	L		15	J	Assomption	15	D
16	M		16	V		16	L
17	M		17	S		17	M
18	J		18	D		18	M
19	V		19	L		19	J
20	S		20	M		20	V
21	D		21	M		21	S
22	L		22	J		22	D
23	M		23	V		23	L
24	M		24	S		24	M
25	J		25	D		25	M
26	V		26	L		26	J
27	S		27	M		27	V
28	D		28	M		28	S
29	L		29	J		29	D
30	M		30	V		30	L
31	M		31	S			

Férié
Vacances scolaires Zone A
Vacances scolaires Zone B
Vacances scolaires Zone C

2024

octobre			novembre			décembre		
1	M		1	V	Toussaint	1	D	
2	M		2	S		2	L	
3	J		3	D		3	M	
4	V		4	L		4	M	
5	S		5	M		5	J	
6	D		6	M		6	V	
7	L		7	J		7	S	
8	M		8	V		8	D	
9	M		9	S		9	L	
10	J		10	D		10	M	
11	V		11	L	Armistice 1918	11	M	
12	S		12	M		12	J	
13	D		13	M		13	V	
14	L		14	J		14	S	
15	M		15	V		15	D	
16	M		16	S		16	L	
17	J		17	D		17	M	
18	V		18	L		18	M	
19	S		19	M		19	J	
20	D		20	M		20	V	
21	L		21	J		21	S	
22	M		22	V		22	D	
23	M		23	S		23	L	
24	J		24	D		24	M	
25	V		25	L		25	M	Noël
26	S		26	M		26	J	
27	D		27	M		27	V	
28	L		28	J		28	S	
29	M		29	V		29	D	
30	M		30	S		30	L	
31	J					31	M	

Au moment de l'édition de cet almanach, la date de la rentrée scolaire ainsi que celles des vacances scolaires de l'année 2023-2024 n'ont pas encore été communiquées.

Notes

Notes

Notes

lundi 1er janvier

Jour de l'An

« Au premier de l'An, fais deux crêpes pour avoir de l'argent. »
Dicton

À FAIRE :

•

•

•

•

•

•

•

•

EN FORME

Pourquoi le chocolat dope-t-il le moral ?

Parce qu'il est riche en magnésium (régulateur du système nerveux) et en fer (antifatigue), et surtout parce qu'il contient des psychostimulants (de la théobromine, un alcaloïde apaisant, et du tryptophane, un acide aminé qui stimule la production d'endorphines, hormones du bien-être). Le chocolat noir à 85 % de cacao, le mieux doté, renferme deux fois plus de magnésium que celui au lait. En 2019, une étude a même conclu que la consommation régulière de chocolat noir diminuait de 70 % le risque de symptômes dépressifs ! Cet effet ne se retrouve pas avec le chocolat blanc ou au lait. M. Q.

Clin d'œil

Emmy, 5 ans et demi, en vacances chez sa grand-mère, ne veut pas s'habiller. « Emmy, lui dit sa grand-mère, viens mettre ton pull-over. » Elle répond : « Mais mon pull n'est pas vert. Il est blanc. » Ce qui est vrai...

mardi 2 janvier

Saint Basile

« Qui se nourrit d'attente
risque de mourir de faim. »
Proverbe français

À FAIRE :

-
-
-
-
-
-
-
-

A TABLE

Gigot d'agneau laqué au miel, poires au cumin

Pour 6 personnes • 1 gigot d'agneau de 1,5 kg • 6 belles poires • 30 g de beurre • 1 c. à café de graines de cumin • ½ c. à café de cannelle en poudre • Sel, poivre. **La marinade :** • 4 c. à soupe de miel • 1 citron • 3 c. à soupe d'huile d'olive • 1 gousse d'ail pressée • 1 c. à café de curry en poudre • Sel, poivre.

1. Avec la pointe du couteau, faites plusieurs entailles dans le gigot, arrosez-le avec la marinade. Ensuite, réservez-le 2 heures au frais en le retournant plusieurs fois.

2. Préchauffez le four à 210 °C (th. 7), enfournez la viande avec sa marinade. Faites cuire 10 minutes, puis baissez à 190 °C (th. 6-7). Faites cuire encore 30 minutes.

3. Pendant ce temps, pelez les poires, épépinez-les et coupez-les en quartiers. Faites chauffer le beurre dans une poêle, déposez-y les fruits. Assaisonnez de cumin et de cannelle, salez, poivrez, laissez cuire doucement 10 minutes.

4. Servez les fruits avec le gigot laqué.

© Photo Julie Longet extraite du livre *Ma bonne cuisine au miel*/Éd. Rustica

Recette extraite de *Ma bonne cuisine au miel*, Maya Nuq, éd. Rustica.

Info + Une recette à décliner avec tous les fruits de saison : pommes, coings… Profitez-en aussi pour varier les épices (cannelle, gingembre…). **M.-A. D.**

Le saviez-vous

Ce sont ses pieds qui firent la réputation de Bertrade de Laon, épouse de Pépin le Bref et mère de Charlemagne… 500 ans après sa mort, une chanson intitulée *Li Roumans de Berte aus grans piés* contait la substitution dans le lit de noces de Pépin le Bref d'une fausse reine aux pieds plus petits que ceux de la vraie. C'est ainsi que Bertrade devint « Berthe au Grand Pied » ! M. Q.

Le bon signe

Entre chaque nombre, placez l'un des quatre signes + x : et - afin d'obtenir le total indiqué. Chaque signe n'apparaît qu'une seule fois par opération.

8	4	10	9	5	=	15
9	8	3	10	2	=	20
10	2	4	7	9	=	16

SOLUTION : 8 : 4 + 10 - 9 x 5 = 15 / 9 - 8 + 3 x 10 : 2 = 20 / 10 : 2 - 4 x 7 + 9 = 16.

« La vie finit toujours par remettre chacun à sa juste place. »
Proverbe chilien

NOTRE TERRE

Zéro déchet, on s'y met

Faire du compost: il permet d'alléger la poubelle de la cuisine. Que faut-t-il jeter ensuite? Des emballages à éliminer à la prochaine étape. **Changer de crémerie:** fuyez la grande distribution, qui importe et suremballe, au profit du marché, d'une AMAP, de la vente en vrac... **Se lancer un défi par mois:** réparer des objets, se mettre à la couture pour repriser des vêtements, faire des dons dans les bons réseaux, s'inscrire dans une association... **Ne pas culpabiliser:** il nous arrive de relâcher un peu les efforts du quotidien, quand nous sommes loin de nos réseaux, en déplacement ou en vacances, par exemple. Pas grave, on s'y remet! Il est toujours temps de bien faire. **S. V.-V.**

À FAIRE:

•

•

•

•

Petits fléchés

GROUPIE DU ROI
ASSEMBLÉES
GOÛT DE BONBONS
EXPOSÉ AUX INTEMPÉRIES
FILLETTE SCOUTE
JOUR DE FIN DE MOIS
LIEU À VISITER EN TOURISTE
ASSOCIERAI
NIVELLENT LE TERRAIN
SUPERBE MENTION
BOIT PAR PETITES GORGÉES
ENTRE LE NORD ET L'EST
CIRCONSTANCE PARTICULIÈRE
DERNIÈRE DE LA GAMME
C'EST UN LOUPÉ
ET AINSI DE SUITE
DE PLUS
SYMBOLE DU TANTALE
CLAIRES ET PRÉCISES

PROTÉGER CONTRE LE VOL
AGITÉ DU BOCAL
EAU DE NORMANDIE
NOTE DE MUSIQUE
SAUCE À L'AVOCAT
FAIT SON APPARITION
S'ÉCRIT AUSSI KSI
ENCERCLAI
C'EST DU CHINOIS
CELA ÉVITE UN BLA-BLA INUTILE
CLAN
EST DEVENU IRANIEN
REGISTRE COMMERCIAL
UN PORT DE REINE...
GENRE MUSICAL
DONC DÎNES
PROCHE DU SUD
OISEAUX MARINS
CHOSE PRÉCIEUSE
PETIT HÉROS DE SPIELBERG
TOUJOURS PRÉSENTE

Solution au vendredi 5 janvier

jeudi 4 janvier

Saint Odilon

« Un homme sans défauts
est une montagne sans crevasses. »
René Char

À FAIRE :

•

•

•

•

•

•

•

•

Mots mélangés

Tous les mots de la liste figurent dans cette grille et peuvent se lire dans toutes les directions. Chaque lettre peut être utilisée une ou plusieurs fois, sauf celles formant l'énigme répondant à la définition suivante : tapis champêtre.

ALBUMEN
ANARCHISTE
APPUI
BOUTURE
CANTINIÈRE
CHARNEL
CIBOULOT
DÉROBER
DÉSIRER
DIACRE
DISPENSE
ÉBERLUÉ
EMPÊTRÉ
ESCABEAU
ESPADRILLE
ESTUAIRE
GOULACHE
HABILETÉ
HALOIR
HÊTRAIE
INTERMÈDE
LAOTIEN
MACASSAR
MAORI
MONOPOLE
MOSQUÉE
OUTREPASSER
PAPILLOTER
PENCHER
PESANTE
PORTIER
POSTAL
POTENCE
PRÉSERVER
RASSURER
RÉCOLTE
RESSERRE
RODÉO
SPIRALE
STRESSER
STROPHE
SUPPLÉER
SUSPENDU
THERMOMÈTRE
TOUBIB
TRACEUR
TRIOMPHAL

R	U	E	C	A	R	T	E	H	C	A	L	U	O	G
U	A	E	B	A	C	S	E	B	I	B	U	O	T	V
E	E	S	R	E	N	E	D	E	M	R	E	T	N	I
R	E	S	S	E	R	T	S	L	A	O	T	I	E	N
C	A	E	P	U	S	T	I	R	A	R	L	L	E	R
A	I	S	T	A	R	S	E	N	I	R	O	A	M	E
I	I	U	S	O	D	E	A	M	I	P	C	N	P	H
D	O	L	P	A	L	R	R	P	O	E	E	D	E	C
B	E	U	A	P	C	U	I	N	E	M	R	T	T	N
P	E	S	P	H	A	A	O	L	U	R	R	E	R	E
R	E	U	I	E	P	M	M	B	L	A	T	E	E	P
E	S	S	L	R	S	M	L	R	I	E	S	U	H	S
S	T	P	L	R	E	A	O	E	L	C	P	Q	O	T
E	U	E	O	E	E	R	N	I	N	R	I	S	E	R
R	A	N	T	S	E	B	B	T	R	R	R	O	D	O
V	I	D	E	S	T	A	E	R	E	T	A	M	O	P
E	R	U	R	E	H	A	L	O	I	R	L	H	R	H
R	E	B	O	R	E	D	L	P	O	T	E	N	C	E

SOLUTION : Verdure.

NOS EXPRESSIONS

TRIFFOUILLIS-LES-OIES

Nom imaginaire donné à tout village perdu, Trifouillis (amoncellement disparate) est apparu fin XIXe siècle sous la plume d'auteurs très urbains. Toujours suivi de les (près) et d'une référence bucolique, il a connu moult variantes (Trifouillis-les-canards, les-alouettes, les-nèfles, les-pruneaux…), avant de s'imposer en étant associé aux oies. M. Q.

Le saviez-vous

Pendant longtemps, la numérotation des rois n'existait pas et les mêmes prénoms se succédaient sur le trône, d'où la profusion de surnoms pour les distinguer, qui perdura même après l'instauration du classement chiffré. Liés à des traits physiques ou moraux, ils étaient souvent parlants, comme Clodion le Chevelu, Louis le Bègue, Jean le Bon, Charles le Fou, Philippe le Hardi, le Bel, Jean sans Peur ou Louis le Hutin, connu pour son caractère de cochon ! M. Q.

« Quand le passé n'éclaire plus l'avenir, l'esprit marche dans les ténèbres. »
Alexis de Tocqueville

© Kay A/peopleimages.com/stock.adobe.com

SUR INTERNET

Deux applis pour faire des économies

Kiute, pour se faire une beauté à petit prix Une petite coupe de cheveux, des soins esthétiques ou un massage ? Sur Kiute, il suffit de sélectionner le soin recherché, la zone géographique ciblée et la date pour obtenir une liste de prestataires. Les massages à – 50 % demeurent rares, mais les prestations dans des salons de coiffure sont fréquentes.

Too Good To Go, pour remplir son frigo à gogo Le concept est simple : des paniers à tout petits prix proposés par les restaurants, cafés, snacks ou supermarchés, composés de leurs invendus. Ils sont à venir chercher sur place. Vous vous inscrivez sur l'application avec votre adresse mail et l'appli affiche les paniers disponibles près de chez vous. Vous avez la possibilité d'agrandir ou de rétrécir le périmètre de recherche pour ne pas faire trop de kilomètres ou de profiter de plus de propositions. **C. D.**

À FAIRE :

•

•

•

•

•

•

•

•

•

Mots à mot

En regroupant et en mélangeant les lettres des deux mots de quatre lettres proposés, composez un troisième mot de huit lettres.

NERF + FRAI = R _ _ _ _ _ _ _

CLIM + REIN = _ _ _ M _ _ _ _

OCRE + RIAL = _ _ _ _ _ _ L _

SOLUTION : Raffiner - Criminel - Carriole.

SOLUTION DU MERCREDI 3

	C		A		J	
J	O	I	N	T	E	S
	U	N	I	R	A	I
A	R	A	S	E	N	T
	T	B		N	N	E
S	I	R	O	T	E	
	S	I		E	T	C
R	A	T	E		T	A
	N	E	T	T	E	S

	S		A		G	
N	E	R	V	E	U	X
	C	E	R	N	A	I
W	U		E	T	C	
	R	C		R	A	P
D	I	A	D	E	M	E
	S	S	O		O	R
P	E	T	R	E	L	S
	R	E	S	T	E	E

samedi 6 janvier

Saint Balthazar

« L'on fait plus souvent des trahisons
par faiblesse que par un dessein
forcé de trahir. »
François de La Rochefoucauld

À FAIRE :

•
•
•
•
•
•
•
•

Sudokus

				8		6	9	
1	3							
9	5		6		1	4		7
		4		7	9			
			4	6	3	8	1	9
		1		5	8			
4	8		5		2	1		6
7	2							
				9		5	8	

4	8			1			9	5
9						6	3	
			6	5	9		2	
3	6		1	7	4			
		8				4		
			9	8	2		6	3
	9		5	3	6			
	4	2						8
5	3			2			1	6

3	6					1		8
			5		2	6		7
5						2	9	
	5	1		9	4	3		
	2	4	3	5	6	7	1	
		3	8	7		5	4	
	8	6						1
2		7	4		8			
1		5					7	3

		4		1		5		
	5	7	6	3	9	1	4	
6		2		5		3		8
4			9		5			1
	9						2	
	6		7		3		5	
3								6
	4	1	3		6	2	7	
2		6				8		5

Solution au lundi 8 janvier

Clin d'œil

Louise, 4 ans et demi, joue à un jeu de l'oie basé sur les contes de fées. Louise s'énerve quand les dés lui sont défavorables. Comme sa mère réagit à ses tricheries, elle crie : « Je vais te jeter un sort. Tu ne vas rien gagner ! »

AU MARCHE

La crevette

Pêchée le long de nos côtes, la crevette nous régale tout l'hiver. Chez votre poissonnier, vérifiez qu'elle repose sur un lit de glace et dégage une bonne odeur iodée. Si elle est molle, passez votre chemin ! Riche en protéines (21 g/100 g) et faible en lipides, elle fournit des vitamines E, B12, du calcium, du cuivre et du sélénium... La crevette se marie à merveille avec les agrumes, l'avocat, la coriandre. Fraîche, elle se déguste le jour même après une cuisson rapide. **M.-A. D.**

Info + Pour optimiser la cuisson et faire en sorte qu'elle soit uniforme, évitez que les crevettes ne se chevauchent dans la poêle.

« Si tu vois tout en gris, déplace l'éléphant ! »
Proverbe indien

© Philippe Paternolli/stock.adobe.com

BALADE EN FRANCE

Amiens, la « ville idéale » de Jules Verne

Voilà une ville qui mérite bien son appellation «d'art et d'histoire». Proche du front pendant la Seconde Guerre mondiale, elle eut aussi la guerre de Cent Ans à ses portes au XIVe siècle. Mais c'est dès le XIIIe siècle qu'Amiens se construit sous une physionomie proche de la ville actuelle. Elle bénéficie alors du formidable engouement pour le bleu, couleur des rois depuis Philippe Auguste. En effet, elle détient un quasi-monopole sur la waide, ou guède, la plante qui donne le fameux pigment bleu. De plus, le chanoine Wallon de Sarton offre en 1206 à l'évêque d'Amiens le chef de Saint Jean-Baptiste, subtilisé à Constantinople lors de la quatrième croisade.

Fort de cette précieuse relique, de l'argent des confréries et de la manne de la waide, l'évêque peut lancer la construction d'une cathédrale monumentale. Ornée de centaines de fleurs de waide, sa façade regorge de décors sculptés qui lui ont valu son classement au patrimoine de l'Unesco. À quelques pas, voici les maisons colorées de Saint-Leu, ancien quartier des tanneurs, aujourd'hui apprécié des Amiénois pour ses terrasses alanguies au bord de la Somme. Le samedi, quai Bélu, les maraîchers proposent fleurs, légumes et fruits produits sur les hortillonnages, ces terres cultivables gagnées par l'assèchement du marais. Aujourd'hui, ces 2000 parcelles comptent 1500 propriétaires, mais seulement 9 maraîchers.

Amoureux de cet univers, le jardinier-paysagiste Pascal Goujon, alias Paco, a créé le jardin des Vertueux. Il propose des balades en barque pour découvrir ces 300 hectares entre Somme et Avre, un petit paradis naturel en plein cœur de la cité. De là, il ne faut que quelques minutes pour gagner la maison à la Tour où Jules Verne a vécu 18 ans. Le visiteur y entre par le jardin d'hiver, puis passe dans la salle à manger gothique. L'écrivain visionnaire recevait Victor Hugo, George Sand et Nadar dans le salon de musique attenant. Ce travailleur acharné a écrit une trentaine de romans dans son petit bureau, en dessous de la tourelle d'où il observait les étoiles. **J.-P. R**

À FAIRE:

•

•

•

•

•

•

•

•

C'EST ARRIVÉ LE…

7 JANVIER 1998

Véritable phénomène dès ses débuts en salles, *Titanic* sort sur les écrans français. À l'époque, le long-métrage réalisé par James Cameron est le plus coûteux de l'histoire du cinéma : 283 millions de dollars… Plus cher que la construction du paquebot, achevée en 1912 (150 millions de dollars actuels) ! **S. P.**

lundi 8 janvier

Rentrée des zones A, B et C

Saint Lucien

« Soyez votre propre lampe, votre île, votre refuge. Ne voyez pas de refuge hors de vous-même. »
Bouddha

À FAIRE :

•

•

•

•

•

•

•

•

A TABLE

Petits pains d'épices

© Photo Julie Longet extraite du livre *Ma bonne cuisine au miel*/Éd. Rustica

Recette extraite de *Ma bonne cuisine au miel*, Maya Nuq, éd. Rustica.

Pour une quinzaine de petits pains • 5 g de levure boulangère • 1 c. à soupe de sucre en poudre • 3 c. à soupe d'eau tiède • 200 g de miel • 100 g de sucre roux • 350 g de farine d'épeautre • 2 œufs • 2 c. à café d'épices moulues (cannelle, clous de girofle, anis étoilé, gingembre, safran, cardamome, muscade...) • Une pincée de sel • Une pincée de poivre • 3 c. à soupe de crème liquide pour dorer • Du beurre pour les moules.

1. Dissolvez la levure avec le sucre en poudre et l'eau tiède. Laissez lever pendant 5 minutes.

2. Faites fondre le miel et le sucre roux. Laissez tiédir puis incorporez à la farine, aux œufs et à la levure.

3. Ajoutez les épices, le sel, le poivre, mélangez. Laissez lever 1 heure au chaud.

4. Répartissez la pâte dans des moules beurrés, badigeonnez de crème. Laissez reposer 1 heure.

5. Préchauffez le four à 210 °C (th. 7), enfournez 20 minutes en surveillant la coloration, baissez la température si besoin.

6. Démoulez, laissez refroidir sur une grille. Ces petits pains se conservent plusieurs semaines dans une boîte hermétique et se congèlent parfaitement. **M.-A. D.**

VRAI-FAUX

Indispensable, vraiment ?

Sur Ameli, je dois impérativement créer mon espace santé

FAUX Rien n'oblige l'adhérent à créer un profil sur « Mon espace santé ». Cela n'a aucune incidence sur les remboursements. Le compte Ameli ne concerne pas les assurés de certains régimes (MSA, MGEN...). Il délivre des informations administratives (remboursements, déclarations de naissance, congé maladie). « Mon espace santé », qui concerne tous les assurés, leur permet de gérer leurs données médicales et d'échanger avec les professionnels de santé.

Il est obligatoire d'avoir une mutuelle en France

FAUX L'adhésion à une mutuelle de santé n'est pas obligatoire. Mais, depuis 2016, les entreprises du secteur privé ont l'obligation d'en proposer une à leurs salariés en CDI, qui peuvent la refuser s'ils ont déjà une complémentaire en tant qu'ayant droit, ou sont déjà couverts à titre individuel à leur entrée dans l'entreprise. Toute personne non salariée du privé est libre de souscrire ou non à un contrat individuel de complémentaire. **I. D.**

SOLUTION DU SAMEDI 6

2	4	7	3	8	5	6	9	1
1	3	6	9	4	7	2	5	8
9	5	8	6	2	1	4	3	7
8	6	4	1	7	9	3	2	5
5	7	2	4	6	3	8	1	9
3	9	1	2	5	8	7	6	4
4	8	9	5	3	2	1	7	6
7	2	5	8	1	6	9	4	3
6	1	3	7	9	4	5	8	2

4	8	6	2	1	3	7	9	5
9	2	5	8	4	7	6	3	1
1	7	3	6	5	9	8	2	4
3	6	9	1	7	4	5	8	2
2	1	8	3	6	5	4	7	9
7	5	4	9	8	2	1	6	3
8	9	1	5	3	6	2	4	7
6	4	2	7	9	1	3	5	8
5	3	7	4	2	8	9	1	6

3	6	2	9	4	7	1	5	8
4	1	9	5	8	2	6	3	7
5	7	8	1	6	3	2	9	4
7	5	1	2	9	4	3	8	6
8	2	4	3	5	6	7	1	9
6	9	3	8	7	1	5	4	2
9	8	6	7	3	5	4	2	1
2	3	7	4	1	8	9	6	5
1	4	5	6	2	9	8	7	3

9	3	4	2	1	8	5	6	7
8	5	7	6	3	9	1	4	2
6	1	2	4	5	7	3	9	8
4	2	3	9	6	5	7	8	1
7	9	5	8	4	1	6	2	3
1	6	8	7	2	3	9	5	4
3	8	9	5	7	2	4	1	6
5	4	1	3	8	6	2	7	9
2	7	6	1	9	4	8	3	5

« Quand sera brisé l'infini servage de la femme, quand elle vivra pour elle et par elle, elle sera poète, elle aussi ! »
Arthur Rimbaud

EN FORME

Ronflements ou apnées du sommeil ?

© Kaspars Grinvalds/stock.adobe.com

Le ronflement, bien que bénin, est aussi épuisant pour le compagnon de chambre que pour le ronfleur, réveillé par les réactions de son voisin (coups de pied, sifflements...), voire par ses propres bruits. Or, un sommeil régulièrement dégradé augmente les risques de diabète, d'infections et de maladies cardiovasculaires. Avant d'envisager un traitement, de simples mesures d'hygiène de vie (éviter tabac et alcool, perdre du poids...) peuvent vous permettre d'en venir à bout.

Le syndrome d'apnées-hypopnées obstructives du sommeil (SAHOS), lui, ne doit pas être pris à la légère. Empirant avec l'âge, il se caractérise par des ronflements intenses et réguliers, brutalement interrompus par des arrêts respiratoires de 10 à 30 secondes, répétés au moins cinq fois par heure de sommeil, jusqu'à une centaine de fois par nuit. Lors de ces micro-arrêts respiratoires, l'oxygène n'arrive plus au cerveau, le sommeil profond est extrêmement perturbé et toutes les fonctions de l'organisme sont altérées. Des mesures d'hygiène et le port d'une orthèse mandibulaire pendant la nuit peuvent suffire mais, dans les cas sévères, le port nocturne d'un masque nasal relié à une machine délivrant de l'oxygène est impératif. M. Q.

À FAIRE :

-
-
-
-
-
-
-
-

Mots à rayer

Rayez dans chaque grille tous les noms de la liste. Ils peuvent se croiser et se lire en tous sens : de haut en bas et vice versa, de droite à gauche et inversement, ainsi qu'en diagonale.

N	A	D	A	M	A	R	E	P	O	L	C	E
A	D	A	G	A	L	F	C	A	S	S	E	R
U	A	D	U	O	G	T	C	C	E	H	C	E
A	M	E	L	U	E	I	R	E	C	A	L	G
E	U	N	E	T	R	U	E	N	O	M	A	R
T	I	T	F	R	A	T	A	A	L	S	M	O
R	N	I	R	A	M	R	T	I	A	T	E	G
A	C	E	A	G	T	O	I	L	G	E	U	N
M	A	R	F	E	I	F	F	F	E	R	R	E

CLAMEUR
CRÉATIF
DENTIER
ÉCHEC
ÉCLOPÉ
ÉCOLAGE
ENGORGÉ
FARFELU
FLAGADA
FORTUIT
GLACERIE
GOUDA
HAMSTER
INCA
IOTA
LIANE
MARIN
MARTEAU
OUTRAGE
RAMADAN
RAMONEUR
RESSAC
TARIF
TENUE
TRANCHÉE
ULÉMA

mercredi 10 janvier

Saint Guillaume

« Le rêve dessine le chemin, la volonté l'ouvre, le cœur lui donne sa couleur. »
Marie Guillon

À FAIRE :

-
-
-
-
-
-
-
-

© Pattarisara/stock.adobe.com

AU MARCHÉ

Le kiwi

Ce fruit velu plein de bienfaits est originaire des zones montagneuses qui bordent le fleuve Yangzi Jiang. Coupé en deux et simplement dégusté à la petite cuillère, il apporte de la vitamine C (92 mg/100 g), du magnésium (27 mg), des fibres et des antioxydants : excellents pour prévenir les maladies de l'hiver. La médecine chinoise lui reconnaît de nombreuses vertus, notamment contre l'hépatite, l'hypertension, les calculs, et même contre le grisonnement des cheveux. Label Rouge depuis 1992 puis certifié Indication géographique protégée (IGP) en 2009, le kiwi de l'Adour représente environ un quart de la production française. Tonique et parfumée, cette variété est commercialisée entre décembre et juin. **P.-Y. N.**

Vite, une astuce !

Au supermarché, comparez les prix au kilo. Il est obligatoire, y compris pour les produits préemballés. Cette mention est souvent la moins lisible sur l'étiquette fixée sur le linéaire, mais elle permet une comparaison plus précise des prix entre produits identiques de marques ou de conditionnements différents.

Mini-fléchés

Grille 1 :
- GARNIR LES SABOTS
- VIN
- LACENT
- HÉSITATION
- NE FINIS PAS TON ASSIETTE
- SOUMIT AU SUPPLICE
- BARBARE
- VOLCAN DE SICILE
- PITONS ROCHEUX

Grille 2 :
- CHÔMÉE
- CAPITALE EN ASIE
- ARRIVERA À POINT
- BAPTISÉS
- FERMER À L'AIDE D'UN CORDON
- POUFFERA
- BEAUTÉ DU 22
- AUXILIAIRE
- FAMEUX ROMAIN

Solution au vendredi 12 janvier

Saint Paulin

« Croyants ou pas, c'est la même soupe pour tout le monde. »
Abbé Pierre

© Aliaksandr Kazlou/stock.adobe.com

EN FORME

Les bienfaits du petit chèvre

Bon pour la ligne et la tension Le chèvre, qui fait partie des fromages les moins gras, contient 17 g de lipides/100 g (22 g pour un camembert ou un reblochon et 34 g pour un comté). La teneur en calcium étant liée au taux de matière grasse, il en est donc moins pourvu : environ 0,1 g/100 g, contre 1 g pour une pâte pressée. Mais il contient aussi moins de sel, dont l'excès nuit à la tension artérielle et à la densité osseuse (0,7 g/100 g contre 1,5 g).
Bénéfique pour le cerveau et le moral Il est riche en tyrosine, un acide aminé précurseur de la dopamine qui stimule le cerveau, et il a des effets positifs sur l'hyperactivité avec déficit de l'attention. Par ricochet, il permet de réduire l'impulsivité, responsable de fringales. Et il est bien pourvu en vitamine B9, régulatrice des émotions.
Allié du microbiote et de l'immunité Frais, le chèvre est peu calorique. Affiné, il perd en légèreté mais gagne en pouvoirs immunitaires. Les bonnes bactéries qui prolifèrent alors sur sa croûte sont autant de probiotiques qui rééquilibrent les microbiotes intestinaux appauvris, sources de nombreuses pathologies et d'amoindrissement des défenses immunitaires. M. Q.

À FAIRE :

•
•
•
•
•
•
•
•

Mots à mot

En regroupant et en mélangeant les lettres des deux mots de quatre et trois lettres proposés, composez un troisième mot de sept lettres.

O P U S + E P S = _ _ _ _ _ _ E

T I R E + F A R = _ _ _ _ _ _ E

R A T A + C O U = _ _ _ _ _ _ R

SOLUTION : Supposé - Fratrie - Autocar.

QUELLE HISTOIRE !

Élevé dans une piété rigoureuse par sa mère Blanche de Castille, Louis IX a été considéré comme un saint toute sa vie : accueillant les pauvres à sa table, luttant pour l'éducation et l'équité… Canonisé par Boniface VIII, il devient officiellement Saint Louis en 1297. M. Q.

vendredi 12 janvier

Sainte Tatiana

« Autant de bonnes journées en janvier,
autant de mauvaises en mai. »
Dicton

À FAIRE :

•
•
•
•
•
•
•
•
•

Méli-mélo

Les écrivains et leur terroir

Nous avons mélangé entre elles les lettres de noms d'écrivains réputés dans l'Histoire. Trouvez-les et placez-les au-dessus de la définition qui convient.

Lettres à replacer :

ESNADOREGG
RATMSOLECPUR
JONGAEOIN
LMOALRECNAGP
BUDCAHETNAIRA
EEOCTLT

N° 1 ....
Il est né à Manosque en 1895. Son œuvre décrit très fréquemment et longuement la vie paysanne de cette région des Alpes-de-Haute-Provence (*Colline*, *Regain*). Certains de ses romans ont été adaptés au cinéma (prénom et nom).

N° 2 ....
L'Indre et ses brumes, ses forêts, ses légendes, ses hommes et femmes aux vies rudes ponctuées de fêtes et de danses, sont au cœur de l'œuvre de cette grande dame (née Aurore Dupin) de la littérature, éprise de Chopin, et dont le centre de la vie était à Nohant-Vic (prénom et nom).

N° 3 ....
Aubagne, où il est né en 1895, Aix-en-Provence, Marseille et Toulon sont les villes du quadrilatère où cet écrivain, mais aussi cinéaste, a donné le meilleur de lui-même avec des romans comme *La Gloire de mon père* ou la trilogie marseillaise (prénom et nom).

N° 4 ....
Cet écrivain, mémorialiste et homme politique, né à Saint-Malo en 1768, restera attaché à sa Bretagne natale malgré ses nombreux voyages à l'étranger.

N° 5 ....
Illiers, en Eure-et-Loir, rajoutera à son nom celui de Combray pour rendre hommage à ce village imaginaire décrit dans l'œuvre de cet écrivain qui part longuement *À la recherche du temps perdu* (prénom et nom).

N° 6 ....
La maison natale et le jardin de cette autre grande dame de la littérature, à la vie riche et tumultueuse, qui aimait les chats, se blottissent quant à eux discrètement dans le village icaunais de Saint-Sauveur-en-Puisaye. Ses souvenirs d'enfance alimenteront une partie de son œuvre.

Solution au lundi 15 janvier

SOLUTION DU MERCREDI 10

■	F	■	N	■
M	E	D	O	C
■	R	O	U	A
C	R	U	E	L
■	E	T	N	A
C	R	E	T	S

■	F	■	M	■
S	E	O	U	L
■	R	I	R	A
B	I	N	I	C
■	E	T	R	E
C	E	S	A	R

Vite, une astuce !

Où trouver l'essence la moins chère ? Vous pouvez comparer les tarifs des stations essence dans les environs dans l'application Waze (gratuite). Une fois votre itinéraire lancé, ouvrez le menu général en touchant la flèche bleue en bas à droite, à côté de l'horaire d'arrivée. Touchez ensuite l'icône « Pompe à essence ». La liste et les prix des stations rencontrées sur votre trajet sont indiqués.

Sainte Yvette

samedi 13 janvier

« L'arbre du silence porte les fruits de la paix. »
Proverbe arabe

Sudokus

	3		9	2	5		8	
		7				6		
8		4				2		3
	6			3			4	
4	1		2	6	7		3	9
2		3		1		5		6
3			7		2			1
	7	1				4	2	
	9		8		1		5	

			2	1	6			
	9	6		3		2	4	
2		7				6		5
	3	1		4		9	7	
	8						1	
			1	5	9			
4		8	6		3	1		7
	5		4		8		6	
7	6						9	8

	9	3					4	
	1				6			9
5			3	2				
3		9				7		
	5		7	1	2		3	
		7				5		8
				7	8			3
2			9				7	
	7					4	5	

				5				
4		1	7				9	6
9	6						5	
		8			4	1		
			9		7			
		2	8			7		
	7						6	1
2	1				6	5		4
				2				

Solution au mardi 16 janvier

À FAIRE :

•
•
•
•
•
•
•
•
•

EN FORME

J'ai des jambes en poteau

Ce syndrome n'implique pas de rétention d'eau. Il peut s'agir d'un lipœdème, un défaut morphologique des jambes d'origine héréditaire, avec douleur au toucher et brûlures plantaires ; ou d'un lymphœdème, pathologie fréquente due à une atteinte de la circulation lymphatique affectant les orteils.

Que faire ? Consulter pour un bilan et faire un point sur les médicaments favorisant les œdèmes (AINS, corticoïdes, inhibiteurs calciques).

Quelles techniques ? La lipoaspiration est la seule option thérapeutique en cas de lipœdème. Pour éviter que celui-ci ne s'aggrave, il faut être très vigilant sur son poids. Le drainage lymphatique manuel et le port de contentions sont quant à eux efficaces pour traiter un lymphœdème, avant d'envisager une microchirurgie. M. Q.

C'EST ARRIVÉ LE…

13 JANVIER 1973

Après huit siècles d'occupation des lieux, le marché de la viande quitte le Pavillon Baltard aux Halles de Paris. Désormais, les tripiers, marchands de volailles et bouchers assureront leurs activités dans les tout nouveaux bâtiments du marché de Rungis. F. M.

dimanche 14 janvier

Sainte Nina

« Nous devons un jour parvenir à ce que la protection de la planète devienne naturelle à l'homme. »
Jean-Louis Etienne

À FAIRE :

•

•

•

•

•

•

•

•

•

EN CHANSON

2017 Clara Luciani « La grenade »

© AFP

Du haut de son mètre quatre-vingt-deux, Clara Luciani, 30 ans, cultive une certaine timidité. Si son succès est aujourd'hui solide, il n'a pas été immédiat, et c'est même à quelques humiliations bien senties qu'elle doit sa gloire… *La Grenade*, son grand succès, naît bel et bien d'un ras-le-bol, la goutte d'eau qui fait déborder le vase ! En effet, après avoir intégré le groupe La Femme, puis été la choriste du chanteur Raphaël, Clara se lance dans le grand bain et sillonne en solo les petites scènes, seulement flanquée d'une ingénieure du son.
Lorsqu'elles arrivent dans une salle de spectacle, leur matériel sous le bras, les deux jeunes femmes sont prises de haut, ridiculisées ; les remarques machistes pleuvent. On les pense incapables de s'en sortir sans l'aide d'un technicien de sexe masculin. Exaspérée, Clara dégaine son arme favorite, la plume, et imagine que sous le sein d'une femme, peuvent se nicher la violence et la puissance… Bref : la grenade ! Au fil des notes et des mots, l'artiste évoque son statut de femme libre et indépendante, un discours bientôt dans l'air du temps : au même moment explosent l'affaire Weinstein et le mouvement #MeToo.
Le 8 décembre 2017, *La Grenade* sort en single. Le titre passe quasi inaperçu pendant une année avant d'envahir les ondes dès janvier 2019. En juin, *La Grenade* occupe la première place des téléchargements. Clara se dira même dépassée par la portée de cette chanson devenue un hymne ! D. L.-H.

C'EST ARRIVÉ LE…

14 JANVIER 1970

Le 14 janvier, un concert est retransmis dans le monde entier pour la première fois : le spectacle d'Elvis Presley depuis l'International Center Arena de Honolulu, à Hawaii, est visionné par plus d'1,5 milliard de téléspectateurs… Plus que pour les premiers pas de l'Homme sur la Lune ! F. M.

« Hé toi ! / Qu'est-ce que tu regardes ? / T'as jamais vu une femme qui se bat ? / Suis-moi / Dans la ville blafarde / Et je te montrerai / Comme je mords, comme j'aboie. / Prends garde ! / Sous mon sein, la grenade / Sous mon sein, là, regarde / Sous mon sein, la grenade. / Prends garde ! / Sous mon sein, la grenade / Sous mon sein, là, regarde. / Sous mon sein, la grenade. »

Auteure-compositrice : Clara Luciani. Producteur : Benjamin Lebeau. Label Initial : Artist Services, 2017.

« Astrologue parle bien d'avenir,
mais ne le fait pas venir. »
Dicton

Mini-croisés

	A	B	C	D	E	F	G	H	I	J	K	L
1												
2												
3						■						
4								■				
5							■					
6			■								■	
7		■							■			
8					■			■				
9				■			■					
10										■		

Solution au jeudi 18 janvier

Horizontalement
1. Il donne naissance à un nuage. **2.** Ça mélange deux temps. **3.** Magicienne de l'Odyssée. Agitation de la mer. **4.** Substance toxique. Qui a donc perdu la tête. **5.** Maison de Charlotte. Indulgent. **6.** Gaz suffocant. Prix de l'avance. **7.** Exemple de souplesse résistante. Abrite des sanctuaires au Japon. **8.** Il mena une double vie. Décrypté. Il doit garder sa contenance. **9.** Plus à la cantine. Cela abrège une très longue distance. Chercher à faire briller. **10.** En proie à une situation déchirante. Annonce la spécialité.

Verticalement
A. Femme libre. **B.** Être doué de sensibilité. Banane. **C.** Ville olympique en 1924. Entoura d'une feuille de tabac. **D.** Bonne conjoncture. **E.** Liés à un fleuve d'Europe. Abréviation de l'astate. **F.** Fin de mode. État de dépendance contraignante. **G.** Production de fougères. À usage de brick et de broc. **H.** C'est en voiture qu'on peut sauter sur son dos. Moitié de la famille. Élu de Bigorre. **I.** Ourdie. Il se lance avant de toucher le fond. **J.** Qui n'a rien d'un détail. **K.** L'une des cinq saveurs de base. Petite brosse de joaillier. **L.** Des gens qui œuvrent pour le compte d'autrui.

À FAIRE :

•
•
•
•
•
•
•
•
•
•

SOLUTION DU VENDREDI 12

1. Jean Giono **2.** George Sand **3.** Marcel Pagnol **4.** Chateaubriand **5.** Marcel Proust **6.** Colette

VRAI-FAUX

Vos droits au restaurant

Un restaurateur ne peut pas me faire payer une carafe d'eau.
VRAI La loi du 10 février 2020 impose au restaurateur, cafetier ou bistrotier de vous offrir de l'eau potable. Mais, si vous accompagnez quelqu'un et ne consommez rien, le commerçant peut vous refuser un verre d'eau. La loi prévoit l'eau gratuite pour les seuls « consommateurs ». Fort heureusement, les refus sont rares car cela nuit à l'image de marque de l'établissement.
Le vin est bouchonné, je peux demander à ce qu'il soit remplacé.
VRAI C'est d'ailleurs pour cela que le serveur fait goûter le vin. En cas de doute, n'hésitez pas à le lui signifier. La bouteille sera changée sans surcoût. Idem si votre viande arrive trop cuite ou si votre plat est froid. **D. D. T.**

mardi 16 janvier

Saint Marcel

« Arc-en-ciel du matin,
pluie sans fin. »
Dicton

À FAIRE :

•
•
•
•
•
•
•
•

EN FORME

Le radis noir

© guy/stock.adobe.com

Après les repas riches de l'hiver qui s'accompagnent souvent d'une diminution de l'activité physique, le moment est venu de penser à détoxifier son foie.

Ses bienfaits Le radis noir (*Raphanus sativus niger*) renferme des glucosinolates, composés organiques chargés d'aider le foie à éliminer ses toxines en augmentant notamment la sécrétion de bile et en stimulant certaines enzymes digestives (cytochromes). Autre atout de ce légume racine : il réduit la quantité de cellules inflammatoires, responsables du stockage et de la transformation des graisses en cholestérol oxydé, dont on connaît les effets délétères sur la santé (maladies cardiovasculaires, cancers...).

Les contre-indications Le radis noir est déconseillé aux personnes dont on a ôté la vésicule biliaire ou souffrant de calculs. Il est également contre-indiqué en cas d'ulcère de l'estomac ou de gastrite, car les dérivés soufrés qu'il renferme peuvent, à forte dose, irriter l'estomac.

Mode d'emploi Vous pouvez consommer du radis noir toute l'année en crudité ou en jus en le mélangeant, à l'extracteur, à d'autres légumes (carotte, céleri) pour atténuer sa saveur piquante. Pour une action renforcée lors des changements de saison, rien de tel qu'une cure de 21 jours (temps nécessaire au renouvellement cellulaire) d'extrait aqueux de radis noir : 1 ampoule de 10 ml par jour avant le dîner ou 2 à 4 gélules d'extrait sec (environ 500 mg à 750 mg par jour), le soir, car le foie se détoxifie la nuit. C. D.

SOLUTION DU SAMEDI 13

1	3	6	9	2	5	7	8	4
9	2	7	3	8	4	6	1	5
8	5	4	1	7	6	2	9	3
7	6	9	5	3	8	1	4	2
4	1	5	2	6	7	8	3	9
2	8	3	4	1	9	5	7	6
3	4	8	7	5	2	9	6	1
5	7	1	6	9	3	4	2	8
6	9	2	8	4	1	3	5	7

3	4	5	2	1	6	7	8	9
8	9	6	7	3	5	2	4	1
2	1	7	9	8	4	6	3	5
5	3	1	8	4	2	9	7	6
9	8	2	3	6	7	5	1	4
6	7	4	1	5	9	8	2	3
4	2	8	6	9	3	1	5	7
1	5	9	4	7	8	3	6	2
7	6	3	5	2	1	4	9	8

6	9	3	1	8	7	2	4	5
7	1	2	5	4	6	3	8	9
5	8	4	3	2	9	6	1	7
3	4	9	8	6	5	7	2	1
8	5	6	7	1	2	9	3	4
1	2	7	4	9	3	5	6	8
4	6	5	2	7	8	1	9	3
2	3	1	9	5	4	8	7	6
9	7	8	6	3	1	4	5	2

8	2	3	6	5	9	4	1	7
4	5	1	7	8	2	3	9	6
9	6	7	1	4	3	8	5	2
7	9	8	2	6	4	1	3	5
1	4	5	9	3	7	6	2	8
6	3	2	8	1	5	7	4	9
3	7	4	5	9	8	2	6	1
2	1	9	3	7	6	5	8	4
5	8	6	4	2	1	9	7	3

Tout compte fait

Dans chacune des trois lignes, placez les nombres 2 3 6 7 9 de façon à obtenir, en réalisant quatre opérations successives, le total indiqué.

	+		:		x		-		= 9
	:		x		+		-		= 5
	x		:		-		+		= 27

SOLUTION : 2 + 7 : 3 x 6 - 9 = 9 / 9 : 3 x 2 + 6 - 7 = 5 / 6 x 7 : 2 - 3 + 9 = 27

« J'ai vu un sage laisser passer l'orage et un inconscient qui voulait dompter la tempête. »
Mostefa Khellaf

NOS ANIMAUX

Adopter un animal

© hedgehog94/stock.adobe.com

Depuis fin 2022, les adoptants doivent fournir un « certificat d'engagement et de connaissance des besoins spécifiques de l'espèce ». L'objectif de la loi contre la maltraitance animale est de lutter contre les trop nombreux abandons, souvent liés à la méconnaissance de l'investissement qu'un petit compagnon représente. Cette mesure concerne les chats, les chiens, les lapins, les lièvres, ainsi que les furets. Elle est également valable pour les dons et les achats entre particuliers. Le certificat, par lequel vous vous engagez à respecter les besoins de l'animal, doit être signé sept jours avant l'adoption pour éviter les achats d'impulsion. Vous pouvez le télécharger sur les sites des animaleries ou des refuges et sur celui de la SPA. **C. D.**

À FAIRE :

•

•

•

•

Petits fléchés

AFFECTUEUX
SPÉCULATIONS
FAIT PORTER LE CHAPEAU
ENCAQUÉ
MAUVAIS PLONGEON
BLOC ÉCLATÉ
ÉTAIENT TENUS DE MAINS DE MAÎTRES
JUSTE SUFFISANT
MAUDIT
PEUVENT FAIRE ILLUSION
AU NORD DE DIJON
CHANTAIT CE QU'IL AVAIT À DIRE
SECTEUR PORTEUR
SYMBOLE CHIMIQUE DE L'ASTATE
MYSTIFIER
AU COIN DU MUR
IL A DES POINTS POUR EN MARQUER
ILS SUIVENT LA THÉORIE
CHEMINS LE LONG DES COURS D'EAU

SOUS LA MITRAILLE
GROSSES MOUCHES
QUI TOUCHE
POISSON
LÉGÈREMENT CINTRÉE
PLUS EN ACTIVITÉ
L'EFFET DE CERTAINS GAZ
PRIS D'UN COUP DE DENTS
FIXER
SECTEUR DE PATNA
NE PAS S'ALLONGER
COUCHÉ À L'INFINI
ORGANISME DE RECHERCHES
DISPOSÉE
DONNE DE LA VOIX
ENTRE I ET M
CE QU'IL RESTE QUAND ON A VIDÉ SON SAC !
IL VOULAIT RETROUVER SA MAISON
RIVIÈRE SANS EAU

Solution au vendredi 19 janvier

jeudi 18 janvier

Sainte Prisca

« Le vrai curieux est celui
qui ne sait pas ce qu'il regarde. »
Claude Roy

À FAIRE :

•

•

•

•

•

•

•

•

•

D'un mot à l'autre

En regroupant et en mélangeant les lettres de chaque mot donné avec la lettre qui le suit, vous devez trouver un second mot composé, selon le cas, de quatre, cinq, six ou sept lettres. Aucun mot au pluriel n'est admis ni aucun verbe conjugué.

Mots de 4 lettres

1 RAD + L = ____

2 SEL + G = ____

3 ESE + V = ____

Mots de 5 lettres

4 TOLE + H = _____

5 NOUS + B = _____

6 NOME + Y = _____

7 MERE + F = _____

Mots de 6 lettres

8 TARIN + O = ______

9 TOQUE + H = ______

10 DERME + E = ______

Mots de 7 lettres

11 AVARIE + C = _______

12 RAFIOT + R = _______

13 EPURER + S = _______

14 ETAGER + F = _______

Solution au dimanche 21 janvier

SOLUTION DU LUNDI 15

V	A	P	O	R	I	S	A	T	E	U	R
A	N	A	C	H	R	O	N	I	S	M	E
C	I	R	C	E	■	R	E	S	S	A	C
A	M	I	A	N	T	E	■	S	E	M	E
N	A	S	S	A	U	■	B	E	N	I	N
C	L	■	I	N	T	E	R	E	T	■	S
I	■	R	O	S	E	A	U	■	I	S	E
E	S	O	N	■	L	U	■	S	E	A	U
R	A	B	■	A	L	■	P	O	L	I	R
E	C	A	R	T	E	L	E	S	■	E	S

AU MARCHE

Le bleu de Gex

C'est le moment de déguster ce fromage à pâte persillée, originaire du Haut-Jura et labellisé AOC-AOP. Élaboré à partir de lait cru, il offre de belles qualités nutritionnelles grâce à ses précieux probiotiques qui favorisent le bien-être intestinal. Il contient également du calcium, du phosphore, du potassium, du magnésium et du fer. Vous pouvez par exemple le déguster en salade avec des endives et des noix. Bien emballé, il se conserve environ une semaine dans le bas du réfrigérateur. **M.-A. D.**

Info + Évitez de le cuire afin de préserver l'ensemble de ses nutriments.

« La tendresse est le repos de la passion. »
Joseph Joubert

EN FORME

Les bienfaits de la gemmothérapie

Le pouvoir guérisseur des bourgeons était déjà connu au Moyen Âge. Ceux du sapin servaient à faire un sirop pectoral et ceux du peuplier à fabriquer un onguent. Dans les années 1960, le médecin belge Pol Henry jette les bases de la phytembryothérapie, suivi par son collègue Max Tétau, qui assoit la discipline et la baptise gemmothérapie (du latin *gemmae*, « bourgeon »).

Nettoyer l'organisme, lutter contre la fatigue, réduire les inflammations, prévenir les maladies cardiovasculaires… chaque bourgeon d'arbre ou d'arbuste a ses vertus. Ses tissus embryonnaires portent en eux un haut potentiel de développement. Ils ont de fortes concentrations en composés actifs, en minéraux, en oligoéléments, en acides aminés et en vitamines. De plus, leurs propriétés thérapeutiques offrent un spectre plus large que toutes les autres parties d'une plante réunies. Par exemple, le bourgeon de tilleul cumule les vertus calmantes de la fleur et les propriétés de l'aubier pour assurer la bonne santé du foie et des reins.

© nikolaydonetsk/stock.adobe.com

Le temps de la récolte Pour capter toute l'énergie vitale des bourgeons, récoltez-les juste avant leur éclosion : entre la fin de l'hiver et le début du printemps, de plus en plus précoce avec le réchauffement climatique. Il faut bien sûr identifier l'arbre ou l'arbuste pour ne pas faire de confusion avec d'autres essences toxiques comme l'if. Pour ne pas dépouiller le végétal, ne lui retirez pas, chaque année, plus d'un tiers de ses bourgeons. **P.-Y. N.**

À FAIRE :

•

•

•

•

•

•

•

•

•

Les tours

Rayez les tours de la même hauteur et marquées de la même lettre, puis classez celles restantes de la plus grande à la plus petite pour former un mot de sept lettres.

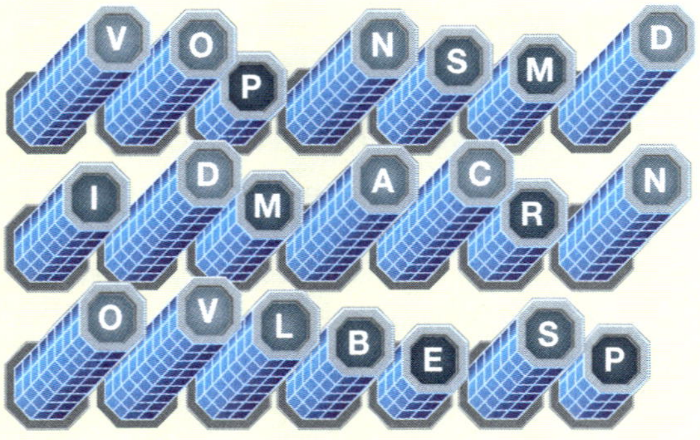

SOLUTION : Calibre.

SOLUTION DU MERCREDI 17

	C		A		P	
C	A	L	C	U	L	S
	R	I	C	R	A	C
D	E	T	E	S	T	E
	S	E	N	S		P
I	S		T		A	T
	A	B	U	S	E	R
A	N	T	E		D	E
	T	P		L	E	S

	F		A		F	
O	E	S	T	R	E	S
	R	A	T	E	L	E
A	R	R	E	T	E	R
	A		N	I	E	R
B	I	H	A	R		E
	L	U	N	E	E	
E	L	I	T		S	C
	E	T		T	O	C

samedi 20 janvier

Saint Sébastien

« "Ne m'oubliez pas", soupire le cœur.
"Ne t'oublie pas, hurle la raison". »
Paul Masson

À FAIRE :

•

•

•

•

•

•

•

Mini-fléchés

Grille 1

INQUIET ET MÉFIANT / HAVANE		IL SE PORTE CAUTION / PIOCHER		BALÈZES DANS LEUR DOMAINE
RIGOLERA / COURANT, COMMUN				
C'EST UN SEIN / ROBUSTES				

Grille 2

PARTIT EN CHANDELLE / RÉELS		DÉLAYÉE / ANGLAISE À DEMI		ESCLAVE MÉDIÉVALE
EAU RENNAISE / CADEAU PARFUMÉ				
PIERRE SCULPTÉE EN RELIEF		SUR UNE ANCIENNE ENVELOPPE		

Grille 3

EXPOSÉE EN DÉTAIL / INNÉ		ÉLOQUENT / QUI SONT À SEC		MAISONS VERS PAPEETE
ENQUIQUINA / BATTRE LE PAVÉ				
MEMBRE DE L'UE / ILS FONT LE POIDS				

Grille 4

ELLE MET SON NEZ PARTOUT / CANARD		VILLE ET LAC EN ITALIE		UNE BASE POUR LE JOAILLIER
ENTRER DANS LE JEU		DIVINITÉ ÉGYPTIENNE / PRÉNOM		
AGENCE AUX USA / CHASSE DU POSTE				

Solution au lundi 22 janvier

C'EST ARRIVÉ LE…

20 JANVIER 1978

Omar Sy naît à Trappes, dans les Yvelines. Du *Service après-vente des émissions* diffusé sur Canal+ dès 2005 au film *Intouchables* d'Olivier Nakache et Éric Toledano, l'humoriste a su conquérir son statut de comédien et se hisser au sommet du *box-office* français. Ce succès lui vaut un César du meilleur acteur en 2012 et lui ouvre les portes d'Hollywood (*X-Men: Days of Future Past*, *Jurassic World*, *Inferno*). **S. P.**

EN FORME

La livèche, contre l'ostéoporose

Elle combine de fortes teneurs en calcium et en vitamine K, essentiels à la santé osseuse. Elle contient du bêta-sitostérol, qui aide à réduire le taux de mauvais cholestérol (LDL) et augmente l'apport de potassium (utile pour réguler la tension artérielle), de cuivre et de manganèse (antioxydants). Goûteuse en cuisine, elle est utilisée en phytothérapie pour ses vertus diurétiques et digestives. En l'associant à du pollen de fleur, elle est d'autant plus efficace pour activer le transit tout en douceur. **F. D.**

« L'homme jeune marche plus vite que l'ancien. Mais l'ancien connaît la route. »
Proverbe africain

© Pat on stock/stock.adobe.com

BALADE EN FRANCE

Collonges-la-Rouge, bijou de la Corrèze

Non loin de Brive-la-Gaillarde, Collonges a été le premier des « Plus Beaux Villages de France ». Et pour cause : son maire a inventé le label ! Dans les années 1960, la ville n'est pas encore qualifiée de rouge. Depuis la crise du phylloxéra au XIXe siècle, le village florissant avait perdu de sa superbe. Un homme va tout changer : en 1965, Charles Ceyrac est élu maire. Bien qu'agriculteur, il est fils du notaire Paul Ceyrac, qui a rédigé le contrat de mariage des parents de Jacques Chirac, et son frère, François, est président du CNPF (ancêtre du Medef). Fort de ces appuis, il obtient l'autorisation d'appeler son village Collonges-la-Rouge en 1969, hommage à ce grès rougeoyant qui provient de la faille de Meyssac, à quelques kilomètres. Amoureux de son terroir, il veut lui redonner vie. Avec 66 autres maires, il crée l'association des Plus Beaux Villages de France.

Il faut se promener dans cette commune qui a fait partie pendant 400 ans de la vicomté de Turenne. Ne payant pas d'impôt au roi, les vicomtes accordent des franchises à Collonges et la dotent du droit de juridiction. Procureurs, notaires et fonctionnaires y affluent, bâtissant ses belles demeures. Le village s'organise autour de son église et de son clocher couvert d'ardoises de Travassac (village tout proche). Lors des guerres de Religion, protestants et catholiques se partagent ses deux nefs.

En face de son tympan roman, voici le four à pain et les halles où l'on trouvait vins, châtaignes et noix. Plus haut, la rue Noire a été conçue en zigzag dans un but défensif. À deux pas, l'office de tourisme occupe l'ancienne maison des vignerons en face de la maison de la Sirène, que l'on voit sculptée en haut de la porte. Cette rue de la Barrière mène au manoir Ramade de Friac surmonté d'une tour et d'un pigeonnier. À la sortie du village, le château de Vassinhac, édifié en 1499. Éric Dueymes, son propriétaire, y fait admirer ses meubles et ses tapisseries d'Aubusson. « Ici, le sol est blanc, mais les maisons sont rouges… Pour porter ces pierres depuis la faille de Meyssac jusqu'ici, c'était vraiment un choix. » J.-P. R.

À FAIRE :

-
-
-
-
-
-
-
-
-

SOLUTION DU JEUDI 18

4 lettres : 1/ Lard - 2/ Legs - 3/ Sève. **5 lettres :** 4/ Hôtel - 5/ Bonus - 6/ Moyen - 7/ Ferme. **6 lettres :** 8/ Ration - 9/ Hoquet - 10/ Remède. **7 lettres :** 11/ Avarice - 12/ Raifort - 13/ Présure - 14/ Frégate.

lundi 22 janvier

Saint Vincent

« Ne craignez pas d'être lents, craignez seulement d'être à l'arrêt. »
Proverbe chinois

À FAIRE :

•
•
•
•
•
•
•

SOLUTION DU SAMEDI 20

	P		G	
T	A	B	A	C
	R	I	R	A
B	A	N	A	L
	N	E	N	E
F	O	R	T	S

	V		D	
V	R	A	I	S
	I	L	L	E
F	L	E	U	R
	L		E	V
C	A	M	E	E

	N		D	
N	A	T	I	F
	R	A	S	A
E	R	R	E	R
	E	I	R	E
L	E	S	T	S

	F		V	
C	O	U	A	C
	U		R	A
M	I	S	E	R
	N	A	S	A
D	E	M	E	T

A TABLE

Lingot des Incas

Pour 10 personnes La mousse : • 100 g de chocolat noir 70 % • 3 cl d'expresso • 5 cl de sirop d'agave • 1 avocat • 1 c. à soupe d'extrait de vanille. **Le fondant :** • 10 cl de lait végétal • 10 cl de sirop d'agave • 1 c. à soupe d'extrait de vanille liquide • 50 g de haricots rouges • 200 g de chocolat pâtissier 70 % • 1 avocat. **La base croustillante :** • 100 g de chocolat noir aux amandes • 30 g de grué de cacao. **La finition :** cacao et piment d'Espelette.

1. La mousse : faites fondre le chocolat au bain-marie, mixez avec les autres ingrédients. Chemisez de papier cuisson le fond d'un moule à cake, versez la mousse et réservez la préparation au frais.

2. Le fondant : portez le lait à ébullition avec le sirop d'agave, la vanille et les haricots rouges. Ajoutez le chocolat hors du feu, mélangez pour le faire fondre, mixez le tout avec l'avocat. Ensuite, versez sur la mousse, égalisez, réservez au frais.

3. La base croustillante : faites fondre le chocolat aux amandes au bain-marie, ajoutez-y le grué, mélangez, versez dans le moule, égalisez. Réservez une nuit au frais.

4. La finition : démoulez le gâteau et saupoudrez-le de cacao et de piment d'Espelette.

© Marie Chioca

Info + Une recette sans cuisson avec des ingrédients traditionnellement utilisés dans la cuisine latino-américaine (haricots rouges, chocolat, café, piment…) ! **M.-A. D.**

Recette extraite de *Recettes sublimes et sages au chocolat*, Marie et Maud Chioca, éd. Terre Vivante.

C'EST ARRIVÉ LE…

22 JANVIER 1973

Le boxeur américain Joe Frazier, champion du monde des poids lourds depuis 1970 et tombeur de Mohamed Ali en 1971, défend son titre pour la cinquième fois, face à George Foreman, invaincu depuis 21 combats. Devant un public stupéfait, ce dernier met Frazier K.-O. en quatre minutes et demie ! F. M.

« Argent à l'avare est supplice,
au sage pauvre est bénéfice. »
Dicton

EN FORME

Le plein de peps au naturel

Si la fatigue est surtout d'origine nerveuse et se manifeste par du stress, une déprime, des insomnies, elle ne résistera pas à l'orpin rose (*Rhodiola rosea*). De nombreuses études ont confirmé que ses racines diminuent la fatigue physique et mentale et augmentent l'endurance des sportifs. Elle est disponible chez nous sous forme de complément alimentaire. Lorsque c'est le corps qui ne suit pas, on optera plutôt pour le ginseng, réputé pour ses effets sur les performances physiques et cognitives. Ces végétaux sont à prendre en cure de 3 semaines (renouvelable) avant midi, sous forme d'extrait liquide bio, en suivant la posologie indiquée. Attention, ils sont déconseillés en cas d'hypertension.
La sève de bouleau Riche en vitamine C, antioxydants, minéraux, oligoéléments... elle ne se contente pas de détoxifier l'organisme. Elle

© rotozey/stock.adobe.com

atténuerait aussi les douleurs articulaires. 2 verres par jour de sève pure (à ne pas confondre avec le jus de bouleau), à prendre plutôt à jeun le matin pendant 3 semaines.
La gelée royale C'est le produit de la ruche le plus reconstituant. En cure de 20 jours, en laissant fondre sous la langue, le matin à jeun, une cuillère à café de gelée adoucie d'un peu de miel. À éviter en cas de cancer hormono-dépendant. C. D.

À FAIRE :

•

•

•

•

•

•

•

•

Sudokus

		3	9		8			7
1	9	4			6	2		
			1		5	4	3	
4			7	6				8
7	3				4			
2			5	3				6
			6		9	1	5	
6	1	8			3	9		
		5	2		7			3

9	3							
					5	1		
	7				9		4	
				8				1
2		6				4		8
3				9				
	9		1				6	
		5	4					
							5	3

Solution au jeudi 25 janvier

C'EST ARRIVÉ LE...

23 JANVIER 1899

Le laboratoire Bayer, qui a inventé l'acide acétylsalicylique en 1897, le baptise Aspirine. Pour le nommer, les chercheurs se sont inspirés de *Spiraea ulmaria*, nom scientifique de la reine-des-prés, une herbacée dont les propriétés anti-inflammatoires et antirhumatismales ont inspiré la formule de l'antalgique. S. P.

mercredi 24 janvier

Saint François de Sales

« Avant de lancer la flèche amère de la vérité, trempes-en la pointe dans du miel. »
Proverbe arabe

À FAIRE :

•

•

•

•

•

•

•

A TABLE

Samoussas au chèvre, basilic et pignons

© Langot/Photocuisine

Pour 6 pièces • 1 gousse d'ail • 1 gros bouquet de basilic • ½ citron bio • 250 g de chèvre frais • 60 g de pignons de pin • 6 feuilles de brick rondes • 12 cl d'huile d'olive • Sel, poivre.

1. Pelez et écrasez l'ail. Effeuillez et hachez le basilic. Râpez le zeste du citron et pressez son jus.

2. Travaillez le chèvre à la fourchette pour l'assouplir, incorporez le zeste et le jus du citron ainsi que l'ail. Rectifiez l'assaisonnement.

3. Ajoutez-y les pignons de pin et le basilic, mélangez bien.

4. Placez une feuille de brick face à vous. Pliez-la en trois en portefeuille (côté droit rabattu sur la partie centrale, côté gauche rabattu sur côté droit) de manière à obtenir une bande verticale.

5. Pour chaque samoussa, déposez une cuillère à soupe de farce en haut de la bande et repliez le coin supérieur sur la farce de façon à former un triangle. Rabattez celui-ci vers le bas, puis terminez le pliage du samoussa en suivant les angles du triangle.

6. Faites chauffer l'huile dans une poêle antiadhésive. Disposez les samoussas côté jointure afin que celle-ci se colmate immédiatement.

7. Faites-les dorer sur toutes les faces, dégustez-les chauds. **M. Q.**

Super croisés

	A	B	C	D	E	F	G	H	I	J	K	L
1												
2					■				■			
3				■							■	
4							■					
5						■				■		
6												■
7								■				
8					■							

Horizontalement

1. Abus d'écritures. **2.** Transporte les fidèles à la mosquée. Grand marcheur asiatique en campagne... Affluent du Rhône. **3.** Ancien supplice. De chaussettes ou de claques. **4.** Gueule chaude au pôle Sud. Qualifie un homme à cran. **5.** Toile fine et transparente. Passe sur les plis. De l'or au laboratoire. **6.** Chargé d'une enquête. **7.** Qui n'ont pas le sens de l'engagement. Il alimente le lac de Constance. **8.** Se succèdent dans l'histoire. Qui a connu une séparation brutale.

Verticalement

A. Gros tuyau distribuant certains fluides. **B.** Habituer l'équipage au roulis et au tangage du bateau. **C.** Cité maya du Yucatán. **D.** Commandement. Ils se mettent en filant. **E.** Inviter à se rendre au coin. **F.** Groupe stellaire. Il a fait entrer les jeunes filles au lycée. **G.** Est plus connu sous le nom de capucin. Il jongle avec des assiettes. **H.** Il rafraîchit. **I.** Jouera la grande vadrouille. **J.** Prit du poil de la bête. Sigle sur une brique. **K.** Chiffre antique. Change d'option. **L.** Future poule aux œufs d'or. Arrivé par la mère.

Solution au vendredi 26 janvier

Conversion de Paul

« La violence nourrit les guerres et affame les peuples. »
Jean-Paul II

POUVOIR D'ACHAT

Les bons réflexes antigaspi

Fini la propreté à grande eau ! On peut en utiliser moins tout en ayant une bonne hygiène.Inutile de rincer la vaisselle avant de la mettre au lave-vaisselle, mieux vaut essuyer les déchets et les mettre à la poubelle ou, mieux, les récupérer pour le compost. Et pas de machine à moitié pleine, à moins d'avoir un programme demi-charge.

Pour la toilette Le bain est accusé d'être trop gourmand en eau, mais si plusieurs enfants peuvent s'y tremper en même temps, c'est mieux que plusieurs douches à rallonge. Nous pouvons aussi limiter le temps sous la douche, couper l'eau pendant le shampoing... Et une toilette de chat, un jour sur deux si nous n'avons pas fait d'activité salissante, c'est suffisant.

Pour la lessive Certains vêtements peuvent être portés plusieurs jours d'affilée. Privilégions les labels écologiques et limitons la quantité de produit pour ne pas rejeter des eaux trop polluées.

© Patryssia/stock.adobe.com

Pour jardiner Utiliser l'eau de pluie grâce à une citerne de récupération, c'est déjà un bon point. Reste à arroser le matin, idéalement avant 8 heures, ou après le coucher du soleil pour limiter l'évaporation, et à pailler pour garder l'humidité. Pensons aux Oyas, ces jarres en terre cuite à enterrer au pied des plantes, qui laissent filtrer l'eau au niveau des racines. Le goutte-à-goutte ciblé est lui aussi économe : à installer en plaçant des tuyaux microporeux ou même des bouteilles disposées à l'envers dont les bouchons ont été percés. **s. v.-v.**

À FAIRE :

Mots à mot

En regroupant et en mélangeant les lettres des deux mots de quatre et trois lettres proposés, composez un troisième mot de sept lettres.

PAPA + VER = V _ _ _ _ _ _

EURO + ALU = _ _ _ L _ _ _

ENTE + MAT = _ _ _ _ _ _ E

SOLUTION : Varappe - Rouleau - Manette.

SOLUTION DU MARDI 23

5	2	3	9	4	8	6	1	7
1	9	4	3	7	6	2	8	5
8	6	7	1	2	5	4	3	9
4	5	1	7	6	2	3	9	8
7	3	6	8	9	4	5	2	1
2	8	9	5	3	1	7	4	6
3	7	2	6	8	9	1	5	4
6	1	8	4	5	3	9	7	2
9	4	5	2	1	7	8	6	3

9	3	1	7	4	6	5	8	2
4	6	8	3	2	5	1	7	9
5	7	2	8	1	9	3	4	6
7	5	9	2	8	4	6	3	1
2	1	6	5	7	3	4	9	8
3	8	4	6	9	1	7	2	5
8	9	3	1	5	7	2	6	4
6	2	5	4	3	8	9	1	7
1	4	7	9	6	2	8	5	3

vendredi 26 janvier

Sainte Paule

« On appelle mauvaise foi
les convictions d'autrui
qu'on ne partage pas. »
Philippe Bouvard

À FAIRE :

Jackpot

Dans chaque jeu, trouvez trois mots de quatre, cinq, six ou sept lettres en ne prenant qu'une lettre par colonne. Chaque lettre ne sert qu'une fois. Un exemple vous est déjà donné. Procédez par déduction en formant des mots avec les lettres rares (G, K, Q, X...).

1 – Mots de 4 lettres

R	A	O	T
L	L	C	O
I	I	N	E

LINO
....
....

2 – Mots de 5 lettres

A	E	L	D	S
J	R	U	C	E
T	T	A	A	I

....
....
....

3 – Mots de 6 lettres

G	U	S	K	G	U
N	B	I	O	E	O
A	I	N	T	L	E

....
....
....

4 – Mots de 7 lettres

O	R	O	A	C	E	E
P	I	S	E	L	H	N
C	A	N	U	T	O	T

....
....
....

Solution au dimanche 28 janvier

SOLUTION DU MERCREDI 24

P	A	P	E	R	A	S	S	E	R	I	E
I	M	A	M	■	M	A	O	■	A	I	N
P	A	L	■	P	A	I	R	E	S	■	J
E	R	E	B	U	S	■	B	R	A	V	E
L	I	N	O	N	■	F	E	R	■	A	U
I	N	Q	U	I	S	I	T	E	U	R	■
N	E	U	T	R	E	S	■	R	H	I	N
E	R	E	S	■	E	C	L	A	T	E	E

EN FORME

L'estragon, bon pour les neurones

En plus du bêtacarotène et des vitamines C et E, l'estragon fournit de bonnes proportions de manganèse et de polyphénols, si bien qu'il compte parmi les quatre fines herbes possédant le meilleur potentiel antioxydant, préventif du vieillissement cellulaire prématuré. Ses polyphénols ont également une action anti-inflammatoire protectrice des neurones. En phytothérapie, il est conseillé pour stimuler l'appétit et la sécrétion des sucs digestifs. **F. D.**

Sainte Angèle

« Mieux vaut marcher sans savoir où aller que rester assis sans rien faire. »
Proverbe africain

Mots croisés

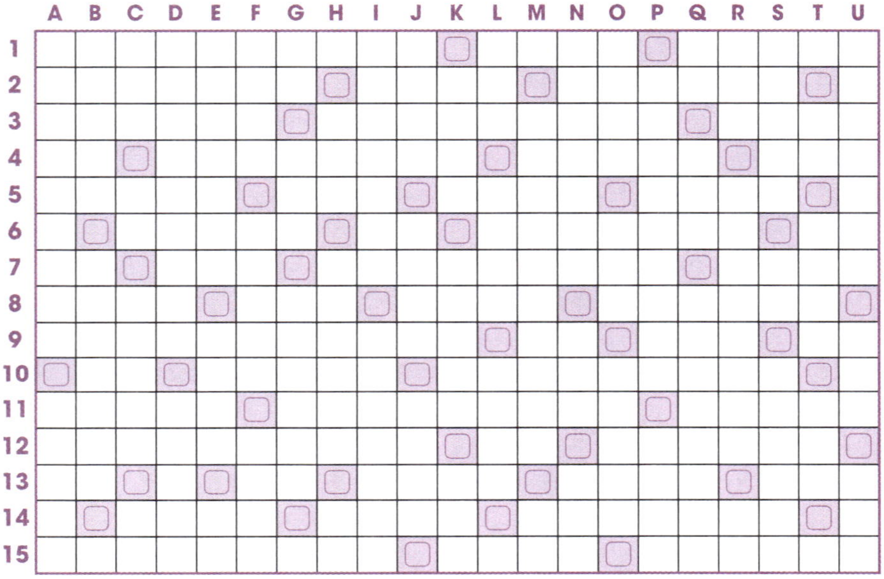

Solution au lundi 29 janvier

Horizontalement

1. Privées de leurs qualités. Peut valoir son pesant d'or. Colorants naturels. **2.** Qui a fait son temps. Cogner sous le nez. Il a sa feuille sur un drapeau. **3.** Fixée solidement. Accessoires pour la politique de l'autruche. Tente une insertion. **4.** Peu attaché au passé. Clairs et nets. Pois de senteur, par exemple. Désolé, mais vous reçoit chaudement. **5.** Exerce des ravages. Avant un changement de direction. Entourage spirituel. Décors en stuc. **6.** Calibra en usine. On le met avec un point. Productrices de grains. Bon ou mal, il faut le vivre. **7.** Complément d'informations. Terme de tennis. C'est rarement ainsi qu'on l'écrit pour faire court. Morceau. **8.** Flotte à la cour. Style de musique moderne. Écouté et observé. Enfermé. **9.** Breton manifestement. La Terre. La grande illusion. Mis en tête. **10.** Petit sol... mais pas sol. On y tourne, on y fraise. Ils sont au pourcentage. **11.** Consécration pour Dujardin. Étendues. Qui résulte d'un croisement. **12.** Remise sur pied. Préposition. Trop gros. **13.** Titre de l'homme en blanc. Empoisonnant avec de vieilles dentelles. Sept en Bretagne. Bon à prendre pour aller plus loin. Côté au vent. **14.** Point de départ d'un nageur. Places des éditoriaux. Mise en éveil. **15.** Boucle. Un ennui qui date. Bien construite.

Verticalement

A. Qui ramènent le calme. Un certain plan. **B.** Grosse caisse. Capitales des capitaux. **C.** Il fait monter la tension. Baigne. Grands d'Ios ? C'est le palladium du chercheur. **D.** Solliciter de façon contradictoire. De nuit, tout le monde n'y est pas fou. **E.** Prête à en découdre. Eau du Perche. Personnel flou. **F.** Cinéaste britannique. Parure de girl. Dompta. **G.** Il est agité en cornet. Mont de Candie. Qui gardent la chambre. **H.** Ceinture de soie. Résidence de Pellerin. Vieux réflexes. **I.** Voulant éviter toute faute d'orthographe. Zen. **J.** Dépôt noir. Fraction d'addition. Média. **K.** Aragon célébra ses yeux. Qui ne fait plus d'étincelles. Spécialiste des lancements. **L.** Branche à feuilles... Érodée. Des sujets difficiles à classer. **M.** Blessés par des piques. Ce n'est pas un fonceur. **N.** Plante des champs. Morceau de Vivaldi. Roi biblique. **O.** Longs temps. Elle faisait vitupérer. Mis à part. **P.** Telle une certaine voyelle. Loups marins. **Q.** Eau douce souvent froide. Bien connue d'Adam. Donne son interprétation. **R.** Une position à tenir. Point collées. Avant une date. **S.** Guides de cavalier. De l'argent au tableau. Pierres pour commémorer. **T.** Mesure angulaire. Ils sont cadastrés. Norme internationale. **U.** Sont donc en session. Groupe différencié (les). En fin de conte, elle est douée.

À FAIRE :

•

•

•

•

•

•

Clin d'œil

Le grand-père de Constance, 7 ans, est diabétique. En rentrant de l'école, elle raconte que la maîtresse leur a appris les numéros d'urgence. Sa mère lui explique : « Tu vois, si un jour ton Papi fait un malaise, tu prends son téléphone et tu appelles le 15. » « Oui, répond Constance. Je dirai aux pompiers : venez vite, mon papi est diabolique ! »

dimanche 28 janvier

Saint Thomas d'Aquin

« Un seul moment de joie chasse
cent moments de tristesse. »
Proverbe chinois

À FAIRE :

•
•
•
•
•
•
•
•
•
•

© musée des Jouets Petitcollin

QUELLE HISTOIRE !

Petitcollin®, les dernières poupées « made in France »

Depuis plus d'un siècle, cette firme perpétue la tradition des petits baigneurs. Chaque année, 15 000 poupées sont encore fabriquées, habillées et maquillées dans son atelier à Étain, dans la Meuse. Néanmoins, il s'en est fallu de peu pour que les savoir-faire de Petitcollin® ne disparaissent. Récompensée en 2007 par le label Entreprise du Patrimoine Vivant, la fabrique de poupées ne compte plus que 10 salariés. Elle est dépositaire d'une histoire florissante et plus que centenaire.

Tout commence en 1860. Nicolas Petitcollin monte son affaire à Étain, dans la Meuse, pour fabriquer des articles de coiffure en corne et en ivoire. Très vite, il s'intéresse au celluloïd, matière plastique inventée en 1856. Rentré dans l'univers du jouet, il lance en 1912 son petit baigneur, poupée faite de cette matière que l'on peut mettre dans l'eau. Durant l'entre-deux-guerres, Petitcollin® devient l'un des principaux fabricants de poupées, développant en 1936 son brevet des yeux dormeurs. Dans les années 1960 et 1970, l'usine se diversifie dans les casques de sécurité. Elle compte alors près de 1 000 salariés, mais connaît ensuite une brutale perte de vitesse. Son rachat par le Jurassien Vilac®, spécialisé dans les jouets en bois, lui permettra de survivre. Aujourd'hui, Petitcollin® a pérennisé son savoir-faire. À eux seuls, ses 10 salariés conçoivent chaque année les 15 000 dernières poupées de fabrication entièrement française.

Si un baigneur tout nu coûte moins de 10 €, la jolie Finouche, habillée par l'artiste Sylvia Natterer, revient à 150 €. Mais il s'agit d'une poupée sans phtalates nocifs et revêtue d'un coton issu de l'agriculture biologique. Pour être sûr qu'il s'agit bien d'une poupée Petitcollin®, vérifiez la présence d'une tête d'aigle, c'est le symbole de la maison ! **J. P.-R.**

SOLUTION DU VENDREDI 26

1. lino / îlot / race.
2. atlas / trace / jeudi.
3. nuitée / ginkgo / absolu.
4. croûton / oiselet / panaché.

« L'arbre qui tombe fait plus de bruit que la forêt qui pousse. »
Proverbe africain

EN FORME

Le gymnema sylvestre, pour réduire l'envie de sucre

Ses bienfaits Plante grimpante venue d'Inde, le gymnema sylvestre est riche en saponines, dont l'acide gymnémique, et en gurmarine, qui ont la propriété étonnante de diminuer l'envie de sucre en en modifiant la saveur. Votre carré de chocolat perdra son attrait gustatif ! Une étude indienne menée en 2010 a aussi montré que la prise quotidienne de 500 mg de poudre pendant 3 mois avait permis de diminuer la polyphagie (besoin excessif de manger), la glycémie, l'hémoglobine glyquée et la fatigue chez des personnes diabétiques.

Les contre-indications Déconseillé aux femmes enceintes ou allaitantes et aux personnes sous traitement hypoglycémiant.

© getsarapom/stock.adobe.com

Mode d'emploi Prenez 2 gélules de poudre de feuilles sèches de gymnema sylvestre, matin et soir (soit environ 750 mg à 900 mg par jour) 30 minutes avant le repas, avec un grand verre d'eau. C. D.

À FAIRE :

-
-
-
-
-
-
-

SUR INTERNET

Des applis pour faire des économies

TheFork, pour dénicher un bon plan resto Il vous suffit de taper le nom de l'établissement souhaité pour voir s'il propose des promotions (de 10 à 50 %). Ce n'est pas toujours le cas, mais l'application permet aussi de faire une recherche par montant de réduction. C'est l'occasion d'essayer de nouveaux lieux, parfois de grandes tables, à des prix imbattables. Créée par des Français en 2007, l'application TheFork (initialement nommée LaFourchette) a été rachetée en 2014 par TripAdvisor.

Hello Watt, pour veiller à sa consommation d'énergie Après avoir renseigné votre numéro de point de livraison (PDL, qui figure sur votre facture d'électricité) et votre adresse, l'application lance un diagnostic de votre consommation, quel que soit votre fournisseur. Votre consommation quotidienne s'affiche alors clairement et celle-ci est comparée à d'autres logements similaires ou mieux isolés. Vous observez ainsi en détail les postes les plus coûteux pour mieux comprendre comment faire baisser votre facture. Hello Watt permet surtout de créer des alertes de pics de consommation dans votre quartier afin de pouvoir réagir en cas de dépassement. C. D.

SOLUTION DU SAMEDI 27

Horizontalement : 1. ABÂTARDIES. ONCE. OCRES. **2.** PÉRIMÉE. PUER. ÉRABLE. **3.** ANCRÉE. ŒILLÈRES. ENTE. **4.** IN. AUDIBLES. GESSE. ERG. **5.** SÉVIT. DIA. AURA. OVES. **6.** ALÉSA. NE. SALINES. AN. **7.** N.B. LET. *ET CÆTERA.* PART. **8.** TOGE. RAP. OBÉI. ENCAGÉ. **9.** SURRÉALISTE. GÊ. TOC. SU. **10.** RÉ. USINE. TANTIÈMES. **11.** OSCAR. TARTINÉES. MÉTIS. **12.** RESSEMELÉE. ÈS. OBÈSES. **13**. S.S. AS. ÎLES. ÉLAN. LOF. **14.** PLOT. UNES. ALERTÉE. **15.** CADENASSE. ARIA. SENSÉE.

Verticalement : A. APAISANTS. ORSEC. **B.** BENNE. BOURSES. **C.** ARC. VA. GRECS. PD. **D.** TIRAILLER. ASILE. **E.** AMEUTÉE. EURE. ON. **F.** REED. STRAS. MATA. **G.** DÉ. IDA. ALITÉS. **H.** OBI. ÉPINAL. US **I.** ÉPELANT. SEREINE. **J.** SUIE. ÉCOT. TÉLÉ. **K.** ELSA. ABÊTI. ESA. **L.** O.R.L. USÉE. ÂNES. **M.** ÉGRATIGNÉS. AÏ. **N.** CÉRÉALE. ÉTÉ. ELA. **O.** ÈRES. IRE. ISOLÉ. **P.** ASSONANTE. BARS. **Q.** OB. ÈVE. COMMENTE. **R.** CLÉ. ESPACÉES. EN. **S.** RÊNES. AG. STÈLES. **T.** TR. ARES. ISO. **U.** SIÈGENT. UNS. FÉE.

mardi 30 janvier

Sainte Martine

« Si l'herbe est plus verte
dans le jardin de ton voisin,
laisse-le s'emmerder à la tondre. »
Fred Allen

À FAIRE :

-
-
-
-
-
-
-
-

EN FORME

Au secours, j'ai de la cellulite !

© africa-studio.com/stock.adobe.com

Cette hausse du volume des cellules graisseuses (adipocytes), qui touche 90 % des femmes, est multifactorielle (génétique, hormonale, circulatoire…) et aggravée par un mode de vie délétère. Les adipocytes peuvent grossir jusqu'à 100 fois leur taille et dégrader les fibres du derme où le gras finit par s'infiltrer, créant la fameuse peau d'orange. Au stade 1, elle n'est visible qu'en pinçant la peau ; au stade 2, en position debout ; au stade 3, quelle que soit la position. L'idéal est d'agir au premier stade, celui de la cellulite dite aqueuse. Comment faire ?

Mieux manger : augmenter les rations de protéines, qui renforcent les tissus, et celles des fruits et légumes, qui drainent. Réduire drastiquement gras et sucres, de même que le sel, qui retient l'eau.

Bouger : surtout en piscine ou dans la mer, car la résistance de l'eau intensifie le travail musculaire et améliore le drainage.

Masser : il n'existe pas de crème miracle mais celles contenant de 1 à 2 % de caféine favorisent la lipolyse (dégradation des lipides). Le lipomassage ou palper-rouler mobilise les amas graisseux pour faciliter le drainage.

La subcision : sous anesthésie locale, elle consiste à couper le tissu fibreux avec une micro-lame (surtout pour les cellulites anciennes).

La lipoaspiration : c'est-à-dire l'aspiration d'amas graisseux localisés à l'aide d'une canule introduite par incision. **M. Q.**

QUELLE HISTOIRE !

Dès 1941, Auguste Perret est appelé pour reconstruire le quartier de la gare du Havre. Il veut y élever un gratte-ciel, inspiré des beffrois. Haute de 104 m, soit la taille du beffroi de Lille, cette tour achevée en 1952 est alors le plus haut bâtiment d'Europe en béton armé ! **J.-P. R.**

Tout compte fait

Dans chacune des trois lignes, placez les nombres 2 4 6 8 9 de façon à obtenir, en réalisant quatre opérations successives, le total indiqué.

	:		+		-		x		=	54
	-		+		x		:		=	28
	x		-		+		:		=	29

SOLUTION : 8 : 4 + 9 - 2 x 6 = 54 / 9 - 6 + 4 x 8 : 2 = 28 / 6 x 9 - 4 + 8 : 2 = 29

Sainte Marcelle

mercredi 31 janvier

« La sagesse, c'est d'avoir des rêves suffisamment grands pour ne pas les perdre de vue lorsqu'on les poursuit. »
Oscar Wilde

A TABLE

Cake aux deux fromages et aux épinards

Pour 6 à 8 personnes • 100 g de jeunes pousses d'épinards • 50 g de tomme de chèvre • 1 bûche de chèvre frais • 3 œufs • 10 cl de lait de chèvre • 10 cl d'huile d'olive • 180 g de farine • 1 sachet de levure chimique • 2 c. à soupe de pesto de basilic • Sel, poivre.

1. Rincez et essorez les pousses d'épinards. Hachez-les.

2. Râpez la tomme de chèvre et coupez la bûche en épaisses rondelles, puis en cubes.

3. Fouettez les œufs avec le lait et l'huile. Incorporez la farine et la levure mélangées, assaisonnez. Ajoutez le pesto en fouettant.

4. Ajoutez les épinards, les deux fromages de chèvre et mélangez le tout à l'aide d'une spatule.

5. Préchauffez le four à 180 °C (th. 6). Huilez et farinez un moule à cake. Versez-y la pâte et enfournez pendant 45 à 50 minutes.

© Langot/Photocuisine

6. Laissez tiédir 10 minutes avant de démouler. Servez tiède ou à température ambiante. M. Q.

À FAIRE :

•
•
•
•
•
•
•
•

Sudokus

					9		2	1
	9	6						5
	3		1	7				
		1		3	7	4		
4							8	3
		8		2	5	9		
	4		6	5				
	1	5						9
					1		4	2

			6			2	1	
7			3	9				
	6	3					8	
5					8			4
	7		9	4	6			
6					5			2
	5	2					3	
3			5	7				
			8			4	2	

Solution au samedi 3 février

NOS EXPRESSIONS

TOUT SCHUSS !

À l'origine de l'expression tout schuss, née seulement au XXe siècle, le mot allemand *schuss* signifiant « coup de feu », découlant directement de l'anglais *shot*. Cela donnera naissance à *schussfahrt* pour désigner la ligne droite d'une grande pente. Descendre tout schuss signifie donc descendre à très vive allure et tout droit dans le sens de la pente. D. L.-H.

jeudi 1er février

Sainte Ella

« L'arbre qui tombe fait plus de bruit
que la forêt qui pousse. »
Proverbe africain

À FAIRE :

•

•

•

•

•

•

•

•

Mots codés

Dans la grille ci-dessous, les lettres ont été remplacées par des nombres, un même nombre représentant toujours la même lettre. Pour commencer le jeu, utilisez les lettres du mot dont le code est déjà indiqué. Les cases ci-dessous servent d'aide-mémoire ; vous pouvez y inscrire les lettres au fur et à mesure que vous les trouvez.

1 H	2 A	3 W	4 I	5 E	6 N	7	8	9	10	11	12	13
14	15	16	17	18	19	20	21	22	23	24	25	26

1 H	2 A	3 W	2 A	4 I	5 E	6 N		13	4	17	17	2	4	12	18	12
2		2		7		8		12		5		6		13		15
19	2	18	16	2	15	4	6	5		16	4	10	4	5	15	5
4		20		6		7		9		9		4		7		9
18	4	15	13	4	21	5		4	6	5	18	5	22	2	6	9
4		2		5				14				9		9		7
9	2	6	4	6		11	12	8	5	7		5	13	4	6	5
5				6		5		5		2				12		
7	2	24	18	5	9	9	5		18	23	24	5	5	6	6	5
		2				5		14		5		16				26
19	5	25	8	5		7	12	8	4	7		9	2	7	4	26
12		2		6				2				8		2		12
16	13	18	5	6	21	5	8	7		18	12	7	22	6	12	6
20		24		5		10		9		2		22		2		21
12	24	2	7	4	6	2		4	6	16	13	5	24	9	5	7
12		21		22		24		5		5		12		7		5
13	7	5	16	5	6	9	5	7		7	12	6	21	5	8	7

Solution au lundi 5 février

QUELLE HISTOIRE !

Charlemagne passa l'essentiel de sa vie sans barbe ! Sauf à la fin de sa vie, où il se la laissa pousser, en symbole de sagesse. Décrite comme *flori* (« blanc » en vieux français), terme traduit par fleuri, elle lui valut son surnom d'« empereur à la barbe fleurie » ! M. Q.

Vite, une astuce !

Si votre ordinateur portable déclenche trop souvent son ventilateur pour évacuer l'excédent de chaleur, donnez-lui un peu d'air ! Posez-le sur des bouchons de bouteille en plastique placés sous les quatre coins de la machine et… c'est le petit miracle ! Le dessous du châssis est désormais nettement mieux aéré, jusqu'à réduire au maximum les nuisances sonores. L'air chaud s'évacue librement et non plus exclusivement par les côtés. Ce système temporaire peut être remplacé par un support permanent bricolé facilement à partir d'un cadre. C. D.

« Le premier homme qui est mort a dû être drôlement surpris. »
Georges Wolinski

EN FORME

Le citron, un zeste de vitalité

Il est antiseptique, tonique, antinauséeux, et améliore les fonctions hépatiques et circulatoires. Sa forte teneur en vitamine C en fait un allié de choix contre les infections hivernales. Il apporte aussi des vitamines B, minéraux et des oligoéléments – cuivre, calcium et magnésium. Le potassium lui donne un goût acidulé mais pas acidifiant.

En jus Privilégiez les fruits issus de l'agriculture biologique et consommez-les sans tarder une fois qu'ils sont coupés : les vitamines se perdent vite. En hiver, avec de l'eau chaude et une cuillerée de miel, c'est un excellent remède contre les maux de gorge. Un jus de citron (50 ml) couvre un tiers des besoins quotidiens en vitamine C.

En aromathérapie Pour renforcer l'immunité, verser 2 gouttes d'huile essentielle (HE) de *Citrus limonum* dans une cuillerée d'huile d'olive, de miel ou sur un comprimé neutre

© Jnata_vkusidey/stock.adobe.com

à avaler le matin pendant 15 jours. Contre le mal des transports, 1 goutte d'HE sur un sucre ou diluée dans 1 cuillerée de miel, avant le départ (jusqu'à 6 fois par jour). Pour faciliter la digestion, associer 1 goutte d'HE de citron à 1 goutte d'HE de menthe poivrée.

Attention ! Les agrumes sont contre-indiqués avec certains médicaments et augmentent le risque de brûlures d'estomac ou de reflux gastriques en cas de traitement anti-inflammatoire. L'HE de *Citrus limonum*, ne doit pas être appliquée à même la peau. F. O.

À FAIRE :

•
•
•
•
•
•
•
•

Mots à rayer

Rayez dans chaque grille tous les noms de la liste. Ils peuvent se croiser et se lire en tous sens : de haut en bas et vice versa, de droite à gauche et inversement, ainsi qu'en diagonale.

E	D	O	H	T	A	C	N	A	H	G	F	A
C	I	P	E	C	R	O	P	U	A	U	L	G
A	K	A	R	A	B	R	I	B	R	U	O	G
N	N	E	N	L	E	S	A	I	D	O	L	E
I	T	E	E	K	S	R	B	N	Y	L	O	N
E	U	S	C	E	I	I	E	O	I	A	M	C
R	S	O	R	T	L	L	T	C	I	D	E	I
E	T	I	O	A	A	I	O	L	I	N	R	V
S	E	L	F	C	A	R	N	E	T	A	T	E

ÂCRETÉ
AFGHAN
AÏOLI
ALIBI
ANDALOU
BARAKA
BÉTON
BINOCLE
CARNET
CATHODE
CRÂNEUR
DINAR
FORCE
GABARIT
GENCIVE
GLUAU
GOURBI
HUISSERIE
IDOLE
KILO
NECTAR
NOBLESSE
NYLON
OINT
PORC-ÉPIC
SELF
SEREIN
STOCKER
TRÉMOLO

samedi 3 février

Saint Blaise

« Quand le vent a tout dispersé, souviens-toi. Quand la mémoire a oublié, souviens-toi. »
Mylène Farmer

À FAIRE :

•

•

•

•

•

•

•

•

•

•

Mini-fléchés

MAL ÉLEVÉ
ÂPRES AU GOÛT
CORDAGE DE MARIN
BIENHEUREUSES
BONDS DE CABRI EN JOIE
COURBA
FAUFILÉ OU SURJETÉ
POIDS DE STABILITÉ
MAUVAIS SABLES

ARRIVÉ À SON TERME
SIDÉRÉ
TAPAGE D'ÉLÈVES
ARME DE SIOUX
PETITES TERRES AUX ANTILLES
DE LA PAROLE
COFFRE À PAIN
JUPES POUR HOMMES
VIEUX SYMBOLE DU DO

RIRE (SE)
PETITS DES BICHES
NORMALE SUP
POINT CARDINAL
DÉTRUITE PEU À PEU
FUT FIN
BON VOULOIR
INTRODUIT UNE SUPPOSITION
CROCHET À VIANDE
ELLE PIQUE

USAGE
CE N'EST PAS L'AVAL
ASSOCIÉ OU MARIÉ
ARBRES À LOUPES
ASSORTIMENT VARIÉ À L'APÉRO
IMPLORA
ÇA VOLE !
IL DIRIGE UNE POINTE À TRACER
MONTAGNE GRECQUE
SITUÉES

Solution au mercredi 7 février

SOLUTION DU MERCREDI 31

8	7	4	5	6	9	3	2	1
1	9	6	2	4	3	8	7	5
5	3	2	1	7	8	6	9	4
9	2	1	8	3	7	4	5	6
4	5	7	9	1	6	2	8	3
3	6	8	4	2	5	9	1	7
7	4	9	6	5	2	1	3	8
2	1	5	3	8	4	7	6	9
6	8	3	7	9	1	5	4	2

4	9	5	6	8	7	2	1	3
7	2	8	3	9	1	5	4	6
1	6	3	2	5	4	7	8	9
5	3	9	7	2	8	1	6	4
2	7	1	9	4	6	3	5	8
6	8	4	1	3	5	9	7	2
8	5	2	4	1	9	6	3	7
3	4	6	5	7	2	8	9	1
9	1	7	8	6	3	4	2	5

AU MARCHE

La raclette

Ce fromage au lait cru de vache est idéal en cette saison. C'est une excellente source de protéines (2 g/100 g), de calcium, de phosphore, de vitamine A et B9. Elle contient toutefois des acides gras saturés et du sodium. Dans l'appareil à raclette, coupez chaque tranche en deux pour limiter votre consommation. Sinon, cuisinez-la en gratin avec des légumes. Bien emballée, elle se garde environ une semaine au réfrigérateur. **Info +** Mangez-la avec des pommes de terre, riches en potassium, pour contrer les effets nocifs du sel. M.-A. D.

« À la Sainte-Véronique,
le soleil à l'hiver fait la nique. »
Dicton

© MangAllyPop/stock.adobe.com

BALADE EN FRANCE

Salins-les-Bains, l'or blanc du Jura

La mer dans le Jura, qui l'eût cru ! Pourtant, c'est bien cette mer préhistorique, il y a 210 millions d'années, qui explique la présence de sel dans le sous-sol de Franche-Comté. Lorsque l'eau s'est évaporée, au Néolithique, l'Homme a profité de ces gisements. Au Moyen Âge, Salins-les-Bains fournit même tout l'or blanc consommé en Bourgogne, dans les Flandres et en Suisse, qui ne disposaient pas de ressources en sel jusqu'au milieu du XIXe siècle. Or, sans celui-ci, ni salaisons ni comté ou gruyère !

Le sel jouait alors un rôle si important que Salins a été pendant des siècles le premier centre urbain et industriel de Franche-Comté, fournissant 50 % des revenus de la région. Cette vallée était protégée par des forts et des remparts. 800 personnes travaillaient dans l'exploitation, 4 000 s'activaient dans les forêts pour fournir le bois de chauffe, aidées par des milliers de chevaux et de mulets. C'est d'ailleurs quand le bois est venu à manquer que Louis XV a créé la saline d'Arc-et-Senans, dont l'alimentation était assurée via un saumoduc en provenance des sources de Salins. Ce sel était indispensable : le roi le vendait à moindre coût aux Suisses en échange de soldats pour son armée.

Il faut descendre une quarantaine de marches et entrer dans la galerie souterraine pour découvrir l'exploitation. Longue de 165 m, elle a été bâtie au XIIIe siècle dans un style roman pour protéger la source des vols et des intempéries. Au milieu, une roue tourne sans discontinuer. Alimentée par les eaux de la rivière Furieuse, elle fait fonctionner le balancier long de 32 m qui actionne la pompe permettant de remonter l'eau salée dont le gisement se trouve à 240 m de profondeur. L'eau était acheminée jusqu'à de gigantesques poêles dont une subsiste. Jour et nuit, les ouvriers alimentaient les fours, par 50 °C et un taux d'humidité de 80 % ! Après douze heures de chauffe, ces 38 000 l d'eau s'évaporaient, laissant 12 t de sel. Le gisement n'est plus exploité, mais les eaux font le bonheur… des curistes venus profiter de leurs bienfaits ! **J.-P. R.**

À FAIRE :

•

•

•

•

•

•

•

•

Le saviez-vous

Débarqué en France dans les années 1920 en tant que synonyme de chandail, le mot pull-over, terme anglais formé du verbe *to pull* (« tirer ») et de *over* (« par-dessus »), a curieusement d'abord désigné Outre-Manche le voile d'un chapeau que l'on tirait par-dessus la tête… M. Q.

lundi 5 février

Sainte Agathe

« À la Sainte-Agathe sème
ton oignon, fût-il dans la glace. »
Dicton

À FAIRE:

SOLUTION DU JEUDI 1ER

1	2	3	4	5	6	7	8	9	10	11	12	13
H	A	W	I	E	N	R	U	T	X	J	O	P
14	15	16	17	18	19	20	21	22	23	24	25	26
Q	M	S	Z	L	B	K	D	G	Y	C	V	F

C'EST ARRIVÉ LE...

5 FÉVRIER 1869

La plus grosse pépite d'or jamais découverte est dénichée 3 cm sous terre en Australie par deux chercheurs britanniques, John Deason et Richard Oates. Elle pèse 72 kg et sera baptisée « Welcome Stranger ». Envoyée à Melbourne peu de temps après son exhumation, elle a été fondue et coulée en lingots. S. P.

« Beau février, c'est disette au grenier. »
Dicton

A TABLE

Baklavas

Pour 8 personnes La farce : • 3 tasses (soit 750 g) de pistaches émondées non salées • 2 c. à soupe d'eau de fleur d'oranger • 1 c. à café de cannelle • 3 c. à soupe de miel. **Le sirop** • 300 g de sucre • 1 c. à soupe de jus de citron • 2 c. à soupe d'eau de fleur d'oranger. **La pâte :** • 1 paquet de pâte filo (en grande surface) • 200 g de beurre.

1. La farce : hachez les pistaches grossièrement (réservez-en quelques-unes entières pour la décoration), mélangez-les à l'eau de fleur d'oranger, à la cannelle et au miel.
2. Le sirop : faites bouillir le sucre, ½ verre d'eau et le jus de citron dans une casserole environ 5 min après le point d'ébullition. Retirez du feu et ajoutez l'eau de fleur d'oranger. Réservez au frais.
3. La pâte : badigeonnez chaque feuille de pâte filo de beurre fondu, foncez un moule rectangulaire avec environ un tiers des feuilles.
4. Étalez dessus le mélange contenant les pistaches.
5. Recouvrez avec le reste des feuilles, beurrez le dessus, prédécoupez le baklava en petits carrés, et déposez une pistache entière dessus.
6. Enfournez 15-20 minutes à 190 °C (th. 6-7), jusqu'à ce que la pâte soit bien dorée.
7. Versez le sirop chaud sur les baklavas refroidis. Laissez reposer une journée avant de servir.

Le plus santé Réduisez de moitié la quantité de beurre. **M.-A. D.**

Recette extraite de
Ma bonne cuisine au miel,
Julie Longet,
éd. Rustica.

À FAIRE :

•

•

•

•

•

•

•

Super croisés

	A	B	C	D	E	F	G	H	I	J	K	L
1												
2						■				■		
3			■					■				
4					■							■
5							■					
6											■	
7					■							
8						■						

Horizontalement

1. Vision en relief grâce à un instrument. **2.** Individus souvent pauvres. Bonne relation. Sigle ouvrier. **3.** Chose précieuse. Qu'on ne peut traiter de pourri. Celui de carpe se passe de perche. **4.** Sandwich roulé. Sur un pied d'égalité. **5.** Grand auteur de tragédies. Capitale d'un État africain. **6.** Exclure les opposants. **7.** Crue et salée. C'est le comble quand on le trouve. **8.** Elles ne sont pas à la fête tous les jours. Prénom d'un cambrioleur.

Verticalement

A. Le créateur y expose. **B.** Jeté au sol avec violence. **C.** Symbole de l'erbium. Valider une décision. **D.** Absorbée par des voix. **E.** Agence européenne de l'espace. Fin de phrase puérile. **F.** Produit vomitif. **G.** On s'y refait une santé. Fera l'affaire. **H.** Mesure de règle. C'est une bonne façon de couper court. **I.** Petits pics. **J.** Désabusée par les circonstances. **K.** Chante au-dessus de Berne. Indique une position. **L.** À droite sur la carte. Comme un trèfle à quatre feuilles.

Solution au jeudi 8 février

mercredi 7 février

Sainte Eugénie

« Chercher à se justifier quand on n'est pas coupable, c'est s'accuser. »
Proverbe arabe

À FAIRE:

•

•

•

•

•

•

•

© Printemps/stock.adobe.com

EN FORME

Notre santé aux petits oignons

L'oignon se prête à tant de préparations qu'il permet à tous de bénéficier de ses vertus, notamment de sa quercétine super-antioxydante. Il limite la glycémie et protège le cœur. Même s'il contient des glucides, l'oignon affiche un faible indice glycémique (IG), de 10 à 15. Sa richesse en fibres et en composés soufrés limitant la sécrétion d'insuline en fait une bonne parade contre le diabète. Ses antioxydants régulent le cholestérol et fluidifient le sang, abaissant ainsi la tension artérielle et le risque de caillots. Il prend aussi soin du microbiote.

Très riche en prébiotiques, il nourrit les bonnes bactéries du côlon, qui se développent et forment un précieux microbiote intestinal bien armé pour repousser les attaques pathogènes, indispensable pour booster le système immunitaire.

Il a des vertus anticancer. Plusieurs études ont souligné qu'une consommation régulière d'oignon limitait le risque de cancer. Grâce à ses composés soufrés et à ses flavonoïdes antioxydants et anti-inflammatoires, dont la très puissante quercétine, les substances cancérigènes sont plus vite éliminées de l'organisme. Le système immunitaire reconnaît plus vite les cellules cancéreuses et peut ainsi en stopper la prolifération, voire les détruire. **M. Q.**

SOLUTION DU SAMEDI 3

■	I	■	D	■
A	M	E	R	S
■	P	L	I	A
C	O	U	S	U
■	L	E	S	T
L	I	S	E	S

■	A	■	C	■
E	B	A	H	I
■	O	R	A	L
H	U	C	H	E
■	T	■	U	T
K	I	L	T	S

■	M	■	E	■
F	A	O	N	S
■	R	U	S	A
G	R	E	■	P
■	E	S	S	E
O	R	T	I	E

■	E	■	U	■
A	M	O	N	T
■	P	R	I	A
U	L	M	■	P
■	O	E	T	A
S	I	S	E	S

Sudokus

	9				5	1	2	6
	1	3		6				8
			2			4		
							6	2
			5	2	4			
8	7							
		9			1			
1				3		2	7	
7	6	5	8				1	

	9		5	3				
8	5			4				
							4	2
	1	3	4	2		9		
		9			5	7		
	8	2	7	6		3		
							3	6
6	2			8				
	4		9	7				

Solution au vendredi 9 février

« Les deux caractéristiques essentielles de l'Anglais sont l'humour et le gazon. »
Pierre Desproges

AU JARDIN

L'anguille, une vie entre deux eaux

© Pixaterra/stock.adobe.com

Le nom anguille vient du latin anguilla, diminutif de *anguis* qui signifie « serpent » ou « vipère ». Insaisissable avec sa peau si visqueuse couverte de petites écailles incrustées, l'animal mesure en moyenne 50 cm. En eau douce, l'anguille est sédentaire et se nourrit d'insectes, de vers, de mollusques, de crustacés et de petits poissons.

Pour se reproduire, les saumons remontent les rivières tandis que les anguilles, elles, préfèrent aller à plus de 6 000 km de nos côtes, dans la mer des Sargasses, en Atlantique Nord. Après un très long voyage qui peut durer jusqu'à 450 jours, ces poissons vont pondre chacun plus d'1 million d'œufs à 400 m de profondeur. Les larves transparentes de 5 mm, ou leptocéphales à tête plate, se laissent alors porter par les courants du Gulf Stream pour rejoindre les côtes d'Europe.

Depuis 2008, l'anguille européenne est inscrite sur la liste des espèces en danger critique d'extinction. Comment expliquer cet effondrement de la population ? Certes, l'exportation des civelles (petits de l'anguille) est interdite depuis plus de dix ans hors de l'Union européenne. Mais les quotas de pêche, bien que revus à la baisse, demeurent incompatibles avec la survie de l'espèce. Imaginez que 170 milliards de civelles ont encore été prélevées l'an passé. Le braconnage, la pollution des rivières et les barrages n'arrangent pas les affaires de notre migrateur. P.-Y. N.

À FAIRE :

-
-
-
-
-
-
-
-
-

Au golf

Dans quels trous faut-il lancer une balle pour marquer un score de 38 points en trois coups ? Attention, vous ne pouvez lancer qu'une seule balle par trou.

SOLUTION : 7 + 13 + 18 = 38.

SOLUTION DU MARDI 6

S	T	E	R	E	O	S	C	O	P	I	E
H	E	R	E	S	■	A	M	I	■	O	S
O	R	■	S	A	I	N	■	S	A	U	T
W	R	A	P	■	P	A	R	E	I	L	■
R	A	C	I	N	E	■	A	L	G	E	R
O	S	T	R	A	C	I	S	E	R	■	A
O	S	E	E	■	A	R	E	T	I	E	R
M	E	R	E	S	■	A	R	S	E	N	E

vendredi 9 février

Sainte Apolline

« À la Sainte-Apolline, présage certain,
l'hiver s'achemine, ou touche à sa fin. »
Dicton

À FAIRE :

•

•

•

•

•

•

•

•

La ronde des mots

Trouvez dix-neuf mots et notez chacun d'eux dans le sens des aiguilles d'une montre autour de la case de définition correspondante. La première lettre de chaque mot est indiquée par le triangle noir. Le premier mot est donné en exemple.

Solution au dimanche 11 février

EN BEAUTÉ

La camomille soulage les peaux sensibles

Cette jolie fleur printanière jaune et blanc, de la famille des marguerites, est souveraine pour apaiser les épidermes les plus sensibles. Riche en flavonoïdes et en chamazulène, deux actifs anti-inflammatoires, la camomille soulage les irritations provoquées par la rosacée, l'eczéma ou les allergies. **Très douce, elle peut être utilisée sur les yeux,** dont elle calme les irritations. Grâce à ses vertus décongestionnantes, elle atténue les poches. La camomille renferme des polyphénols, puissamment antioxydants, qui lui confèrent une action anti-âge et antirides. **I. H.**

SOLUTION DU MERCREDI 7

4	9	7	3	8	5	1	2	6
2	1	3	4	6	9	7	5	8
5	8	6	2	1	7	4	3	9
9	5	4	1	7	8	3	6	2
6	3	1	5	2	4	8	9	7
8	7	2	6	9	3	5	4	1
3	2	9	7	5	1	6	8	4
1	4	8	9	3	6	2	7	5
7	6	5	8	4	2	9	1	3

2	9	4	5	3	1	6	8	7
8	5	7	6	4	2	1	9	3
1	3	6	8	9	7	5	4	2
7	1	3	4	2	8	9	6	5
4	6	9	3	1	5	7	2	8
5	8	2	7	6	9	3	1	4
9	7	1	2	5	4	8	3	6
6	2	5	1	8	3	4	7	9
3	4	8	9	7	6	2	5	1

Début des vacances de la zone C

Saint Arnaud

samedi 10 février

« Le bavardage ne paie pas d'impôt. »
Proverbe anglais

Mini-croisés

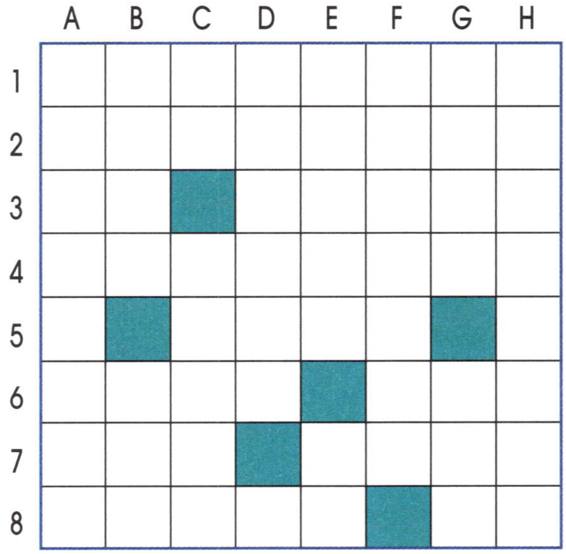

Solution au lundi 12 février

Horizontalement
1. Célèbre pour sa force et ses douze exploits. **2.** Mettant au courant. **3.** Élu abrégé. Choisie. **4.** Couvrir d'une tenture. **5.** Bières blondes. **6.** Fut mécontent. Agence européenne de l'espace. **7.** Ancienne grogne. Dialecte africain. **8.** Armes blanches. Degré de gamme.

Verticalement
A. Enjolive le conte. **B.** Greffa un scion. Artiste dadaïste. **C.** Régiment d'infanterie. Rangée de pieux. **D.** Premier des Huns. **E.** Chardon des lieux humides. Deux lettres qui prouvent qu'on n'avait pas tout dit. **F.** Quittée volontairement. **G.** Prince troyen, héros de Virgile. Au-dessus de. **H.** Relative à une côte.

À FAIRE :

•

•

•

•

•

•

•

•

VRAI-FAUX

Vos droits au volant

Au volant, téléphoner est autorisé à condition d'utiliser une oreillette.
FAUX Depuis janvier 2015, il vous en coûtera 135 € d'amende, 3 points sur votre permis, ainsi qu'une possible suspension de permis. L'oreillette, qu'elle soit filaire ou en Bluetooth®, est interdite, y compris pour les deux-roues. Il en va de même pour les casques audio ou autres écouteurs. Seuls les dispositifs Bluetooth® intégrés aux véhicules ou aux casques sont autorisés.
À l'arrêt au feu rouge, je peux être verbalisée si je me maquille.
VRAI Si aucun texte ne l'interdit explicitement, vous encourez une amende de 35 € (75 € majorés), sans retrait de points. En effet, les forces de l'ordre disposent d'un article très pratique dans le Code de la route, le R412-6, qui stipule qu'un conducteur « doit se tenir constamment en position d'exécuter toutes les manœuvres qui lui incombent ». Un agent de police pourrait estimer que vous risquez de redémarrer avec retard, gênant ainsi la circulation. **D. de T.**

C'EST ARRIVÉ LE...

10 FÉVRIER 1973

Au Parc des Princes de Paris, l'équipe de France de rugby réalise l'exploit de battre les Néo-Zélandais qu'elle n'avait vaincus qu'une fois, en 1954 ! Sous une pluie battante, emmenés par leur capitaine Walter Spanghero, les tricolores l'ont emporté avec un score de 13 à 6. **F. M.**

dimanche 11 février

Notre-Dame de Lourdes

« Il y a peu d'idéal
en ce monde, mais c'est avec
ce peu que le monde vit. »
Ernest Renan

À FAIRE :

•

•

•

•

•

•

•

•

•

© Boris Stroujko/stock.adobe.com

BALADE EN FRANCE

3 villages de charme

Saint-Cirq-Lapopie : le chouchou. Classé « Plus beau village de France » et élu « Village préféré des Français » en 2012, Saint-Cirq-Lapopie est décidément une star. Glorifiée par André Breton, cette ancienne cité de bateliers et de tourneurs sur bois, qui surplombe le Lot, ne compte pas moins de 13 monuments historiques exceptionnels. Avec ses arcades plusieurs fois centenaires, ses demeures Renaissance enrichies de colombages, ses échoppes médiévales et ses farandoles de roses trémières, la belle est à la fois un livre d'histoire et une carte postale.

Eus : bien au chaud Le 28 juin 2019, c'est Eus, un petit village des Pyrénées Orientales, qui décroche la palme du meilleur ensoleillement en France. Orienté plein sud, il trône en effet face au mont Canigou à 349 m d'altitude, cerné par des hautes montagnes qui le protègent des vents dominants que sont la tramontane, le marin et le vent d'Espagne. Par ailleurs, la construction du village en escaliers permet qu'aucune maison ne fasse de l'ombre à une autre. Le village ne connaît pas le gel; les bougainvilliers, citronniers et cactées y prospèrent. Recensé parmi les plus beaux villages de France, Eus fut aussi la terre de cœur d'Ursula Vian-Kübler, la veuve de Boris Vian. C'est là qu'elle créa une fondation consacrée à son mari.

Saint-Martin-de-Lansuscle : caché et heureux Saint-Martin-de-Lansuscle, en Lozère, ne tremble pas d'être affublé de la réputation de village le plus isolé de France. Au cœur des Cévennes, le village se limite à une rue dépourvue de commerces ; puis ce sont des hameaux et des bâtisses disséminés dans la vallée. Le premier supermarché se situe à 40 minutes de voiture, le distributeur de billets, à 25 minutes et la maternité, à Alès, à 1 h 20. Côté ravitaillement, ses 197 habitants – dont 70 % ont plus de 60 ans ! – peuvent compter sur le passage hebdomadaire du camion boulangerie-épicerie. En revanche, il n'y a aucun médecin à la ronde, seulement des infirmiers qui arpentent la vallée. C'est le prix à payer pour profiter d'une tranquillité totale ! **D. L.-H.**

SOLUTION DU VENDREDI 9

Ligne 1 : repère, retapé, crypte, martyr. **Ligne 2 :** enivré, alevin, pétrel, triste. **Ligne 3 :** vortex, velcro, renflé, satané. **Ligne 4 :** trempé, crémer, ferrer, adhère. **Ligne 5 :** meneur, mutine, revêtu, endive.

« Si vous fermez la porte à toutes les erreurs, la vérité restera dehors. »
Rabindranath Tagore

Maxi-mot

Trouvez, pour chaque ligne horizontale et verticale, le mot le plus long possible. Marquez autant de points que le nombre de lettres de chaque mot et comparez votre score avec la table ci-dessous.

	A	B	C	D	E	F	G	H	I
1	A	E	I	T	E	T	L	N	M
2	I	E	A	L	R	F	C	R	I
3	T	M	R	E	O	P	P	U	R
4	B	T	L	T	E	U	I	E	O
5	L	O	N	M	I	D	L	E	A
6	C	L	E	R	B	I	E	T	E
7	N	P	O	I	T	R	O	C	S
8	A	O	M	E	R	O	T	R	I
9	E	R	N	A	L	C	A	I	B

Débutant : de 2 à 99 points
Novice : de 100 à 124 points
Confirmé : de 125 à 144 points
Expert : de 145 à 159 points
Champion : de 160 à 163 points

TOTAL

points

HORIZONTALEMENT

1- .... pts
2- .... pts
3- .... pts
4- .... pts
5- .... pts
6- .... pts
7- .... pts
8- .... pts
9- .... pts

Sous-total pts

VERTICALEMENT

A- .... pts
B- .... pts
C- .... pts
D- .... pts
E- .... pts
F- .... pts
G- .... pts
H- .... pts
I- .... pts

Sous-total pts

Solution au lmardi 13 février

À FAIRE :

•

•

•

•

•

•

•

•

•

AU MARCHE

L'ananas

C'est la saison de ce délicieux fruit exotique qui ensoleille l'hiver. Choisissez-le français, tel le Victoria qui pousse sur l'île de la Réunion. Plus petit que les autres, il est juteux, parfumé et certifié Label Rouge depuis 2006. Pauvre en calories, l'ananas contient des fibres, des vitamines C, B, A, K, E, du manganèse, du potassium, et de la bromélaïne, une enzyme qui facilite la digestion des protéines.
Pour un plein de vitamines, savourez-le en salade avec des agrumes, du kiwi, arrosés de jus d'orange ou bien en smoothie ou en carpaccio. Mûr à point, il se conserve environ 4 jours à température ambiante.
Info + Ôtez une feuille de l'ananas, si elle vient facilement, il est à point. **M.-A. D.**

SOLUTION DU SAMEDI 10

H	E	R	A	C	L	E	S
I	N	I	T	I	A	N	T
S	T	■	T	R	I	E	E
T	A	P	I	S	S	E	R
O	■	A	L	E	S	■	N
R	A	L	A	■	E	S	A
I	R	E	■	P	E	U	L
E	P	E	E	S	■	R	E

mardi 13 février

Mardi gras

Sainte Béatrice

« Au mois de février,
chaque herbe fait son pied. »
Dicton français

À FAIRE :

•

•

•

•

•

•

•

•

•

AU JARDIN

Un kiwi chez soi

© dimakp/stock.adobe.com

Baptisé « groseille de Chine » ou « souris végétale », le kiwi est arrivé sur nos étals dans les années 1970 et est vite devenu un fruit de consommation courante. D'autant que la France en produit désormais 50 000 tonnes par an. Pour en cultiver chez soi, il faut avoir de la place : la plante peut se hisser à plus de 15 m de hauteur. Au jardin, on lui offre des supports comme une pergola, une tonnelle ou un mur où elle sera conduite sur des fils de fer tendus. Pour empêcher l'enchevêtrement de ses branches, on la taille une fois en hiver, comme la vigne, puis en cours d'été, pour ne laisser que 4 ou 5 feuilles au-dessus des fruits bien formés.

Hayward, la variété la plus populaire et la plus productive, donne des gros kiwis cylindriques de près de 150 g chacun. La baie aux poils marron présente une chair vert clair, ponctuée de graines noires. Abbott, très parfumée et plus précoce produit des fruits d'environ 70 g. Les kiwis Bruno et Monty, très goûteux mais plus petits, ne dépassent pas 50 g.

Il faut compter trois bonnes années pour récolter les premiers fruits. Pour les conserver, cueillez-les avant maturité courant octobre, toujours sans leur pédoncule. Les fruits encore durs sont stockés tout l'hiver, sur des claies, dans une pièce sombre et fraîche ou dans le bac à légumes du réfrigérateur. Pour les déguster à point, il suffit de les mettre en sac avec des pommes. Cueillis plus tard, impérativement avant les premières gelées, les fruits se consomment sans tarder, frais ou en confiture. **P.-Y. N.**

D'un mot à l'autre

En regroupant et en mélangeant les lettres de chaque mot, donné avec la lettre qui le suit, trouvez un second mot composé de sept lettres.

1 BACLER + U = _ _ _ _ _ _ _

2 FOREUR + C = _ _ _ _ _ _ _

3 MAGNER + A = _ _ _ _ _ _ _

4 ANODIN + M = _ _ _ _ _ _ _

5 MARIER + D = _ _ _ _ _ _ _

SOLUTION : 1/ Câbleur. 2/ Forceur. 3/ Manager. 4/ Mondain. 5/ Madrier.

SOLUTION DU LUNDI 12

Horizontalement : 1. Alitement, mentalité. **2.** Clarifier. **3.** Prompteur. **4.** Oubliette. **5.** Médaillon. **6.** Célébrité. **7.** Pronostic. **8.** Moratoire. **9.** Balancier, calabrien.

Verticalement : A. Bâclaient, câblaient, cantabile. **B.** Métropole. **C.** Normalien. **D.** Altimètre. **E.** Oblitérer. **F.** Productif. **G.** Pacotille. **H.** Ceinturer. **I.** Ambroisie.

« Un homme sans défauts est comme une montagne sans crevasses. Il ne m'intéresse pas. »
René Char

VRAI-FAUX

À bicyclette...

Griller un feu rouge ou un stop à vélo peut faire perdre des points sur le permis de conduire.
FAUX Un retrait de points n'est possible que pour les infractions commises avec un véhicule exigeant un permis de conduire. À vélo, vous pouvez toutefois écoper d'une amende d'un même montant qu'en voiture.
Je dois porter un gilet réfléchissant la nuit si je circule en dehors d'une ville.
VRAI L'article R431-1-1 du Code de la route prévoit que lorsqu'il circule la nuit, ou le jour quand la visibilité est insuffisante, tout conducteur (ou passager) d'un cycle doit porter hors agglomération un gilet de haute visibilité conforme à la réglementation, sous peine d'une amende de 35 €. Un conseil : mettez ce type de gilet dès que vous prenez votre bicyclette !
À vélo, il est possible de prendre les voies en sens interdits
FAUX Sauf dans certaines voies où un panneau indique que les vélos peuvent rouler à contresens. Pour en savoir plus, consultez les conseils des associations Prévention Routière et Assureurs. **D. de T.**

À FAIRE :

•

•

•

•

Petits fléchés

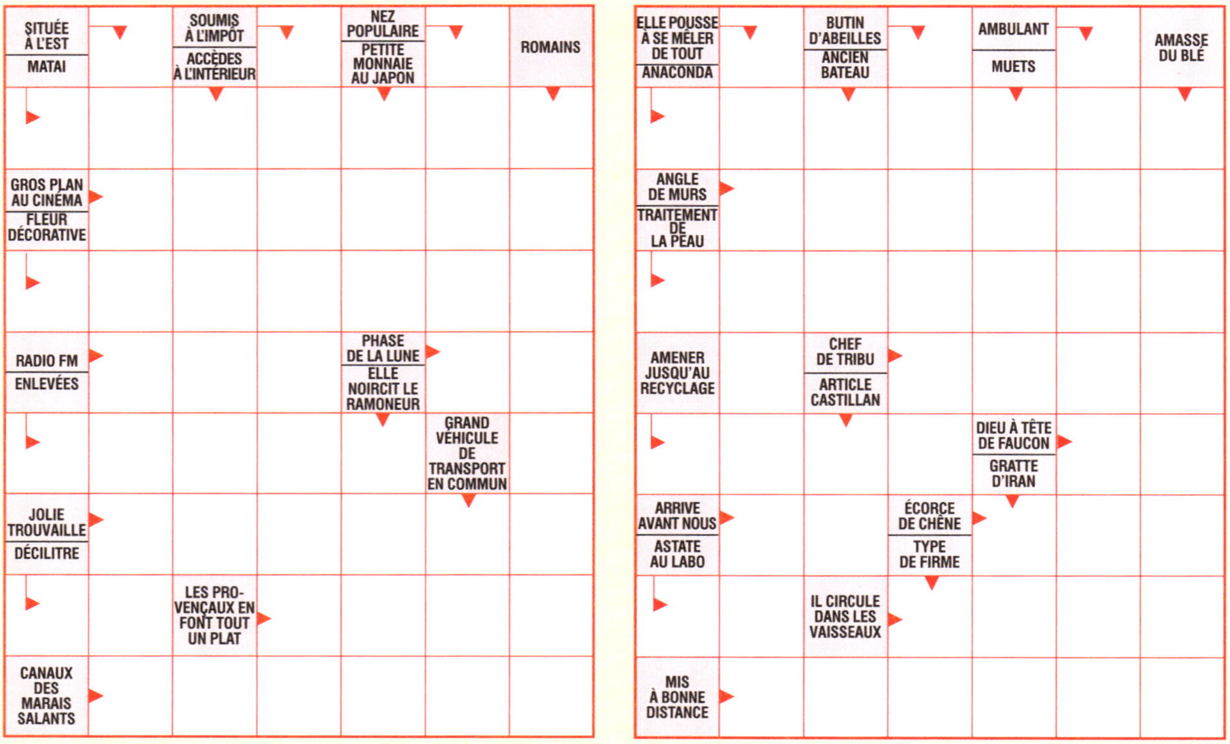

Solution au vendredi 16 février

jeudi 15 février

Saint Claude

« À mi-février, la merlette doit couver. »
Dicton

Mots croisés

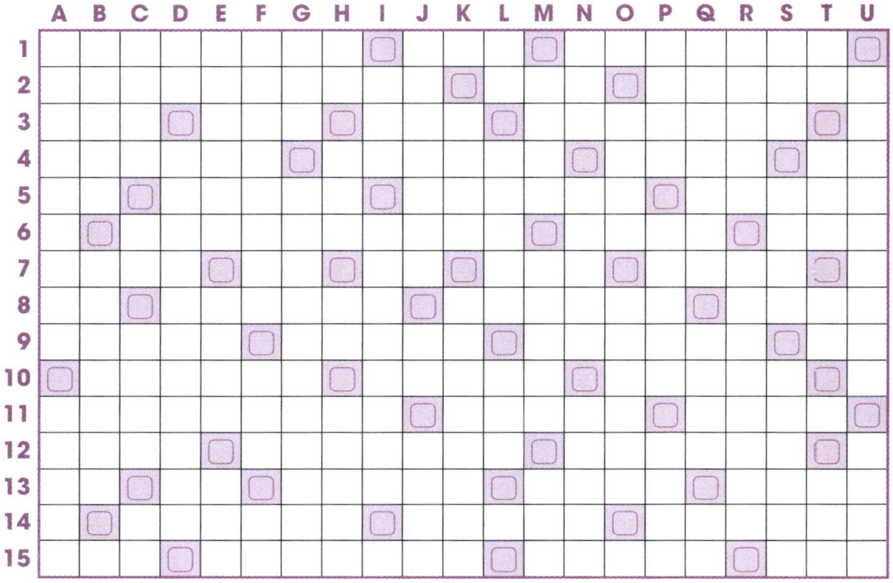

Solution au dimanche 18 février

Horizontalement

1. Ne sont pas parfaits. Être en formation. Châssis de fenêtres à coulisse. **2.** Fait d'eau. C'est sans importance ! Accrochée chez le diamantaire. **3.** Tête couronnée. Groupe prioritaire. Mettait fin au service. Dans ce domaine, il y a des fumées sans feu. **4.** Est victime du coup du lapin. Noue une intrigue. Disque en couleur. Grecque. **5.** Pronom réfléchi. Membre de la famille. Tout juste centenaire. Mal de fou... **6.** Rassemblées sans ordre. Mer qui se retire à vue d'œil. Cardinal. **7.** Perle de production. Au goût du jour. Donne naissance à des répétitions. Le quatrième est le bon. Types. **8.** Ton pour la diva. Procède à un renvoi. Mis en rotation à la campagne. Reçoit ou est reçu. **9.** Inspira Ronsard. Un homme à l'aise. Se répand. Marque la surprise. **10.** Démonstration. Souvent pressée dans le Sud. Inutile. **11.** Changent de couleur selon le milieu. Fille de sainte Anne. Travaille au stand. **12.** Paresseux de naissance. Taperas sur une caisse suisse. Possessions mal vues par la loi. **13.** Cité sur la Tille. Préposition. Agave du Mexique. Il peut être attendu pour voyager. Région espagnole. **14.** Au milieu de rien. Spirituels en matière de religion. Relative à un morceau de l'intestin. **15.** Vieux je. Relevées. Petite avec deux roues. Amérindien.

Verticalement

A. Travailleur de la terre. Lessive. **B.** Là n'est pas l'essentiel. Traversent les steppes. **C.** Admettons. Fleuve du Pas-de-Calais. Est préférable en musique. Prêtresse d'Héra. **D.** Mis en stock. On pourrait dire demi-mondaines. **E.** Arrive au cirque. Rougit sous le soufflet. Se prête à des retournements. **F.** Terrain piégé. On y est assis, mais secoué. Saint de la Manche. **G.** Près de Coblence. Réaliser. **H.** Sur la boussole. Objet d'une guerre. Non révélé. Es très vigilant. **I.** Richesse liquide. Facteurs. **J.** Qui était peut-être en voie d'extinction. Pour un tiers seulement. Élimé. **K.** Ville d'Amérique. Très bêtes. **L.** On grelotte dans son lit. Épreuves. Te déplaces. **M.** Marque la présence de deux éléments simultanés. Est bien connu pour sa souplesse. Animal qu'on peut trouver en ligne. **N.** Eau parfumée. Un homme du cercle... Diapré. **O.** Mettre en doute. Enroulées. **P.** Chef biblique. Tira à lui. Ne fut pas bon avec Abel. **Q.** Un tour du monde. Énoncée. Chemin pour pêcheur. **R.** Elle permet de varapper. File rarement un mauvais cocon. **S.** Forme d'être. Monnaie sud-américaine. Anneau en cordage. **T.** Mot pour rêver. Source d'un petit coup de blanc. La thermie. Affluent du Danube. **U.** Brisées menu. Charge en bât.

À FAIRE :

•

•

•

•

•

•

•

•

C'EST ARRIVÉ LE…

15 FÉVRIER 1974

Coluche débarque à l'Olympia avec son premier *one-man show, Mes adieux au music-hall*. Sur la mythique scène parisienne, il arbore déjà sa salopette à rayures et son tee-shirt jaune qui deviendront sa tenue de scène fétiche. En 1985, il fonde l'association Les Restos du cœur, quelques mois avant de mourir dans un accident de moto, en juin 1986. **S. P.**

Sainte Julienne

vendredi 16 février

« La patience est amère,
mais son fruit est doux. »
Proverbe français

A TABLE

Testez les marinades de poisson

Mets emblématique du Pérou, le ceviche est réalisé à partir de poissons blancs crus, marinés dans une sauce au citron vert, à la coriandre et piment : le leche de tigre. Thibaut Spiwack, chef du restaurant *Anona* à Paris, explique : « L'acidité du citron attaque la chair et provoque une cuisson par osmose. Sur un petit filet, 10 minutes de macération suffisent. » Martin Maumet, chef du *Kitchen Galerie Bis* à Paris, dévoile quelques secrets pour réussir ses marinades : « Choisir un poisson pêché à la ligne, sa chair n'est pas abîmée, sa texture plus dense. En février, je privilégie la daurade, le mulet, le bar. Première étape : laissez reposer les filets 10-20 minutes sur un lit de gros sel gris, côté peau, pour raffermir la chair. N'hésitez pas à parfumer le sel avec des herbes (coriandre, aneth, persil, menthe…) ou des zestes d'agrumes. » Pour réaliser la sauce, j'utilise de l'huile d'olive et des agrumes (citron de Menton, de Meyer, yuzu). Découpez les fruits en tranches et laissez-les macérer avec le poisson. **Pour contrebalancer l'amertume et offrir de la rondeur,** ajoutez un peu de gelée de piment d'Espelette, un vinaigre balsamique blanc ou de pomme. Laissez reposer 2 à 3 minutes, servez aussitôt avec des navets marinés ou un mélange de salade amère aux agrumes. » **M.-A. D.**

© Africa Studio/stock.adobe.com

À FAIRE :

-
-
-
-
-
-
-
-
-

Mots à mot

En regroupant et en mélangeant les lettres des deux mots de quatre lettres proposés, composez un troisième mot de huit lettres.

REEL + LACS = S _ _ _ _ _ _ _

GONG + FEAL = _ _ _ F _ _ _ _

SOUL + LION = _ _ _ _ _ _ O _

SOLUTION : Sarcelle - Gonflage - Souillon.

SOLUTION DU MERCREDI 14

■	O	■	A	■	T	■
D	R	E	S	S	A	I
■	I	N	S	E	R	T
P	E	T	U	N	I	A
■	N	R	J	■	N	L
O	T	E	E	S	■	I
■	A	S	T	U	C	E
D	L	■	T	I	A	N
■	E	T	I	E	R	S

■	C	■	N	■	I	■
E	U	N	E	C	T	E
■	R	E	C	O	I	N
L	I	F	T	I	N	G
■	O	■	A	S	E	R
U	S	E	R	■	R	A
■	I	L	■	T	A	N
A	T	■	S	A	N	G
■	E	C	A	R	T	E

samedi 17 février

Début des vacances de la zone A

Saint Alexis

« Le jour idéal pour réaliser une chose, c'est le jour où on a décidé de la faire. »
Proverbe japonais

À FAIRE:

-
-
-
-
-
-
-
-

Sudokus

			8		1			
4								7
7				6				2
			1		3			
	5		6		4		1	
	3	1				9	5	
			9	4	6			
		5		2		4		
		9				6		

8		6	7					
				9	6			
							3	7
	2	3				7		
	1		3	8			9	
	8	4				2		
							4	8
				1	4			
5		1	6					

			4			2	8	
	7	5						
					6	5		
7				9				5
9	6			7			2	4
1				4				9
		2	8					
						6	4	
	4	7			1			

	2	4		6	7			
	1							7
	6				8			4
			4	1	5			
		3				5		
			7	8	3			
9			3				6	
4							2	
			8	2		3	1	

Solution au mercredi 21 février

A TABLE

3 recettes express aux herbes sauvages

Pâtes au pesto à l'ail des ours Mixez une poignée de feuilles d'ail des ours avec 10 cl d'huile d'olive et quelques pignons de pin grillés. Salez, poivrez et relevez de quelques gouttes de jus de citron. Ajoutez aux pâtes.

Omelette verte Lavez et essorez l'équivalent d'un saladier de pointes d'ortie, hachez-les grossièrement au couteau, puis faites-les revenir quelques minutes dans une poêle avec une échalote émincée. Ajoutez des œufs battus pour préparer votre omelette.

Œuf mollet au pissenlit Faites revenir quelques dés de poitrine fumée dans une poêle, ajoutez une poignée de feuilles de pissenlit ciselées. Salez, poivrez légèrement et servez avec un œuf mollet (6 minutes de cuisson une fois l'œuf plongé dans l'eau bouillante). **I. G.**

C'EST ARRIVÉ LE...

17 FÉVRIER 1909

Le guerrier Apache Geronimo meurt à l'âge de 79 ans des suites d'une pneumonie. Il aura consacré toute sa vie à combattre les autorités américaines et mexicaines pour conserver les terres de son peuple. Il est enterré au cimetière national de Fort Sill, en Oklahoma. **S. P.**

« À la Sainte-Bernadette,
souvent le soleil est de la fête. »
Dicton

EN CHANSON

1973 Serge Lama « Je suis malade »

En 1971, Serge fait la connaissance d'une certaine Alice Dona ; elle compose pour lui la musique d'*Un jardin sur la terre*, titre qu'il présente à l'Eurovision. Il ne gagne pas le trophée mais quelque chose de bien plus précieux: une amitié au long cours avec Alice. Leur collaboration s'accompagne de grandes confidences, notamment lorsque Serge quitte Daisy, son épouse depuis 1968, pour Michèle dont il est fou amoureux. Elle voyage sans cesse pour son travail. Lui est toujours en tournée; leurs retrouvailles sont trop rares et il en souffre terriblement.

Au printemps 1972, il débarque chez Alice en soupirant que cette histoire le rend malade Ce cri du cœur la conduit à son piano et naissent ainsi les premières notes de la chanson. Lorsqu'ils se retrouvent, la partition est écrite. Serge demande à Alice de la jouer en boucle tandis que, d'un trait, il pose les mots. Les deux acolytes sont emballés par leur création, mais pas la maison de disques.

© Claude Delorme/Universal Music France/Gamma-Rapho

La chanson est trop sombre... On lui préfère de loin *Les P'tites femmes de Pigalle,* qui éclipse *Je suis malade* et *La chanteuse a 20 ans* et le fait passer pour un gai luron alors qu'il est en réalité un poète mélancolique. *Je suis malade* passe à la trappe mais c'est sans compter l'interprétation de Dalida quelques mois plus tard. Immense succès! Regrettant toujours de ne l'avoir pas immortalisée à deux voix avec Dalida, Serge enregistre un duo virtuel en 2003. **D. L-H.**

« Je ne rêve plus, Je ne fume plus / Je n'ai même plus d'histoire / Je suis sale sans toi, Je suis laid sans toi / Je suis comme un orphelin / dans un dortoir / Je n'ai plus envie de vivre ma vie / Ma vie cesse quand tu pars / Je n'ai plus de vie / Et même mon lit / Se transforme en quai de gare / Quand tu t'en vas / Je suis malade / Complètement malade / Comme quand ma mère sortait le soir / Et qu'elle me laissait seul avec mon désespoir. »

Musique: Alice Dona. Paroles : Serge Lama. Label : Philips, 1973.

À FAIRE:

•

•

•

•

•

•

•

SOLUTION DU JEUDI 15

Horizontalement : 1. CASSATES. ADO. TRAPPES. **2.** ÉCOULEMENT. BAH. SERTIE. **3.** ROI. UNS. ITE. VÉNERIE. **4.** ATTEND. FLIRTE. IRIS. PI. **5.** ME. NIÈCE. SIÈCLE. PÉPIE. **6.** ATTROUPÉES. ARAL. EST. **7.** STAR. IN. RE. TOP. MECS. **8.** TA. ÉJECTE. ASSOLÉ. HÔTE. **9.** ÉRATO. RUPIN. INONDE. HÉ. **10.** PREUVE. OLIVE. VAINE. **11.** RAINETTES. MARIE. TIRE. **12.** UNAU. TIPERAS. RECELS. **13.** IS. ÈS. SISAL. VISA. LEÓN. **14.** ISOLÉE. PÈRES. ILÉALE. **15.** EGO. CORSÉES. REINE. UTE.
Verticalement : A. CÉRAMISTE. RUINE. **B.** À-CÔTÉ. TARPANS. **C.** SOIT. AA. ARIA. IO. **D.** SU. ENTRETENUES. **E.** ALUNIT. JOUE. SOC. **F.** TENDERIE. V.T.T. LÔ. **G.** EMS. CONCRÉTISER. **H.** S.-E. FEU. TU. ÉPIES. **I.** NIL. PRÉPOSÉS. **J.** ATTISÉE. IL. RÂPÉ. **K.** ERIE. ANIMALES. **L.** OB. TESTS. VAS. **M.** AVEC. OSIER. VER. **N.** THÉ. LAPON. IRISÉ. **O.** NIER. LOVÉES. **P.** ASER. AMENA. CAÏN. **Q.** PÉRIPLE. DITE. LÉ. **R.** PRISE. CHENILLE. **S.** ÉTÉ. PESO. ERSEAU. **T.** SI. PIS. TH. OLT. **U.** ÉMIETTÉES. ÂNÉE.

lundi 19 février

Saint Gabin

« L'amour, c'est le genre de maladie qui n'épargne ni les intelligents ni les imbéciles. »
Albert Camus

À FAIRE :

•
•
•
•
•
•
•
•
•

EN FORME

Six astuces pour ne pas manquer de magnésium

© monticellllo/stock.adobe.com

Quelles sont les eaux minérales les plus riches en magnésium ? Rozana (160 mg/l), Hépar (119 mg/l), Badoit (80 mg/l), Contrex (75 mg/l), Quézac (69 mg/l), Courmayeur (68 mg/l), San Pellegrino (51 mg/l). Buvez jusqu'à 1 l par jour, sauf en cas de maladie rénale, car il s'agit d'eaux fortement minérales.
Mangez des graines de courge, lin, tournesol, sésame, chia... Une cuillerée à soupe (20 g) apporte de 65 à 120 mg de magnésium. Pour agrémenter salades, potages, purées, pâtes à pain, quiches...
Adoptez le germe de blé Une cuillerée à soupe de germe de blé ou de levure de bière procure de 30 à 50 mg de magnésium, et au moins 10 % de l'apport journalier conseillé en vitamines B et E. À incorporer dans un yaourt, une soupe ou une purée.
Boostez son assimilation Le magnésium est plus facilement assimilé lorsqu'il est associé à des aliments à fibres solubles (ail, oignon, artichaut, endive, poireau, banane...).
Associez-le à la vitamine B6 En cas de stress, ces deux nutriments sont indispensables pour libérer les neuromédiateurs du bien-être. La vitamine B6 est présente dans les poissons gras, les abats, les volailles et les pommes de terre.
Limitez l'alcool et la caféine Les excès d'alcool (plus de deux verres de vin par jour) et de caféine (plus de trois tasses de café ou de thé par jour) augmentent les pertes de magnésium par voie urinaire. F. D.

AU MARCHE

Le raifort

Jusqu'au printemps, (re)découvrez les saveurs relevées de cette racine ancienne au goût proche de la moutarde. Privilégiez les plantes qui ont poussé dans une terre saine, exempte de pesticides. Très riche en vitamine C, le raifort est utile pour stimuler le système immunitaire en hiver. Il contient aussi des fibres et du potassium en grande quantité. Dégustez-le râpé avec des betteraves crues et des pousses d'épinard, arrosez votre préparation d'huile de colza et de vinaigre balsamique pour l'assaisonner Le raifort se conserve plusieurs mois au réfrigérateur.
Info + Remplacez le sel de la vinaigrette par une pointe de raifort. M.-A. D.

C'EST ARRIVÉ LE...

19 FÉVRIER 1973

Le cercueil du maréchal Pétain est volé à l'île d'Yeu. Deux jours plus tard, Hubert Massol est interpellé : le militant d'extrême-droite projetait de déplacer la dépouille à Douaumont, où Pétain avait dit vouloir reposer près des soldats tombés à Verdun. S. P.

Sainte Aimée

« Il est plus décent d'avoir un grand nez que deux petits. »
Proverbe breton

A TABLE

Velouté butternut-coco

Entrée pour 4 personnes • 1 courge butternut (900 g environ) • 40 cl de lait de coco • 20 cl d'eau • 1 c. à soupe de bouillon de légumes • 1 c. à café de curry • Graines de courges et baies roses pour la finition.

1. Épluchez la courge. Enlevez les graines avec une cuillère, taillez la chair en dés.

2. Dans une grande casserole, versez le lait de coco puis plongez-y les dés de courge.

3. Ajoutez l'eau, assaisonnez le tout avec le bouillon de légumes et le curry. Laissez mijoter sur feu moyen pendant 25 minutes.

4. Une fois la chair attendrie, mixez le mélange jusqu'à obtenir une texture onctueuse et légèrement liquide. Parsemez de graines de courge et de baies roses concassées juste avant de servir.

Le plus santé Le lait de coco est une alternative végétale intéressante au lait de vache, il contient des fibres, des vitamines B, C, E, des sels minéraux et des oligoéléments (calcium, magnésium, fer, sélénium, cuivre, manganèse...). **M.-A. D.**

Recette extraite de *Boissons végétales,* Marie-Laure Tombini, éd. Larousse.

À FAIRE :

•

•

•

•

•

•

•

Super croisés

	A	B	C	D	E	F	G	H	I	J	K	L
1												
2								■				
3					■							
4				■								
5						■			■			■
6					■						■	
7				■								
8								■				

Horizontalement

1. Bourse du travail. **2.** Qui ne crache pas beaucoup. Pas froide du tout. 3. Se lance pour qu'on la suive. Bon cœur. **4.** Blonde qui peut se faire siffler. Victime d'un violent venin. **5.** Feras bonne figure. Belle à collier. Préposition. **6.** Ville où l'on a pu crier victoire. Opère à l'Opéra. **7.** Temps fort. Temps de paix. **8.** Prend l'air. Utiles à des gens qui ont l'habitude de frapper un grand coup.

Verticalement

A. Refaire le ménage. **B.** N'est pas hors classe. **C.** De nos jours. **D.** Donne des nouvelles. Premier cours de Français. **E.** Fait pleurer la geisha. Article pour boxer. Il fait rêver. **F.** Coureur à plumes. Adverbe sur plaques. **G.** Femme qui a des rapports. **H.** Place forte. **I.** Préfixe multiplicateur. Ne sont pas démunis. **J.** Ce que l'on y fait est sage. **K.** Portées par des loups. Bois de table. **L.** Lolo. Coureurs sur piste.

Solution au jeudi 22 février

mercredi 21 février

Saint Damien

« Les choses ne se disent pas. La parole, c'est la petite vague au-dessus ; mais les profondeurs, ça ne se voit pas. »
Marcel Pagnol

À FAIRE :

•

•

•

•

•

•

•

•

Mini-croisés

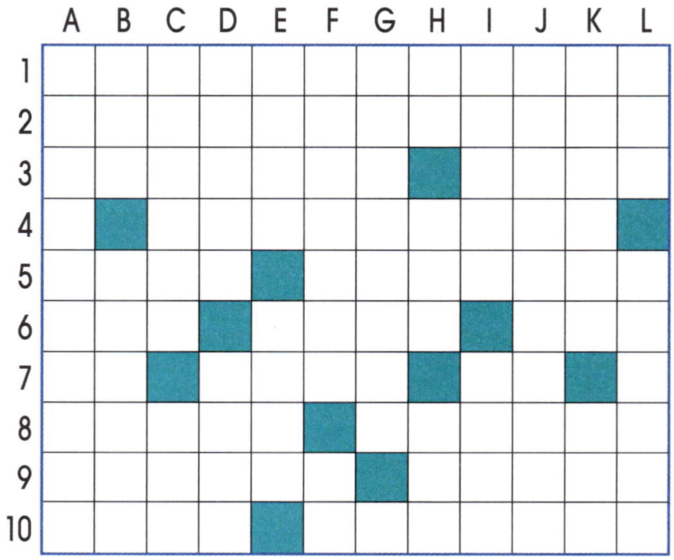

Solution au samedi 24 février

Horizontalement
1. Abus d'écritures. **2.** En avançant sur les pointes. **3.** Sportif qui efface des barres. Ville de Belgique. **4.** Elle permet de faire des achats sans quitter son fauteuil. **5.** Qui a probablement eu sa place au soleil. Tiré de l'oubli. **6.** Eau parfumée. Haut plateau des Andes. Met un terme au discours. **7.** Chiffre antique. Couverture en toute saison. Bête calme. **8.** Mettre en garde à vue. Les images sont sa spécialité. **9.** Faire la pluie et le beau temps. On y entre... avec crainte. **10.** Il coule en de vertes régions. Femme de géant.

Verticalement
A. Elle doit ses lettres de noblesse à Vespasien. **B.** Américain à la langue bien pendue. Subtiliser. **C.** Élément de charpente. Boîte à cartes. **D.** Mise en écusson. Sa gousse est laxative. **E.** Monnaie du Cambodge. Modèle spirituel. **F.** Porteur d'eau. Un bout du royaume. **G.** Arrivée inopinée. **H.** Sélénium. Fait un signe aux Grecs. Base de comparaison au golf. **I.** Finit par se dégager. Le plus grand des petits. **J.** Diminués. **K.** Il entre dans la cheminée. Célèbre lieu de cure. **L.** Il a le cœur chaud. Comme une vieille blague.

SOLUTION DU SAMEDI 17

5	2	6	8	7	1	3	4	9
4	9	8	5	3	2	1	6	7
7	1	3	4	6	9	5	8	2
9	7	4	1	5	3	8	2	6
8	5	2	6	9	4	7	1	3
6	3	1	2	8	7	9	5	4
1	8	7	9	4	6	2	3	5
3	6	5	7	2	8	4	9	1
2	4	9	3	1	5	6	7	8

8	5	6	7	3	1	9	2	4
4	3	7	2	9	6	8	1	5
1	9	2	8	4	5	6	3	7
6	2	3	4	5	9	7	8	1
7	1	5	3	8	2	4	9	6
9	8	4	1	6	7	2	5	3
2	6	9	5	7	3	1	4	8
3	7	8	9	1	4	5	6	2
5	4	1	6	2	8	3	7	9

3	9	6	4	1	5	2	8	7
2	7	5	3	8	9	4	1	6
4	8	1	7	2	6	5	9	3
7	2	4	1	9	3	8	6	5
9	6	3	5	7	8	1	2	4
1	5	8	6	4	2	7	3	9
6	3	2	8	5	4	9	7	1
5	1	9	2	3	7	6	4	8
8	4	7	9	6	1	3	5	2

5	2	4	9	6	7	1	8	3
3	1	8	5	4	2	6	9	7
7	6	9	1	3	8	2	5	4
2	9	7	4	1	5	8	3	6
8	4	3	2	9	6	5	7	1
1	5	6	7	8	3	9	4	2
9	8	2	3	7	1	4	6	5
4	3	1	6	5	9	7	2	8
6	7	5	8	2	4	3	1	9

EN BEAUTE

Une lotion apaisante visage et yeux

Jetez une cuillerée à soupe de fleurs de camomille séchées dans une tasse. Versez 250 ml d'eau bouillante et laissez infuser 10 minutes à couvert. Filtrez et laissez refroidir la préparation. Imbibez-en un coton que vous passerez en fin de démaquillage pour parfaire le nettoyage et apaiser votre peau. Vous pouvez également en imprégner des compresses stériles, à laisser poser 10 minutes sur vos yeux gonflés. Soulagement garanti ! **I. H.**

Sainte Isabelle

jeudi 22 février

« Le sérieux naît d'une surestimation du temps. »
Hermann Hesse

© weyo/stock.adobe.com

EN FORME

Les bons réflexes anti-froid

S'échauffer: faites une série de flexions-extensions avant de sortir.
Opter pour la technique de l'oignon: au lieu d'enfiler une doudoune sur un tee-shirt, superposez trois couches (une anti-transpirante, une qui apporte de la chaleur, une qui protège des éléments). Cela permet aussi de s'effeuiller une fois à l'intérieur et de limiter les chocs thermiques.
Respirer par le nez ou à travers une écharpe. Ainsi, l'air qui parvient aux poumons est plus chaud qu'en respirant par la bouche.
Protéger ses extrémités: choisissez des chaussures assez grandes pour porter deux paires de chaussettes ou y glisser une semelle en feutre, et préférez les moufles (portées par-dessus des gants en soie, si besoin), le contact interdigital favorisant l'échange de chaleur.
Bouger: en attendant le bus, montez sur vos pointes de pied, croisez-décroisez amplement les bras. Peu importe le regard des autres, dans le froid, on bouge! **M. Q.**

D'un mot à l'autre

En regroupant et en mélangeant les lettres de chaque mot, donné avec la lettre qui le suit, trouvez un second mot composé de sept lettres.

1	ÉCUMER	+	X	=	
2	POTIER	+	E	=	
3	OCTAME	+	E	=	
4	PORTER	+	P	=	
5	VALOIR	+	E	=	

SOLUTION : 1/ Crémeux. 2/ Poterie. 3/ Acétone. 4/ Propret. 5/ Variole.

À FAIRE:

•

•

•

•

•

•

•

•

•

SOLUTION DU MARDI 20

R	E	M	U	N	E	R	A	T	I	O	N
E	C	O	N	O	M	E	■	E	M	U	E
M	O	D	E	■	E	N	T	R	A	I	N
A	L	E	■	O	U	T	R	A	G	E	E
R	I	R	A	S	■	I	O	■	E	S	■
I	E	N	A	■	T	E	N	O	R	■	D
E	R	E	■	S	E	R	E	N	I	T	E
R	E	S	P	I	R	E	■	T	E	E	S

vendredi 23 février

Saint Lazare

« On ne ferait pas une divinité de l'amour, s'il n'opérait souvent des miracles. »
Antoine-François Prévost

À FAIRE :

•

•

•

•

•

•

•

•

•

La ronde des mots

Trouvez dix-neuf mots et notez chacun d'eux dans le sens des aiguilles d'une montre autour de la case de définition correspondante. La première lettre de chaque mot est indiquée par le triangle noir. Le premier mot est donné en exemple.

Solution au dimanche 25 février

C'EST ARRIVÉ LE...

23 FÉVRIER 1455

Gutenberg achève d'imprimer son premier livre: une bible! L'homme, originaire de Mayence en Allemagne, a réalisé cette prouesse grâce à des caractères mobiles et une presse. L'ouvrage original est conservé à la bibliothèque publique. S. P.

A TABLE

La mangue

Savourez-la en hiver et choisissez-la bien colorée pour une maturité optimale. Elle est bien pourvue en vitamine C et en bêtacarotène, deux nutriments précieux pour stimuler le système immunitaire. La mangue contient également des fibres, du potassium, du phosphore, du magnésium. Mixez-la en soupe, parfumez-la avec du citron vert, de la menthe et un peu de gingembre. Bien mûre, conservez-la 48 heures maximum au réfrigérateur, sinon une semaine à température ambiante.

Info + Si elle est trop filandreuse, mixez-la en coulis. **M.-A. D.**

« Agissez de sorte qu'on sourie en pensant à vous. »
Mazouz Hacène

Mini-fléchés

Grille 1

- CONTENU DE BALLON
- TOSCAN
- FLÉTRIRA
- ARBRE EN INDE
- CAPITALE DE LA WALLONIE
- FLIRT D'UN MEC
- VILLE DE L'OREGON
- AVANT ALLAN POUR POE
- COURS QU'ON PEUT SAUTER...

Grille 2

- CANDEUR
- AVEC MALMAISON
- STATUE COUCHÉE
- ROI DE FRANCE
- PAYSAGE ÉCOSSAIS
- IMITA LE SIOUX
- SUR LA MEUSE
- ALLONGE LE BRAS
- FAIBLE DOSE

Grille 3

- PATENT
- BORBORYGME
- CHAÎNE VOISINE
- LIVRE DE BASE
- HALÉS AU PORT
- LAC D'ITALIE
- ATOLL DE YAREN
- ARBRE À FAUVE
- JEU DE CARTES

Grille 4

- TUE AU COUTEAU
- SAUCE PARFUMÉE
- MOUTARDE
- EXERCICE SCOLAIRE
- CAISSES
- GRANDE DAME INDIENNE
- CARGO
- AFFLUENT DE L'ADOUR
- PUNAISES

Solution au mardi 27 février

À FAIRE :

•
•
•
•
•
•
•
•
•

EN BEAUTE

Le miel, hydratant et antiseptique

En cosmétique, le miel possède de nombreuses propriétés. Il est très intéressant pour son pouvoir hydratant et nourrissant, comme l'explique Pauline Malzac, responsable scientifique d'Alvadiem®: « Très concentré en sucre, il permet de retenir l'eau dans les tissus (...). Les résultats sont bluffants, puisque l'on peut obtenir jusqu'à + 90 % d'hydratation en une heure. » Grâce à ses enzymes, le miel est aussi antiseptique, indique-t-elle. « Celles-ci nettoient et éliminent les bactéries pathogènes, tout en respectant le microbiote », un atout majeur pour les peaux à tendance acnéique. **V. K.**

SOLUTION DU MERCREDI 21

P	A	P	E	R	A	S	S	E	R	I	E
I	R	O	N	I	Q	U	E	M	E	N	T
S	A	U	T	E	U	R	■	A	S	S	E
S	■	T	E	L	E	V	E	N	T	E	■
O	C	R	E	■	D	E	T	E	R	R	E
T	H	E	■	P	U	N	A	■	E	T	C
I	I	■	S	E	C	U	■	A	I	■	U
E	P	I	E	R	■	E	P	I	N	A	L
R	E	G	N	E	R	■	A	N	T	R	E
E	R	N	E	■	O	G	R	E	S	S	E

dimanche 25 février

Saint Roméo

« Rien ne va de soi. Rien n'est donné. Tout est construit. »
Gaston Bachelard

À FAIRE:

•

•

•

•

•

•

•

•

•

© Domaine du Rayol © Office de Tourisme de Rayol-Canadel-sur-Mer

BALADE EN FRANCE

Le domaine du Rayol face à la Grande Bleue

Dès l'entrée, le décor est posé. En bordure de la côte varoise, face aux îles du Levant et de Port-Cros, 7 hectares de plantations offrent des paysages qui sont à la fois familiers et étrangers. Lorsque Gilles Clément se voit confier la mission de créer un jardin sur le domaine du Rayol, il choisit de s'inspirer des régions du monde qui offrent le même climat que la Méditerranée. La promenade mène le visiteur du Var à l'Australie, de l'Afrique du Sud au Chili, de la Californie au bassin méditerranéen. Ici, aucun nom de plante n'est indiqué. C'est pourquoi il vaut mieux suivre d'abord une visite guidée avant de se perdre dans ses massifs dont les terrasses surplombent la Méditerranée. Bien souvent, les chemins ne sont que des cadeaux offerts par les jardiniers pour se perdre au milieu des hampes florales du Chili, des fougères arborescentes de Nouvelle-Zélande ou de pléiades de protées, fleur nationale d'Afrique du Sud.

Côté bâtiments, c'est une immersion dans les Années folles qui attend le public. Alfred Courmes, un homme d'affaires originaire du Sud, y fit construire, dans les années 1910, une magnifique villa qui sera vendue à un promoteur et transformé pour devenir l'Hôtel de la Mer. Au bout du domaine, le Rayolet, une autre belle maison où l'avionneur Henry Potez et sa famille ainsi que son directeur financier Abel Chirac, père de Jacques, s'étaient réfugiés. Ce dernier fut supris un jour par le jardinier en train de sectionner les fils du téléphone du PC allemand!

À l'aube des années 1970, la villa est à l'abandon et les promoteurs lorgnent à nouveau sur ce site enchanteur. Mais les habitants se rebellent et le Conservatoire du Littoral acquiert la propriété, confiant la réalisation des jardins à Gilles Clément. En contrebas, la Grande Bleue est là, à portée de main… À la belle saison, quand les odeurs du maquis envahissent l'atmosphère, il faut enfiler masque et palmes dans l'ancien garage à bateau et glisser dans l'eau pour visiter le onzième jardin du Domaine: le milieu marin! **J. P. R.**

SOLUTION DU VENDREDI 23

Ligne 1: œuvre, prévue, cadrer, armada. **Ligne 2:** vrille, verdir, rentré, arcane. **Ligne 3:** lettre, doigté, tertio, ânière. **Ligne 4:** tesson, glisse, terril, éthéré. **Ligne 5:** sélect, sénile, ramené, eczéma.

« Une seule chose compte, c'est la gaieté, ne laisse jamais personne te l'enlever. »
Christian Bobin

À FAIRE :

•
•
•
•
•
•
•
•

A TABLE

Carpaccio de betteraves et chèvre frais

© Photocuisine/StockFood/Sucré Salé

Entrée pour 6 personnes • 1 oignon rouge • 1 c. à soupe de vinaigre balsamique blanc • 200 g de chèvre frais • 5 cl de crème liquide entière • 2 c. à café de miel • Poivre, sel • 2 betteraves crues rouges • 2 betteraves crues jaunes • 2 betteraves Chioggia crues (selon la saison, variété rose veinée de blanc) • 6 radis ronds • 6 c. à soupe d'huile d'olive.

1. Épluchez l'oignon rouge, taillez-le en rondelles à la mandoline. Versez dessus le vinaigre balsamique blanc, couvrez. Placez au frais 30 minutes.

2. Fouettez le chèvre frais avec la crème liquide. Ajoutez le miel, le poivre et le sel. Réservez au frais.

3. Épluchez les betteraves. Coupez-les en fines rondelles à la mandoline ainsi que les radis.

4. Déposez dans chaque assiette des rondelles de betteraves, d'oignon rouge et de radis, en alternant les couleurs. Arrosez votre carpaccio d'un filet d'huile d'olive, salez et poivrez. Servez avec la crème de chèvre frais et du mesclun.

Info + Choisissez une huile de noix ou de noisette pour relever les saveurs de la betterave, ajoutez quelques morceaux de fruits secs concassés. **M.-A. D.**

AU JARDIN

Le vigoureux aralia du Japon

Pour une déco tendance, adoptez un aralia du Japon ou *Fatsia japonica*. On aime ses grandes feuilles palmées vert brillant ou marbré de blanc crème chez sa variété « Spider's Web », ainsi que le port compact de « Moseri ». La plante au feuillage persistant exige une lumière vive mais n'a pas besoin de chaleur pour se développer.

Sa place préférée Dans une entrée lumineuse ou une pièce avec un chauffage au minimum pour lui épargner le gel hivernal qui noircit son feuillage.

Aux petits soins L'hiver, n'arrosez que si les feuilles commencent à s'affaisser. L'été, suivez de près l'arrosage et dopez la croissance à l'engrais.

Notre astuce Aux beaux jours, rempotez la plante et placez-la dehors à l'ombre. **P.-Y. N.**

C'EST ARRIVÉ LE...

26 FÉVRIER 1806

L'architecte Jean-François Chalgrin commence les travaux de l'Arc de Triomphe de l'Étoile, à Paris. Souhaité par Napoléon Ier qui voulait renouer ainsi avec la tradition romaine, il sera inauguré en 1836 par le roi Louis-Philippe. Le monument offre un panorama de choix sur la capitale. **S. P.**

mardi 27 février

Sainte Honorine

« Quand un homme veut tuer un tigre, il appelle cela : “sport”. Quand un tigre veut le tuer, il appelle cela : “férocité”. »
George Bernard Shaw

À FAIRE :

•

•

•

•

•

•

•

A TABLE

Poulet épicé à la libanaise

Pour 6 personnes • 1 gousse d'ail • 3 citrons bio • 6 hauts de cuisse de poulet fermier • 1 c. à café de zaatar[1] • 1 c. à café de sumac[2] • 3 c. à soupe d'huile d'olive • 1 oignon rouge • Persil plat ou coriandre • Sel et poivre du moulin.

1. Épluchez l'ail puis hachez-le.
2. Coupez deux citrons en tranches de 0,5 cm et pressez le jus du troisième citron.
3. Dans un saladier, mettez les morceaux de poulet, le zaatar, le sumac, l'ail, le jus de citron et l'huile. Salez, poivrez. Mélangez avec les mains pour que le poulet s'imprègne bien des arômes. Laissez mariner au frais pendant 1 heure.
4. Préchauffez le four à 80 °C (th. 6).
5. Disposez le poulet et les tranches de citron dans un plat à four. Nappez de marinade. Enfournez pendant 30 minutes, en mélangeant à mi-cuisson.
6. Épluchez et émincez finement l'oignon. Effeuillez le persil.
7. Parsemez le plat de lamelles d'oignon et de pluches de persil au moment de servir. **M. Q.**

© Ploton/Photocuisine

1. Le zaatar est un mélange d'épices et d'aromates (thym, sumac et sésame, auxquels peuvent s'ajouter sarriette, origan, cumin...) utilisé au Moyen-Orient.
2. Le sumac est un arbuste méditerranéen dont les petites baies sont séchées, puis concassées. Sa couleur rouge foncé et son parfum citronné sont emblématiques de la cuisine moyen-orientale. On trouve les deux produits en magasin spécialisé ou en grande surface.

SOLUTION DU SAMEDI 24

	P		F	
P	I	S	A	N
	N	A	N	A
S	A	L	E	M
	R		R	U
E	D	G	A	R

	P		G	
R	U	E	I	L
	R	U	S	A
S	E	D	A	N
	T	E	N	D
Z	E	S	T	E

	C		S	
B	R	U	I	T
	I	S	E	O
N	A	U	R	U
	N	E	R	E
A	T	L	A	S

	S		S	
F	U	M	E	T
	R	A	N	I
L	I	N	E	R
	N	I	V	E
N	E	P	E	S

Le bon signe

Entre chaque nombre, placez l'un des quatre signes + x : et - afin d'obtenir le total indiqué. Chaque signe n'apparaît qu'une seule fois par opération.

3	6	8	2	7	=	29
10	2	9	6	3	=	81
9	4	7	2	8	=	48

SOLUTION : 3 + 6 x 8 : 2 - 7 = 29 / 10 : 2 + 9 x 6 - 3 = 81 / 9 - 4 + 7 : 2 x 8 = 48.

Saint Romain

« La volonté d'aimer, de vivre, est un arbre naturel, vigoureux, qui vous pousse dans le corps. »
Andrée Chedid

EN FORME

Les bourgeons, source de vitalité

Le cassis Son bourgeon augmente la résistance globale de l'organisme et a un effet anti-inflammatoire sur les articulations ou le système circulatoire. Il a une action régénératrice sur le foie et la thyroïde.

Le figuier Il régule les troubles digestifs, avec un effet anti-inflammatoire sur les muqueuses intestinales. Il agit sur tous les désordres du système nerveux et, associé à l'aubépine, il calme les palpitations.

© Mauro Tombolini/stock.adobe.com

Le tilleul Son bourgeon globuleux rééquilibre le système nerveux et favorise l'endormissement. Il a aussi un effet dépuratif, notamment actif contre le cholestérol et l'acide urique. P.-Y. N.

À FAIRE:

-
-
-
-

Petits fléchés

DE DIX JOURS
LIBÉRER, DÉLIVRER
GÂTÉE
CIRCULE À BUDAPEST
ASPIRER TRÈS FORT
PRÉNOM
MET BIEN DU MONDE SUR LE SABLE
PAPIER ROULÉ
L'EMBARRAS DU CHOIX
IL MONTE LE TON
PRÉPARÉ COMME UN POISSON
IL N'ACCEPTE AUCUNE CONTRAINTE
FRIVOLE OPPOSITION
FÊTE MUSULMANE
À L'ORIGINE DE L'ITALIE
SENTIER COURU
ACIDE EN GÉNÉTIQUE
BON CONDUCTEUR
DONNA UN CERTAIN LUSTRE
ÉVITER AVEC ADRESSE

CHERCHEUR EN HERBE
RÉVÉRER
ÊTRE AU BORD DE...
CHANTS ANTIQUES
CHIFFRE ROND
EXILER
REPRISE EN FILATURE
DÉSERT SAHARIEN
SIGNAL DE DÉTRESSE
DÉCLARÉE NULLE
OBJETS DU CULTE
AVEC ÉMULATION (À L')
LETTRES POUR UN HOMME EN BLANC
NOTE
CERTAINS
ARRIVÉ AUX PAVILLONS
NOURRITURE DES GOURMANDS
ENDROIT OÙ ÇA BOUCHONNE

Solution au jeudi 29 février

jeudi 29 février

Saint Auguste

« Donnez assez de corde à un voleur
et il se pendra lui-même. »
Proverbe anglais

À FAIRE :

•

•

•

•

•

•

•

•

•

Mots codés

Dans la grille ci-dessous, les lettres ont été remplacées par des nombres, un même nombre représentant toujours la même lettre. Pour commencer le jeu, utilisez les lettres du mot dont le code est déjà indiqué. Les cases ci-dessous servent d'aide-mémoire ; vous pouvez y inscrire les lettres au fur et à mesure que vous les trouvez.

1 S	2 P	3 A	4 T	5 U	6 L	7 E	8	9	10	11	12	13
14	15	16	17	18	19	20	21	22	23	24	25	26

1 S	2 P	3 A	4 T	5 U	6 L	7 E		2	21	10	20	4	10	6	6	7
5		11		4		8		7		1		3		3		2
9	7	12	3	10	6	6	10	9		1	7	18	10	1	19	7
20		5		6		3		8		5		10		1		10
21	20	13	5	7	20	4		7	11	7	6	14	7	10	1	1
19		7		19				5				3		4		4
15	3	9	15	7		3	1	1	7	16		17	7	5	1	7
9				20		22		7		7				11		
7	23	7	20	4	5	7	6		21	15	1	21	6	7	4	7
		24				20		24		9		9				26
23	7	5	23	7		7	4	5	23	7		8	3	20	10	26
21		10		1				21				25		3		6
10	19	2	3	4	10	7	20	4		4	25	7	21	9	10	7
1		10		9		2		10		9		1		8		5
10	22	7	15	3	20	3		7	13	21	5	4	4	21	10	9
20		9		11		23		20		20		9		1		7
7	23	7	20	7	19	7	20	4		7	6	7	23	7	5	9

Solution au vendredi 1er mars

SOLUTION DU MERCREDI 28

	D		C		P	
D	E	F	A	I	R	E
	C	O	R	N	E	T
V	A	R	I	E	T	E
	D	I	E	S	E	
P	A	N	E		N	A
	I	T		A	D	N
G	R		C	I	R	A
	E	L	U	D	E	R

	B		L		Z	
H	O	N	O	R	E	R
	T	E	N	E	R	E
S	A	N	G	L	O	T
	N	I	E	E		I
C	I	E	R	G	E	S
	S	S		U	N	S
U	T		S	E	V	E
	E	C	U	R	I	E

A TABLE

L'endive

Jusqu'en avril, profitez-en. Vérifiez que ses feuilles sont serrées, fermes et brillantes. Privilégiez les productions locales proposées en vrac pour éviter le suremballage. Faiblement calorique, elle contient des fibres douces, des vitamines B9 et C, des antioxydants et du potassium…
Dégustez-la en salade avec des morceaux de poire, des noix et un bon bleu. Très fragile, conservez-la 3 à 4 jours maximum au réfrigérateur.
Info + Adoucissez l'endive avec un mélange de moutarde et de yaourt. **M.-A. D.**

« Qu'est-ce que l'homme ?
Il est cette force qui finit toujours
par balancer les tyrans et les dieux. »
Albert Camus

EN FORME

37,2 °C le matin ?

S'il n'y a pas de chiffre précis fixant la bonne température corporelle, on l'estime normale quand elle se situe à peu près entre 36,5 °C et 37,5 °C. On parle de fièvre à partir de 38-38,5 °C, mais l'indicateur le plus significatif est un écart d'environ 1 degré par rapport à sa température normale.

Si la température dépend du métabolisme de chacun et du cycle menstruel chez les femmes, si elle fluctue au cours de la journée, elle est toujours un peu plus basse au réveil et un peu plus élevée le soir (de 0,5 °C). En cas de maladie déclarée, il est conseillé de faire deux prises par jour : le matin (après avoir attendu 10 minutes si on dort sous une grosse couette) et vers 17-18 h pour vérifier que la température matinale n'a pas « explosé », signe d'activation d'un foyer infectieux. Chez les enfants et les seniors, ou en cas de pathologie aiguë, des mesures plus rapprochées sont nécessaires : au-delà de 39 °C, il y a un risque de convulsions.

© Wayhome Studio/stock.adobe.com

Poser la main sur le front suffit-il à détecter la fièvre ? Mieux vaut se fier à des urines foncées et à la persistance de longs frissons. Le meilleur outil reste le thermomètre frontal à infrarouge (sans contact), qui indique la mesure en 1 ou 2 secondes, contre 2 à 3 minutes par voie rectale avec un thermomètre classique. En prise axillaire (aisselle), peu fiable, ajouter 1 minute de pose et de 0,3 °C à 0,5 °C. **M. Q.**

À FAIRE :

•
•
•
•
•
•
•
•
•
•

Ana-mots

En regroupant et en mélangeant les lettres des deux mots de quatre et trois lettres proposés, composez un troisième mot de sept lettres.

HURE + DOC = _ _ _ _ _ _ R

REPU + VIE = _ _ _ _ _ _ E

SALE + FUT = _ _ _ _ _ _ E

SOLUTION : Doucher - Pieuvre - Sulfate.

SOLUTION DU JEUDI 29

1	2	3	4	5	6	7	8	9	10	11	12	13
S	P	A	T	U	L	E	C	R	I	D	J	G
14	15	16	17	18	19	20	21	22	23	24	25	26
W	B	Z	Y	X	M	N	O	K	V	Q	H	F

samedi 2 mars

Saint Charles le Bon

« La vérité rend libre et il vaut mieux se défier de ceux qui ne sont pas de cet avis. »
Michel Folco

Sudokus

À FAIRE :

9		7				4		8
		1	7		6	5		
	4	6	9		8	7	3	
	7						9	
	9		3		7		5	
				5				
7	8						1	4
3			2		1			6
				3				

4								2
7			5	4	2			8
				7				
			1	9	7			
		1		8		7		
3		8				2		9
	9						3	
6			3		8			5
	1		4		9		8	

6			8			9		
			1	4				
	9					3		1
	6	2	5		8		1	
					1		9	
	3	1	2		6		4	
	2					6		5
			6	8				
5			3			1		

		5		4		1		
4				2				7
3								6
			3		5			
	5			7			9	
	2		8		9		5	
			7		4			
		9				8		
	1	6				9	4	

Solution au lundi 4 mars

QUELLE HISTOIRE !

Les Grecs anciens pensaient que l'anguille était issue d'un croisement entre une murène et une vipère. Si nous connaissons aujourd'hui le cycle de ce poisson migrateur apparu il y a 70 millions d'années, certaines étapes de sa vie demeurent inconnues.

P.-Y. N.

NOS EXPRESSIONS

TÉLÉPHÉRAGE, TÉLÉPHÉRIQUE OU TÉLÉFÉRIQUE ?

En 1923, le Larousse introduit la mention du téléphérique. C'est alors un adjectif « qui concerne le téléphérage », défini comme un véhicule en mouvement suspendu à des câbles. Mais c'est au grec que le mot emprunte véritablement, *tèle* signifiant « loin » et *pherein*, « porter ». Le téléphérage, destiné au transport des matériaux, voit le jour en 1872. La première installation pour les humains est construite en 1908 dans le Wetterhorn, sommet des alpes bernoises. Une révolution ! Le terme se transforme bientôt en téléphérique ou téléférique. Il faudra des années pour que le Larousse tranche en faveur du « ph ». **D. L.-H.**

« Oublions ces examens qui agissent comme des aimants pernicieux en orientant les efforts vers la “réussite”. »
Albert Jacquard

© ChamonixOT-Vallee-de-Chamonix-Alexandre-Juillet

Chamonix, une station au sommet

La formidable destinée de Chamonix démarre en 1741, lorsque deux Anglais, William Windham et Richard Pococke, découvrent une gigantesque langue glaciaire qu'ils nomment Mer de glace. Leur récit enthousiaste lance le tourisme dans la vallée. À l'époque, les voyageurs s'avèrent bien plus fascinés par les glaciers que par les pics inaccessibles. Mais dès 1760, le naturaliste genevois Horace Bénédict de Saussure offre une récompense au premier qui gravira le mont Blanc. Ces montagnes font peur, mais les Chamoniards se métamorphosent en guides polyglottes pour accueillir, comme l'écrit Victor Hugo, « des voyageurs élégants, des femmes parées ».
Aujourd'hui, tout voyage à Chamonix commence face à l'église Saint-Michel, bâtie au XIIe siècle par les moines de Saint-Michel-de-la-Cluze. En face, l'ancien prieuré abrite la Compagnie des guides créée en 1821. À Chamonix, les guides font partie de l'histoire. Rue du Dr Paccard, une fresque montre ces « héros ». Au sommet, voici Marie Paradis, la première femme à gravir le toit de l'Europe en 1808. En dessous, Roger Frison-Roche et Gaston Rébuffat côtoient Louis Lachenal, vainqueur de l'Annapurna. Si Maurice Herzog dirigeait cette expédition en 1950, il ne figure pas sur la fresque. Ici, certains lui reprochent toujours son urbanisme débridé lorsqu'il était maire.
Pourtant, la Cité sportive dessinée par Roger Taillibert, architecte du Parc des Princes à Paris, s'avère plutôt réussie malgré quelques tours disgracieuses. Il faut visiter le musée des Cristaux, un des plus beaux de France. Dans une vitrine, voici le trésor du Kangchenjunga. En 1966, cet avion d'Air India s'écrase sur le massif. Depuis, la montagne charrie des vestiges du drame. En 2013, un alpiniste trouve ainsi sur le glacier des Bossons des milliers d'émeraudes et de saphirs dans un coffret. En 2021, ce trésor est partagé: 50 % pour le découvreur, 50 % pour la ville, qui l'expose aujourd'hui… **J.-P. R.**

À FAIRE:

-
-
-
-
-
-
-
-

Le saviez-vous

Les émigrés russes exportent le goût du caviar après la révolution de 1917. Dès 1921, le chef français Émile Prunier en sert dans son restaurant parisien. Associé à un officier exilé, il organise la première production française en Gironde, qui va donner une vingtaine de tonnes par an jusque dans les années 1950. Aujourd'hui, la France est le premier consommateur au monde après la Russie. J.-P. R.

lundi 4 mars

Rentrée de la zone A

Saint Casimir

« Si tu veux aller vite, marche seul mais si tu veux aller loin, marchons ensemble. »
Proverbe africain

À FAIRE :

•

•

•

•

•

•

•

•

SOLUTION DU SAMEDI 2

9	2	7	5	1	3	4	6	8
8	3	1	7	4	6	5	2	9
5	4	6	9	2	8	7	3	1
1	7	5	4	8	2	6	9	3
4	9	8	3	6	7	1	5	2
2	6	3	1	5	9	8	4	7
7	8	2	6	9	5	3	1	4
3	5	4	2	7	1	9	8	6
6	1	9	8	3	4	2	7	5

4	8	6	9	3	1	5	7	2
7	3	9	5	4	2	1	6	8
1	2	5	8	7	6	3	9	4
2	6	4	1	9	7	8	5	3
9	5	1	2	8	3	7	4	6
3	7	8	6	5	4	2	1	9
8	9	2	7	6	5	4	3	1
6	4	7	3	1	8	9	2	5
5	1	3	4	2	9	6	8	7

6	1	7	8	5	3	9	2	4
2	5	3	1	4	9	8	6	7
8	9	4	7	6	2	3	5	1
4	6	2	5	9	8	7	1	3
7	8	5	4	3	1	2	9	6
9	3	1	2	7	6	5	4	8
3	2	8	9	1	4	6	7	5
1	7	9	6	8	5	4	3	2
5	4	6	3	2	7	1	8	9

2	8	5	6	4	7	1	3	9
4	6	1	9	2	3	5	8	7
3	9	7	5	8	1	4	2	6
9	7	4	3	1	5	2	6	8
6	5	8	4	7	2	3	9	1
1	2	3	8	6	9	7	5	4
8	3	2	7	9	4	6	1	5
5	4	9	1	3	6	8	7	2
7	1	6	2	5	8	9	4	3

Tout compte fait

Dans chacune des trois lignes, placez les nombres 1 2 5 7 8 de façon à obtenir, en réalisant quatre opérations successives, le total indiqué.

	+		-		x		:		=	42
	-		+		x		:		=	44
	:		+		x		-		=	62

SOLUTION : 5 + 8 - 1 x 7 : 2 = 42 / 7 - 1 + 5 x 8 : 2 = 44 / 8 : 2 + 5 x 7 - 1 = 62.

« On ne creuse pas un puits avec une aiguille. »
Proverbe anglais

A TABLE

Cheesecake au coulis de mangue

© Lady Coquillette/Photocuisine/Sucré Salé

Pour 6 personnes • 250 g de sablés anglais • 100 g de beurre demi-sel fondu • 1 citron • 1 mangue bien mûre • 2 c. à café de sucre • 400 g de mascarpone • 400 g de fromage (type Philadelphia) • 120 g de sucre glace • 1 fruit de la passion.

1. Mixez les biscuits finement, mélangez-les au beurre fondu. Tapissez-en le fond d'un moule à charnière de 20 cm chemisé. Placez au frais.
2. Zestez le citron, pressez le jus.
3. Mixez la chair de la mangue afin d'obtenir un coulis, ajoutez le sucre. Versez 1 à 2 cuillerées de jus de citron. Réservez au frais.
4. Fouettez le mascarpone avec le fromage et le sucre glace. Ajoutez les zestes de citron. Fouettez jusqu'à ce que la crème prenne. Versez dans le moule. Lissez le dessus et réservez au frais au moins 3 heures.
5. Une fois la surface bien refroidie, versez le coulis de mangue et répartissez la pulpe du fruit de la passion. Réservez 4 heures au frais avant de servir.
Info + Un savoureux dessert à décliner avec des fruits de saison. **M.-A. D.**

À FAIRE :

•
•
•
•
•
•
•

Super croisés

	A	B	C	D	E	F	G	H	I	J	K	L
1												
2						■					■	
3									■			
4										■		
5						■						■
6							■					
7				■						■		
8					■							

Horizontalement
1. En rajouter dans la mièvrerie. **2.** Protégea une casserole. Rendu plus agréable à l'œil. **3.** Trouve la bonne position. Auteur d'*Histoires extraordinaires*. **4.** Grande sensibilité. L'Europe en raccourci. **5.** Accomplis. Un habitué des froids de canard. **6.** Station des Bouches-du-Rhône. Fromage de chèvre au goût piquant. **7.** Première épouse de Jacob. Détention entraînant la détention. Désinence verbale. **8.** Dirigent les marins qui rentrent au port. Fille de Fantine.

Verticalement
A. Pellicule du petit écran. **B.** Soumise à des radiations. **C.** La nouvelle plutôt vague. **D.** Rendre moins brillant. **E.** Indiquer un parcours. **F.** Suivaient un Henri béarnais. Brusque et cassant. **G.** Spécialiste du doublage. Pour tout ce qui se fait à deux. **H.** Elles n'ont pas inventé la poudre. **I.** Il est à l'origine de bruits de couloir. L'homme de l'hôtel de ville. **J.** Mesure d'énergies. Points opposés sur une carte. **K.** Bordure réduite. **L.** Mouvement qui n'est pas canalisable. Devise de Suède.

HIVER

mercredi 6 mars

Sainte Colette

« Être riche, ce n'est pas avoir de l'argent, c'est en dépenser. »
Sacha Guitry

À FAIRE :

•

•

•

•

•

•

•

AU JARDIN

L'art du compostage

Le secret du compostage, c'est d'alterner les couches. D'une part, les matériaux verts, pour leur richesse en azote et, d'autre part, ceux dits bruns ou secs, bien pourvus en carbone. Nul besoin d'être bon en chimie pour comprendre que l'azote sera apporté par les fanes de légumes, les épluchures de fruits, le marc de café, les tontes de gazon et les mauvaises herbes. Quant au carbone, il sera fourni par les feuilles mortes, la paille, les déchets de taille, le carton et les copeaux de bois. Les spécialistes recommandent vingt fois plus de carbone que d'azote.

S'il engloutit volontiers les déchets du jardin, les fanes de légumes, les coquilles d'œufs et le marc de café, votre silo à compost n'est pas une poubelle ! N'y déversez ni la viande ni le poisson et encore moins les graisses ou les litières de vos animaux de compagnie. Cela ne ferait qu'attirer les rongeurs. Évitez aussi la cendre de bois, les cartons épais et les peaux d'agrumes. Rassurez-vous, la montée en température à plus de 50 °C à l'intérieur du silo détruira les graines des mauvaises herbes et les germes. P.-Y. N.

Vite, une astuce !

Regonfler ses pneus régulièrement est un minimum, car s'ils sont sous-gonflés de 0,5 bar, ils augmentent la consommation de 2 à 3 %. Le filtre à air doit être changé avant les 60 000 ou 80 000 km selon la préconisation. Sale, il freine le débit du moteur et augmente sa consommation et son encrassement. Idem pour les bougies qui supportent mal les 60 000 à 100 000 km qu'elles sont censées durer.

Sudokus

		6		2		8		
		8		1		7		
			7		4			
	5						9	
		2	4	6	8	5		
	3						2	
4								5
			1		9			
2	9						8	4

3	4					5		7
			3	1				
		5				8		
	7				6		1	
			8	4	2			
	9				3		5	
		4				1		
			5	2				
8	5					4		9

Solution au vendredi 8 mars

Sainte Félicité

« À la Sainte-Félicie,
tous les lilas sont fleuris. »
Dicton

Mini-fléchés

C'EST LA DISETTE / PIQUA LA VIANDE		UNE IMBÉCILE		LA PLUS ÂGÉE DE LA FAMILLE
JEUNE DE LA BASSE-COUR		CHIFFRES ROMAINS / APPEL À L'AIDE		
ÉLÉMENT DE GAMME / FLOUÉE				

INACTIVE / BILES		CREUX DU BRAS / ÉCRIVAIN ITALIEN		SOUILLÉS
COUPA / COMBUSTIBLE				
ANTIQUES POÈTES GRECS		PARTICIPE PLEIN DE GAIETÉ		

METS GREC / PAYS DU KABUKI		PROTÉGER SES ŒUFS / LIMER		TYPE D'ÉTOILE, TOUTE PETITE
ROSSA / PORT CORSE				
À MOI / BLOQUE LA ROUTE				

POÈTE LATIN / VILIPENDÉ		SANS QUEUE / LOIN DU ZÉNITH		ANCIENS HABITANTS DE CUZCO
ÉTAPE DANS LES VOSGES / DÉMODÉ				
FIT BRILLER / RELIGIEUSES				

Solution au dimanche 10 mars

À FAIRE :

•
•
•
•
•
•
•
•
•

NOS EXPRESSIONS

JE TE KIFFE !

Déjà au XIXe siècle, le kif désignait le haschich. Par extension, le kif devient le plaisir procuré par cette drogue. Le mot provient du Maghreb et marque l'amusement, le plaisir. D'ailleurs, en allemand, le verbe *kiffen* signifie fumer du haschich ! En France, le mot est apparu ces deux dernières décennies, d'abord dans la bouche des jeunes des cités. « Kif » et « kiffer » ont depuis rejoint les dictionnaires de langue française et ont été adoptés par une part plus large de la jeunesse pour exprimer le contentement et l'appréciation. **D. L-H.**

SOLUTION DU MARDI 5

T	A	R	A	B	I	S	C	O	T	E	R
E	T	A	M	A	■	O	R	N	E	■	U
L	O	C	A	L	I	S	E	■	P	O	E
E	M	O	T	I	V	I	T	E	■	U	E
F	I	N	I	S	■	E	I	D	E	R	■
I	S	T	R	E	S	■	N	I	O	L	O
L	E	A	■	R	E	C	E	L	■	E	R
M	E	R	S	■	C	O	S	E	T	T	E

vendredi 8 mars

Saint Jean de Dieu

« La conscience est la voix de l'âme,
les passions sont la voix du corps. »
Jean-Jacques Rousseau

Méli-mélo

Grands alpinistes

Nous avons mélangé entre elles les lettres de noms de montagnards et d'alpinistes. Trouvez-les et placez-les au-dessus de la définition qui convient.

Lettres à replacer :

AAAEJTQMCBULS	EHGMARCIRUZOE
SRNEEMS	IBTOTAN
YRONAG	YEMDRAHDNULIL

N° 1 ....
On le surnomma parfois tout simplement « le mont Blanc » ! Originaire de Chamonix, c'était un chasseur de chamois et surtout un guide qui réussit la première ascension du mont Blanc avec le docteur Paccard en 1786 (prénom et nom).

N° 2 ....
Cet alpiniste français fut le premier, avec son compatriote Louis Lachenal, à gravir un sommet de plus de 8 000 m (l'Annapurna au Népal), en 1950. Il subit de graves gelures aux mains et aux pieds. Il fut maire de Chamonix et secrétaire d'État à la Jeunesse et au Sport (prénom et nom).

N° 3 ....
Ce Néo-Zélandais devient célèbre en étant le premier à atteindre le « toit du monde », à savoir le mont Everest qui culmine à 8 849 m, en mai 1953. Il atteindra les années suivantes le pôle Sud et partira même à la recherche du yéti (prénom et nom).

N° 4 ....
Il ne serait pas logique de parler du précédent alpiniste sans faire référence à son compagnon, et à travers lui, rendre hommage à tous ces porteurs népalais (les sherpas) qui ont accompagné les alpinistes jusqu'au sommet (son prénom est Tenzing).

N° 5 ....
Cet Italien du Tyrol du Sud (donc de langue allemande), né en 1944, a conquis l'Everest sans oxygène en duo (1978), puis en solitaire (1980), et est le premier à avoir gravi les quatorze sommets de plus de 8 000 m. Il se prénomme Reinhold.

N° 6 ....
Prénommé Walter, cet alpiniste et guide italien (1930-2011) est renommé pour avoir réalisé de nombreuses « premières » hivernales et en solitaire dans les Alpes (face nord du Cervin notamment). Une voie sur le pilier sud-ouest de l'aiguille du Dru porte son nom.

Solution au mardi 12 mars

À FAIRE :

•

•

•

•

•

•

•

•

•

•

SOLUTION DU MERCREDI 6

1	7	6	3	2	5	8	4	9
3	4	8	9	1	6	7	5	2
5	2	9	7	8	4	3	1	6
8	5	4	2	7	3	6	9	1
9	1	2	4	6	8	5	3	7
6	3	7	5	9	1	4	2	8
4	6	1	8	3	2	9	7	5
7	8	5	1	4	9	2	6	3
2	9	3	6	5	7	1	8	4

3	4	1	2	6	8	5	9	7
9	8	7	3	1	5	6	4	2
6	2	5	4	9	7	8	3	1
2	7	8	9	5	6	3	1	4
5	1	3	8	4	2	9	7	6
4	9	6	1	7	3	2	5	8
7	3	4	6	8	9	1	2	5
1	6	9	5	2	4	7	8	3
8	5	2	7	3	1	4	6	9

EN FORME

Le bicarbonate

Ses bienfaits Le bicarbonate de soude possède des propriétés alcalines qui neutralisent l'acidité buccale produite par les déchets alimentaires et la plaque dentaire. Il est efficace en quelques semaines, à raison d'une utilisation quotidienne. Demander conseil à son dentiste.

Mode d'emploi Diluez ½ cuillerée à café de bicarbonate dans ½ verre d'eau froide ou tiède. Faites un bain de bouche pendant 2 à 3 minutes. **I. H.**

« Tout comme l'avenir, c'est grain par grain qu'on goûte le passé. »
Marcel Proust

© Rostichep/stock.adobe.com

AU JARDIN

Le navet, la petite boule à succès

Vite semé, vite récolté Le semis de ce légume racine, à cycle court, s'effectue dans un sol léger et frais. Les graines sont à peine recouvertes de terre mais tassées, on dit plombées, avec le dos d'un râteau. Malgré un semis assez clair, il faut rapidement l'éclaircir pour garder, après la levée, un plant tous les 5 à 10 cm. Attention! Le navet est très sensible aux attaques de la mouche du chou, qui y pond ses œufs à la faveur du redoux du printemps. Les larves migrent ensuite vers la racine pour y creuser des galeries et donnent d'affreux navets véreux. Le meilleur moyen de protéger la culture est de la couvrir dès le départ d'un filet anti-insectes. Comptez 2 mois de culture pour les variétés de printemps ou d'été; 1 de plus pour les navets d'automne et d'hiver qui pourront rester en terre tant qu'il ne gèle pas.

À force de patientes sélections, les maraîchers ont créé des dizaines de variétés aux formes et aux couleurs diverses. Long, demi-long, plat, boule, en forme de marteau ou de toupie... blanc, jaune, noir, à collet rose, rouge ou violet: il y en a pour tous les goûts. La chair au goût sucré, au croquant unique, peut être forte, voire piquante. Les plus jeunes se dégustent crus ou râpés. Cuits, on les consomme en purée, en gratin, en soupe, farcis ou même glacés avec du canard. Les primeurs ne se gardent pas plus de 3 jours dans le bac à légumes du frigo. Après, ils flétrissent et leur chair devient molle. Le surplus pourra être blanchi et congelé. La lactofermentation permet aussi de les préparer en bocaux comme des pickles. P.-Y. N.

À FAIRE:

•

•

•

•

•

•

•

Le saviez-vous

Sa passion pour les femmes valut à Henri IV le surnom de Vert-Galant, bien plus évocateur que «le bon roi Henri» ou «le Béarnais». «Vert-galant» désigne un homme fougueux (vert) et très entreprenant (galant) envers les dames, ce que fut le roi au panache blanc, de son adolescence à son assassinat, en 1610. Coureur de jupons patenté (plus de 50 maîtresses recensées) et romantique à l'excès, il était prêt à tout par amour. Y compris à déclencher des guerres, comme celle qu'il s'apprêtait à mener à l'Espagne, peut-être pour récupérer Charlotte de Montmorency, sa très jeune et dernière passion, avant de périr à 56 ans sous la lame de Ravaillac. M. Q.

Clin d'œil

À l'école, la maîtresse enseigne quelques mots d'anglais. Ce jour-là, la leçon portait sur «merci beaucoup». Tout fier de raconter sa matinée, Fabien, 6 ans, répète alors à qui veut l'entendre ce qu'il pense avoir compris: «Thank you *Paris Match*.»

dimanche 10 mars

Saint Vivien

« Le sage approfondit les grandes choses, et l'insensé les petites. »
Proverbe chinois

À FAIRE :

•

•

•

•

•

•

•

© Raphaël Chipault-Maison Balzac

BALADE EN FRANCE

Du côté de Passy

Au cœur du 16e arrondissement de Paris, ce quartier cossu recèle des merveilles. Rendez-vous d'abord au Trocadéro. Haut lieu touristique, l'édifice majestueux et caractéristique des années 1930 abrite jardins, bassins, sculptures et différents musées, dont le musée de l'Homme, dédié à la diversité anthropologique, historique et culturelle de l'humanité. Sur l'esplanade, profitez de l'impressionnant point de vue qui, comme un balcon surplombant la Seine, offre un superbe tête-à-tête avec la tour Eiffel. Ne quittez pas la place du « Troca » sans vous arrêter chez *Carette*, emblématique salon de thé Art déco qui a encore le parfum du Paris d'autrefois.
Au 47, rue Raynouard, entrez gratuitement dans la maison de Balzac et découvrez l'intimité de l'auteur de *La Comédie humaine*, avant de vous laisser guider par la beauté architecturale environnante. Dans cet arrondissement élégant, immeubles haussmanniens, Art déco et Art nouveau cohabitent harmonieusement. Descendez jusqu'au numéro 122 de l'avenue Mozart pour contempler les lignes courbes du sublime hôtel particulier, conçu par Hector Guimard, principal représentant de ce mouvement arrtistique en France. La rue du Docteur-Blanche vous séduira par son charmant esprit de village, avec son bistro typique – *Le Brandevin* – et son iconique boucher, Hugo Desnoyer. À la hauteur du 9 de la même rue, dans une impasse, vous découvrirez une série de villas conçues par le grand architecte Robert Mallet-Stevens.
Boulevard Beauséjour, empruntez la petite ceinture, l'ancienne voie ferrée réaménagée en coulée verte, jusqu'au jardin du Ranelagh, où vous pourrez voir des chevaux de bois, le théâtre de Guignol, un kiosque à musique et une statue de La Fontaine. Filez ensuite au musée Marmottan-Monet, pour admirer le travail des Impressionnistes, dont la plus grande collection au monde d'œuvres de Claude Monet. Pour terminer votre journée, vous pourrez aller écouter un concert à la Maison de la radio et de la musique de Radio France dans le spectaculaire auditorium en forme d'arène, une expérience musicale extraordinaire ! **F. O.**

SOLUTION DU JEUDI 7

■	F	■	I	■
L	A	R	D	A
■	M	■	I	I
O	I	S	O	N
■	N	O	T	E
L	E	S	E	E

■	O	■	P	■
F	I	E	L	S
■	S	C	I	A
F	I	O	U	L
■	V	■	R	I
A	E	D	E	S

■	T	■	C	■
J	A	P	O	N
■	R	O	U	A
C	A	L	V	I
■	M	I	E	N
B	A	R	R	E

■	H	■	A	■
H	O	N	N	I
■	R	A	O	N
C	A	D	U	C
■	C	I	R	A
M	E	R	E	S

« On croit souvent qu'un appartement est bas de plafond, alors qu'il est tout simplement haut de plancher. »
Pierre Dac

A TABLE

Carré de cochon d'Alsace betterave rôtie au foin

Plat pour 4 personnes **La crème :** • 500 ml de crème liquide • 1 bonne poignée de foin (chez un agriculteur ou en jardinerie). **Le cochon d'Alsace :** • 2 côtes de cochon (2 x 350 g) • Sel, poivre • 50 g de beurre • 1 tête d'ail • 3 à 4 branches de thym. **Les betteraves :** • 4 betteraves rouges • 200 g de beurre • Sel • 2 poignées de foin • 1 oignon • 5 cl d'huile de tournesol. **Le dressage :** • Fleur de sel • 100 g de choucroute crue • Quelques feuilles d'amarante ou d'épinard • Fleur de sel.

1. La crème : faites bouillir la crème avec le foin, laissez infuser 1 heure avec un couvercle. Filtrez, réservez.

2. Le cochon d'Alsace : assaisonnez les côtes de cochon avec le sel et le poivre, colorez-les à la poêle des deux côtés, ajoutez une noisette de beurre, l'ail et le thym. Finissez la cuisson au four à 160 °C (th. 5-6) pendant 10 minutes, selon l'épaisseur de la viande.

3. Les betteraves : dans une cocotte, faites rôtir les betteraves avec le beurre, salez, ajoutez le foin. Faites cuire au four avec un couvercle, à 160 °C (th. 5-6) pendant 20 minutes.

© Bernhard Winkelmann/Stylisme par Manuella Chantepie/Recette par Jérôme Jaegle

4. Épluchez et ciselez l'oignon, faites suer rapidement avec l'huile, ajoutez la crème infusée au foin, faites réduire de moitié.

5. Le dressage : disposez sur une assiette les betteraves taillées en deux, les côtes de cochon, parsemez de fleur de sel, garnissez d'une feuille d'amarante et de choucroute, disposez-les dessus, servez avec la crème au foin.

Info + Servez avec un Pinot noir « Rot Murlé » 2019, Pierre Frick. **M.-A. D.**

À FAIRE :

•
•
•
•
•
•
•
•
•

Mots à mot

En regroupant et en mélangeant les lettres des deux mots de quatre et trois lettres proposés, composez un troisième mot de sept lettres.

MEGA + CRI = G _ _ _ _ _ _
HIER + TEE = _ _ _ I _ _ _
JONC + RUE = _ _ _ _ _ _ E

SOLUTION : Grimace - Théière - Conjuré.

C'EST ARRIVÉ LE...

11 MARS 1973

Lors du second tour des élections législatives françaises, la droite conserve la majorité, mais les forces de l'union de la gauche font une percée remarquable avec près de 46 % des voix, leur permettant d'envoyer 176 députés à l'Assemblée nationale. **F. M.**

mardi 12 mars

Sainte Justine

« La passion est encore ce qui aide le mieux à vivre. »
Émile Zola

À FAIRE :

•
•
•
•
•
•
•
•
•
•

SOLUTION DU VENDREDI 8

1. Jacques Balmat. **2.** Maurice Herzog. **3.** Edmund Hillary. **4.** Norgay. **5.** Messner. **6.** Bonatti.

EN FORME

Le sans-cuisson, des avantages et quelques précautions…

© Fizkes/stock.adobe.com

Les recettes crues permettent de profiter au maximum des nutriments, sensibles à la chaleur… à condition de respecter certaines règles.

Fruits et légumes crus : ils contiennent plus de vitamines C et B9 (essentielles aux défenses immunitaires). La cuisson en détruit au moins 50 %. Toutefois, lorsqu'un fruit ou un légume vient d'être pelé ou tranché, il y a également des pertes par oxydation.

Des fibres plus irritantes. Sous forme crue, elles peuvent être moins bien supportées. Si vous êtes concerné, sachez que les fruits crus sont plus digestes lorsqu'ils sont bien mûrs et pelés. Pour les légumes, alternez recettes crues et cuites.

Viandes, poissons, œufs crus… gare aux microbes ! Ces aliments peuvent véhiculer des bactéries (salmonelles, listeria, Escherichia coli…) qui sont détruites par la cuisson. Carpaccios, tartares, tiramisus et produits au lait cru sont déconseillés lorsque les défenses immunitaires sont affaiblies.

Veillez à la fraîcheur. Chez les personnes en bonne santé, le risque de toxi-infection n'existe que lorsque les microbes ont eu le temps de se multiplier. Ne conservez pas plus de 24 heures (dans la partie la plus froide du réfrigérateur) une viande ou un poisson destiné à une recette sans cuisson. Pour les tiramisus, mayonnaises ou mousses au chocolat aux œufs crus, n'utilisez que des œufs extra-frais pondus depuis moins d'un jour. F. D.

AU MARCHÉ

L'oignon

Originaire d'Asie centrale et cultivé depuis plus de 5 000 ans, l'oignon a très vite été élevé au rang de remède empirique pour traiter maux de tête ou de gorge, verrues, chute des cheveux… et éloigner le mauvais sort.

Bien le choisir Ferme, brillant, sans taches ni moucherons, signes de pourrissement entamé. Les études montrent que, s'il est bio, il contient jusqu'à 20 % d'antioxydants supplémentaires.

Bien le conserver Au sec, dans un endroit aéré et à l'abri de la lumière, l'oignon se conserve de 1 à 3 mois. Pelé ou émincé, enveloppé d'un film alimentaire, il tient quelques jours au réfrigérateur. M. Q.

« Je vis tellement au-dessus
de mes revenus qu'en vérité
nous menons, eux et moi,
une existence entièrement séparée. »
Oscar Wilde

À FAIRE :

•

•

•

•

A TABLE

Recettes express aux légumes anciens

© Bepa/stock.adobe.com

Verrines aux noisettes Faites cuire des topinambours coupés en rondelles à l'eau bouillante ou à l'étouffée dans une cocotte, avec des graines de fenouil. Mixez pour obtenir une purée. Déposez-la au fond de verrines, ajoutez une couche de noisettes concassées et un filet d'huile de noisette.

Tajine aux crosnes Dans un plat à tajine, mettez un fond d'huile et d'eau, ajoutez des carottes et des navets pelés et coupés en morceaux, des crosnes, de la viande ou du poisson. Ajoutez des graines de cumin, d'anis et de fenouil, qui faciliteront la digestion. Laissez mijoter à feu doux pendant environ 20 minutes. **I. G.**

Petits fléchés

Grille 1 :

- BALADE TOURISTIQUE
- LIVRÉ MENOTTÉ
- DU PAYS DES CYCLADES
- ÉTAT DE DROGUÉ
- AU REVOIR SANS RETOUR
- REFUS DE CROIRE
- TRAVAIL-LES À PLACER UN SCION
- C'EST UNE ANDOUILLE
- ON Y FAIT LA QUEUE
- LETTRES DEVANT UN PRÊTRE
- CARTE À ABATTRE
- BERNÉE
- LIT POPULAIRE
- RAPPORT POUR UN CERCLE FERMÉ
- TOUCHÉ AU PLUS PROFOND DE LUI-MÊME
- JOLIMENT COLORÉ
- MÉMOIRE DE DISQUE
- VILLE DE THERMES EN ARIÈGE
- PRÉNOM DE MADAME BOVARY
- TEL LE TRONC D'UN VIEIL ARBRE

Grille 2 :

- TIRER UN TRAIT...
- GARDIEN DE HAREM
- CABANE
- DÉGOÛT INSURMONTABLE
- CHAÎNE FRANCO-SUISSE
- CALME
- ON CRAINT LEURS DÉGÂTS
- BIFFA
- MIRLITON
- ANCIEN ORATEUR GREC
- DÉCOMPTE DES ANS
- RAYMOND, PHILOSOPHE FRANÇAIS
- TANTALE AU LABO
- RÉFÉRENCE EN ÉNERGIE
- OISEAU QUI VOLE DANS LES DEUX SENS
- C'EST TRANCHÉ
- FER SYMBOLIQUE
- RÉVÉREND PÈRE
- RAPPORT CONSTANT
- PROCHE DE L'ANDOUILLER
- ELLE N'EST PAS GÊNÉE

Solution au jeudi 14 mars

jeudi 14 mars

Sainte Mathilde

« C'est l'œil du patron qui fait grossir le cheval. »
Proverbe corse

À FAIRE:

•

•

•

•

•

•

•

•

•

Jackpot

Dans chaque jeu, trouvez trois mots de quatre, cinq, six ou sept lettres en ne prenant qu'une lettre par colonne. Chaque lettre ne sert qu'une fois. Un exemple vous est déjà donné. Procédez par déduction en formant des mots avec les lettres rares (G, K, Q, X...).

1

2

3

4

Solution au samedi 16 mars

SOLUTION DU MERCREDI 13

	E		G		A	
E	X	T	R	A	D	E
	C	R	E	T	I	N
G	U	I	C	H	E	T
	R	P		E	U	E
A	S		P	I		S
	I	R	I	S	E	
M	O		E	M	M	A
	N	O	U	E	U	X

	S		H		J	
E	U	N	U	Q	U	E
	R	A	T	U	R	A
F	L	U	T	I	A	U
	I	S	E	E		X
A	G	E		T	A	
	N	E	T		R	P
F	E		E	P	O	I
	R	U	P	I	N	E

EN BEAUTE

Un masque illuminateur

Si vous avez la mine chiffonnée, essayez cette recette à la rose qui ravivera votre teint. Mixez 10 pétales de rose avec 2 cuillerées à soupe d'eau de rose. Ajoutez 1 cuillerée à soupe de yaourt nature et 1 cuillerée à soupe de miel bio. Mélangez jusqu'à obtenir une pâte lisse. Appliquez la préparation sur votre visage nettoyé et séché ; laissez poser 10 minutes. Rincez à l'eau tiède. Ce masque naturel redonnera fraîcheur et éclat à votre peau. **I. H.**

« Que dit l'automne aux arbres ?
Jetez vos diplômes. »
Félix Leclerc

EN FORME

Le plantain lancéolé

Conjonctivite allergique, rhume des foins... Plus d'une personne sur cinq souffre d'allergies saisonnières, démangeaisons, larmoiements et éternuements à la clé.

Ses bienfaits Puissant antiallergique et anti-inflammatoire, le plantain lancéolé (*Plantago lanceolata*) renferme principalement de l'aucuboside, aux propriétés antiseptiques, et des avonoïdes, qui limitent la libération d'histamine, impliquée dans les réactions allergiques. Excellents antispasmodiques des voies digestives et respiratoires, ses mucilages apaisent les gorges irritées et les toux allergiques.

Mode d'emploi Pour les allergies oculaires ou cutanées, faites macérer 2 c. à café de feuilles séchées dans 250 ml d'eau froide, imbibez des compresses et appliquez-les entre 5 et 10 minutes, 3 fois par jour. Pour la toux, buvez 250 ml de cette macération 3 fois par jour. Sur une peau irritée, appliquez quelques feuilles fraîches froissées. Quinze jours avant la période pollinique puis durant toute la saison, prenez 3 gélules de poudre de plante sèche (750 mg par jour) ou 25 gouttes de teinture mère 3 fois par jour ou 1 c. à café de suspension intégrale de plante fraîche matin et soir. **C. D.**

À FAIRE :

•

•

•

•

•

•

•

•

Tout compte fait

Dans chacune des trois lignes, placez les nombres 2 4 6 8 9 de façon à obtenir, en réalisant quatre opérations successives, le total indiqué.

	:		+		-		x		=	54
	-		+		x		:		=	28
	x		-		+		:		=	29

SOLUTION : 8 : 4 + 9 - 2 x 6 = 54 / 9 - 6 + 4 x 8 : 2 = 28 / 6 x 9 - 4 + 8 : 2 = 29.

QUELLE HISTOIRE !

Les Gaulois ont inventé le pantalon, mieux adapté à l'action que la toge des romains : les *bracae*, « braies » ou « bragues ». Avec le « cogole », court manteau sans manches à capuche, ils nous ont aussi légué la cagoule... de nouveau très tendance ! M. Q

samedi 16 mars

Sainte Bénédicte

« Une société n'est forte que lorsqu'elle met la vérité sous la grande lumière du soleil. »
Émile Zola

À FAIRE:

-
-
-
-
-
-
-
-
-
-

Sudokus

	6		9	2	3			7
9	7	3			1			
			5					6
3	4			9		1	6	
6	8			1	7	2	9	4
2	9			8		5	7	
			8					5
7	3	2			4			
	5		7	6	2			1

	2			3		8	7	
			7	4			5	
5		3	1					4
	5				6	4		7
6	8	1		7				2
	4				9	6		1
2		9	5					8
			3	8			2	
	6			2		3	4	

9					3		1	7
		5			7	2		3
1			5		9	8		
7	3			8	6			
	5	4				1	7	
			7	4			6	9
		6	2		1			4
3		7	6			9		
4	9		3					2

						6	8	
	3		7		2			
8	5	4	1			7		3
		5		4	7	8		1
9	7		8	5	6		4	2
2		8	3	9		5		
4		3			5	2	6	7
			4		8		3	
	9	2						

Solution au lundi 18 mars

EN FORME

J'ai des vergetures

Ces stries sur le ventre, les fesses ou les cuisses sont le signe d'une rupture des tissus entre l'épiderme et l'hypoderme. Elles apparaissent en général après une forte poussée de croissance ou une prise de poids (puberté, grossesse...). Peuvent s'y ajouter une prédisposition génétique.

Que faire ? Gérer le stress : des études ont montré que l'excès de cortisol favorisait la rupture tissulaire. Le stress pousse aussi à mal se nourrir, ce qui fait grossir...

Crémer : À titre préventif vous pouvez appliquer des préparations grasses ou à base de vitamine E et d'hydrolysat de collagène.

L'abrasion : Un peeling ou des séances de laser peuvent contribuer à les atténuer légèrement. **M. Q.**

SOLUTION DU JEUDI 14

1. maxi / pieu / jerk.
2. lever / suède / chaud.
3. fiente / ponton / raphia.
4. munster / chameau / pistage.

« Aime la vérité mais pardonne à l'erreur. »
Voltaire

EN CHANSON

1989 Roch Voisine « Hélène »

© Benaroch/Sipa

« Seul sur le sable, les yeux dans l'eau/Mon rêve était trop beau... » Qui n'a pas entonné cette ritournelle guimauve ? En 1989, on découvrait son interprète venu du froid, le Canadien Roch Voisine, à la mâchoire carrée, doté d'une gueule d'amour à se damner. Il n'avait pourtant jamais envisagé de devenir une idole de la chanson... Hockeyeur de premier plan, il a 18 ans quand une sévère blessure au genou le contraint à renoncer à sa carrière. La télévision l'accueille, il anime une émission musicale dédiée aux jeunes avant de chanter pour la première fois dans un parc d'attractions devant 50 000 personnes. Il est alors âgé de 23 ans...

Trois ans plus tard, en 1989, il est le héros d'une série télévisée quand, presque par hasard, naît la chanson *Hélène*. Un jour d'ennui, Roch et son copain Stéphane Lessard, lui-même champion de hockey sur glace, jouent de la guitare. Une mélodie et des paroles se profilent soudain. Stéphane souhaite adresser une sorte de carte postale musicale à sa petite amie dont l'absence lui pèse. Roch écrit le texte en anglais avant que naisse plus tard la version française.

La chanson est enregistrée et publiée en France en 1989, accompagnée d'un clip mettant en scène le chanteur en amour avec une belle hôtesse de l'air. Le succès est aussi immense qu'immédiat : neuf semaines en première place des *charts* pour le single et 1,3 million d'albums vendus courant 1990. 34 ans plus tard, Roch, sur scène, se réserve le droit de ne pas chanter ce hit devenu, selon lui, embarrassant... **D. L-H.**

« Seul sur le sable, les yeux dans l'eau / Mon rêve était trop beau / L'été qui s'achève, tu partiras / À cent mille lieues de moi / Comment oublier ton sourire/ Et tellement de souvenirs / Nos jeux dans les vagues près du quai / Je n'ai vu le temps passer / L'amour sur la plage désertée / Nos corps brûlés, enlacés / Comment t'aimer si tu t'en vas / Dans ton pays loin là-bas bas-bas-bas-bas. »

Auteurs-compositeurs : Roch Voisine et Stéphane Lessard. Producteur Georges Mary. Label : Ariola, 1989.

À FAIRE :

-
-
-
-
-
-
-
-

C'EST ARRIVÉ LE...

17 MARS 1893

Jules Ferry meurt à 60 ans d'une crise cardiaque, à Paris. Il restera celui qui a rendu l'école gratuite, laïque et obligatoire. Son nom est aussi associé à l'expansion coloniale de la France en Afrique et en Asie, au nom, disait-il, d'un « côté humanitaire et civilisateur (...) des races supérieures ». S. P.

lundi 18 mars

Saint Cyrille

« La meilleure façon de ne pas avancer
est de suivre une idée fixe. »
Jacques Prévert

À FAIRE :

•

•

•

•

•

•

•

•

D'un mot à l'autre

En regroupant et en mélangeant les lettres de chaque mot donné avec la lettre qui le suit, vous devez trouver un second mot composé, selon le cas, de quatre, cinq, six ou sept lettres. Aucun mot au pluriel n'est admis ni aucun verbe conjugué.

Mots de 4 lettres

1 ERG + C = ☐☐☐☐
2 GAY + R = ☐☐☐☐
3 COL + B = ☐☐☐☐

Mots de 5 lettres

4 SILO + C = ☐☐☐☐☐
5 OUED + T = ☐☐☐☐☐
6 FIEL + T = ☐☐☐☐☐
7 NIER + C = ☐☐☐☐☐

Mots de 6 lettres

8 THEME + N = ☐☐☐☐☐☐
9 ELEIS + S = ☐☐☐☐☐☐
10 EDILE + C = ☐☐☐☐☐☐

Mots de 7 lettres

11 RATIER + F = ☐☐☐☐☐☐☐
12 OCCIRE + N = ☐☐☐☐☐☐☐
13 MOUCHE + I = ☐☐☐☐☐☐☐
14 LANGUE + A = ☐☐☐☐☐☐☐

Solution au jeudi 21 mars

SOLUTION DU SAMEDI 16

5	6	8	9	2	3	4	1	7
9	7	3	6	4	1	8	5	2
1	2	4	5	7	8	9	3	6
3	4	7	2	9	5	1	6	8
6	8	5	3	1	7	2	9	4
2	9	1	4	8	6	5	7	3
4	1	6	8	3	9	7	2	5
7	3	2	1	5	4	6	8	9
8	5	9	7	6	2	3	4	1

1	2	4	6	3	5	8	7	9
8	9	6	7	4	2	1	5	3
5	7	3	1	9	8	2	6	4
9	5	2	8	1	6	4	3	7
6	8	1	4	7	3	5	9	2
3	4	7	2	5	9	6	8	1
2	3	9	5	6	4	7	1	8
4	1	5	3	8	7	9	2	6
7	6	8	9	2	1	3	4	5

9	4	2	8	6	3	5	1	7
8	6	5	4	1	7	2	9	3
1	7	3	5	2	9	8	4	6
7	3	9	1	8	6	4	2	5
6	5	4	9	3	2	1	7	8
2	1	8	7	4	5	3	6	9
5	8	6	2	9	1	7	3	4
3	2	7	6	5	4	9	8	1
4	9	1	3	7	8	6	5	2

1	2	7	5	3	4	6	8	9
6	3	9	7	8	2	1	5	4
8	5	4	1	6	9	7	2	3
3	6	5	2	4	7	8	9	1
9	7	1	8	5	6	3	4	2
2	4	8	3	9	1	5	7	6
4	8	3	9	1	5	2	6	7
7	1	6	4	2	8	9	3	5
5	9	2	6	7	3	4	1	8

AU JARDIN

Un engrais fait maison

Vous vivez en appartement et vous aimeriez bien recycler vos déchets de cuisine. Alors, faites comme les Japonais : adoptez la méthode *bokashi*. Rassurez-vous, c'est sans odeur ! Voici le principe : on verse dans un seau à couvercle hermétique tous ses déchets de table, y compris les restes de viande et de laitages. À chaque apport, il faut ajouter un ferment spécial à base de tourteau de son, ensemencé de bactéries.
En moins de deux semaines, elles transforment les déchets en engrais liquide concentré, sans besoin d'oxygène. Prélevez-le au robinet à la base du seau, il dopera la croissance de vos plantes en pot. **P.-Y. N.**

Saint Joseph

« Jugez d'une chose comme un aveugle d'un éléphant. »
Proverbe japonais

A TABLE

Pissaladière

© Ploton/Photocuisine

Pour 6 personnes La pâte : • 250 g de farine T65 • 5 g de sucre • 5 g de sel • 10 g de levure de boulanger fraîche • 5 cl d'eau tiède • 2 c. à soupe d'huile d'olive. **La garniture :** • 1 kg d'oignons • 1 bocal d'anchois à l'huile (70 g).

1. Dans la cuve du robot pâtissier, mettez la farine, le sucre, et le sel d'un côté; la levure émiettée de l'autre pour éviter qu'elle soit en contact avec le sel avant le pétrissage. Pétrissez à vitesse moyenne en ajoutant peu à peu l'eau tiède, puis l'huile d'olive, pendant environ 10 min (la pâte doit se décoller de la cuve). Couvrez d'un linge et laissez lever 1 heure à température ambiante.

2. Épluchez et émincez les oignons. Faites chauffer l'huile des anchois dans une grande poêle, ajoutez les oignons et faites-les cuire à feu doux jusqu'à ce qu'ils soient translucides. Versez ½ verre d'eau, laissez compoter 20 minutes. Réservez 8 filets d'anchois, écrasez les autres et ajoutez-les aux oignons. Mélangez.

3. Préchauffez le four à 200 °C (th. 6-7). Dégazez la pâte avec le poing, étalez-la finement sur un plan de travail fariné. Déposez-la sur une plaque chemisée de papier cuisson, laissez lever 5 minutes.

4. Étalez l'appareil sur la pâte en laissant une marge de 1 cm tout autour. Enfournez à mi-hauteur pour 25 minutes. Disposez les filets d'anchois restants 5 minutes avant la fin de la cuisson. **M. Q.**

À FAIRE :

•
•
•
•
•
•
•
•
•

Mini-fléchés

Grille 1 :
- BRAVE TYPE
- COGNER DUR
- COMME BEAU
- PARTIE D'AIR
- OUVRAGE DE FORTIFICATION
- COURS AFRICAIN
- BOÎTE À CARTES
- S'EMPLOIE EN ÉCHAFAUDANT
- PATATE ESTIMÉE
- PAS MALIN

Grille 2 :
- HOMME DES BOIS
- BIEN ACQUIS
- ERRE EN MER
- DÉFENSE D'ENTRÉE
- GÉNISSE
- CITÉ DE LA THURINGE
- OUÏ
- ARRIVER AU BOUT
- ARMÉE

Solution au mecredi 20 mars

Clin d'œil

En observant son grand-père assaisonner la salade, Julien, 6 ans l'interrompt en disant : « Arrête, Papy. Ta salade sera trop zonée ! »

mercredi 20 mars

Sainte Alessandra

« On ne peut pas faire un pas plus grand que ses jambes. »
Proverbe corse

À FAIRE :

•

•

•

•

•

•

•

•

•

AU JARDIN

Les hostas ont du panache

© Pierre Yves Nedelec

Originaires du Japon et de Chine, les hostas se déclinent en d'innombrables variétés dont les dimensions varient de 10 cm à plus de 1 m de haut. Mais ce qui fait leur originalité, ce sont les couleurs extraordinaires de leur feuillage aux formes tout aussi diverses. Ronds, pointus, ondulés ou nervurés, ils donnent irrésistiblement envie de constituer une collection. L'hosta est une aubaine pour garnir un massif ou un patio où ne survivent que les fougères et le lierre. Mais elle préfère la terre humifère et fraîche qui se trouve sous le léger ombrage d'un arbuste.

En raison de ses origines asiatiques, elle s'inscrit tout naturellement dans un jardin zen. Elle mettra en valeur les petits érables japonais et illuminera un tapis de mousse ou d'ophiopogons noirs. Dans un jardin plus sauvage à l'ambiance de sous-bois, elle tiendra compagnie aux fougères, aux carex et aux fleurs des elfes.

Une fois l'emplacement trouvé et la plantation effectuée dans une terre enrichie de compost, les hostas n'exigeront plus grand-chose de vous. Au printemps, il faudra surveiller les attaques d'escargots et de limaces. Protégez les premières feuilles en cas de gelées tardives. Une fois les plantes bien développées, elles résisteront honorablement aux oublis d'arrosage. Pour des raisons d'esthétisme, vous pourrez toujours couper les fleurs fanées et les feuilles abîmées. Un automne sur deux, apportez du compost ou du terreau de feuilles tout autour de ces plantes gourmandes. L'hiver, inutile de les protéger du froid : elles résistent jusqu'à – 20 °C. **P.-Y. N.**

SOLUTION DU MARDI 19

	B		B	
B	O	X	E	R
	U	E	L	E
I	G	N		D
	R	O	S	A
B	E	N	I	N

	S		L	
A	C	H	A	T
	I	E	N	A
P	E	R	C	U
	U	S	E	R
G	R	E	E	E

Les dominos

Placez les dominos dans le jeu de telle sorte que le total des points de chaque ligne et de chaque colonne du jeu soit égal à 25.

SOLUTION :
Ligne 1 : 2, 3, 4, 6, 6, 4.
Ligne 2 : 1, 6, 6, 6, 4, 2.
Ligne 3 : 5, 6, 2, 3, 4, 5.
Ligne 4 : 6, 5, 2, 3, 4, 5.
Ligne 5 : 5, 4, 6, 5, 1, 4.
Ligne 6 : 6, 1, 5, 2, 6, 5.

Sainte Clémence

« Les courtes absences animent les passions, au lieu que les longues les font mourir. »
Charles de Saint-Evremond

Mots croisés

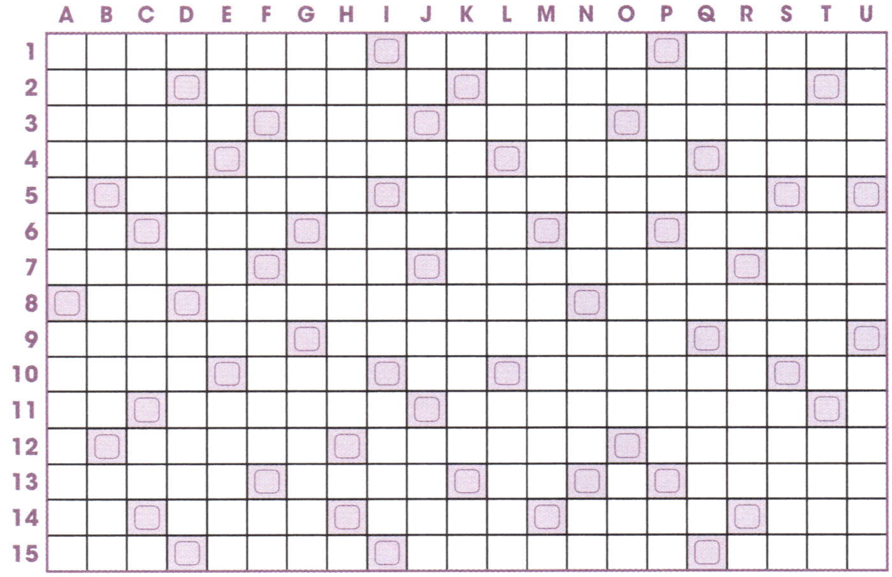

Solution au vendredi 22 mars

Horizontalement

1. Transports communs. Éternel battu. Amplificateur de micro-ondes. **2.** Pour des migrations pendulaires franciliennes. Drôles de zèbres. Elle a trouvé son bonheur. **3.** C'est viscéral. Va au père et au fils. Table au marché. Faire un geste défensif au football. **4.** Vieille nation. Enfants. Unité de volume. Langue parlée sur la Baltique. **5.** Elle est vendue à la pièce. Sans eux, la morale en prend un coup. **6.** Apparu au grand jour. Reçu dans le pavillon. Tout Picard connaît cette côte. Personnel. Cibles de quelques chasseurs. **7.** Se dégagea. Époux de Fatima. Vieille souche. Page à manchettes. **8.** Fleuve qui traverse Turin. Guère civile. Rendent moins volumineux. **9.** Changea de degré. Crèches. Reçoit souvent des coups de fer. **10.** Partie de quatuor. Gave de Béarnaise. Cela use les souliers quand on l'emprunte. Se parle dans les îlets. Roulement de tambour. **11.** Nom de dieu. Faire dans l'imitation. Maîtres des vannes. **12.** Rabattre. Attaché au désert. Panses des ruminants. **13.** Touchées. Du vent dans les voiles d'Ulysse. Protection sociale en France. Qui convient bien. **14.** Héros de Brecht. Œuvre de bienfaisance. N'émanait pas du pouvoir législatif. Tendus pour voir. Plante à fleurs jaunes. **15.** Désert. Présentée avant le règlement. Propriétaire de troupeau. Petites surfaces.

Verticalement

A. Une source. Acteur d'un genre particulier. **B.** Agrandit le cheptel. Piqué au vif. Au cœur du bâtard. **C.** Se prête à des échanges d'idées quand elle est politique. Plus apprécié à la plage qu'au bureau. Participe de pouvoir. **D.** Empereur germanique. Supports de statues. **E.** Porteur de charge. Accord du bout des lèvres. Jeune en basse-cour. **F.** Tout va bien ! Résistants. Linge de maison. Belle en sabots. **G.** Inné. Crack. Nichent comme des buses. **H.** Il aime passer ses vacances au fond d'un trou. **I.** Rivière de France. Freina sec. Petit, il peut être muet. **J.** Annonce quelques mots de plus. Agence européenne. Région du Sahara. Poète de l'Antiquité. **K.** Sorties tumultueuses. Le troisième homme. **L.** On y fait des pâtes de fruits. Revenu d'un capital. Arbrisseau méditerranéen. **M.** Court et large. N'ont ni queue ni tête. **N.** Pour celle qui a renié sa foi. Ville basque. Sert à désigner. **O.** À l'intérieur. Tenues à l'œil. Régal de siamois. **P.** Commune bretonne. Donne des coups de fil dès le matin. A l'habitude de se faire fouiller. **Q.** Changea un timbre contre un autre. Commencent en juin. Pronom possessif. **R.** La vie des saints. Joue son rôle dans la reproduction. **S.** Ranimaient jadis. Épuiser. Faire des ravages. **T.** Essuyer les plâtres. Amas de neige. **U.** Inhabituel. Manche. Faciles comme bonjour.

À FAIRE :

•
•
•
•
•
•
•
•
•

SOLUTION DU LUNDI 18

4 lettres : 1/ Grec – 2/ Gray – 3/ Bloc. **5 lettres :** 4/ Colis – 5/ Doute – 6/ Filet – 7/ Écrin. **6 lettres :** 8/ Menthe – 9/ Liesse – 10/ Délice. **7 lettres :** 11/ Fratrie – 12/ Coincer – 13/ Méchoui – 14/ Alunage.

vendredi 22 mars

Sainte Léa

« On aura une bonne idée du degré d'éducation d'un homme et d'une femme, en observant la façon dont ils se conduisent pendant une scène de ménage. »
George Bernard Shaw

À FAIRE :

•

•

•

•

•

•

•

La ronde des mots

Trouvez dix-neuf mots et notez chacun d'eux dans le sens des aiguilles d'une montre autour de la case de définition correspondante. La première lettre de chaque mot est indiquée par le triangle noir. Le premier mot est donné en exemple.

Solution au lundi 25 mars

SOLUTION DU JEUDI 21

Horizontalement : 1. OVATIONS. PLÂTRE. MASER. **2.** R.E.R. OKAPIS. PRENEUSE. **3.** ILÉON. TEL. ÉTAL. TACLER. **4.** GENT. FILLES. PAGE. ESTE. **5.** ÉTOFFE. SCRUPULES. **6.** NÉ. OUÏ. OPALE. SE. TÊTES. – **7.** ÉMANA. ALI. ANCÊTRE. UNE. **8.** PÔ. INSOLENTE. TASSENT. **9.** HAUSSA. GARDERIES. PRÉ. **10.** ALTO. PAU. G.R. CRÉOLE. RA. **11.** RÊ. COPIER. ÉCLUSIERS. **12.** PLIER. OASIEN. RUMENS. **13.** ÉMUES. ÉOLE. S.S. RÊVÉE. **14.** UI. SOIN. ÉDIT. COUS. IVE. **15.** REG. NOTE. ÉLEVEUR. ARES.
Verticalement : A. ORIGINE. HARDEUR. **B.** VÊLE. EMPALÉ. MIE. **C.** ARÈNE. AOÛT. PU. **D.** OTTON. SOCLES. **E.** ION. OUAIS. OISON. **F.** O.K. F.F.I. NAPPE. IO. **G.** NATIF. AS. AIRENT. **H.** SPÉLÉOLOGUE. **I.** ILL. PILA. RÔLE. **J.** P.-S. ESA. ERG. AÈDE. **K.** ESCLANDRES. IL. **L.** APT. RENTE. CISTE. **M.** TRAPU. CERCLES. **N.** RELAPSE. IRÙN. CE. **O.** EN. GUETTÉES. MOU. **P.** ÉTEL. RASOIR. UR. **Q.** MUA. ÉTÉS. LEURS. **R.** ASCÈSE. SPERME. **S.** SELS. TUER. SÉVIR. **T.** ÉTRENNER. NÉVÉ. **U.** RARE. SET. AISÉES.

Vite, une astuce !

Offrez-vous un autocuiseur, popularisé en France sous le nom de Cocotte-Minute. Son principe de cuisson sous haute pression permet de monter à plus de 100 °C avec le même apport d'énergie que sous une casserole (même couverte). Les cuissons peuvent ainsi être moins longues. Une Cocotte-Minute est environ 60 % plus économe en énergie qu'une casserole. De la même façon, pour faire chauffer de l'eau, privilégiez la bouilloire, peu vorace en énergie (à condition de la détartrer régulièrement).

« Les rêves ont été créés pour qu'on ne s'ennuie pas pendant le sommeil. »
Pierre Dac

A TABLE

Quiche potimarron, lardons et comté

© Photo Marie Laure Trombini, extraite du livre *Boissons végétales*. Éd. Larousse.

Plat pour 8 personnes **La pâte :** • 200 g de farine • 100 g de beurre • 1 pincée de sel • 5 cl d'eau. **La garniture :** • ½ potimarron (environ 500 g) • 100 g de lardons fumés • 3 œufs • 15 cl de boisson aux amandes • 100 g de comté râpé • Sel, poivre.

1. La pâte : Mélangez la farine, le beurre coupé en dés et le sel. Frottez du bout des doigts pour obtenir un mélange sableux. Versez l'eau, pétrissez la pâte pour avoir une boule homogène. Recouvrez d'un film alimentaire, réservez une heure au réfrigérateur.

2. La garniture : Coupez le potimarron en cubes (en laissant la peau). Faites-le cuire dans une grande casserole avec un fond d'eau, jusqu'à ce qu'il soit tendre.

3. Faites revenir les lardons dans une poêle 5 minutes, sans ajout de matière grasse. Réservez.

4. Ensuite, mixez le potimarron et les œufs, la boisson aux amandes, du sel, du poivre.

5. Versez ce mélange dans un saladier, ajoutez le comté et les lardons.

6. Préchauffez le four à 180 °C (th. 6). Étalez la pâte puis foncez un moule à tarte de 28 cm de diamètre. Versez-y la garniture, faites cuire 35 minutes.

Le plus santé Pour une version végétale, remplacez les lardons par des champignons. **M.-A. D.**

Recette extraite de *Boissons végétales*, Marie-Laure Tombini, éd. Larousse.

À FAIRE :

•

•

•

•

•

•

EN FORME

Le gingembre

Ses bienfaits L'action de ce rhizome sur les haut-le-coeur a été reconnue par l'Organisation mondiale de la santé en 1999. Elle est à attribuer au gingérol, que le gingembre contient en quantité. Cette substance a la capacité de bloquer, au niveau du cerveau, les récepteurs 5-HT3 de la sérotonine, responsables des nausées. Environ 30 minutes après la prise, cette sensation désagréable s'atténue, voire disparaît, qu'elle soit liée à des troubles digestifs, aux suites d'un traitement ou à la grossesse. Tout simple et 100 % naturel… Il facilite aussi la digestion.

Mode d'emploi Diluez ½ cuillerée à café (soit 2 g) de gingembre en poudre dans une boisson chaude. Vous pouvez aussi en râper du frais. **I. H.**

Le saviez-vous

La guerre picrocholine prend sa source au XVIe siècle sous la plume de Rabelais dans *Gargantua*. Elle fait référence à l'assaut lancé par le roi Picrochole contre son redoutable voisin Grandgousier, père de Gargantua, pour une stupide histoire de fouaces (petits pains). Formée des mots grecs *pikros* (amer) et *kholê* (bile), la guerre picrocholine dénonce le grotesque de l'esprit va-t-en-guerre attisé sous n'importe quel prétexte par l'amertume et la suffisance. M. Q.

dimanche 24 mars

Rameaux

Sainte Catherine de Suède

« Il faut secouer la vie,
autrement elle nous ronge. »
Stendhal

À FAIRE :

•

•

•

•

•

•

•

•

© Nicolas Ravinaud/Caviar de Neuvic

TRADITIONS

Caviar de Neuvic, l'or noir d'Aquitaine

Ingénieur agronome, Laurent Deverlanges voulait être pisciculteur. En 2011, il réalise son rêve. L'époque est idéale. L'esturgeon est décimé et le caviar disparaît du marché. Laurent Deverlanges se lance. « Pour créer notre pisciculture, explique-t-il, nous avons acheté 100 t d'esturgeons, de l'alevin au poisson mature, que nous avons transportés d'Italie jusqu'en Dordogne à l'aide de 30 semi-remorques. Tout ce qu'on a appris sur les esturgeons, c'est en vivant avec eux », résume-t-il.
Aujourd'hui, Caviar de Neuvic est une entreprise florissante de 70 salariés. Situé près de l'Isle, la rivière où vivait le *sturio*, l'espèce locale, le site s'étale sur 20 hectares. « Tout commence dans l'écloserie où on mélange ovocytes et sperme 2 fois par an », explique Jean Salkazanov, régisseur. En 3 mois, on obtient un alevin de 7 cm nourri avec des poudres d'insectes. Ensuite, seuls les 40 000 plus gros sont conservés et placés dans des bassins pendant 3 ans, nourris de granulés bio constitués de farine de poisson et de céréales. Ce n'est qu'à cet âge qu'on peut déterminer leur sexe, non pas à l'œil, mais en les soumettant à une échographie. Les mâles sont alors transformés en filets et rillettes, tandis que les femelles continuent à grandir pendant au minimum 4 ans.
Parmi les 25 espèces d'esturgeons, aucune n'a la même maturité sexuelle. La femelle béluga ne donne des œufs qu'au bout de 20 ans, ce qui explique son prix ! À l'âge indiqué, les femelles passent une nouvelle échographie pour voir si elles portent des œufs. Si tel est le cas, elles gagnent un bassin d'eau de source où elles restent 5 semaines afin d'enlever tout goût de vase de leur chair. L'heure est alors venue d'extraire les œufs qui représentent 10 % du poids de l'esturgeon. On y ajoute 3,5 % de sel de saumure pour le goût et la conservation, puis on les met en boîte au frigo pendant 3 mois. Le caviar est alors prêt à être dégusté dans les 6 mois, selon le goût plus ou moins prononcé que l'on souhaite. **J.-P. R.**

Vite, une astuce !

Toutes les enseignes de grande distribution commercialisent désormais des produits qu'elles font fabriquer. Leur prix est inférieur de 15 à 25 % à celui des grandes marques qui, elles, investissent dans le marketing et la recherche. L'offre, à l'origine cantonnée aux produits d'appel, s'est bien diversifiée, y compris dans le bio ou les gammes de luxe.

« La bonne volonté n'est pas un acompte. »
Proverbe anglais

Mini-fléchés

Grille 1 : LOUP PEINT – BÊTE QUI RICANE – ASSOCIÉ – PRÉNOM – COUCHES SUR LE PAPIER – BRUIT DE CEINTURE – BRUN DE POIL – UN ARTICLE QUI VAUT DE L'OR – TENTAI MA CHANCE – BOYAUX

Grille 2 : ATTIRAIL MILITAIRE – PARTIE DE BLUFF – BIEN ÉCLAIRÉE – PLANCTON – CE QUI SUBSISTE – POT AU FEU – POIGNARD D'ASIE – FLÉTRI – PRISE EN CHASSE

Grille 3 : INVITE À VIDER LES LIEUX – OVOÏDES – BIEN FAITE – ÉBAUCHE D'EURO – DÉSHONORER – BECQUÉE DE BÉKÉ – BATEAU À RAMES – ACCEPTER UN COMPROMIS – BOUTS D'ESSAI

Grille 4 : DEVENU FAUVE – AIR À L'ÉGLISE – AGIR EN DÉMON – CŒUR DU CIGARE – OBJECTIF POUR PETIT MUSEAU – BOÎTE À SURPRISE – FAIT APPEL – BROCHET – BOISSON DE GALOPIN

Solution au mardi 26 mars

À FAIRE :

•
•
•
•
•
•
•
•
•

AU MARCHE

La pomme gala

Sucrée, juteuse, craquante, cette belle pomme rouge est la deuxième variété la plus cultivée en France. Privilégiez-la bio, surtout si vous consommez la peau. C'est une alliée de notre santé, grâce à ses taux de vitamines C, A, B, minéraux, oligoéléments… Délicieuse nature, elle se déguste aussi en salade avec du mesclun, du poulet froid, une sauce au yaourt et des amandes. Elle se conserve plusieurs semaines en bas du réfrigérateur.
Info + Cuisez les épluchures à basse température avec un peu de cannelle et du miel pour des chips sucrées maison. **M.-A. D.**

SOLUTION DU VENDREDI 22

Ligne 1 : retard, brette, abîmer, toubib. **Ligne 2 :** arêtes, terrer, membre, bigame. **Ligne 3 :** tripes, réunir, berlue, ampère. **Ligne 4 :** pilant, néroli, légère, engagé. **Ligne 5 :** aérant, œstre, écosse, accroc.

mardi 26 mars

Sainte Larissa

« À la Saint-Gontran, espoir.
S'il fait beau, pain et vin se font voir. »
Dicton

À FAIRE :

-
-
-
-
-
-
-

© Valerii Honcharuk/stock.adobe.com

AU JARDIN

Diviser pour mieux partager

La sortie de l'hiver, juste avant le réveil de la végétation, est la période idéale pour diviser les fleurs vivaces. Les bourgeons ou les jeunes pousses des asters, des achillées, des grandes marguerites, des phlox, des soleils vivaces, des chrysanthèmes et des campanules sont faciles à repérer. Vous pourrez aussi fragmenter des plantes plus petites comme les géraniums vivaces, les heuchères, les centaurées, les hostas ou l'origan. Exception faite de l'iris et l'hémérocalle qui attendront le plein été.

Comment s'y prendre ? Rien de plus simple. Coupez les éventuelles tiges sèches à 10 cm, si cela n'a pas déjà été fait à l'automne. Prenez ensuite une fourche-bêche pour déterrer délicatement la plante entière en faisant levier tout autour. Retirez un maximum de terre retenue par les racines en secouant énergiquement la motte. Il ne vous reste plus qu'à la diviser en 3 ou 4 portions tout simplement à la main ou à l'aide d'un outil tranchant.

Après avoir démêlé et recoupé l'extrémité des racines, les morceaux sont prêts à être replantés. Ils trouveront facilement leur place dans un massif, sans oublier d'ajouter une bonne poignée de compost au fond de chaque trou. Tassez la terre autour et arrosez copieusement. Les fragments en trop seront repiqués en pot pour les offrir autour de vous ou les échanger entre jardiniers. **P.-Y. N.**

SOLUTION DU LUNDI 25

■	L	■	U	■
H	Y	E	N	E
■	C	L	I	C
B	A	I	■	R
■	O	S	A	I
P	N	E	U	S

■	F	■	S	■
P	O	K	E	R
■	U	R	N	E
K	R	I	S	S
■	B	L	E	T
F	I	L	E	E

■	E	■	P	■
O	V	E	E	S
■	A	C	R	A
S	C	U	L	L
■	U	■	E	I
C	E	D	E	R

■	R	■	T	■
M	O	T	E	T
■	U	R	N	E
P	S	I	T	T
■	S	P	E	T
B	I	E	R	E

Mots à mot

En regroupant et en mélangeant les lettres des deux mots de quatre lettres proposés, composez un troisième mot de huit lettres.

IBIS + MOLE = M _ _ _ _ _ _ _

EURO + MESS = _ _ _ U _ _ _ _

TEST + QUAI = _ _ _ _ _ _ U _

SOLUTION : Mobilisé - Émousser - Statique.

« Le sage ne cherche point à régler ce qui n'appartient point à son office. »
Proverbe chinois

AU MARCHE

La mâche

Blanchette, Clairette, Raiponce... jusqu'au printemps, profitez de toutes les variétés de mâche. Préférez les bouquets en vrac pour éviter le suremballage et vérifiez que les feuilles sont bien vertes et fermes. Côté nutrition, c'est une pépite : elle contient antioxydants, vitamines C et E, folates, fer, sels minéraux, fibres, oméga 3...
Savourez-la avec des noix, des pommes, une huile de noix et du jus de pomelo. Elle se conserve 3 à 4 jours dans le réfrigérateur.

© brent hofacker/stock.adobe.com

Info + Lorsque les feuilles de mâche commencent à flétrir, faites-les revenir comme des épinards. **M.-A. D.**

À FAIRE :

•

•

•

•

Petits fléchés

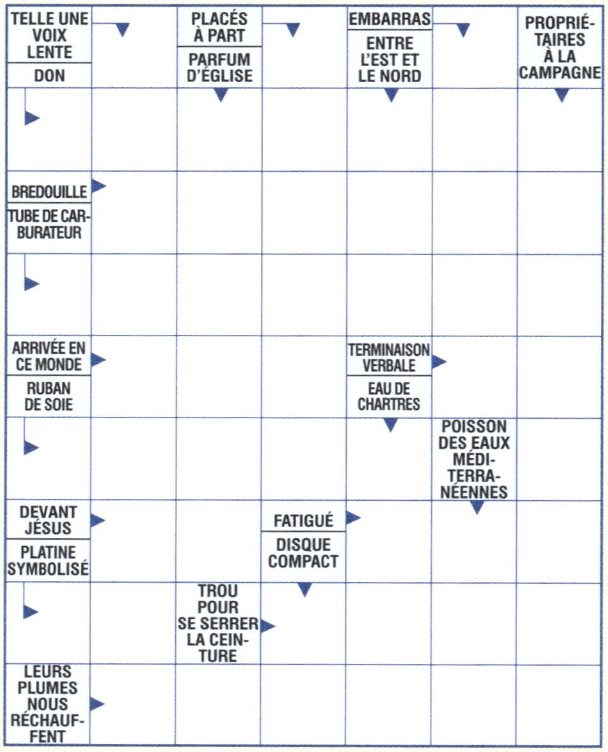

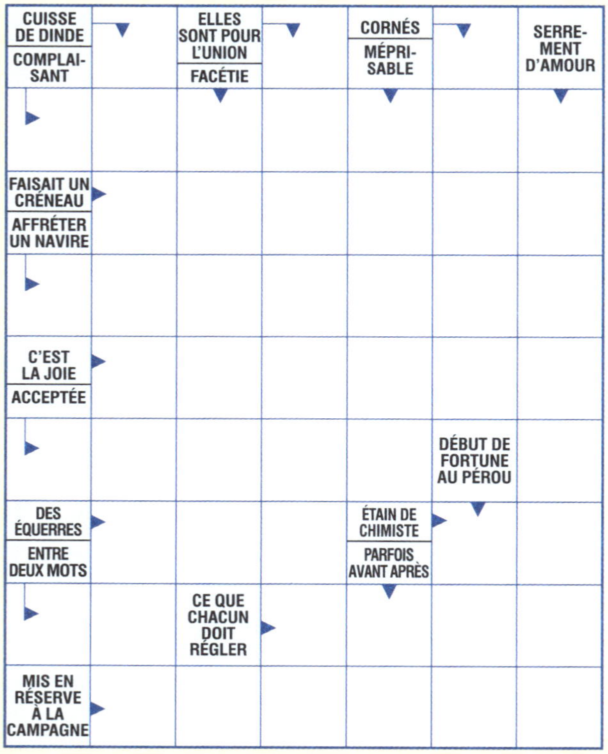

Solution au jeudi 28 mars

jeudi 28 mars

Jeudi saint

Saint Gontran

« À la Saint-Gontran,
si la température est belle,
arrivent les premières hirondelles. »
Proverbe français

À FAIRE :

•

•

•

•

•

•

•

•

•

Mots mélangés

Tous les mots de la liste figurent dans cette grille et peuvent se lire dans toutes les directions. Chaque lettre peut être utilisée une ou plusieurs fois, sauf celles formant l'énigme répondant à la définition suivante : premier segment de l'aile.

ABDOMEN
AGRESSION
APOGÉE
ATOURS
BEFFROI
BREUVAGE
CAFÉIER
CAMAÏEU
CANNE
CÉLERI
CERISETTE
CIRRHOSE
DACTYLO
DOUDOUNE
DRAGUER
ÉTERNELLE
ÉTUDIER
FLASQUE
GENDARME
INGAMBE
INGRÉDIENT
INTRUSE
IPOMÉE
JALOUSER
LARDER
LEMMING
LINOLÉUM
LYRISME
MARINADE
MASSUE
MÉGARDE
MÉLANGER
MÉTATARSE
OSERAIE
OUVERTEMENT
QUENOUILLE
REFUS
RÉGALER
RIESLING
RUDEMENT
SÉQUOIA
SOCIÉTÉ
SPECTRE
SURPRIS
TAFFETAS
TEMPS
TORCHIS
TURBAN
USAGÈRE
VAGABOND
VEDETTE

S	R	U	O	T	A	E	S	R	A	T	A	T	E	M
D	N	O	B	A	G	A	V	G	N	I	M	M	E	L
N	A	B	R	U	T	E	R	E	B	M	A	G	N	I
S	O	C	I	E	T	E	M	R	E	G	A	L	E	R
P	R	E	F	U	S	E	E	L	Y	R	I	S	M	E
E	M	F	D	S	T	U	A	A	D	N	O	I	O	L
C	A	I	I	R	V	N	O	E	O	H	U	H	D	E
T	E	O	E	A	G	N	R	L	R	S	Q	C	B	C
R	N	V	G	E	O	S	E	R	A	I	E	R	A	Q
E	U	E	R	E	P	U	I	G	O	J	S	O	E	U
O	O	D	I	M	M	C	E	R	I	S	E	T	T	E
L	D	E	E	D	C	R	F	I	P	O	M	E	E	N
Y	U	T	S	M	E	F	A	L	A	R	D	E	R	O
T	O	T	L	U	E	R	C	D	A	M	U	H	N	U
C	D	E	I	B	R	N	G	O	N	S	A	S	E	I
A	E	N	N	A	C	T	T	N	S	E	Q	C	L	L
D	R	A	G	U	E	R	N	A	I	N	G	U	L	L
E	D	A	N	I	R	A	M	I	A	P	O	G	E	E

SOLUTION : Manchon.

SOLUTION DU MERCREDI 27

	T		I		E	
P	R	E	S	E	N	T
	A	N	O	N	N	E
G	I	C	L	E	U	R
	N	E	E		I	R
G	A	N	S	E		I
	N	S		U	S	E
P	T		C	R	A	N
	E	I	D	E	R	S

	G		M		P	
A	I	M	A	B	L	E
	G	A	R	A	I	T
N	O	L	I	S	E	R
	L	I	E	S	S	E
R	E	C	U	E		I
	T	E	S		S	N
E	T		E	C	O	T
	E	N	S	I	L	E

EN BEAUTE

Une huile corps douceur

Vous avez la peau sèche et rêche ? Testez la recette d'huile pour le corps à base de magnolia pour retrouver un épiderme lisse et doux. Cueillez 2 fleurs de magnolia et détachez-en les pétales. Mettez-les dans un bocal et versez 200 ml d'huile végétale de votre choix (d'argan, d'amande douce, de coco...). Laissez macérer un mois puis filtrez pour éliminer les pétales. Versez l'huile dans un récipient opaque. Elle se conserve quatre mois. **I. H.**

« Si les hommes agissaient avec justice, le juge resterait dans l'inaction. »
Proverbe arabe

EN FORME

Cholestérol, comment s'y retrouver ?

© Airborne77/stock.adobe.com

Le LDL correspond au « mauvais » cholestérol et le HDL au « bon » cholestérol. La majeure partie de ce lipide nécessaire à l'organisme est fabriquée par le foie, le reste étant apporté par l'alimentation. Il joue un rôle essentiel pour la santé.
Ce qui fait la différence entre bon et mauvais, c'est le « moyen de transport » utilisé par le cholestérol. Il est véhiculé par deux protéines distinctes qui jouent chacune un rôle différent : les lipoprotéines de basse densité (LDL) le transportent du foie vers les organes qui en ont besoin ; les lipoprotéines de haute densité (HDL), à l'inverse, acheminent le cholestérol des tissus vers le foie en vue de son élimination.
Le LDL est dit « mauvais », car en excès, il s'infiltre dans les parois des artères et entraîne la formation de plaques d'athérome. Le HDL favorise l'élimination du LDL, il empêche la production de ces plaques pouvant obstruer les artères.
L'excès de LDL se dépiste par bilan sanguin. Il est indispensable d'en faire régulièrement, car l'hypercholestérolémie se développe en silence et peut provoquer un infarctus du myocarde, un AVC ou une maladie liée à l'athérosclérose. En France, 20 % des adultes seraient concernés par un excès de LDL, impliqués dans un infarctus sur deux. Or, il existe des mesures simples pour le faire baisser, à commencer par une alimentation équilibrée et de l'activité physique. M. Q.

À FAIRE :

•
•
•
•
•
•
•
•

Le bon signe

Entre chaque nombre, placez l'un des quatre signes + x : et - afin d'obtenir le total indiqué. Chaque signe n'apparaît qu'une seule fois par opération.

3	4	6	8	7	=	2
10	3	8	7	5	=	13
3	5	7	8	2	=	8

SOLUTION : 3 x 4 - 6 + 8 : 7 = 2 / 10 - 3 x 8 : 7 + 5 = 13 / 3 x 5 - 7 + 8 : 2 = 8.

QUELLE HISTOIRE !

Né à Dijon, Stéphen Liégard, avocat, passe ses hivers à Cannes. Féru de littérature et de voyages, il écrit plusieurs ouvrages dont le plus célèbre s'intitule *La Côte d'Azur, de Marseille à Menton,* inventant ainsi le terme « Côte d'Azur ». J.-P. R.

samedi 30 mars

Saint Amédée

« En France particulièrement, les mots ont plus d'empire que les idées. »
George Sand

À FAIRE :

•
•
•
•
•
•
•
•
•

Sudokus

	2			5			3	
	7	8	6		4	5	1	
		1	8	3	9	6		
		6	5		3	7		
			2	4	7			
2	9	7				3	4	5
9	6		3		5		7	1
1								3
		4	9		6	2		

		1		5				4
3	2		7	4	6	5		1
5		7	8		1			
				7	3		5	
	5	2				6	9	
	8		2	9				
			5		7	1		9
1		6	3	8	4		2	5
4				2		8		

			7	3	1			
	5	4				7	8	
9		7		8		3		2
	3			6			9	
			8		9			
	2	9				4	7	
4				5				6
5								9
			3		2			

	5	3				7	6	
		2		4		9		
			3	7	6			
			6	2	1			
5		1				6		8
9								1
			4		8			
7		4				3		9
	9						8	

Solution au jeudi 4 avril

A TABLE

Le rutabaga

Quels bienfaits ? Son atout majeur est sa teneur en vitamine C : les marins le consommaient autrefois pour lutter contre le scorbut. Bien pourvu en potassium, il évite les crampes et contribue au bon fonctionnement du muscle cardiaque. Grâce aux vitamines B1 et B9 qu'il abrite en quantité, il est tonifiant pour le système nerveux, il favorise la transmission de l'influx nerveux et aide à combattre la déprime. Enfin, ce diurétique naturel est également une excellente source de fer.
Quelle cuisson ? Il remplace avantageusement le navet dans une soupe, un pot-au-feu, un wok de légumes, etc. Vous pouvez aussi en faire des purées ou des gratins en le cuisinant comme la pomme de terre. Mieux vaut le choisir petit afin que sa chair soit plus tendre et plus savoureuse. Pelez-le et faites-le cuire dans de l'eau bouillante ou à la vapeur. **I. G.**

Clin d'œil

Céleste, 4 ans, félicite sa maman qui vient de lui proposer un nouveau jeu. Elle s'exclame : « Maman, tu as eu une idée de génisse ! »

« Les pense-bêtes sont
les porte-clés de la mémoire. »
Pierre Dac

© Chris32m/stock.adobe.com

QUELLE HISTOIRE !

Pas de Pâques sans chocolat !

Il y a 3000 ans, quand le cacaoyer fut découvert par les Mayas, il fit d'emblée l'objet d'un culte. Non pas pour fêter Pâques, mais parce que ses fèves savaient soigner, requinquer et composer une envoûtante boisson servie lors des rituels sacrés : le *xocoalt*, ancêtre du chocolat chaud. Perpétuant la tradition, les Aztèques placèrent même le cacaoyer sous la protection du dieu Quetzalcoatl (« le serpent à plume ») pour assurer sa pérennité, tant il était précieux. Il faut dire que ses fèves servaient alors aussi de monnaie : en l'an 1300, 10 fèves permettaient d'acheter un lapin fécond, un vrai, pas en chocolat !
Le grand navigateur Christophe Colomb n'eut pas le nez creux avec les fèves de cacao : en 1494, il jeta à la mer celles que les Aztèques lui offrirent, persuadé qu'il s'agissait de crottes de chèvre ! C'est grâce au conquistador Hernán Cortés qui, en 1528, rapporta à la cour d'Espagne des fèves de cacao et la recette du chocolat chaud, que celui-ci arriva en Europe. En 1615, en épousant Anne d'Autriche, fille du roi d'Espagne, Louis XIII épousera aussi sa passion pour le cacao. Et, après les noces de Louis XIV avec l'infante Marie-Thérèse, l'engouement gagnera toute la cour, les médecins et même le clergé. À tel point qu'après moult débats, la boisson au chocolat jugée « aliment maigre », sera autorisée pendant le carême dès 1662. **M. Q.**

À FAIRE :

•

•

•

•

•

NOS EXPRESSIONS

ÇA BOURGEONNE !

Le terme bourgeon est issu du latin *burra* désignant la bourre : un amas de poils détachés avant le tannage de la peau de certains animaux. Ce sont aussi les déchets du peignage qui servent ensuite à bourrer des coussins et matelas ou sont travaillés en une laine fine présentée en brins. Par extension est dit « bourgeon » cette excroissance trônant sur les arbres, d'où naissent les branches, feuilles et fleurs. Et depuis le XIIIe siècle, le bourgeon désigne également un bouton sur le visage, ce bourgeon-là s'avérant bien moins engageant et prometteur que celui des arbres ! **D. L.-H.**

Vite, une astuce !

Pour redonner un coup de jeune à votre carrelage, mélangez dans une bassine du blanc de Meudon avec de l'eau afin d'obtenir une pâte plutôt liquide. Déposez une grosse noix de cette préparation sur une éponge douce humidifiée. Frottez le carrelage et les joints. Laissez sécher 5 minutes. Essuyez les carreaux avec un chiffon doux légèrement humide. Le blanc de Meudon leur redonnera du brillant et restera fixé aux joints, les rendant ainsi plus blancs. Exigeant davantage de patience, des cotons-tiges imbibés d'eau oxygénée et passés sur les joints ravivent aussi leur blancheur.

lundi 1er avril

Lundi de Pâques

Saint Hugues

« Pluie de Saint-Hugues à Sainte-Sophie
remplit granges et fournils. »
Dicton

À FAIRE:

-
-
-
-
-
-
-
-

C'EST ARRIVÉ LE…

1er AVRIL 1938

Après sept années de recherches, le chimiste Max Morgenthaler et son équipe de l'usine Nestlé de Vevey, en Suisse, lancent le premier café instantané. Moulu, torréfié, puis déshydraté, le breuvage est baptisé « Nescafé ». Il constituera un élément de base des rations des troupes américaines embarquées peu après dans la guerre. S. P.

Le saviez-vous

Dans la tradition chrétienne, Pâques marque la fin du Carême, ces quarante jours de jeûne durant lesquels il était, entre autres, interdit de consommer des œufs. Si ceux pondus avant servaient à faire des crêpes et des beignets, tous ceux pondus pendant cette période étaient conservés. Parfois pour les manger, mais surtout pour célébrer la résurrection du Christ et la fin du carême. Dès le XVe siècle, il était ainsi de coutume le jour de Pâques d'offrir à ses proches ces œufs joliment peints et décorés, parfois très richement dans les cours royales, pour symboliser la renaissance, y compris celle de la nature. Ils n'avaient pas encore le goût du chocolat mais l'aval de l'Église, donné à la fin du XVIIe siècle, allait bientôt changer la donne. M. Q.

« Si les quatre premiers jours d'avril sont venteux, il y en aura pour quarante jours. »
Dicton

À FAIRE :

•

•

•

•

•

•

•

A TABLE

Soupe à l'oignon au porto et au cantal

© Ploton/Photocuisi

Pour 6 personnes La soupe : • 6 oignons jaunes • 55 g de beurre • 25 ml de vin rouge • 30 ml de porto • 1 c. à soupe de farine T45 • 1 pincée de muscade • 1 l de bouillon de volaille • 1 l de bouillon de bœuf.
La garniture : • 2 tranches de baguette toastées • 1 gousse d'ail • 200 g de cantal râpé • Persil plat.

1. Épluchez et coupez les oignons en quartiers.
2. Dans une grande casserole, faites fondre le beurre, ajoutez les oignons et faites-les suer sans coloration pendant 5 minutes à feu doux. Poursuivez à feu moyen à fort pendant 5 minutes pour qu'ils caramélisent. Déglacez avec le vin et le porto, en grattant le fond de la casserole avec une spatule en bois pour décoller les sucs. Laissez réduire jusqu'à absorption complète des liquides. Ajoutez la farine et la muscade, mélangez, puis versez les deux bouillons. Portez à ébullition et laissez mijoter à feu moyen, à découvert, pendant 30 minutes (la soupe doit réduire environ de moitié).
3. Préchauffez le four en mode gril.
4. Répartissez la soupe dans six bols pouvant passer au four. Posez, dans chaque bol, deux tranches de pain frottées avec l'ail épluché et dégermé, parsemez de cantal râpé et faites griller à mi-hauteur pendant 5 minutes.
5. Décorez de pluches de persil et… à table. M. Q.

Super croisés

	A	B	C	D	E	F	G	H	I	J	K	L
1												
2						■				■		
3				■								
4			■						■			
5							■					
6					■							■
7									■			
8						■						

Horizontalement

1. Excessivement ornée. **2.** Répond à l'invitation. Calife en quatrième position. Neptunium de chimiste. **3.** Asile de nuit. Activité de spéculateur. **4.** Annonce une certaine discipline. Son coup ne permet pas de continuer. Un pieu sur lequel on ne risque pas de s'endormir. **5.** De quoi monter l'ascenseur social. La force de l'habitude. **6.** Un val ou des îles (d'). Stoppe l'action. **7.** Rationnel. Adjectif possessif. **8.** Tapis d'Orient tissé. Prénom d'Hemingway.

Verticalement

A. Virage à skis avec un genou près du sol. **B.** Donnerai un parfum provençal. **C.** Ça laisse du temps. Ligne de chemin de fer. **D.** Billet à prendre au départ. Par exemple. **E.** Il chanta *L'Eau vive*. En Drôme ou à Marseille. **F.** Espace vert du golfeur. **G.** Petite brosse d'orfèvre. Direction sur la boussole. **H.** Lever la séance. **I.** Elle organise mondialement le travail. Boîte. **J.** Consolé. **K.** Qui font preuve de convictions. **L.** Dit en toutes lettres. Aimé en été.

Solution au vendredi 5 avril

mercredi 3 avril

Saint Richard

« Si ce que tu as à dire n'est pas plus beau que le silence, alors tais-toi. »
Proverbe arabe

À FAIRE :

•
•
•
•
•
•
•
•

A TABLE

Mettez du navet dans votre assiette

Certes moins célèbre que l'asperge d'Argenteuil ou la fraise de Marcoussis, le navet de Freneuse est pourtant un trésor des Yvelines. Ce dernier est apparu en 1745. Cuisiné dans le pot-au-feu, il est surtout apprécié dans le potage Freneuse, un incontournable de la gastronomie française. Voici un délicieux plat composé d'une purée de navets et de pommes de terre, liée de crème fraîche, garnie de boules de navet et de croûtons. **Ne jetez plus au compost** les fanes de vos navets primeurs en botte. Tout comme celles du radis, elles s'utilisent dans des recettes goûteuses, diététiques et anti-gaspi. On les aime en velouté, en pesto, en petites galettes ou tout simplement poêlées comme les épinards. **P.-Y. N.**

© Marcin Jucha /stock.adobe.com

C'EST ARRIVÉ LE…

3 AVRIL 1973

Le premier téléphone portable est utilisé le 3 avril à New York, par son concepteur, Martin Cooper, un ingénieur américain de la société Motorola. L'appareil pèse 1,5 kg et a la taille d'une brique avec une antenne de 10 cm. Il faudra encore dix années pour le perfectionner avant de le commercialiser. **S. P.**

Sudokus

			9		2			
	5	4			8		2	
							4	3
2						1	3	
6	4			2		5		
5						8	6	
							5	6
	2	8			4		1	
			7		1			

1		4					3	
	2		1		3			
			8				9	
5		1	6	4		3		
6				5				9
		8		3	7	5		1
	8				5			
			3		2		7	
	7					8		2

Solution au dimanche 7 avril

« Il n'y a pas de mal plus grand, et des suites plus funestes, que la tolérance d'une tyrannie qui la perpétue dans l'avenir. »
Montesquieu

EN FORME

Protégez vos articulations

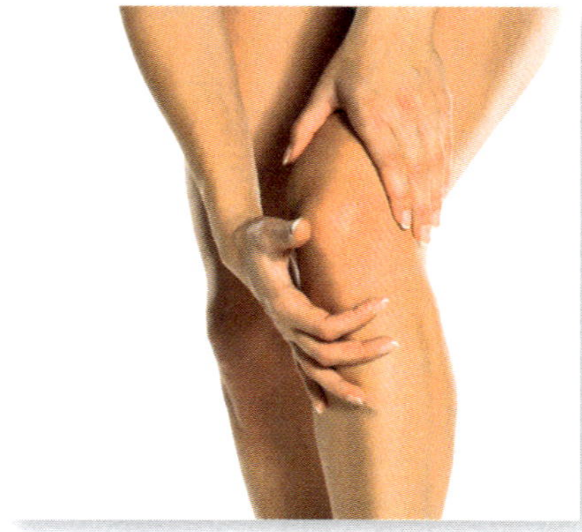

© Vladimirfloyd/stock.adobe.com

Bien bouger L'articulation est faite pour ça. Toutes les 30 minutes, changez de position afin d'éviter l'ankylose, source de mauvaises postures pesant sur le cartilage. Le mieux est de pratiquer régulièrement une activité physique de loisir pour augmenter l'amplitude articulaire et renforcer la musculature de soutien.

Bien manger Trop peser sur une articulation revient à lui imposer de fortes contraintes. Manger sain et veiller à son poids est essentiel : perdre 1 kg soulage les articulations de 2 kg à chaque pas.

Bien s'hydrater L'eau compose 65 % à 70 % des muscles et 75 % du cartilage. Pour lutter contre les raideurs musculaires et articulaires, buvez de 1 à 1,5 l d'eau par jour.

Bien se tenir Les mauvaises postures répétées nuisent aux articulations en attaquant muscles, tendons, ligaments et os… Assis, debout ou couché, conservez un bon alignement tête-bassin-pieds. Et évitez les gestes répétitifs, facteurs de microtraumatismes.

Bien se surveiller Ne laissez jamais traîner une simple entorse, qui peut faire le lit d'une arthrose, pas plus qu'une douleur articulaire pouvant rapidement dégénérer : consultez ! **M. Q.**

À FAIRE :

•

•

•

•

•

•

•

•

D'un mot à l'autre

En regroupant et en mélangeant les lettres de chaque mot, donné avec la lettre qui le suit, trouvez un second mot composé de sept lettres.

1	G É N I A L	+	T	=	_ _ _ _ _ _ _
2	D O R M I R	+	A	=	_ _ _ _ _ _ _
3	P I N S O N	+	E	=	_ _ _ _ _ _ _
4	C A V I A R	+	E	=	_ _ _ _ _ _ _
5	T O M A T E	+	B	=	_ _ _ _ _ _ _

SOLUTION : 1/ Antigel. 2/ Mirador. 3/ Pension. 4/ Avarice. 5/ Étambot.

SOLUTION DU SAMEDI 30

6	2	9	7	5	1	8	3	4
3	7	8	6	2	4	5	1	9
5	4	1	8	3	9	6	2	7
4	1	6	5	9	3	7	8	2
8	5	3	2	4	7	1	9	6
2	9	7	1	6	8	3	4	5
9	6	2	3	8	5	4	7	1
1	8	5	4	7	2	9	6	3
7	3	4	9	1	6	2	5	8

8	6	1	9	5	2	3	7	4
3	2	9	7	4	6	5	8	1
5	4	7	8	3	1	9	6	2
9	1	4	6	7	3	2	5	8
7	5	2	4	1	8	6	9	3
6	8	3	2	9	5	4	1	7
2	3	8	5	6	7	1	4	9
1	9	6	3	8	4	7	2	5
4	7	5	1	2	9	8	3	6

2	8	6	7	3	1	9	5	4
3	5	4	9	2	6	7	8	1
9	1	7	4	8	5	3	6	2
7	3	8	2	6	4	1	9	5
1	4	5	8	7	9	6	2	3
6	2	9	5	1	3	4	7	8
4	9	2	1	5	7	8	3	6
5	7	3	6	4	8	2	1	9
8	6	1	3	9	2	5	4	7

8	5	3	2	1	9	7	6	4
6	7	2	8	4	5	9	1	3
4	1	9	3	7	6	8	2	5
3	4	8	6	2	1	5	9	7
5	2	1	9	3	7	6	4	8
9	6	7	5	8	4	2	3	1
2	3	5	4	9	8	1	7	6
7	8	4	1	6	2	3	5	9
1	9	6	7	5	3	4	8	2

vendredi 5 avril

Sainte Irène

« Les enfants n'ont ni passé ni avenir, et, ce qui ne nous arrive guère, ils jouissent du présent. »
La Bruyère

À FAIRE :

•

•

•

•

•

•

•

•

•

•

Mini-croisés

	A	B	C	D	E	F	G	H	I	J	K	L
1												
2												
3			■				■					
4		■								■		
5					■			■				
6				■								
7						■						
8		■								■		
9									■			
10					■							

Solution au mardi 9 avril

Horizontalement
1. Conduire à la morgue. **2.** Dans son arbre, il saute de branche en branche. **3.** Cité bretonne légendaire. C'est la terre à boire. Voisin du french cancan. **4.** Prouver à un représentant son attachement. Cela exclut. **5.** Ancienne monnaie. De cet endroit. Organisation pacifico-asiatique. **6.** Image à interpréter. Elle travaille le cœur sur la main. **7.** Mit l'oh à la bouche. Revêtement sur des pistes. **8.** Il est maître de ses actes. Chef italien. **9.** Sont sans soin. Étendue sur le champ. **10.** Vieille école de philosophie. Accessoires de billard.

Verticalement
A. Caractère d'imprimerie. **B.** Arrivés. Artiste dadaïste. Le madrilène. **C.** Cache des noms. Remet le couvert. **D.** Détention arbitraire. Feuille de presse. **E.** On y mène grands trains. On a passé avec lui des vacances inoubliables. **F.** Appeler de façon chouette. Autant faire moins que celui qu'on a. **G.** Cardinaux opposés. Partager ses secrets. **H.** Prince russe de Borodine. Langue de Perse. **I.** Représenté par la droite. **J.** Provoque un état psychédélique. Matière de bouteille. Cycle qui tourne régulièrement. **K.** Tracé sur la carte. **L.** Pas très chaudes.

SOLUTION DU MARDI 2

T	A	R	A	B	I	S	C	O	T	E	E
E	N	T	R	E	■	A	L	I	■	N	P
L	I	T	■	A	G	I	O	T	A	G	E
E	S	■	A	R	R	E	T	■	P	A	L
M	E	R	I	T	E	■	U	S	A	G	E
A	R	A	N	■	E	N	R	A	I	E	■
R	A	I	S	O	N	N	E	■	S	E	S
K	I	L	I	M	■	E	R	N	E	S	T

AU JARDIN

Regarnissez vos plates-bandes

Les touffes des plantes vivaces produisent de jeunes rejets vigoureux en périphérie. Dans ce cas, nul besoin de déterrer toute la plante pour la diviser. Il suffit de prélever ces éclats pourvus de petites racines en tirant dessus. Cela fonctionne bien sur le lamier, le népéta, l'ophiopogon, le sédum, la pulmonaire, l'acorus, la bugle rampante et le stachys. Le geste est simple, rapide, sans aucun risque et permet de produire gratis, et en nombre, des plantes identiques pour garnir vos plates-bandes. **P.-Y. N.**

« Toutes les passions nous font faire des fautes, mais l'amour nous en fait faire de plus ridicules. »
La Rochefoucauld

Mini-fléchés

VISA LE DOCUMENT / NÉO-ZÉLANDAIS		NOMBRE / DERRIÈRE LA LIGNE		FERONS LE DÉPLACEMENT
MONTRER LES FERS / COEFFICIENT				
ELLES PORTENT LES MARCASSINS		SYMBOLE DU ZINC		

AUTHENTICITÉ / NON MERCI		DISPOSITIF D'ARRÊT / MANIÈRE		FAIT DES BONDS
MAUVAIS REPAS / PIÈCE DE HARNAIS				
ABRI / CATÉGORIE D'ŒUVRES				

CLASSER PAR CATÉGORIES / SCOOTER		GUETTANT / SAUT DE PATINEUR		CONNU SOUS LE NOM DE
CHEMIN DE FER / PRIS LA FUITE				
VOLCAN SICILIEN / ALLURES ÉQUINES				

FINIR PAR ENNUYER / MAPPEMONDE		LIGUE DE BASKET-BALL / TEMPÊTE		GARNIE D'UN APPÂT
SPIRITUEUX / 50 ÉTATS EN UN				
			ARTICLE CASTILLAN	
PÈRE DE THÉSÉE / IMBÉCILE				

Solution au jeudi 11 avril

À FAIRE :

•

•

•

•

•

•

•

•

AU MARCHE

L'asperge verte Voltaire

Les asperges pointent leurs écailles dès mars. Toutes sont de la même variété, mais diffèrent par leur mode de culture. Elles contiennent de la vitamine B9, indispensable à la formation des globules rouges et blancs. La variété Voltaire est précoce, elle contient plus d'antioxydants.

Recette facile : asperges coque Lavez et pelez les asperges. Disposez-les dans une poêle avec un fond d'eau. Couvrez et laissez cuire quelques minutes à feu vif. Elles remplaceront les mouillettes dans des œufs à la coque. **D. L.**

C'EST ARRIVÉ LE…

6 AVRIL 1199

Le roi d'Angleterre, Richard Cœur de Lion, est blessé le 26 mars 1199 d'un trait d'arbalète, au cours du siège du château de Châlus-Chabrol, dans le Limousin. Âgé de 41 ans, il meurt 11 jours plus tard dans les bras de sa mère, Aliénor d'Aquitaine. C'est Jean sans Terre, son frère, qui lui succédera. **S. P.**

dimanche 7 avril

Saint Jean-Baptiste de la Salle

« Celui qui naît d'une poule, gratte la terre. »
Proverbe corse

À FAIRE :

© Margarita/stock.adobe.com

BALADE EN FRANCE

Hyères, un parfum de Belle Époque

Surnommée « la cité des palmiers », en raison des quelque 7 000 palmiers plantés dans la commune et dans ses pépinières, Hyères est l'une des villes de France parmi les plus agréables en hiver. Dès le XIXe siècle, son climat particulièrement doux attire les célébrités. Pour retrouver l'ambiance de la Belle Époque, il faut visiter « La Banque ». Depuis 2021, cette succursale de la Banque de France accueille le musée des Cultures et du Paysage d'Hyères. Installée dans les 300 m² de l'appartement du directeur, la collection présente les vestiges de la ville gréco-romaine d'Olbia, des tableaux d'époque et les grandes personnalités qui ont vécu à Hyères, de la romancière américaine Edith Wharton à l'académicien Paul Bourget.

En sortant, le casino, la mairie et la poste de l'avenue Joseph-Clotis évoquent ces années folles. Avenue des Îles d'Or, des villas, comme La Gloriette et La Provençale, font face aux immeubles conçus par le promoteur Alexis Godillot, juste avant le grand hôtel des Îles d'Or, fief luxueux des Anglais. Avec ses alignements de palmiers, ses fontaines et lampadaires, ce quartier demeure un exemple d'urbanisme balnéaire. Pierre Chapoulart, architecte d'Alexis Godillot, y réalise de superbes demeures comme la Villa tunisienne et la Villa mauresque, où le promoteur a reçu la reine Victoria.

Ensuite, il faut entrer dans la cité médiévale entièrement piétonne. Là, l'itinéraire fléché du Parcours des Arts permet de découvrir une quarantaine d'artisans hébergés dans des échoppes préemptées par la mairie pour redynamiser le centre-ville. En empruntant des volées d'escaliers et de mystérieux passages couverts, le visiteur découvre les terrasses de la place des Savonniers et la place Jean-Baptiste-Massillon où la tour templière du XIIe siècle accueille des expositions. Enfin, il faut prendre le chemin en calades qui grimpe vers le lavoir du Repos et la collégiale pour parvenir à la Villa Noailles. De sa terrasse dominée par les vestiges du château de Charles d'Anjou, une vue magnifique permet de voir le bout de la presqu'île de Giens et les trois îles d'Or : Porquerolles, Port-Cros, et le Levant. **J.-P. R.**

SOLUTION DU MERCREDI 3

3	1	6	9	4	2	7	8	5
7	5	4	3	6	8	9	2	1
8	9	2	1	7	5	6	4	3
2	8	7	5	9	6	1	3	4
6	4	1	8	2	3	5	7	9
5	3	9	4	1	7	8	6	2
1	7	3	2	8	9	4	5	6
9	2	8	6	5	4	3	1	7
4	6	5	7	3	1	2	9	8

1	6	4	5	7	9	2	3	8
8	2	9	1	6	3	7	5	4
7	5	3	8	2	4	1	9	6
5	9	1	6	4	8	3	2	7
6	3	7	2	5	1	4	8	9
2	4	8	9	3	7	5	6	1
9	8	2	7	1	5	6	4	3
4	1	6	3	8	2	9	7	5
3	7	5	4	9	6	8	1	2

Sainte Julie

« Qui a mené la vie de gueux trois ans ne voudrait pas être mandarin un jour. »
Proverbe chinois

Mots mélangés

Tous les mots de la liste figurent dans cette grille et peuvent se lire dans toutes les directions. Chaque lettre peut être utilisée une ou plusieurs fois, sauf celles formant l'énigme répondant à la définition suivante : manière de penser.

ABRICOT
AGROCHIMISTE
AIMABLE
ALCOOTEST
ALIMENTER
ARGILE
ARGUMENT
ARMISTICE
AUTOMNE
BACCARA
CADUCÉE
CENTIÈME
COMMERCE
CONSOEUR
DÉGARNIR
DENTIER
DESSINE
ÉMARGER
EXÉCUTIF
FLAGADA
GÉLIVURE
GÊNEUSE
GINGEMBRE
GIRAFE
GLOIRE
GOUVERNAIL
ITALIEN
IVOIRIEN
MARTELER
MILLE-FEUILLE
MINARET
MORALE
NOTIFIER
OBLAT
ORATOIRE
PRESTIGE
PUR-SANG
RATICIDE
REFRAIN
RIVERAINE
SAMOVAR
SCANDINAVE
SCIERIE
SÉRAPHIN
SIMILITUDE
TAVERNE
TEQUILA
UTÉRIN
VAMPIRE

G	N	A	S	R	U	P	N	I	H	P	A	R	E	S
E	E	C	U	D	A	C	A	D	A	G	A	L	F	A
L	I	A	N	R	E	V	U	O	G	O	L	A	G	S
C	O	N	S	O	E	U	R	S	C	I	E	R	I	E
E	D	I	C	I	T	A	R	A	U	T	O	M	N	E
N	E	I	L	A	T	I	P	E	A	C	I	I	G	V
T	A	L	B	O	N	S	F	V	H	L	A	S	E	A
I	I	A	I	R	E	E	E	I	I	R	A	T	M	N
E	E	R	A	E	L	R	M	T	E	M	N	I	B	I
M	E	G	L	L	N	I	U	V	O	R	V	C	R	D
E	E	U	I	E	S	D	I	V	A	O	O	E	E	N
D	X	M	M	T	E	R	A	N	I	M	C	E	E	A
E	E	E	E	R	S	R	N	R	M	L	P	L	L	C
S	C	N	N	A	U	E	I	E	A	I	E	I	A	S
S	U	T	T	M	E	E	R	O	B	C	U	G	R	O
I	T	N	E	I	N	C	E	P	L	Q	C	R	O	E
N	I	A	R	F	E	R	T	R	E	G	R	A	M	E
E	F	A	R	I	G	R	U	T	O	C	I	R	B	A

SOLUTION : Opinion.

À FAIRE :

•

•

•

•

•

•

•

EN BEAUTÉ

Le miel, des vertus hydratantes

Fabriqué par les abeilles, le miel contient un peu d'eau, 80 % de sucre, des enzymes, des vitamines, des traces de pollen et quelques protéines. Pauline Malzac, responsable scientifique d'Alvadiem®, marque de cosmétiques apicoles, précise : « Les abeilles butinent une seule sorte de fleurs (…) sur un rayon de 3 km jusqu'à épuisement du nectar. Le miel concentre ainsi les vertus de la fleur butinée. Si c'est une fleur de châtaignier, le miel gagne des propriétés antioxydantes, puisque la fleur est riche en polyphénols. C'est alors un atout supplémentaire pour la peau. » **V. K.**

C'EST ARRIVÉ LE…

8 AVRIL 1973

Pablo Picasso décède à 91 ans, à Mougins (Alpes-Maritimes). Travailleur acharné, le chef de file du cubisme (avec Braque) a peint, dessiné, sculpté et gravé des dizaines de milliers d'œuvres (*Guernica, Les Demoiselles d'Avignon…*). Né en Espagne, à Malaga, il s'était installé à Paris à l'âge de 20 ans, avant de devenir l'artiste le plus célèbre du XXe siècle. **S. P.**

mardi 9 avril

Saint Gautier

« On doit des égards aux vivants,
on ne doit aux morts que la vérité. »
Voltaire

À FAIRE :

•

•

•

•

•

•

•

•

•

A TABLE

Gnocchis aux boulettes de viande

© Pomme de terre Pompadour Label Rouge

Pour 4 personnes • 500 g de pommes de terre (ici de la Ratte du Touquet) • 1 oignon • 2 gousses d'ail • 4 c. à soupe d'huile d'olive • 600 g de tomates concassées (en conserve) • 4 branches de thym frais effeuillées • 2 c. à café d'origan séché • 1 c. à café de sucre • Sel, poivre • 90 g de pancetta • 1 échalote • 500 g de viande hachée de bœuf • 90 g de parmesan râpé • 150 g de farine • 4 tiges de basilic effeuillées.

1. Faites cuire les pommes de terre.

2. Pelez, émincez l'oignon et les gousses d'ail. Faites-les revenir jusqu'à coloration avec 2 cuillerées à soupe d'huile, à feu moyen. Ajoutez les tomates, le thym, l'origan, le sucre. Salez, poivrez, prolongez la cuisson encore 15 minutes, à feu doux.

3. Mixez la pancetta et l'échalote. Mélangez-les avec la viande hachée et la moitié du parmesan. Formez les boulettes, faites-les dorer dans une poêle avec le reste d'huile, à feu moyen, puis ajoutez la sauce tomate. Prolongez la cuisson jusqu'à ce qu'elles soient bien cuites.

4. Pelez les pommes de terre, passez-les au moulin à légumes. Mélangez-les avec la farine, le reste du parmesan, salez, poivrez. Façonnez des rouleaux d'environ 1,5 cm de diamètre, coupez-les en tronçons de 2 cm. Faites cuire les gnocchis dans une grande casserole d'eau frémissante, jusqu'à ce qu'ils remontent à la surface. Égouttez-les, servez-les avec les boulettes parsemées de basilic ciselé. **M.-A. D.**

SOLUTION DU VENDREDI 5

E	N	O	R	G	U	E	I	L	L	I	R
G	E	N	E	A	L	O	G	I	S	T	E
Y	S	■	C	R	U	■	O	N	D	I	T
P	■	R	E	E	L	I	R	E	■	N	I
T	A	E	L	■	E	N	■	A	P	E	C
I	R	M	■	T	R	I	P	I	E	R	E
E	P	A	T	A	■	T	A	R	T	A	N
N	■	N	O	T	A	I	R	E	■	I	T
N	E	G	L	I	G	E	S	■	A	R	E
E	L	E	E	■	E	R	I	G	N	E	S

Mots à mot

En regroupant et en mélangeant les lettres des deux mots de quatre et trois lettres proposés, composez un troisième mot de sept lettres.

MUSC + AIL = _ _ _ _ _ _ L

BIBI + MER = _ _ _ _ _ _ R

NANA + VUE = _ _ _ _ _ _ U

SOLUTION : Musical - Imbiber - Vanneau

Saint Fulbert

« La justice sans la force est impuissante, la force sans la justice est tyrannique. »
Dicton

EN BEAUTÉ

La rose ravive l'éclat du visage

© Romario Ien/Stock.adobe.com

La fleur préférée des Français est aussi une alliée belle peau. Si la rose possède des vertus anti-inflammatoires qui soulagent les irritations des épidermes sensibles, elle est surtout reconnue pour son action sur l'éclat cutané. Ses pétales renferment des vitamines A, C et E qui agissent en synergie pour éclaircir le teint, gommer les marques de fatigue, adoucir et lisser le grain de la peau. **Résultat, ils procurent un effet bonne mine immédiat.** En prime, ces trois vitamines possèdent aussi des propriétés antioxydantes qui préviennent le vieillissement cutané. La vitamine C stimule la production de collagène, luttant contre l'apparition de rides. Enfin, l'eau florale de rose fait aussi briller les cheveux. **I. H.**

À FAIRE :

-
-
-
-

Petits fléchés

Grille 1 :

- POSTE SANS COURRIER
- CRAPAUDS
- CONTRITS
- À L'ÉCOLE AVEC JACQUES MARTIN
- ÔTERAI LE JUS
- CANTON D'ALTDORF
- ELLE GRIMPE AUX ARBRES
- RONDE EN AFFAIRES
- LE VERT-GALANT
- AVANT OMÉGA
- ENVOYÉ SPATIAL
- ARRIVÉ EN VIE
- DANS LES RAYONS
- IL A SA CROIX
- LIT D'IO
- RÉFÉRENCE POUR DES HOMMES DE CLUB
- UN DISQUE
- BLÉ EN HERBE
- VENDEUR SUR LES ROUTES
- BAVARD ANONYME
- IL SE PERD DU CÔTÉ DE GRAVELINES
- PÈRE DES JEUNES FILLES AU PIANO

Grille 2 :

- ÉTUDE DE LA DESTINÉE
- PENAUD
- DONNE ENVIE
- COURS ANGLAIS
- CASSE LA CROÛTE
- PLANTE VERTE...
- TRAVAIL DE PROFESSIONNEL
- PRÉLEVÉ
- TRANSFORMER EN PARTICULES
- FROMAGE BLANC
- AMORCE D'UN ACCORD
- GRANDE SURFACE AMÉRICAINE
- AU NIGERIA OU AUX PAYS-BAS
- HAUT ANDAIS
- POUSSÉ AU MAL
- CHEF DES OPÉRATIONS
- DESCENTE RAPIDE
- BEAU PSITTACIDÉ
- DÉBUT DE COLLECTION
- COUPLE DE ROMAINS
- NETTOYÉE PAR LE TISSERAND

Solution au vendredi 12 avril

jeudi 11 avril

Saint Stanislas

« S'il gèle à la Saint-Stanislas,
on aura deux jours de glace. »
Dicton

À FAIRE :

•

•

•

•

•

•

•

Méli-mélo

Couples de légendes

Nous avons mélangé entre elles les lettres de noms de couples de légende. Trouvez-les et placez-les au-dessus de la définition qui convient.

Lettres à replacer :
EJEDSBIENOAAAIPEHSUHNR
CINIERDFOCHERP
MOMOURNOETAGI
LLLCBNREEAAAU
XAEDGNLEAELNARRD
ECRLAOEPT

N° 1 ....
Époux de Roxane. Elle l'accompagna jusque sur les rives de l'Indus. Ce conquérant était parti de Macédoine, chevauchant Bucéphale, et avait d'abord conquis la Phénicie, l'Égypte et envahi la Perse (trois mots).

N° 2 ....
Cette actrice sera la quatrième femme d'Humphrey Bogart, avec lequel elle aura deux enfants. Elle l'épouse en 1945, après le tournage de *Port de l'angoisse*. Elle tourna encore avec lui *Le Grand Sommeil*, *Les Passagers de la nuit* et *Key Largo* (prénom et nom).

N° 3 ....
La haine qui sépare deux familles de Vérone n'empêche pas ce jeune homme de tomber amoureux de Juliette Capulet, bravant ainsi les préjugés. Shakespeare, inspiré par Bandello, en a fait un drame poignant (prénom et nom).

N° 4 ....
Septième du nom, reine d'Égypte, elle épouse son frère Ptolémée XIII. Après avoir été la maîtresse de César qui la rétablit sur son trône, elle s'éprend de Marc-Antoine avec lequel elle se marie.

N° 5 ....
Ce pianiste a, de prime abord, une idée bien négative de l'écrivaine George Sand qu'il rencontre chez Liszt. Mais ensuite, cet homme de santé fragile se laissera aimer et soigner pendant 10 ans par la « dame de Nohant » (prénom et nom).

N° 6 ....
Veuve d'un vicomte guillotiné pendant la Terreur, ayant passé elle aussi quelques mois en prison, elle croise Bonaparte, le futur Empereur. Le mariage est célébré en 1796, mais, au grand dam de son époux, reste stérile. Elle doit divorcer en 1809 (trois mots).

Solution au dimanche 14 avril

SOLUTION DU SAMEDI 6

	P		T	
M	A	O	R	I
	R	U	E	R
R	A	T	I	O
	F		Z	N
L	A	I	E	S

	V		B	
R	E	F	U	S
	R	A	T	A
L	I	C	O	U
	T	O	I	T
G	E	N	R	E

	S		E	
V	E	S	P	A
	R	A	I	L
F	I	L	A	I
	E	T	N	A
T	R	O	T	S

	B		N	
G	L	O	B	E
	A	R	A	C
U	S	A		H
	E	G	E	E
B	R	E	L	E

QUELLE HISTOIRE !

La villa Noailles à Hyères

Mallet-Stevens a 32 ans lorsqu'il achève sa première villa pour Charles de Noailles. Offrant une vue superbe sur les îles d'Or, ses formes géométriques feront sa réputation. L'architecte collabore avec Giacometti pour les appliques et Jean Prouvé pour des structures coulissantes. La villa bénéficie de la première piscine couverte de France où le compositeur Francis Poulenc, l'écrivain André Gide et le cinéaste Luis Buñuel ont suivi les cours du professeur de gym installé à demeure. **J.-P. R.**

« Le carré est un triangle qui a réussi, ou une circonférence qui a mal tourné. »
Pierre Dac

EN FORME

Macérat de bourgeons maison

© Idijatullina Veronika/stock.adobe.com

La préparation du macérat glycériné de bourgeons est à la portée de tous. Il faut impérativement s'y mettre juste après la récolte afin d'éviter toute dégradation des précieux principes actifs. Commencez par glisser les bourgeons dans un bocal puis versez, à parts égales, un mélange d'alcool de fruit et de glycérine végétale bio. Fermez hermétiquement le couvercle et placez le tout dans un placard. Laissez la macération se faire pendant 21 jours. Ensuite, filtrez dans un chinois et pressez les résidus dans un presse-fruit. Mélangez le tout avant de filtrer de nouveau à travers une gaze. Mis en bouteille et étiquetés, vos macérats se conserveront pendant 3 à 4 ans.

Prudence Attention à ne pas vous improviser phytothérapeute. Il est toujours plus prudent de consulter un spécialiste pour déterminer le macérat mère ou dilué qui vous conviendra le mieux, voire de prendre un avis médical. Comme les granules d'homéopathie, les gouttes de macérat doivent être prises à distance des repas, soit directement sur la langue, soit diluées dans un peu d'eau. La posologie varie de 5 à 15 gouttes par jour.

Pour aller plus loin: *Le Guide Terre vivante de la gemmothérapie*, éd. Terre vivante. **P.-Y. N.**

À FAIRE:

•

•

•

•

•

•

•

•

•

Tout compte fait

Dans chacune des trois lignes, placez les nombres 2 4 6 7 8 de façon à obtenir, en réalisant quatre opérations successives, le total indiqué.

	:		+		-		x		=	24
	x		-		+		:		=	2
	-		+		x		:		=	36

SOLUTION : 4 : 2 + 7 - 6 x 8 = 24 / 2 x 7 - 4 + 6 : 8 = 2 / 7 - 4 + 6 x 8 : 2 = 36.

SOLUTION DU MERCREDI 10

■	R	■	M	■	E	■
D	E	F	A	U	T	S
■	C	A	R	R	E	E
H	E	N	R	I	I	V
■	P	S	I	■	N	E
E	T	■	S	U	D	■
■	E	P	■	V	R	P
E	U	R	O	■	A	A
■	R	E	N	O	I	R

■	H	■	A	■	B	■
C	O	N	T	R	I	T
■	R	E	T	E	N	U
I	O	N	I	S	E	R
■	S	E	R	E	■	F
A	C	■	E	D	E	■
■	O	P	■	A	R	A
A	P	I	C	■	I	I
■	E	N	O	U	E	E

samedi 13 avril

Début des vacances de la zone A

Sainte Ida

« La plus grande partie de la vie passe à mal faire, une grande partie à ne rien faire, toute la vie à faire autre chose que ce que l'on devrait. »
Sénèque

Sudokus

	1						9	
			9	4	7			
	7						6	
4	2			6			3	7
				8				
5		1				8		4
7			4		5			9
		9	3		6	5		
		2				6		

		9				5		
		4	8		9	3		
			1		5			
8				3				6
7			4		8			3
6	9						4	2
	8						3	
5	2						7	9
		1	2	9	7	6		

9	4				1			
			2	7				
2			4			1	9	6
		9				8	6	
			3		8			
	5	7				9		
3	2	5			6			4
				4	2			
			7				5	1

			7		8			
	1			9		4		7
	4		1					8
5		6		1			8	
	2		9	6	5		4	
	9			8		5		1
3					1		5	
6		2		5			7	
			8		9			

Solution au mardi 16 avril

À FAIRE :

-
-
-
-
-
-
-
-
-

Vite, une astuce !

Pour économiser l'énergie, limitez le préchauffage du four à 10 minutes. Il fonctionnera mieux s'il est nettoyé régulièrement. Vérifiez aussi ponctuellement l'état des joints de la porte. À l'achat, choisissez si possible un équipement noté A en consommation énergétique.

EN BEAUTE

Le magnolia combat rides et ridules

Utilisée en médecine traditionnelle chinoise pour ses bienfaits contre les troubles du sommeil et l'anxiété, cette belle fleur très odorante est également précieuse en cosmétique. Elle renferme deux actifs, le magnolol et l'honokiol, qui possèdent des propriétés antibactériennes. Résultat, les brillances des épidermes gras et mixtes sont matifiées et les boutons, traités. Mais surtout, ces substances sont dotées de pouvoirs régénérateurs. **Antioxydant, le magnolia prévient les signes de l'âge** en protégeant la peau des agressions des radicaux libres. Il favorise la synthèse du collagène, qui permet de lutter contre l'installation des rides et ridules, et il stimule la production de décorine, un constituant des tissus indispensable à la fermeté du visage et de son ovale. **I. H.**

« Ne pouvant fortifier la justice, on a justifié la force. »
Pascal

TRADITIONS

Savane®, la douce saveur de l'enfance

© Capucine Stauff/Capfood/Brossard

L'histoire commence en 1931, en Charente-Maritime, lorsque le pâtissier Georges Brossard (1909-2000) et son épouse Laure (1910-2002) rachètent à Saint-Jean-d'Angély une petite fabrique artisanale de gâteaux. Ambitieux, le couple décide de se lancer dans la fabrication industrielle de biscuits « aux œufs frais ». Ils s'emparent alors d'un classique de la tradition pâtissière française : le boudoir. Les « biscuits pour la famille » sont nés. Ils vont assurer les premiers succès de l'entreprise qui commence à embaucher à tours de bras dans la région.

L'après-guerre est florissant pour Brossard. Et, en 1962, Georges lance le fameux Savane®. En cuisine, l'heure est à l'efficacité pour les mères des Trente Glorieuses, de plus en plus nombreuses à travailler. Le quatre-quarts marbré, premier gâteau longue conservation, tombe à point nommé pour celles qui n'ont plus le temps de préparer le goûter des enfants. Le Savane® devient une star du quatre-heures. Il doit ses zébrures chocolatées et son nom à son créateur, passionné par l'Afrique. Ce dernier, habile communicant, décide de se mettre en scène dès la fin des années 1970 dans les publicités. Depuis, l'attachant Papy Brossard® berce des générations de gourmands.

Inventé à Saint-Jean-d'Angély, le Savane® est désormais fabriqué à Pithiviers (Loiret) depuis plus de 50 ans. En 1976, Gringoire, une entreprise française spécialisée dans la fabrication de biscottes et originaire de cette petite ville du Loiret, fusionne avec Brossard. Georges prend sa retraite la même année. Depuis 60 ans, la recette est restée identique. Au total, 14 000 tonnes de Savane® sont produites chaque année à Pithiviers. La savoureuse génoise continue de séduire. **S. P.**

À FAIRE :

Le saviez-vous

Il faut attendre 1573 pour que la prime vere, alors orthographiée en deux mots, désigne une fleur s'ouvrant de février à avril. Une pousse sauvage symbolisant la jeunesse, l'amour naissant et, plus généralement, un nouveau départ. Avant cela, primevère voulait dire « printemps » en ancien français, *primo vere* signifiant « au début du printemps » en latin. D. L.-H.

SOLUTION DU JEUDI 11

1. Alexandre le Grand. **2.** Lauren Bacall. **3.** Roméo Montaigu. **4.** Cléopâtre. **5.** Frédéric Chopin. **6.** Joséphine de Beauharnais.

lundi 15 avril

Saint Paterne

« Quand à Saint-Paterne arrive la saison, la chaleur vient pour de bon. »
Dicton

À FAIRE:

•
•
•
•
•
•
•
•

A TABLE

Rouleaux de printemps au chèvre frais et au speck

Pour 8 pièces • 1 carotte • 1 petite betterave rouge cuite • ½ concombre • ½ radis daïkon (navet long) • 2 c. à soupe de vinaigre de riz blanc • 8 tranches de speck • 8 feuilles de laitue • 1 botte de coriandre • 8 feuilles de riz • 150 g de chèvre frais • 1 c. à soupe de tahini (crème de sésame) • 1 c. à soupe de pâte miso jeune (*shiro miso*) • 10 cl d'eau • ½ citron vert • 1 c. à soupe de grains de sésame • Sel, poivre.

1. Pelez la carotte, la betterave et le concombre (dont vous ôterez le cœur), puis taillez-les en julienne.

2. Pelez le daïkon et râpez-le à la mandoline crantée. Ensuite, placez les cheveux d'ange ainsi obtenus dans un bol avec le vinaigre, mélangez et assaisonnez.

3. Retirez le gras du speck, taillez-le en fines lanières. Lavez et essorez la laitue et la coriandre.

4. Immerger une feuille de riz dans un bain d'eau froide (15 secondes). Placez-la sur un linge propre. Déposez une feuille de laitue au centre, tartinez-la de chèvre frais.

5. Disposez une ligne de cheveux d'ange de daïkon dans la partie inférieure, à 2 cm du bord. Déposez de la julienne des trois légumes dessus, puis de la coriandre et quelques lanières de speck.

© Carnet/Photocuisine

6. Enroulez la feuille en partant du bas. Lorsque toute la garniture est enveloppée, rabattez les côtés vers le centre et formez un rouleau en serrant bien. Recommencez avec le reste des ingrédients. Placez les rouleaux au réfrigérateur.

7. Pour la sauce: fouettez le tahini avec la pâte miso en incorporant peu à peu l'eau bouillante. Ajoutez le jus du citron, rectifiez l'assaisonnement. Parsemez de sésame. **M. Q.**

QUELLE HISTOIRE !

Sous Charles IX, un édit royal décrète que l'année débutera désormais au mois de janvier et non plus en mars ou à Pâques, comme c'était le cas jusqu'alors. Dès le XIIe siècle, apparaît le mot *prins tans*, en latin *primus tempus*, les premiers temps de l'année.
D. L.-H.

AU MARCHE

Le brie de Meaux

Labellisé AOP, ce fromage au lait de vache se reconnaît à sa croûte fine, blanche et duveteuse. Il contient du calcium, des protéines, ainsi que des vitamines A, B, E: il a donc sa place dans une alimentation équilibrée. Limitez-vous toutefois à une petite portion (env. 30 g/jour) car il reste calorifique et contient beaucoup de sel (645 mg/100 g). Idéal sur du pain avec des lamelles de pommes et du miel. Bien emballé dans son papier d'origine, il se garde au frais 3 à 4 jours. **M.-A. D.**

mardi 16 avril

Saint Benoît-Joseph

« Dans le coucher du soleil
sont enfermées toute l'espérance
et la splendeur d'un jour meilleur. »
Michele Camposeo

À FAIRE :

•

•

•

•

•

•

•

•

EN BEAUTE

La propolis, un cocktail d'antioxydants

Quand les arbres résineux sont agressés par des parasites ou les intempéries, ils produisent une sève visqueuse appelée propolis qui est butinée par les abeilles à la belle saison. Elles y ajoutent leurs enzymes et la rendent plus malléable, avant d'en badigeonner les pourtours de la ruche afin de la protéger des intrusions et des maladies. Cette résine fait partie des ingrédients naturels les plus concentrés en antioxydants. Seul bémol, elle est très dure, ce qui rend l'extraction des actifs difficile pour les laboratoires.

© Grafvision/stock.adobe.com

« La propolis contient plus de 5 % de polyphénols, aux propriétés antioxydantes, c'est beaucoup, souligne Pauline Malzac, responsable scientifique d'Alvadiem. Nous travaillons avec un laboratoire capable de rompre la substance et d'extraire les antioxydants, sans solvants, à l'aide d'un procédé de chimie verte. » Incorporée dans les formules cosmétiques, la propolis agit sur plusieurs niveaux. Elle a une action anti-stress bénéfique pour les cellules de la peau, elle agit également sur les infections et calme l'inflammation. De même, elle préserve l'immunité naturelle de l'épiderme. C'est un actif sur mesure pour apaiser le cuir chevelu et réguler les peaux à imperfections. **V. K.**

Mots à mot

En regroupant et en mélangeant les lettres des deux mots de quatre et trois lettres proposés, composez un troisième mot de sept lettres.

A I R E + L O T = O _ _ _ _ _ _

R U E R + B A R = _ _ _ R _ _ _

A C N E + N E F = _ _ _ _ _ _ E

SOLUTION : Oralité - Barreur - Enfance.

SOLUTION DU SAMEDI 13

2	1	4	6	3	8	7	9	5
6	8	5	9	4	7	3	1	2
9	7	3	1	5	2	4	6	8
4	2	8	5	6	1	9	3	7
3	9	7	2	8	4	1	5	6
5	6	1	7	9	3	8	2	4
7	3	6	4	1	5	2	8	9
8	4	9	3	2	6	5	7	1
1	5	2	8	7	9	6	4	3

1	7	9	6	4	3	5	2	8
2	5	4	8	7	9	3	6	1
3	6	8	1	2	5	4	9	7
8	4	5	9	3	2	7	1	6
7	1	2	4	6	8	9	5	3
6	9	3	7	5	1	8	4	2
9	8	7	5	1	6	2	3	4
5	2	6	3	8	4	1	7	9
4	3	1	2	9	7	6	8	5

9	4	3	8	6	1	5	2	7
5	1	6	2	7	9	3	4	8
2	7	8	4	3	5	1	9	6
4	3	9	1	5	7	8	6	2
1	6	2	3	9	8	4	7	5
8	5	7	6	2	4	9	1	3
3	2	5	9	1	6	7	8	4
7	8	1	5	4	2	6	3	9
6	9	4	7	8	3	2	5	1

9	6	3	7	4	8	2	1	5
2	1	8	5	9	6	4	3	7
7	4	5	1	3	2	6	9	8
5	3	6	4	1	7	9	8	2
8	2	1	9	6	5	7	4	3
4	9	7	2	8	3	5	6	1
3	7	9	6	2	1	8	5	4
6	8	2	3	5	4	1	7	9
1	5	4	8	7	9	3	2	6

mercredi 17 avril

Saint Anicet

« Beau temps à la Saint-Anicet, est l'annonce d'un bel été. »
Dicton

À FAIRE :

•

•

•

•

•

•

•

AU JARDIN

Sous le charme des coucous

© K8most/stock.adobe.com

Les petites touffes du coucou, ou faux narcisse ou encore jonquille des bois, illuminent nos sous-bois et nos clairières au printemps. Les bulbes achetés dans le commerce se multiplient sans compter dans le jardin à l'ombre d'arbres feuillus. Évitez de couper à ras le feuillage des narcisses défleuris. Les bulbes en ont besoin pour reconstituer leurs réserves et refleurir généreusement l'année suivante. L'astuce consiste à tresser le feuillage vert pour qu'il prenne moins de place puis à couper les tresses lorsqu'elles seront totalement sèches.

Chaque année, à la fin du printemps, les prairies du plateau de l'Aubrac lozérien et cantalien se drapent d'un manteau blanc ; non pas de neige mais de millions de fleurs à la petite couronne orange vif et au parfum enivrant. Ce sont celles du narcisse des poètes que l'on récolte, le matin, en poussant un gros peigne monté sur roues. Les précieuses fleurs sauvages sont aussitôt mises en sac. L'industrie du parfum va en extraire un concentré unique qui vaut de l'or. Imaginez qu'il faut 800 000 fleurs pour obtenir 1 kg de cet extrait hyperconcentré baptisé « absolue ». On retrouve ses fragrances notamment dans le flacon de l'Eau de narcisse bleu d'Hermès. **P.-Y. N.**

Clin d'œil

Antonin, 5 ans, est allergique aux poils d'animaux. En visite chez une amie de sa mémé, nouvellement grand-mère, elle le met en garde : « Surtout, tu ne touches pas aux chiens et chats. Et si le bébé est là, tu ne le touches pas non plus. » « Mais Mémé, proteste Antonin, je ne suis pas allergique aux bébés ! »

Mini-fléchés

Grille 1 :

- ARBRE AU BOIS LÉGER / BOURDAINE
- C'EST DU JAMAIS VU / TISSU
- NETTOIE À FOND
- VILLE DES BELONS / POINT GARDÉ
- FAIRE DE L'EFFET / COLLECTE

Grille 2 :

- AMI-DONNA / LAISSÉE DE CÔTÉ
- INSTALLE SUR UNE CHAISE / ATOME
- DISTANCE À PAR-COURIR
- MESSAGE D'INTER-NAUTE / LONG VER
- VOIE D'ARRÊT D'UR-GENCE
- CE N'EST PAS UN SINGLE

Solution au vendredi 19 avril

« Le soleil doit être amoureux
de l'océan pour s'éteindre dedans. »
Guelai Inesse

Mots croisés

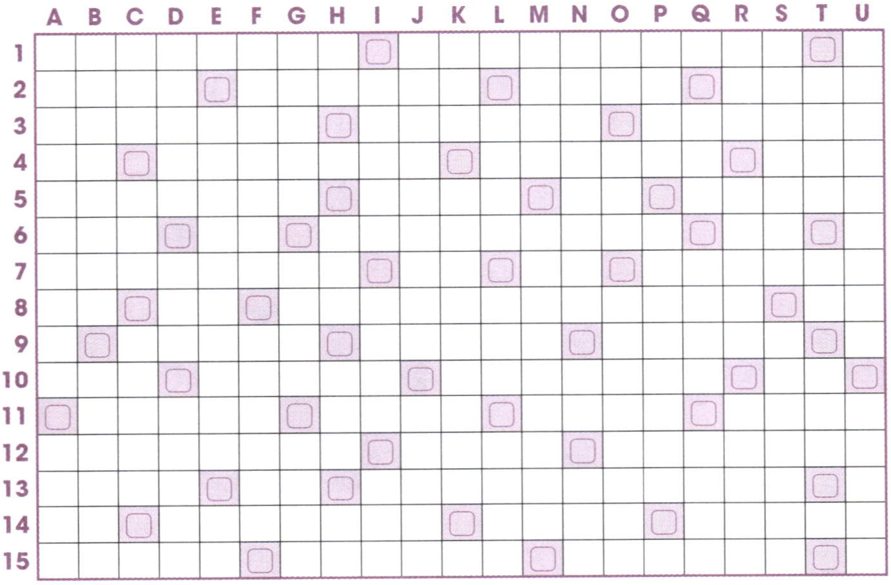

Solution au samedi 20 avril

Horizontalement

1. Redonné signe de vie. Elles ont toutes eu lieu. **2.** De taille. Casque léger. À trop fumer, il salit son manteau. Passe à Vendôme. **3.** Modèles pour Gauguin. Remède thérapeutique. Comme un été qui laisse blanc. **4.** Qui suit l'actualité de près. Conduits d'aération. Cité du Val-d'Oise (lès-Gonesse). Nez dans l'eau. **5.** Amateurs d'huîtres. Est rarement indigne. Se vend en rouleau. Ne sent pas la rose, mais y contribue. **6.** Preuve d'harmonie. Est sensible après la. Cocotte ou sauteuse. Note. **7.** Habile bâtisseur. Îlot marseillais. Précède l'an... Assombri. **8.** Pièce antique. Arrose Saint-Omer. Homme d'une certaine trempe. Bon pour coudre. **9.** Demeures dans le bois. Qui présente des couleurs. Fameux pandit. **10.** Non dits. Capsule pour matière médicamenteuse. Muqueuse. Donne à supposer. **11.** Que l'on a connu plus brillant. On exagère le nombre de ses membres. Ne manque pas de goût. Polytechnicien. **12.** Des tours de contrôle. Ville de Roumanie occidentale. Inflammations internes. **13.** Terre minuscule. Apparu au grand jour. Fixée à l'avance. **14.** Petit maître. Comme un cheval au dos creux. Acceptai le risque. Élagué. **15.** Ouvertures de violon. Les pierres des burons. Gardées secrètes.

Verticalement

A. Offrant un certain réconfort. Un homme qui ne se prononce pas. **B.** Bien développés. Bons pour le service. **C.** Ville belge. Cri de joie. Rivière alpestre. **D.** Décision de Cour. Passage où il n'y a pas foule. Mise à côté. **E.** Qui est cause de renvois. Points opposés. **F.** Ne pas toucher terre. Sont à l'origine de bruits de couloirs. **G.** Parus gênés. Originaire. Qui peut être appréhendé. **H.** Vieille cité. Soudé. Encouragement à la culture. Article. **I.** Questions de psychologie. L'Être suprême. A séduit. **J.** Coudre sans aiguilles. Divinités romaines. **K.** Ils pèsent de tout leur poids et altèrent. Victime d'un manque de chaleur. **L.** Sur la Garonne. Qu'il faut ménager. Êtres en pleine crise. **M.** Lieu aéré. Cours du soir. **N.** Livre britannique. Adverbe de lieu. Kangourou pour les enfants. **O.** Symbole de l'argon. On le trouve souvent sous la douche. Ne pousse pas à faire des choses ensemble. **P.** Scorpion d'eau. Qu'on ne retrouvera donc pas facilement. **Q.** Sucre. Forêt de France. Un Troyen qui serait à l'origine de Rome. **R.** Un homme de choix. Demander à genoux. Grande dévotion. **S.** Chaman. Courantes. **T.** Pays pétrolier. Des informations y sont stockées. Essence tropicale. **U.** On s'y rend pour acheter du ris. Se plie quand on le travaille.

À FAIRE :

-
-
-
-
-
-
-
-

C'EST ARRIVÉ LE...

18 AVRIL 1973

Fondé par un groupe de journalistes et d'intellectuels maoïstes autour de Jean-Paul Sartre, *Libération* voit le jour le 18 avril. Pour redonner « la parole au peuple », le quotidien refuse actionnaires et publicités. Premier directeur de la publication, Sartre cède sa place à Serge July, en mai 1974. F. M.

vendredi 19 avril

Sainte Emma

« Il a un côté sympathique, seulement on le voit toujours de face. »
Francis Blanche

À FAIRE :

•

•

•

•

•

•

•

•

•

EN FORME

La pomme de terre, riche en micronutriments

Classée par les nutritionnistes parmi les féculents, la pomme de terre offre tous les atouts des légumes.
Une source d'énergie : après l'eau, ses principaux constituants sont des glucides (amidon), carburants du cerveau et des muscles. Elle en renferme environ 16 %, soit trois fois plus que les légumes, mais moins que les pâtes, le riz ou le quinoa (entre 25 et 30 %). Elle est peu calorique : 80 kcal aux 100 g (pour une belle pomme de terre), sauf si elle est imprégnée d'huile : 250 kcal pour des frites, 300 kcal pour des pommes dauphine.
Un index glycémique variable : élevé lorsqu'elle est cuite à forte température ou mixée en purée, il est plus bas après une cuisson vapeur. Acccompagnez-la de légumes, de viande ou de poisson.

© Valentina Rychkova/stock.adobe.com

Riche en fibres et en micronutriments : sur ce plan, elle se rapproche des légumes. Une assiette de 200 g fournit 12 % de l'apport conseillé en fibres, de 12 à 25 % de celui en magnésium, fer, potassium, vitamines B3, B5, B6, B9 et K… et 65 % de celui en sélénium ! Primeur ou nouvelle, elle apporte aussi de la vitamine C, à condition d'être cuite à la vapeur et non frite ou au four. F. D.

D'un mot à l'autre

En regroupant et en mélangeant les lettres de chaque mot, donné avec la lettre qui le suit, trouvez un second mot composé de sept lettres.

1	MIGRER	+	P	=	
2	CHATON	+	M	=	
3	SUTURE	+	A	=	
4	AMENDE	+	D	=	
5	ESPOIR	+	L	=	

SOLUTION : 1/ Grimper. 2/ Manchot. 3/ Sauteur. 4/ Demande. 5/ Spoiler.

SOLUTION DU MERCREDI 17

■	S	■	I	■
A	U	L	N	E
■	R	I	E	C
R	E	N	D	U
■	A	G	I	R
Q	U	E	T	E

■	E	■	A	■
O	M	I	S	E
■	P	O	S	T
T	E	N	I	A
■	S	■	E	P
B	A	N	D	E

Début des vacances de la zone B

Sainte Odette

samedi 20 avril

« À vivre dans les lendemains, on meurt les rêves entre les mains. »
Johann Dizant

Maxi-mot

Trouvez, pour chaque ligne horizontale et verticale, le mot le plus long possible. Marquez autant de points que le nombre de lettres de chaque mot et comparez votre score avec la table ci-contre.

	A	B	C	D	E	F	G	H	I
1	O	E	I	N	T	A	C	O	V
2	T	U	E	E	R	N	R	D	A
3	I	A	P	R	N	I	E	T	O
4	C	R	A	A	O	C	P	C	I
5	E	E	T	C	P	D	E	R	N
6	N	T	I	N	R	O	I	E	S
7	M	F	T	E	N	E	R	I	E
8	R	F	N	R	E	U	A	A	G
9	A	R	M	I	A	T	P	F	I

Débutant : de 2 à 99 points
Novice : de 100 à 124 points
Confirmé : de 125 à 144 points
Expert : de 145 à 159 points
Champion : de 160 à 163 points

TOTAL

points

HORIZONTALEMENT		VERTICALEMENT	
1-	pts	A-	pts
2-	pts	B-	pts
3-	pts	C-	pts
4-	pts	D-	pts
5-	pts	E-	pts
6-	pts	F-	pts
7-	pts	G-	pts
8-	pts	H-	pts
9-	pts	I-	pts
Sous-total	pts	Sous-total	pts

Solution au lundi 22 avril

À FAIRE :

•

•

•

•

•

•

•

AU JARDIN

Des hostas pour le balcon

Vous trouvez facilement en jardinerie de belles potées d'hostas pour créer un décor express. Vous pourrez aussi acheter de jeunes plants en godets, plus économiques, à planter par trois. Ils pousseront et s'étofferont si vite que, l'année suivante, vous ne verrez plus la différence. Drainez le fond du contenant avec des billes d'argile, puis plantez-les dans un terreau enrichi en engrais. Placez une coupelle en dessous et soutenez la croissance des jeunes feuilles avec des arrosages suivis.
En plein été, arrosez seulement une fois par semaine, surtout si vous avez pris la précaution de recouvrir la terre de paillettes de chanvre ou de lin. **P.-Y. N.**

SOLUTION DU JEUDI 18

Horizontalement: 1. RÉAPPARU. NAISSANCES. **2.** APTE. MORION. ÂTRE. LOIR. **3.** VAHINÉS. TISANE. POURRI. **4.** IN. NARINES. GARGES. CAP. **5.** GOBEURS. MÈRE. LÉ. ÉPINE. **6.** OUI. SI. USTENSILE. RÉ. **7.** TISSERIN. IF. EN. NOIRCI. **8.** AS. AA. SIDÉRURGISTE. DÉ. **9.** ISBAS. IRISÉ. NEHRU. **10.** TUS. OVULE. GENCIVE. SI. **11.** TERNI. IULE. AIME. PIPO. **12.** MIRADORS. ARAD. ILÉITES. **13.** ÎLET. NÉ. PRÉDESTINÉE. **14.** ME. ENSELLÉ. OSAI. ÉTÊTÉ. **15.** ESSES. LAUSES. CELÉES. **Verticalement: A.** RAVIGOTANT. MIME. **B.** ÉPANOUIS. UTILES. **C.** ATH. BIS. ISÈRE. **D.** PEINE. SAS. RATÉE. **E.** NAUSÉABOND. N.-S. **F.** AMERRIR. AVIONS. **G.** ROSIS. ISSU. RÉEL. **H.** UR. UNI. LIS. LA. **I.** ITEMS. DIEU. PLU. **J.** NOISETIER. LARES. **K.** ANS. RÉFRIGÉRÉ. **L.** AGEN. USÉ. ADOS. **M.** SANA. SÉRÉNADES. **N.** STERLING. CI. SAC. **O.** AR. GEL. INIMITIÉ. **P.** NÈPE. ENSEVELI. **Q.** OSE. OTHE. ÉNÉE. **R.** ÉLU. PRIER. PIÉTÉ. **S.** SORCIER. USITÉES. **T.** IRAN. CD. IPÉ. **U.** TRIPERIES. OSIER.

dimanche 21 avril

Saint Anselme

« Tel temps à la Saint-Anselme,
tel temps pendant une semaine. »
Dicton

À FAIRE :

•

•

•

•

•

•

•

•

EN CHANSON

2021 Juliette Armanet « Le Dernier Jour du disco »

Après des études de lettres et de théâtre, Juliette Armanet exerce le métier de journaliste pendant six ans puis celui de documentariste pour Arte et France Culture avant de rejoindre l'équipe de l'émission de TF1, *50' Inside*. Elle a toutefois vite fait de passer de l'autre côté de l'écran, pour devenir star à son tour ! Il faut dire que, depuis ses 14 ans, Juliette écoute Barbara, Bashung ou Souchon et compose des chansons dans le secret de sa chambre.

En 2017, son premier album, *Petite Amie*, est un succès. On la dit alors fille spirituelle de ses idoles, Barbara et Véronique Samson ! Quatre ans plus tard, après avoir découvert la fièvre de la scène, elle rêve d'un album disco. Une envie folle de joie, de rythme… *Le Dernier Jour du disco* naît en famille : Juliette écrit les paroles d'une traite et compose la mélodie avec son frère, Adrien. « J'ai eu l'impression d'une évidence en l'écrivant, dit-elle. Le texte m'est venu assez naturellement, tout comme la musique, les couplets. » Elle imagine une mélodie mélancolique qui soudain explose en mille feux.

© AFP

La chanson évoque la fin d'un monde et le début d'un autre, une destruction joyeuse pour une reconstruction pleine d'espoir. Impossible de ne pas penser à la « Disco Demolition Night » au cours de laquelle, à Chicago, en 1979, on fit exploser des disques dans un stade pour marquer la fin de cette période musicale. En 2021, l'album *Brûler le feu*, dont *Le Dernier Jour du disco* est la chanson d'ouverture, est un immense succès. Juliette est la star du moment ! **D. L.-H.**

QUELLE HISTOIRE !

En 1972, *Y a le printemps qui chante* est sur toutes les lèvres. Au départ, la chanson de Cloclo se voulait mélancolique. Sur un tempo accéléré, c'est devenu un air joyeux. « Viens à la maison, y a le printemps qui chante / Viens à la maison tous les oiseaux t'attendent… »
D. L.-H.

« C'est la fin, le tout dernier matin / Le tout dernier jasmin / Ne me lâche pas la main / C'est la fin, le soleil au lointain / S'écroule seul dans son coin / Ne me lâche pas, je te tiens / Le dernier jour du disco / Je veux le passer sur ta peau / À rougir comme un coquelicot / Le dernier jour du disco / Je veux l'entendre en stéréo / Et te dire qu'y a rien de plus beau. »

Paroles : Juliette Armanet. Musique : Juliette et Adrien Armanet. Production artistique : SebastiAn. Label : Roman musique, 2021.

« Être dur de la feuille n'empêche pas pour autant d'être mou de la branche et réciproquement. »
Pierre Dac

La ronde des mots

Trouvez dix-neuf mots et notez chacun d'eux dans le sens des aiguilles d'une montre autour de la case de définition correspondante.
La première lettre de chaque mot est indiquée par le triangle noir.
Le premier mot est donné en exemple.

Solution au jeudi 25 avril

À FAIRE:

-
-
-
-
-
-
-
-

SOLUTION DU SAMEDI 20

Horizontalement: 1. Évocation. **2.** Dénaturer. **3.** Opinerait, opiniâtre, patinoire, pointerai, potinerai, rapointie. **4.** Carpaccio. **5.** Décrêpent, précédent. **6.** Insertion, intronise, ironisent, tisonnier. **7.** Fièrement, méfièrent. **8.** Naufrager. **9.** Imparfait.
Verticalement: A. Crémation. **B.** Affréteur, réaffûter. **C.** Impatient, pimentait. **D.** Enraciner, réincarné. **E.** Patronner. **F.** Coudaient, éducation. **G.** Apprécier, péricarpe. **H.** Décoratif. **I.** Voisinage.

AU MARCHE

Les radis roses Kiva

Ce petit plaisir frais est un légume crucifère. Ces radis précoces contiennent de nombreux antioxydants, polyphénols et anthocyanes qui protègent contre certains cancers. Les feuilles sont aussi très riches en antioxydants. **Recette facile: pesto au radis.** Nettoyez les radis et récupérez les fanes. Mixez-les avec 1 cuillerée à soupe de pignons de pin, 1 cuillerée à soupe de parmesan, 2 cuillerées à soupe d'huile d'olive et le zeste d'½ citron. Poivrez. Ce pesto réveille un plat de pâtes. La racine se croque à l'apéro. **D. L.**

mardi 23 avril

Saint Georges

« Quand il pleut le jour
de Saint-Georges, sur cent cerises,
on a quatorze. »
Dicton

À FAIRE :

•

•

•

•

•

•

•

A TABLE

Free brownie

Pour 8-10 parts • 300 g de chocolat noir pâtissier 70 % • 45 g de farine semi-complète • 25 g de poudre de noisettes grillées • 1 bonne pincée de fleur de sel • 1 sachet de poudre à lever • 3 sachets de sucre vanillé • 100 g de yaourt de soja • 100 g de purée de noisettes grillées • 70 g de sirop d'agave • 5 g de cerneaux de noix fraîchement décortiqués.

1. Préchauffez le four à 180 °C (th. 6).
2. Coupez le chocolat en petits morceaux, faites fondre au bain-marie.
3. Mélangez la farine, la poudre de noisettes, le sel, la poudre à lever. Ajoutez tous les autres ingrédients, le chocolat fondu, mélangez.

Cette recette est extraite du livre *Recettes sublimes et sages au chocolat*, Marie et Maud Chioca, éd. Terre Vivante.

4. Transférer la pâte dans un cadre pâtissier d'environ 17 à 22 cm. Enfournez 10 minutes. C'est prêt.

Info + Grâce au sirop d'agave, cette recette possède un index glycémique (IG) bas et convient aux personnes diabétiques. **M.-A. D.**

Mots à rayer

Rayez dans chaque grille tous les noms de la liste. Ils peuvent se croiser et se lire en tous sens : de haut en bas et vice versa, de droite à gauche et inversement, ainsi qu'en diagonale.

E	S	O	H	C	N	I	D	N	A	V	A	L
V	A	C	N	A	U	N	E	A	G	G	E	R
E	I	S	A	D	N	E	I	C	A	H	A	A
S	C	O	R	B	U	T	I	A	M	A	R	T
T	A	J	L	Q	R	L	I	L	S	E	U	M
O	D	N	G	E	I	E	E	S	L	U	E	A
V	O	A	S	B	N	E	U	R	E	F	M	T
E	R	B	M	E	M	T	U	S	O	S	E	A
D	N	O	C	E	S	H	S	L	E	U	D	S

AMUSAI
ASIE
BANJOS
CADOR
CHOSE
DEMEURA
DÉVOT
DRAG-QUEEN
DUELS
FÉRUE
HACIENDA
HANTISES
HURLERA
LAVANDIN
LOFÉ
MATAS
MEMBRE
MUESLI
NUANÇA
OMBILIC
ONDULER
REGGAE
SCABREUSE
SCORBUT
SECOND
SERTI
TRAMAI
VIOLENTS

Saint Fidèle

mercredi 24 avril

« Attendez la nuit pour dire que le jour a été beau. »
Proverbe breton

© Chaiwut Trairat/stock.adobe.com

AU MARCHÉ

L'oignon cébette

L'oignon nouveau est une variété cueillie bien avant d'arriver à maturité. Il se mange entier et apporte à l'organisme une partie du phosphore dont il a besoin pour garantir la bonne santé des os. Il est également riche en sélénium, excellent pour les cheveux et la peau.

Recette facile : omelette à la cébette Nettoyez et détaillez un oignon cébette. Battez des œufs en omelette et assaisonnez-les. Faites cuire les œufs dans une poêle bien chaude. Parsemez l'omelette de cébette émincée.

Info + Accompagnez de pain grillé et de légumes verts. **D. L.**

À FAIRE :

•

•

•

•

Petits fléchés

BIEN PLUS
STOPPER LA CRISE
ELLE MOTIVE LA MEUTE
VEILLES
FROMAGE SUISSE
ARBRE DE MAURICE
SE FAIRE ENTENDRE SOUS LES BOIS
APPAREIL SERVANT À VANNER
INÉBRANLABLE
AU CAMEROUN
BONNE CHEZ LE DÉVOT
VENT FROID DE L'ADRIATIQUE
EN MARGE
NI MAT NI BRILLANT
ADJECTIF POSSESSIF
CHARGÉ DE MISSION
AXE SUR LA CARTE
ÎLE DU DANEMARK
MASSIF DES CARPATES

ASTIQUÉ
CITÉS PLUS HAUT
EN LIBRAIRIE
CAPUCINS
BASE DE L'ALGORITHME
BOÎTE À IMAGES
EN NORMANDIE
DOUCE ET POILUE
SÈCHE MUSICALE
ABRITE DEUX SANCTUAIRES
VITESSE
CŒUR BATTANT
CAS DE SOCIÉTÉ
CARDINAL DE LA POLOGNE
CENT BLAGUES !
TROUBLE LE CALME DE LA FORÊT
COULÉE DE LAVE À HAWAÏ
KARÉNINE OU KARINA
COMME IL EST LIBRE !
ARGENT DE POCHE
PRIX NOBEL JAPONAIS
RÉCIPIENT POUR UN RAGOÛT

Solution au samedi 27 avril

jeudi 25 avril

Saint Marc

« Saint-Marc mouillé au petit jour,
c'est de la pluie pour tout le jour. »
Dicton

À FAIRE :

•

•

•

•

•

•

•

•

•

Jackpot

Dans chaque jeu, trouvez trois mots de quatre, cinq, six ou sept lettres en ne prenant qu'une lettre par colonne. Chaque lettre ne sert qu'une fois. Un mot vous est déjà donné. Procédez par déduction en formant des mots avec les lettres rares (G, K, Q, X...).

1

2

3

4

Solution au lundi 29 avril

SOLUTION DU LUNDI 22

Ligne 1 : frérot, vitrer, blotti, torcol. **Ligne 2 :** regret, ramage, tarama, caméra. **Ligne 3 :** restes, ânesse, aérien, épître. **Ligne 4 :** trêves, setter, inapte, toucan. **Ligne 5 :** venant, tétine, pirate, céleri.

Le saviez-vous

Un seul gramme de semences de navet contient jusqu'à 700 graines rondes. Les navets laissés en terre s'allongent, donnent des fleurs jaunes d'avril à juin, puis des graines enfermées dans leurs gousses baptisées siliques. Coupées puis étalées à l'ombre sur une toile, elles s'ouvrent peu à peu en libérant les précieuses semences. P.-Y. N.

« La décision de faire du moment présent un ami signe la fin de l'égo. »
Eckhart Tolle

© stock.adobe.com

A TABLE

L'ail des ours

Quelle saveur ? Cette plante, qui forme un tapis dense dans les sous-bois, dégage une forte odeur d'ail, ce qui permet de ne pas la confondre avec un autre végétal. Ce goût prononcé se retrouve jusque dans ses feuilles, ses boutons et ses fleurs, tous comestibles.
Quels bienfaits ? De même que son cousin l'ail commun, il est bactéricide. On retiendra aussi ses qualités dépuratives, stimulantes et digestives. Consommé cru, il est riche en vitamine C.
Comment le préparer ? L'ail des ours est apprécié en condiment, cru ou cuit. Quelques feuilles ciselées agrémentent une salade, un gratin ou une omelette, tandis que ses fleurs décorent et parfument toutes sortes de plats. Les boutons floraux peuvent être confits au vinaigre et consommés comme des câpres dans des salades ou des sauces tomate, par exemple. Vous pouvez glisser quelques feuilles crues dans une soupe avant de la mixer. Et au printemps, vous pouvez récolter de grandes quantités d'ail des ours et réaliser des recettes à stériliser (pesto, vinaigre). I. G.

À FAIRE :

-
-
-
-
-
-
-
-

Kemarus®

Une grille est composée de zones de 1 à 5 cases entourées de gras.
- Complétez la grille avec les chiffres manquants sachant qu'une zone d'une case contient le chiffre 1, une zone de deux cases contient les chiffres 1 et 2, une zone de trois cases contient les chiffres 1, 2 et 3, etc.
- Deux chiffres identiques ne peuvent être placés côte à côte, ni en diagonale.

Exemple :

2			1	
	4			
			5	
			3	

2	1	2	1	3
3	4	3	4	2
1	5	2	5	1
2	3	1	3	4

	4			
				2
			4	
5	4			1
3				2

2				
			4	
		1		
				3
4		3		5

Solution au dimanche 28 avril

samedi 27 avril

Sainte Zita

« Tu es aveugle. Je suis sourd-muet.
Que ta main touche la mienne
et que la communication soit. »
Khalil Gibran

À FAIRE :

•

•

•

•

•

•

•

•

•

Sudokus

	3	7		1		2	5	
	5			9			3	
	1			6			7	
		2				1		
5			4		1			3
			6		5			
			9	3	8			
8								9
4		6	2		7	3		8

	8		1	6	9		3	
			8		3			
	9						2	
			4	9	6			
5								7
2	1			5			6	4
			3	4	2			
		5				6		
9		7				8		2

				1	9			4
	1	5					7	3
7		4			3			
	4		6			5		
	3				4	8		6
	7		2			3		
4		3			5			
	6	2					3	5
				8	6			2

2			9	4			1	
							8	4
3	4	7	6					
7					2	1		
					3	8		2
4					6	3		
9	5	6	2					
							9	1
1			7	8			3	

Solution au mercredi 1er mai

EN FORME

Allergies : que faire ?

Ces dernières décennies, on a constaté une augmentation du nombre d'allergiques, jusqu'à 20 % de la population, selon l'Inserm. On peut devenir allergique à une protéine que l'on a très bien supportée toute sa vie. Il est également possible de se désensibiliser et de guérir à tout âge de la vie.

Quel est le premier traitement ? Il s'agit d'éviter le contact avec l'allergène. Mais éviter les pollens n'est pas toujours simple. Des traitements existent. Le premier réflexe est de consulter votre généraliste qui pourra vous prendre en charge ou vous adresser à un allergologue. À l'interrogatoire, il pourra déjà cerner l'allergie et prescrire des antihistaminiques.

Faites réaliser des tests pour identifier l'allergène responsable. Le prick test consiste à mettre en contact différents allergènes, en quantité infime, avec la peau de la face antérieure du bras. En cas de réaction identifiable par le praticien, le diagnostic est posé. **M. Q.**

SOLUTION DU MERCREDI 24

	A		C		S	
J	U	G	U	L	E	R
	T	A	R	A	R	E
A	R	R	E	T	E	E
	E	D	E	A		R
A	M	E		N	B	
	E	S	P	I	O	N
R	N		A	E	R	O
	T	A	T	R	A	S

	R		E		I	
L	E	S	D	I	T	S
	L	A	I	N	E	E
G	U	I	T	A	R	E
	I	S	E		A	S
M	S		E	S	T	
	A	A		A	I	R
A	N	N	A		O	E
	T	A	G	I	N	E

« Réussir sans un travail assidu est aussi peu probable que de récolter là où l'on n'a pas semé. »
Proverbe japonais

© PNS/AFP

BALADE EN FRANCE

3 villages d'exception

Castelmoron-d'Albret : mini, mini Visualisez la place de l'Étoile à Paris... Eh bien, celle-ci est plus grande que le plus petit village de France, l'adorable Castelmoron-d'Albret, une commune située dans le département de la Gironde, en région Nouvelle-Aquitaine. 3,54 ha, un confetti perdu dans l'Entre-deux-Mers, à 57 km de Bordeaux. Si Castelmoron-d'Albret est le plus petit village de France, savez-vous quelle est la plus grande ville de notre pays ? Il s'agit de la commune de Maripasoula, en Guyane. En effet, sa superficie est 174 fois plus grande que celle de Paris : 18 360 km^2 contre 105 km^2. Pour ce qui est de la métropole, Arles est la commune la plus vaste, elle s'étend sur 759 km^2, pas moins de 7 fois Paris !
Archamps : sommet de richesse L'air est pur du côté du village d'Archamps, en Haute-Savoie, mais c'est aussi et surtout le paradis des travailleurs transfrontaliers. En effet, un habitant sur deux de la commune la plus riche de France travaille en Suisse, Genève n'étant qu'à quelques minutes en voiture. Le revenu moyen par habitant s'élève à 3 800 € par mois, c'est le record français ! Cette manne profite aussi à la municipalité puisque 40 % de son budget provient de taxes reversées par la Suisse. La prospérité économique des habitants est toutefois à nuancer, tant le prix de l'immobilier a explosé ces dernières années.
Rochefourchat : vraiment unique Six maisons en pierre, une église, une cabine téléphonique hors service, une ancienne école faisant office de mairie et de gîte... Voici Rochefourchat, un microscopique village de la Drôme perdu sur les hauteurs, à 4 km de Saint-Nazaire-le-Désert. Jusqu'en 1891, on y dénombrait une centaine d'habitants, puis seulement 64 en 1936, 3 en 1982 et désormais un seul à plein temps ! Auquel viennent toutefois s'ajouter quelques propriétaires de résidence secondaire. S'étendant sur 12,74 km^2, la commune affiche ainsi une densité de population de 0,1 habitant par km^2 (contre une moyenne française de 106). **D. L.-H.**

À FAIRE :

•
•
•
•
•
•
•
•
•

SOLUTION DU VENDREDI 26

1	2	3	2	3
3	4	1	4	1
2	5	2	3	2
1	3	1	4	5
5	4	2	3	1
3	1	5	4	2

2	1	2	1	2
3	5	3	4	3
1	4	1	2	1
3	2	5	4	3
4	1	3	2	5
3	2	4	1	4

lundi 29 avril

Rentrée de la zone A

Sainte Catherine de Sienne

« Avril fait la fleur,
mai en a l'honneur. »
Dicton

À FAIRE :

•

•

•

•

•

•

•

•

•

•

SOLUTION DU JEUDI 25

1. rôle / kaki / état.
2. gifle / noyau / tamis.
3. lapsus / gentil / oléine.
4. crooner / tordant / espadon.

EN BEAUTE

Halte à la peau sèche !

1. Préférez les douches aux bains prolongés, à l'eau tiède (35 °C) plutôt que chaude, pour protéger la couche lipidique de la peau. Espacez les douches un jour sur deux peut soulager l'épiderme qu'une eau calcaire a tendance à agresser. Or, plus l'eau est chaude, plus la quantité de calcaire déposée est importante.
2. Nettoyez sans agresser, avec, de préférence, un pain dermatologique à pH neutre (autour de 7) enrichi en agents surgras, ou une huile lavante.
3. Buvez suffisamment d'eau (au moins 1,5 l par jour). Si l'organisme est déshydraté, la peau est plus sèche.
4. Prenez soin des zones sensibles : coudes, genoux, mains et tibias. **C. D.**

Saint Robert

« Caprices d'avril font tomber
les fleurs et trembler les laboureurs. »
Dicton

A TABLE

Souris d'agneau au citron et purée de pommes de terre

Pour 4 personnes • 1 citron bio • 1 tête d'ail • 2 souris d'agneau • 1 c. à soupe d'huile d'olive • Sel, poivre • 6 tiges de thym • 10 cl d'eau • 1 kg de pommes de terre (ici des Pompadour) • 50 g de beurre • 20 cl de lait chaud • 2 c. à soupe de miel liquide • 2 c. à café de moutarde.

1. Préchauffez le four à 200 °C (th. 6-7). Zestez et tranchez le citron. Séparez les gousses d'ail sans les éplucher, réservez-en deux. Badigeonnez la souris d'agneau d'huile d'olive, salez, poivrez.

2. Au fond d'une cocotte, disposez le citron, l'agneau, l'ail, le thym, l'eau. Enfournez 10 minutes, baissez à 180 °C (th. 6), laissez cuire 1 heure, en retournant la viande à mi-cuisson. Arrosez de jus.

3. Dans une casserole d'eau froide salée, faites cuire les pommes de terre épluchées. Passez-les au moulin à légumes. Réservez.

© Pomme de terre Pompadour Label Rouge

4. Sortez la cocotte du four, retirez la viande, l'ail, le citron. Coupez en deux les gousses d'ail. Faites-les dorer dans une casserole avec le beurre et la purée. Versez le lait, mélangez.

5. Étalez la purée dans le fond de la cocotte, placez dessus le citron, l'ail et la viande.

6. Badigeonnez l'agneau avec le miel, la moutarde et les zestes, couvrez, enfournez 20 minutes. **M.-A. D.**

À FAIRE :

•

•

•

•

•

•

•

Super croisés

	A	B	C	D	E	F	G	H	I	J	K	L
1												
2				■				■				
3						■						■
4									■			
5					■						■	
6						■						
7							■					
8				■						■		

Horizontalement

1. Rebondi. **2.** Américain à la langue bien pendue. Possessif. Il fit fumer les Gaulois... **3.** On le gagne en pleine mer. Personne qui a du poids. **4.** Procède à un bouclage. Il circule à Tokyo. **5.** Accessoire de jardin. Laisser à un bon prix. **6.** Il permet de jouer avec le feu. Joints. **7.** Se gardent pour éviter des fuites. Poinçon de tanneur. **8.** Collaborateur de Jules Ferry. Tel un tissu débarrassé de ses défauts. Il a une grosse cote sur le champ.

Verticalement

A. Effets cinématographiques. **B.** Dame d'Algérie. **C.** Garçon qui se lance des fleurs. **D.** Est couronné après une chute. **E.** Ne pas flotter. Conçue il y a quelques mois. **F.** L'Europe en bref. Deux cents centurions. Étain de chimiste. **G.** Empêcher tout contact. **H.** Employé d'église. **I.** Combattant de Virginie. Sujet qui se donne un genre. **J.** Ninive fut sa capitale. **K.** Une course qui vaut de l'or. Fabrique de ministres. **L.** Proche de l'ID. Hors service.

Solution au jeudi 2 mai

mercredi 1er mai

Fête du Travail

Saint Jérémie

« De la pluie le premier jour de mai
ôte aux fourrages de la qualité. »
Dicton

À FAIRE :

•
•
•
•
•
•
•
•

AU JARDIN

L'ortie ne manque pas de piquant

© Ryhor Bruyeu (Grisha Bruev)

Saviez-vous que nombre d'espèces de nos papillons ont besoin de l'ortie pour se reproduire ? Raison de plus pour en laisser quelques touffes pousser tranquillement au fond de votre jardin. Les tiges fibreuses de l'ortie servaient jadis à la confection de toiles, de cordes et de filets de pêche, principalement dans le nord de l'Europe. Et c'est depuis l'Antiquité que l'on connaît le pouvoir guérisseur des tiges pour traiter les affections de la peau, la toux et l'arthrite.

Aujourd'hui, les extraits de racines d'orties sont proposés en formules sèches, en liquides ou en gélules, contre l'hypertrophie bénigne de la prostate, pour stimuler la repousse des cheveux et pour leur pouvoir antioxydant. On recommande aussi la décoction de racines contre les rhumatismes, la tisane de feuilles pour régénérer le sang et la lotion purifiante pour la peau.

Une bioindicatrice du sol La présence d'orties indique que votre sol est frais et humifère, donc très bien doté en matières organiques en décomposition, d'origine végétale ou animale. D'ailleurs, dans le trou de plantation de vos tomates, n'hésitez pas à glisser quelques feuilles hachées d'ortie qui apporteront l'azote nécessaire à vos légumes. L'ortie signale aussi un fort taux de fer dans le sol, parfois en raison de vieilles ferrailles enfouies. **P.-Y. N.**

Sudokus

			8	3	9			
	8						2	
	5						9	
		3		2		1		
		2	4		3	6		
				7				
5			7		6			1
7								4
4			1		8			5

							2	9
4			6					
8	6				9			5
		5		8		3		
				9	1	7		
		3		2		8		
7	3				5			8
2			8					
							4	6

Solution au samedi 4 mai

SOLUTION DU SAMEDI 27

9	3	7	8	1	4	2	5	6
6	5	4	7	9	2	8	3	1
2	1	8	5	6	3	9	7	4
7	4	2	3	8	9	1	6	5
5	6	9	4	2	1	7	8	3
3	8	1	6	7	5	4	9	2
1	2	5	9	3	8	6	4	7
8	7	3	1	4	6	5	2	9
4	9	6	2	5	7	3	1	8

7	8	2	1	6	9	4	3	5
1	5	4	8	2	3	7	9	6
6	9	3	5	7	4	1	2	8
3	7	8	4	9	6	2	5	1
5	4	6	2	3	1	9	8	7
2	1	9	7	5	8	3	6	4
8	6	1	3	4	2	5	7	9
4	2	5	9	8	7	6	1	3
9	3	7	6	1	5	8	4	2

3	8	6	7	1	9	2	5	4
9	1	5	8	4	2	6	7	3
7	2	4	5	6	3	9	8	1
2	4	9	6	3	8	5	1	7
5	3	1	9	7	4	8	2	6
6	7	8	2	5	1	3	4	9
4	9	3	1	2	5	7	6	8
8	6	2	4	9	7	1	3	5
1	5	7	3	8	6	4	9	2

2	8	5	9	4	7	6	1	3
6	9	1	3	2	5	7	8	4
3	4	7	6	1	8	9	2	5
7	3	8	4	5	2	1	6	9
5	6	9	1	7	3	8	4	2
4	1	2	8	9	6	3	5	7
9	5	6	2	3	1	4	7	8
8	7	3	5	6	4	2	9	1
1	2	4	7	8	9	5	3	6

« Combattre le mal par le bien est honorable, lui résister par le mal est funeste. »
Mahomet

EN FORME

Soulager vos jambes

© africa-studio.co/stock adobe.com

Lutter contre l'insuffisance superficielle dès les premiers symptômes est essentiel. Pratiquez une activité physique (marche ou natation, notamment) et adoptez les bons réflexes.

Des menus équilibrés L'alimentation doit faire la part belle aux fruits et légumes, sans négliger les protéines ni les oligo-éléments et les minéraux tonifiants (calcium pour la circulation, magnésium pour la contraction musculaire, sélénium pour la tonicité des parois veineuses).

Des postures toniques Debout, ne restez pas statique, faites de rapides montées sur la pointe des pieds pour contracter les mollets. Assis, évitez de croiser les jambes pour ne pas bloquer la circulation.

Des températures adaptées La chaleur dilate les veines. Fuyez les bains de soleil, les bains à plus de 34 °C… Ponctuez votre douche d'un jet d'eau bien fraîche dirigé des pieds vers l'aine.

Des vêtements appropriés Évitez ceux qui sont trop serrés. Gare aussi aux chaussures trop plates (elles empêchent la contraction des muscles des mollets) et aux talons trop hauts (qui entravent le fonctionnement de la pompe veineuse). L'idéal : des talons stables de 3 à 5 cm.

Une bonne contention Elle a pour but d'exercer une contre-pression afin de relancer la circulation. Réservée aux troubles légers, la contention dite de maintien apporte du confort mais elle comprime moins que celle dite médicale, délivrée sur prescription et remboursée. **M. Q.**

À FAIRE :

-
-
-
-
-
-
-
-
-
-

Mots à mot

En regroupant et en mélangeant les lettres des deux mots de quatre lettres proposés, composez un troisième mot de huit lettres.

R A R E + C R E T = R _ _ _ _ _ _ _

E M E U + P A C S = _ _ _ P _ _ _ _

C I N Q + I U L E = _ _ _ _ _ _ U _

SOLUTION : Retracer - Campeuse - Clinique.

SOLUTION DU MARDI 30

R	O	N	D	O	U	I	L	L	A	R	D
A	R	A	■	S	E	S	■	E	S	U	S
L	A	R	G	E	■	O	B	E	S	E	■
E	N	C	E	R	C	L	E	■	Y	E	N
N	A	I	N	■	C	E	D	E	R	■	A
T	I	S	O	N	■	R	E	L	I	E	S
I	S	S	U	E	S	■	A	L	E	N	E
S	E	E	■	E	N	O	U	E	■	A	S

vendredi 3 mai

Saint Philippe, saint Jacques

« Lorsqu'il pleut le 3 mai,
point de noix au noyer. »
Dicton

À FAIRE :

•

•

•

•

•

•

•

Vite, une astuce !

L'air conditionné consomme de l'énergie. Pour produire du froid, le compresseur entraîné par le moteur augmente la consommation de 10 % à 15 % en agglomération et de 5 % à 7 % sur route. En ville, préférez abaisser les vitres et, sur route, ne dépassez pas 5 °C d'écart avec l'extérieur. Pensez aussi à faire réviser la climatisation de votre véhicule tous les 4 à 5 ans pour limiter sa consommation.

D'un mot à l'autre

En regroupant et en mélangeant les lettres de chaque mot donné avec la lettre qui le suit, vous devez trouver un second mot composé, selon le cas, de quatre, cinq, six ou sept lettres. Aucun mot au pluriel n'est admis ni aucun verbe conjugué.

Mots de 4 lettres

1 MIL + C = ☐☐☐☐

2 SOL + R = ☐☐☐☐

3 ENA + F = ☐☐☐☐

Mots de 5 lettres

4 ZETA + O = ☐☐☐☐☐

5 CRAN + F = ☐☐☐☐☐

6 INCA + L = ☐☐☐☐☐

7 INNE + V = ☐☐☐☐☐

Mots de 6 lettres

8 RODER + M = ☐☐☐☐☐☐

9 NAINE + G = ☐☐☐☐☐☐

10 JURON + I = ☐☐☐☐☐☐

Mots de 7 lettres

11 VERRUE + D = ☐☐☐☐☐☐☐

12 SETTER + U = ☐☐☐☐☐☐☐

13 SOIREE + I = ☐☐☐☐☐☐☐

14 NIVOSE + G = ☐☐☐☐☐☐☐

Solution au lundi 6 mai

NOS EXPRESSIONS

ÇA VA FAIRE DU BRUIT DANS LANDERNEAU !

À l'origine de cette expression : une pièce de théâtre intitulée *Les Héritiers*, écrite au XVIIIe siècle par Alexandre Duval, membre de la Comédie Française, où la pièce fut maintes fois jouée. L'action se situe à Landerneau, charmant bourg du Finistère, et s'amuse de la réapparition d'un officier de marine porté disparu, au grand dam de ses enfants se disputant déjà l'héritage. Apprenant la nouvelle, un valet s'esclaffe : « Oh le bon tour ! Ça va faire du bruit dans Landerneau ! » La réplique plut tellement au public parisien, qu'elle devint l'expression consacrée pour qualifier un fait inhabituel prompt à générer commérages et scandale au sein d'un milieu restreint. **M. O.**

samedi 4 mai

Saint Sylvain

« La nostalgie ne sert à rien.
L'important est de bien utiliser le temps dont on ne peut arrêter l'écoulement. »
Gaston Deferre

Mini-fléchés

ESPÈRE
EAU DORMANTE
QUI A UN PARFUM DE PASTIS
PRÉPARES LE VOILIER
PARTIE CHARNUE DU CORPS
L'IRIDIUM DU CHIMISTE
CONNUE
MULTITUDE
OPINIONS

COUP DE BALAI
MAGAZINE
FAIRE PARAÎTRE UN LIVRE
DOUÉ
QUI PASSE PAR LA PAROLE
COULEUR À BROYER
RAIE CORNUE
IL PEUT SE PRENDRE AU BAR
ARTICLE CASTILLAN

DÉPÔT DE BUS
OFFICIER
JOLIE FOURRURE
SAVOURER
QUI ONT UNE EXISTENCE
ATTRIBUT DE PAON
À CORRIGER
FILLE ANGLAISE
VIN D'ESPAGNE

RÉGION D'ITALIE
GRANDE FAMILLE
RENIFLE
BEL EMPLUMÉ
BRAS DROITS
ME RENDRAI
MANTEAU ÉCOSSAIS
PARTIES DE SERRURES
ÎLE QUI DONNE AUSSI LE TON

Solution au mardi 7 mai

À FAIRE :

•
•
•
•
•
•
•
•
•
•

Le saviez-vous

Le Saint-Nectaire voit le jour au milieu du Parc naturel régional des Volcans d'Auvergne. 212 fermes y produisent la première appellation fermière d'Europe. Pour obtenir ce label, les vaches doivent être nées et élevées sur le territoire et rester au pré au minimum 160 jours par an. Par ailleurs, le fromage doit être fabriqué à partir du lait d'une seule traite, issu de la même ferme. Après 28 jours d'affinage, le Saint-Nectaire fermier doit peser entre 1,3 et 1,7 kg. Selon la légende, son nom viendrait du maréchal Henri de Senneterre qui l'aurait introduit à la cour de Louis XIV. J.-P. R.

SOLUTION DU MERCREDI 1ER

2	6	4	8	3	9	5	1	7
9	8	1	5	6	7	4	2	3
3	5	7	2	1	4	8	9	6
6	4	3	9	2	5	1	7	8
1	7	2	4	8	3	6	5	9
8	9	5	6	7	1	3	4	2
5	3	9	7	4	6	2	8	1
7	1	8	3	5	2	9	6	4
4	2	6	1	9	8	7	3	5

3	5	7	1	4	8	6	2	9
4	2	9	6	5	3	1	8	7
8	6	1	2	7	9	4	3	5
1	7	5	4	8	6	3	9	2
6	8	2	3	9	1	7	5	4
9	4	3	5	2	7	8	6	1
7	3	4	9	6	5	2	1	8
2	9	6	8	1	4	5	7	3
5	1	8	7	3	2	9	4	6

dimanche 5 mai

Sainte Judith

« Le temps de Sainte-Judith
va durer jusqu'au dix. »
Dicton

À FAIRE :

•

•

•

•

•

•

•

•

•

C'EST ARRIVÉ LE...

5 MAI 1921

Coco lance Chanel N°5, le parfum le plus célèbre du monde, au flacon si cher à Marilyn Monroe ou à Andy Warhol. Notes de citron, de jasmin, de bergamote, de vétiver... La fragrance, dont la formule est toujours tenue secrète, compte plus de 80 ingrédients. S. P.

© coutellerie-goyon-chazeau

BALADE EN FRANCE

Goyon-Chazeau, la coutellerie des belles tables

Tout commence par une histoire d'amour ! En 1953, Solange Chazeau épouse Gabriel Goyon. Dans leur maison, ils polissent et soudent les couteaux de grands couteliers. En 1973, leur fils Denis les rejoint. Ensemble, ils créent la société Goyon-Chazeau et travaillent pour les grandes maisons, telles que Couzon. Mais, dans les années 1990, ces marques commencent à faire fabriquer en Asie. Denis Goyon-Chazeau décide alors de réaliser un Laguiole. Son couteau se vend bien et est présenté lors de salons.

Magali et Vincent, son mari, reprennent l'entreprise en 2017. « Aujourd'hui, avance Magali, notre spécificité, c'est la table. Nous sommes réputés pour nos manches et nos savoir-faire dans le luxe ». Un double label Entreprise du patrimoine vivant récompense la PME. Le premier reconnaît son savoir-faire en soudure inox, autrement dit pour la fabrication monocoque consistant à découper deux coquilles creuses, puis à les assembler pour former le manche qui est soudé à un haut de couvert forgé. L'autre distinction consacre les couteaux entièrement forgés. Pour les réaliser, Goyon-Chazeau collabore avec deux forges de Thiers. À ces ustensiles très haut de gamme, sont associés des manches en genévrier, corne de buffle ou de bélier, bois de cerf et, pour les plus belles pièces, en corail fossilisé et molaire de mammouth.

L'entreprise conçoit également des manches en « paperstone », matériau composite qui a l'avantage de passer au lave-vaisselle. « Aujourd'hui, se réjouit Magali, nous sommes rentables et la sous-traitance ne représente que 1 % de notre activité ». Avec 12 employés, Goyon-Chazeau produit 40 000 pièces par an, dont 35 % pour l'export. Ces couteaux de cuisine, de table et de poche séduisent les amateurs les plus avertis. Comme le dit Vincent : « Nous avons un métier de passion. Nos productions ont une âme. » J.-P. R.

« Et qu'est-ce que l'enfer si ce n'est qu'une vengeance éternelle pour quelques fautes d'un jour ! »
Honoré de Balzac

EN FORME

La rhubarbe possède bien des qualités

anna_shepulova/stock.adobe.com

Elle est faible en calories: composée de plus de 90 % d'eau, elle contient moins de 2 % de sucres, si bien qu'elle ne contient que 20 kcal pour 100 g. Elle perd toutefois de sa légèreté lorsqu'elle est servie en dessert sucré. Pour alléger vos recettes, relevez-la avec un peu de vanille ou de cannelle ou associez-la à des fruits doux tels que la pomme. En version salée, faites-la cuire à la vapeur avec une pointe de crème ou en papillote avec un filet de poisson.

Elle est bien pourvue en fibres: elle fournit 2,5 à 3 % de fibres, soit un peu plus que la moyenne des fruits. Il s'agit principalement de cellulose, réputée pour activer le transit et plus facile à tolérer en cas de trouble de l'intestin irritable. Elle comporte aussi de la pectine, qui lui confère sa texture fondante et aide à réduire le taux sanguin de « mauvais cholestérol » (LDL).

Elle est alcalinisante: riche en malate de potassium et de calcium, elle permet de neutraliser un trop-plein d'acidité dans l'organisme après un entraînement sportif et ainsi de prévenir les courbatures. Cet effet anti-acidité protège également les os contre une déminéralisation excessive.

À noter: il faut la consommer avec modération en cas de calculs rénaux car elle compte parmi les végétaux les plus concentrés en acide oxalique, susceptible de se lier au calcium pour former des calculs. Si vous avez déjà eu des alertes, évitez d'en manger tous les jours pendant la pleine saison. **F. D.**

À FAIRE:

•
•
•
•
•
•
•
•
•

AU MARCHE

Le kiwi jaune

C'est le moment de se régaler de ce fruit à la belle couleur dorée, plus précoce que son cousin, le kiwi vert. Pour préserver ses qualités, choisissez-le bio ou IGP. C'est un champion de la vitamine C ! 100 g de sa chair en apportent 80 mg, soit 72 % de nos besoins journaliers. Il contient aussi des vitamines E et K, du potassium, des fibres... Savourez-le au petit déjeuner nature ou avec du pain au petit épeautre et de la crème d'amande. Il se conserve environ cinq jours dans une corbeille à fruits.

Info + Votre kiwi est trop dur ? Placez-le à côté des pommes : elles diffusent de l'éthylène, qui accélère la maturation. **M.-A. D.**

SOLUTION DU VENDREDI 3

4 lettres: 1/clim - 2/lors - 3/fané. **5 lettres:** 4/azote - 5/franc - 6/câlin - 7/venin. **6 lettres:** 8/mordre - 9/angine - 10/junior. **7 lettres:** 11/verdure - 12/testeur - 13/soierie - 4/vosgien.

mardi 7 mai

Sainte Gisèle

« Quand on conduit le pauvre en terre,
la cloche de la paroisse est sourde. »
Proverbe breton

À FAIRE :

-
-
-
-
-
-
-

© Nnattali/Stock Adobe

AU JARDIN

La glycine annonce l'été

Avec ses grappes pendantes de près d'1 m de long, la variété *Macrobotrys* est la plus spectaculaire des glycines du Japon. Ses fleurs mauves s'épanouissent par centaines, progressivement, de la base vers l'extrémité de la grappe, parmi un feuillage vert tendre. Leur puissant parfum de miel et leur nectar attirent les abeilles et autres butineurs en mai.
Les jeunes pousses volubiles semblent bien inoffensives. Mais lorsqu'elles s'enroulent sur un support, elles finissent, l'âge aidant, par gagner de la force et par l'étrangler ou le tordre. Pour preuve, les troncs d'arbres strangulés, les rambardes et les grilles en fer forgé déformées ou encore les colonnes de pierre qui sont fragilisées par les vieilles glycines. Imaginez : un rameau peut atteindre 30 m de long ! En été puis à l'automne, coupez toutes les pousses secondaires au-dessus du 2e ou 3e bourgeon en partant de la base. Cela permet de contenir la plante tout en garantissant une belle floraison.
Avec leurs fleurs en petites grappes compactes, les glycines d'Amérique ou *Wisteria frutescens* ne ressemblent pas à leurs cousines d'Asie. Non seulement elles fleurissent plus tardivement parmi un feuillage abondant, mais leur végétation ne dépasse pas 5 m de hauteur. Retenez la variété Amethyst Fall aux grappes bleu-violet de 15 cm qui, si on la taille bien, refleurira jusqu'à la fin de l'été. P.-Y. N.

SOLUTION DU SAMEDI 4

	A		A	
E	T	A	N	G
	T		I	R
F	E	S	S	E
	N	U	E	E
I	D	E	E	S

	M		E	
H	E	B	D	O
	N	O	I	R
M	A	N	T	A
	G		E	L
V	E	R	R	E

	G		L	
M	A	J	O	R
	R	O	U	E
F	A	U	T	E
	G	I	R	L
X	E	R	E	S

	E		F	
S	M	A	L	A
	I	R	A	I
P	L	A	I	D
	I		R	E
P	E	N	E	S

Le bon signe

Entre chaque nombre, placez l'un des quatre signes + x : et – afin d'obtenir le total indiqué. Chaque signe n'apparaît qu'une seule fois par opération.

2	3	5	7	8	=	1
8	9	10	2	3	=	56
5	10	7	9	2	=	48

SOLUTION : 2 x 3 - 5 + 7 : 8 = 1 / 8 + 9 x 10 - 2 : 3 = 56 / 5 + 10 x 7 - 9 : 2 = 48.

« À la Saint-Désiré,
tu peux découvrir ton nez. »
Dicton

A TABLE

Tiramisu

Pour 6 verrines • 220 g de mascarpone froid • 2 cl de crème liquide entière bien froide • 2 jaunes d'œuf • 35 g de sucre • 12 gros biscuits à la cuillère • 20 cl d'expresso • 2 c. à soupe de cacao en poudre • 6 grains de café enrobés de chocolat.

1. Fouettez le mascarpone, la crème liquide et les jaunes d'œuf avec le sucre jusqu'à ce que le mélange épaississe.

2. Trempez les biscuits dans le café. Déposez 2 biscuits dans chaque verrine. Couvrez d'une couche généreuse de crème puis saupoudrez de cacao. Décorez d'un grain de café au chocolat.

© StockFood/Gross, Petr/Sucré Salé

3. Réservez les verrines au frais pendant 7 heures, dégustez bien frais.

Info + Ajoutez des morceaux de poires fondantes pour apporter un peu de fraîcheur à ce dessert gourmand. **M.-A. D.**

À FAIRE :

•

•

•

•

Petits fléchés

Grille 1 :
ENTARTRER
ABSORBER PAR LE NEZ
CHENILLE AUSSI BIEN QUE TÊTARD
LUBRIFIÉE
DIRIGEAI LA BOÎTE
QUITTAIT
IL NE COURT PAS SANS TÉMOIN
POISON QUI PARALYSE
VULGAIRE, GROSSIER
PLACE FORTE GAULOISE
SUD-SUD-EST
GESTE DE PREMIERS SECOURS
S'EXPRIME TEL UN CERVIDÉ
DISJOINT
DÉMONSTRATIF
ENDROIT DÉTERMINÉ
SUBSISTER APRÈS D'AUTRES

Grille 2 :
PERSONNAGE MALÉFIQUE
ESPÈCE DISPARUE
HÉROÏNE DE LÉGENDE
NAVIRES À VAPEUR
CORNE
CONTAMINER
MISES SOUS ENVELOPPE
COMME UN DEMI-FRÈRE
EFFRAYER
CHOUCHOUTA
ANCIEN DOMMAGE
PRÉFIXE POUR QUI EST CONTRE
DISTRIBUTEUR AUTOMATIQUE
LA SÉCU
ELLE COULE DU PIN
COLLET MONTÉ
ILS FONT PARTIE DU FOLKLORE
IL EST PRIS EN COUP DE VENT

Solution au jeudi 9 mai

jeudi 9 mai

Ascension

Saint Pacôme

« Les “si seulement” sont
des soupirs d’impuissance. »
Duong Thu Huong

À FAIRE :

AU JARDIN

Passez aux vers

Le lombricompostage, idéal pour faire son compost sur le balcon, demande cependant un bon tour de main. Commencez par vous procurer un kit avec un silo à trois étages, la litière et les fameux vers de terre. Suivez à la lettre le mode d’emploi afin que votre élevage de lombrics fasse bien son travail. Ils vont se nourrir des fanes de légumes, des fruits pourris, du marc de café, des restes de riz ou de pâtes et même des céréales.
Les apports se font en couches fines. Pas besoin ensuite de remuer, d’aérer ou même d’arroser. Très vite, on peut prélever le thé de vers, ou jus de compost, qui servira d’engrais à la base du lombricomposteur. Puis au bout de 3 à 6 mois, sans montée en température, on récolte le fameux lombricompost. Riche en humus, il sert pour les semis, le rempotage et le potager sur table. **P.-Y. N.**

Mini-croisés

	A	B	C	D	E	F	G	H
1								
2								
3					■			
4								
5			■			■		
6				■				
7								
8					■			

Horizontalement
1. Infidélité en ménage. **2.** Cueillette du fourrage. **3.** Poulet. Eut connaissance. **4.** Cessation d’activité. **5.** Des rayons pour bronzer. Avec lui, rien n’est impossible. À la pointe du progrès. **6.** Bavard coloré. Voisin du barracuda. **7.** Petite baie noire. **8.** Longueurs de géologue. Adjectif démonstratif.

Verticalement
A. Droit de coupe de bois en forêt. **B.** Détacher un captif. **C.** Qui font la soudure. Bête à manger du foin. **D.** Variété de dentelle. Cité bourguignonne. **E.** C’est le titane. Cherche à faire mouche. **F.** Croc au-dessus de l’étal. Matière de tuyau. **G.** Voiture bien adaptée à la conduite. **H.** Accords parfaits.

Solution au samedi 11 mai

SOLUTION DU MERCREDI 8

■	E	■	L	■	G	■
I	N	H	A	L	E	R
■	C	U	R	A	R	E
T	R	I	V	I	A	L
■	A	L	E	S	I	A
S	S	E	■	S	■	Y
■	S	E	P	A	R	E
C	E	■	L	I	E	U
■	R	E	S	T	E	R

■	L	■	I	■	P	■
F	O	S	S	I	L	E
■	U	T	E	R	I	N
A	P	E	U	R	E	R
■	G	A	T	A	■	O
D	A	M	■	D	A	B
■	R	E	S	I	N	E
C	O	R	S	E	T	E
■	U	S	■	R	I	S

« À la Sainte-Solange,
on sème les haricots. »
Dicton

EN FORME

La cannelle enchante nos desserts

© manipulateur/stock.adobe.com

Ses bienfaits La cannelle de Ceylan a une action antibactérienne, antivirale, antiseptique, efficace contre la cystite et la diarrhée. Elle est également appréciée pour ses propriétés antioxydantes et ses vertus digestives. Sa capacité à réguler la glycémie présente un intérêt pour les diabétiques.

En cuisine La cannelle de Ceylan intègre des mélanges d'épices tels que le masala ou le ras el-hanout qui relèvent tajines, pastillas, compotes… Dans l'alimentation, on peut en ajouter ½ c. à café en poudre, répartie en 2 ou 3 prises sur la journée.

En décoction Pour un grog antigrippe, faites bouillir un morceau de cannelle et un clou de girofle 3 minutes dans 20 cl d'eau. Laissez infuser 20 minutes. Filtrez puis réchauffez avant d'ajouter le jus d'½ citron et 1 c. à soupe de miel. À boire en 2 à 3 fois dans la journée.

En aromathérapie Pour prévenir la diarrhée, prenez 1 goutte d'huile essentielle (HE) de cannelle de Ceylan et 1 goutte d'HE de niaouli sur un comprimé neutre tous les matins, la veille du moment à risque jusqu'à 2 jours après le retour. En curatif : prenez le même mélange 3 fois par jour jusqu'à disparition des symptômes. Contre la fatigue, prenez 1 goutte d'HE de cannelle et 1 goutte d'HE de ravintsara sur un comprimé neutre 2 à 3 fois par jour pendant 10 jours maximum. **F. O.**

À FAIRE :

•

•

•

•

•

•

•

•

D'un mot à l'autre

En regroupant et en mélangeant les lettres de chaque mot, donné avec la lettre qui le suit, trouvez un second mot composé de huit lettres.

1	ETROIT	+ G	=	
2	RECRUE	+ R	=	
3	ROUGET	+ M	=	
4	LOADER	+ P	=	
5	SABBAT	+ H	=	

SOLUTION : 1/ Griotte. 2/ Récurer. 3/ Gourmet. 4/ Léopard. 5/ Shabbat.

QUELLE HISTOIRE !

La coutellerie se développe à Thiers dès la fin du XVIe siècle. Désireuse de se singulariser, la Confrérie du couteau de Thiers crée Le Thiers® en 1993. Avec 2 000 emplois dans ce secteur et 80 % de la production française, la ville est la capitale des instruments tranchants. J.-P.

samedi 11 mai

Sainte Solange, saint Mamers

« Saint-Mamers, Saint-Servais,
Saint-Pancrace, de leur passage
laissent souvent trace. »
Dicton

À FAIRE :

•
•
•
•
•
•
•
•
•

Sudokus

4	7		6		3			
5				4		7		
	6			7		9		
							4	6
		3	5		8	2		
6	9							
		8		1			7	
		6		3				2
			7		2		1	5

	9						8	
4			3	7	2			9
	3			6			7	
		7		4		6		
9			2		6			5
		5				9		
			8		5			
3	5	4				8	9	2
2								6

				2	6			
4		9						
	1					3	4	2
2			6			7		
			8			9		6
1			3			4		
	8					2	3	5
9		6						
				7	8			

								3
			9	5	1			
	9	1				7		
5		9	7				6	
				4		2	1	
8		2	5				3	
	2	6				3		
			1	2	3			
								4

Solution au lundi 13 mai

SOLUTION DU JEUDI 9

A	D	U	L	T	E	R	E
F	E	N	A	I	S	O	N
F	L	I	C	■	S	U	T
O	I	S	I	V	E	T	E
U	V	■	S	I	■	I	N
A	R	A	■	S	P	E	T
G	E	N	I	E	V	R	E
E	R	E	S	■	C	E	S

AU JARDIN

L'art d'arroser

Abreuver vos fleurs en pot ou vos légumes avec un arrosoir est la meilleure façon de gérer votre consommation d'eau. Imaginez que l'arrosage au tuyau consomme jusqu'à 1 000 l par heure. L'utilisation plus aisée de l'arrosage automatique ou d'un goutte-à-goutte devra est être contrôlée par un programmateur pour gérer au mieux le temps et les séquences d'arrosage. Pour faire de belles économies en été, arrosez en priorité vos jeunes arbres fruitiers et les légumes de votre potager. Pensez à réduire votre surface engazonnée, trop gourmande en eau. Et surtout, suivez de près les prévisions météo pour ne pas arroser inutilement avant une belle ondée. Mais au-dessous de 10 mm de précipitations, un complément d'arrosage s'avère bien utile. **P.-Y. N.**

Ascension

Saint Achille

dimanche 12 mai

« Le succès appartient à celui qui sait tenir un quart d'heure de plus. »
Proverbe japonais

© kevin_guillois/stock.adobe.com

BALADE EN FRANCE

Sarlat, la star incontestée du Périgord noir

Ouverte, animée, célébrant le patrimoine, la culture et la gastronomie, Sarlat semble avoir tout pour elle. Avec 66 monuments inscrits ou classés, elle attire chaque année plus de 2 millions de visiteurs. Depuis plus de 1 000 ans, cette cité bourgeoise brille grâce au pouvoir important exercé par les moines de son imposante abbaye bénédictine, érigée en évêché au XIVe siècle. Deux siècles plus tard, elle voit naître Étienne de La Boétie. Cité de nobles, de marchands, de juristes et de clercs gravitant autour de l'évêque, elle devient la ville des humanistes.

Parfaitement conservée, Sarlat se visite toute l'année. Mais dès la sortie de l'hiver, les rues commencent à s'animer. C'est le moment d'emprunter le passage des Enfeus le long de la cathédrale pour grimper jusqu'à la lanterne des morts, le plus ancien monument de la ville. Bâti vers 1180, cet édifice évoque bien l'une de ces lanternes où on hissait une lampe pour guider l'âme des défunts, mais depuis le XVIIe siècle, sa destination est devenue énigmatique. Qu'importe, d'autres ruelles pavées bordées de maisons en pierre couvertes de lauze attendent le promeneur.

Sur la place du marché aux Oies, 3 sculptures de volatiles rappellent que, jusque dans les années 1960, s'y vendait la production locale. Cette place se caractérise toujours par ses hôtels particuliers où les consuls avaient élu domicile, les ornant de belles tours d'escalier. Enfin, comme tout Sarladais, le visiteur peut se poser à l'un des cafés de la place de la Liberté, face à la mairie. Elle s'anime tous les samedis lorsque les vendeurs de canards, foies gras, fraises du Périgord ou tartes aux noix y installent leurs étals alléchants. Et pour prendre de la hauteur, il faut dépasser les deux gigantesques porches qui ferment les halles situées dans l'ancienne église Sainte-Marie, délaissée depuis la Révolution. **J. P. R.**

À FAIRE :

-
-
-
-
-
-
-
-

Le saviez-vous

Réalisé en 2022 par des chercheurs de l'université anglaise d'Oxford en assemblant 8 bases de données de génomes humains, le plus grand arbre généalogique du monde regroupe une grande famille de 27 millions de personnes (vivantes ou défuntes) à travers le globe ! Il a été commencé à partir de 3 609 personnes issues de 215 peuples différents, dont certains existaient déjà il y a environ 100 000 ans. M. Q.

lundi 13 mai

Rentrée pont de l'Ascension

Sainte Rolande

« La faiblesse de la force est de ne croire qu'à la force. »
Paul Valéry

À FAIRE :

•

•

•

•

•

•

•

•

Mots mélangés

Tous les mots de la liste figurent dans cette grille et peuvent se lire dans toutes les directions. Chaque lettre peut être utilisée une ou plusieurs fois, sauf celles formant l'énigme répondant à la définition suivante : vieille scie.

ARMADA
AROMATISER
ASILE
ASPIRATEUR
AVANCÉE
BERBÈRE
CHAUSSÉE
CREUSEMENT
DÉSAVEU
DÉTRITUS
DOUCHER
ÉLECTRON
ÉQUIPÉE
ÉVÉNEMENTIEL
FASEYER
FÉMUR
FICHU
INSIPIDE
IODER
KAMICHI
LÉZARDE
LUEUR
MANUSCRIT
MÉFIANCE
MIRETTES
NEUVAINE
NOMENCLATURE
NOURRICE
NOYER
ONGUENT
PARTERRE
PÉRIMÉ
PERTE
QUOTA
SAINT
SERPETTE
SERVIR
STUPÉFAIT
TCHÈQUE
TÉLÉFILM
TENUE
TÉTÉE
TROUBLE
TURBULENCE
ULTRASON
VÉGÉTAL
VÉLIN
VIELLE
VOLUPTÉ

R	U	E	T	A	R	I	P	S	A	R	U	M	E	F
S	E	R	V	I	R	A	H	C	A	D	A	M	R	A
C	S	U	H	E	R	O	E	C	I	R	R	U	O	N
R	U	L	E	T	N	C	M	L	I	F	E	L	E	T
E	T	T	E	P	R	E	S	A	E	M	I	R	E	P
U	I	R	S	U	F	L	M	U	T	C	A	A	L	N
S	R	A	S	L	Q	I	L	E	N	I	T	K	B	O
E	T	S	U	O	U	S	C	U	N	A	S	R	U	M
M	E	O	A	V	O	A	E	H	E	T	M	E	O	E
E	D	N	H	I	T	V	U	N	U	U	I	Y	R	N
N	O	S	C	N	A	M	Q	P	V	R	R	E	T	C
T	N	I	A	S	A	E	E	N	A	B	E	S	L	L
V	G	O	E	I	V	F	H	O	I	U	T	A	E	A
I	U	D	O	P	A	I	C	Y	N	L	T	F	Z	T
E	E	E	E	I	N	A	T	E	E	E	E	N	A	U
L	N	R	T	D	C	N	T	R	G	N	S	V	R	R
L	T	E	T	E	E	C	R	E	H	C	U	O	D	E
E	Q	U	I	P	E	E	V	E	R	E	B	R	E	B

SOLUTION : Chanson.

SOLUTION DU SAMEDI 11

4	7	9	6	5	3	8	2	1
5	8	1	2	4	9	7	6	3
3	6	2	8	7	1	9	5	4
8	2	5	3	9	7	1	4	6
1	4	3	5	6	8	2	9	7
6	9	7	1	2	4	5	3	8
2	5	8	4	1	6	3	7	9
7	1	6	9	3	5	4	8	2
9	3	4	7	8	2	6	1	5

7	9	6	1	5	4	2	8	3
4	8	1	3	7	2	5	6	9
5	3	2	9	6	8	4	7	1
1	2	7	5	4	9	6	3	8
9	4	3	2	8	6	7	1	5
8	6	5	7	3	1	9	2	4
6	1	9	8	2	5	3	4	7
3	5	4	6	1	7	8	9	2
2	7	8	4	9	3	1	5	6

8	7	3	4	2	6	5	9	1
4	2	9	1	5	3	6	8	7
6	1	5	7	8	9	3	4	2
2	9	8	6	4	5	7	1	3
5	3	4	8	1	7	9	2	6
1	6	7	3	9	2	4	5	8
7	8	1	9	6	4	2	3	5
9	5	6	2	3	1	8	7	4
3	4	2	5	7	8	1	6	9

6	8	5	2	7	4	1	9	3
2	7	3	9	5	1	8	4	6
4	9	1	3	6	8	7	5	2
5	1	9	7	3	2	4	6	8
3	6	7	8	4	9	2	1	5
8	4	2	5	1	6	9	3	7
9	2	6	4	8	5	3	7	[illegible]
7	5	4	1	2	3	6	8	9
1	3	8	6	9	7	5	2	4

AU MARCHE

Le petit pois

Avec son joli vert lumineux, il annonce les beaux jours. Vérifiez que sa cosse est bien ferme et lisse. Côté nutrition, il renferme de la vitamine B9, des fibres, du phosphore, du manganèse. Il est idéal cuisiné en jardinière, accompagné de carottes et de petites pommes de terre primeur. Non écossé, il peut être gardé deux jours au réfrigérateur.

Info + Parfumez votre huile avec des cosses, du thym et de l'ail. **M.-A. D**

Saint Matthias

« Saint-Matthias casse la glace, s'il n'en trouve pas, il faut qu'il en fasse. »
Dicton

AU JARDIN

De pimpantes fleurs annuelles

Pourquoi se lancer dans un semis de fleurs annuelles alors qu'il y a pléthore de plants en barquettes ? Tout simplement pour le plaisir de le faire soi-même et par souci d'économie. D'autant que vos semis attendront les bonnes conditions météo pour lever et n'auront pas à subir le stress d'une transplantation souvent trop hâtive. Alors, confiez maintenant à la terre à peine travaillée de votre plate-bande ensoleillée les graines de capucine, de cosmos et de lavatère annuelle. Levée rapide en moins d'un mois pour une floraison estivale généreuse.

Si vous craignez un nouvel été sec, misez plutôt sur le souci, le pavot de Californie, les tagètes à petites fleurs, le coréopsis élégant, la sauge hormin et la nigelle de Damas. Il faudra tout de même suivre l'arrosage le temps de la germination et éclaircir les semis trop denses en retirant les plants en surnombre.

© Robert Przybysz/stock.adobe.com

Si vous désirez cultiver le zinnia, le cléome et le tournesol, attendez que la terre soit bien réchauffée. Sinon, semez-les dès à présent à l'abri en terrine pour les repiquer au jardin, courant mai. Et pour profiter d'une plate-bande multicolore d'esprit champêtre, optez pour les mélanges de semences spécialement conçus pour favoriser la biodiversité. Vous en trouverez même qui poussent dans des sols très secs. C'est facile à semer à la volée, comme du gazon. **P.-Y. N.**

À FAIRE :

-
-
-
-
-
-
-

Super croisés

	A	B	C	D	E	F	G	H	I	J	K	L
1												
2					■				■			
3				■								■
4							■				■	
5						■				■		
6								■				
7				■								
8									■			

Horizontalement

1. Flânerie consumériste. **2.** On en a vite fait le tour. Cours en bref. Arbre d'Inde. **3.** Sans qualité ni noblesse d'âme. Se dit d'un bouillon peu épais. **4.** Sacrifié par le feu. A la goutte au corps. **5.** Image à projeter. Ancien moyen de transport. Distance intersidérale. **6.** Entame une action. Prénom célèbre à Broadway. **7.** Il est piqué dans l'herbe verte. Métis d'Europe et d'Asie. **8.** Se laissèrent aller. Il a des mentors, des mécènes et des maîtres.

Verticalement

A. Réaction de trouillard. **B.** Sortir les déchets. **C.** Combler les manques. **D.** C'est du courant fort. Elle est prête à recevoir le boulin. **E.** Procéder à un dédoublement de la personnalité. **F.** Met bas à la ferme. Conservée en bouche. **G.** Grande cité péruvienne au sud de Lima. Le nucléaire y dévoile ses secrets. **H.** Regarda de travers. Abréviation de l'astate. **I.** Comptant, lorsqu'il est sur l'ongle. **J.** Il donna la parole à Démosthène. Aber en Bretagne. **K.** Actrice française. Déçu. **L.** Le madrilène. On doit le repiquer.

Solution au jeudi 16 mai

mercredi 15 mai

Sainte Denise

« La peine des autres
est légère à porter. »
Proverbe breton

À FAIRE :

-
-
-
-
-
-
-

A TABLE

Crème brûlée au sarrasin

Pour 4 personnes • 210 g de crème liquide • 6 cl de lait • 20 g de sobacha (sarrasin torréfié pour infusion, en magasin bio) • 2 jaunes d'œufs • 30 g de sucre semoule • 1 sachet de sucre vanillé • 20 g de cassonade.

1. Dans une casserole, portez à ébullition la crème, le lait et le sobacha sur feu moyen.

2. Fouettez les jaunes d'œufs et les sucres dans un cul-de-poule jusqu'à ce que le mélange blanchisse. Versez petit à petit le liquide chaud en fouettant doucement, puis répartissez le mélange dans 4 ramequins. Retirez la mousse en surface, placez les ramequins au bain-marie, dans un récipient contenant de l'eau chaude à mi-hauteur. Enfournez de 10 à 15 minutes. Retirez du four et laissez refroidir. Réservez 2 heures au réfrigérateur.

3. Au moment de servir, saupoudrez de cassonade, caramélisez la surface à l'aide d'un chalumeau.

© Louis Laurent Grandadam, recettes extraites du livre *Sarrasin*, éd. de La Martinière

Info + Le sobacha contient de nombreux nutriments, des antioxydants, de la vitamine B, du magnésium, du calcium, du potassium… **M.-A. D.**

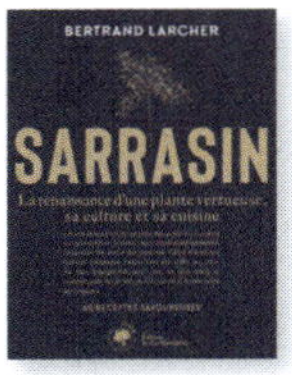

Recette extraite de *Sarrasin*, Bertrand Larcher, éd. de La Martinière

EN FORME

Le pissenlit

Quelle saveur ? Alors que ses fleurs jaunes diffusent une douce saveur de miel, les jeunes feuilles de pissenlit récoltées au ras du sol avant floraison, au stade de rosette, se caractérisent par une légère amertume et un bon goût de verdure.

Quels bienfaits ? Le pissenlit est le bienvenu en cure de printemps. Il est apprécié pour ses propriétés dépuratives, diurétiques et légèrement laxatives. C'est d'ailleurs au sortir de l'hiver que l'on récolte cette plante riche en protéines, en provitamine A (autant que la carotte), en vitamine C ainsi qu'en minéraux (calcium, fer, sodium, potassium…).

Comment le préparer ? Infusées, ses fleurs permettront de réaliser une délicieuse gelée sucrée. Ses feuilles se mangent aussi bien crues que cuites. Vous pouvez les ciseler avant de les incorporer dans une salade composée d'autres légumes crus émincés (carotte, betterave…). Sautées à la poêle, elles accompagnent un poisson vapeur ou des pommes de terre. **I. G.**

QUELLE HISTOIRE !

Le beau Narcisse était insensible à l'amour passionné que lui portait la nymphe Écho. Alors qu'il buvait à une fontaine, il tomba amoureux de son reflet dans l'eau et se noya. La légende veut que des fleurs de narcisse se soient épanouies à l'endroit où l'on trouva son corps. P.-Y. N.

« Le bonheur, c'est être heureux – ce n'est pas de faire croire aux autres qu'on l'est. »
Jules Renard

Mots croisés

	A	B	C	D	E	F	G	H	I	J	K	L	M	N	O	P	Q	R	S	T	U
1										■										■	
2								■								■					
3				■							■			■					■		
4							■					■									■
5		■						■							■						
6			■							■			■					■		■	
7					■						■					■					
8									■					■					■		
9	■			■								■								■	
10			■			■									■						■
11											■						■				
12				■				■						■				■			
13							■			■			■							■	
14		■							■							■					
15				■						■							■				

Solution au samedi 18 mai

Horizontalement

1. Se mouille dès qu'on a recours à lui. Chasseurs pacifiquement armés. **2.** Il a un comportement puéril. Réduit en poussière. Évite avec adresse. **3.** Trop long sur le court. Elle transporte le peuple. Quatre quarts. Éruption de surface. L'enfer de Dantès. **4.** Qui ne sont pas superflus. Un « grand » du répertoire classique. Aveuglées. **5.** Elle a toujours un cheveu sur la langue. Ballotte. Paroissien. **6.** Fait des conjectures. Plat de l'Asie centrale. Cité de Sumer. Elles peuplent les villages. **7.** Ne suffit pas au peintre, mais peut suffire au jardinier. Capotes romaines. Du vin ou une bonne dose de pastis. Ajoute un liquide. **8.** Écrasé en Bretagne traditionnellement. Né d'Énée. L'eau des canettes. Vieil étalon. **9.** Exprime une exclusion. Envoyés attendus. Elle caractérise l'œuvre d'art. **10.** Redouble. Jeu de Chine. Elle fait divaguer. Plombe... **11.** Légèreté. N'a que mépris pour le centre. Langue d'un pays balte. **12.** Cri de guerre. Ce n'est pas haut. Dévidoirs en magnanerie. Coupe des tartines. Est stockée dans un château. **13.** Bout de lacet. Césium de chimiste. Elle en est proche. Partira vite. **14.** Partie de fine. Montagne des Vosges. Isolée. **15.** Elle a ses enfants et ses éducateurs. Son bouquet peut griser la belle Andalouse. Spectacle de toute beauté. Vertèbre.

Verticalement

A. Privés de leur fil. Rayer. **B.** Siège au palais. Sans mouvement aucun. **C.** Mis en boîte, mais pas tout seul. Forme de ségrégation. Est employée pour nettoyer des tuyaux. **D.** *Ré* en est proche. Être néfaste. Est souvent étroit, mais peut être long. Le recto. **E.** Mérite qu'on l'exploite. Transi, en attendant sa belle. **F.** Fut saluée par Sagan. Fruit de régime. **G.** Spécialité de Ronsard. Importantes dans la troisième dimension. Tour. **H.** Patron. Il passe pour être gai. Fut créée par le traité de Rome. **I.** Souverain poncif... Peuple précolombien. **J.** Poisson des lacs. Se comptent après les élections. **K.** Invite à aller voir. Rendez-vous des carabins. Vieux. Moineau. **L.** Beauté en cage. Il vaut mieux éviter d'y caser des « euh »... Passage étroit. **M.** Chat. Pas dans la rue. Chemin de pêcheur. **N.** Allonge la phrase. Fort content. Tranché. Intérieur, c'est la conscience. **O.** Est bien utile à Rio. Aimable contact. Regroupé. **P.** Lac d'Italie. Emplettes. **Q.** Traite des planches. Pour désigner. **R.** Essence malaise. Qui ne cède pas facilement. Peut servir à donner de la hauteur à un ballot. **S.** À découvert. Elle fait une percée dans le quartier. Anneaux d'avirons. **T.** Exprime. Lac d'Afrique. Lettre grecque. Distance chinoise. **U.** Recueille les brebis égarées. Quel avare ! Comte de Paris, puis roi de France.

À FAIRE :

•

•

•

•

•

•

•

•

•

•

SOLUTION DU MARDI 14

L	E	C	H	E	V	I	T	R	I	N	E
I	L	O	T	■	E	C	O	■	S	A	L
V	I	L	■	C	L	A	I	R	E	T	■
I	M	M	O	L	E	■	S	U	E	■	P
D	I	A	P	O	■	C	A	B	■	A	L
I	N	T	E	N	T	E	■	I	R	M	A
T	E	E	■	E	U	R	A	S	I	E	N
E	R	R	E	R	E	N	T	■	A	R	T

vendredi 17 mai

Saint Pascal

« S'il tonne au jour de Saint-Pascal,
sans grêle, ce n'est pas un mal. »
Dicton

À FAIRE :

•

•

•

•

•

•

•

AU JARDIN

Des grimpantes express

Ni un jeune rosier ni une glycine plantée ce printemps n'auront assez d'énergie pour habiller cet été un treillage ou un claustra. Les jardiniers pressés devront donc opter pour des plantes grimpantes, certes à cycle annuel, mais à croissance ultrarapide. D'autant que le choix des variétés élevées en pot est vaste. Avec ses fleurs jaunes, orange ou roses à cœur noir très originales, la bien nommée « Suzanne-aux-yeux-noirs », ou *Thunbergia*, culmine à 2 m dans la saison. Cette volubile fleurit sans interruption de mai à octobre, au soleil comme à mi-ombre. Lorsque son feuillage s'affaisse, c'est le signe que la plante a soif.

Vous aimerez aussi la vigueur inégalée de l'ipomée, aux grosses fleurs de liseron bleues, roses ou blanches. Semée entre avril et mai, elle peut dépasser 5 m de hauteur et habiller rapidement une tonnelle. Tout comme l'originale cobée, aux fleurs en clochette bleues ou blanches, amatrice de soleil et de terre bien arrosée. Décoratif et gourmand, le haricot d'Espagne ornera une clôture ou un grillage de son feuillage abondant. De longues gousses comestibles succéderont à la floraison rouge et blanche de plein été. À semer en sol frais dès mai.

Plus lents à pousser, l'élégante passiflore bleue, les clématites à grandes fleurs, le solanum blanc et l'odorant jasmin reviendront fidèlement chaque été fleurir treillages et pergolas. Pour un décor express, mieux vaut acheter de grands sujets. **P.-Y. N.**

Kemarus®

Une grille est composée de zones de 1 à 5 cases entourées de gras.
- Complétez la grille avec les chiffres manquants sachant qu'une zone d'une case contient le chiffre 1, une zone de deux cases contient les chiffres 1 et 2, une zone de trois cases contient les chiffres 1, 2 et 3, etc.
- Deux chiffres identiques ne peuvent être placés côte à côte, ni en diagonale.

Exemple :

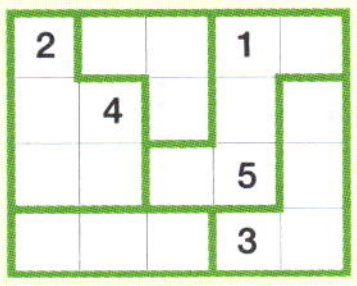

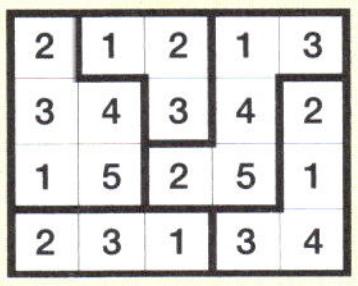

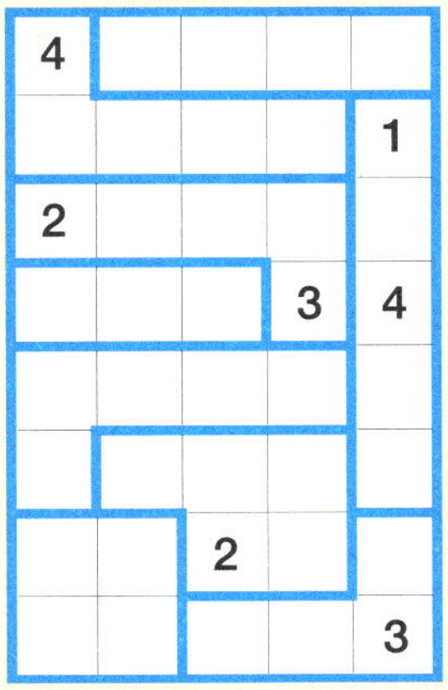

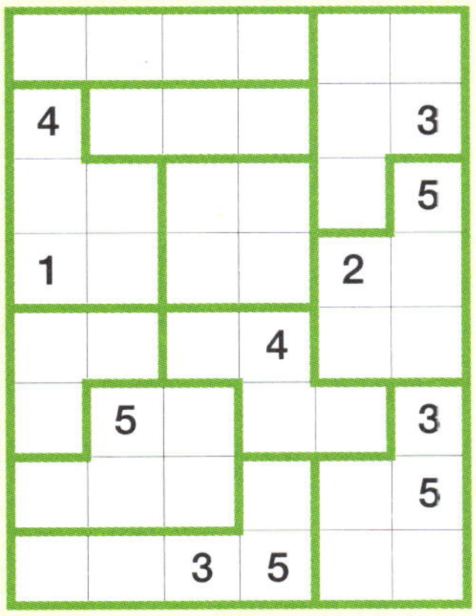

Solution au lundi 20 mai

« J'entendrai des regards
que vous croirez muets. »
Racine

Mini-fléchés

Grille 1

- TIRERA LE LAIT
- DONNENT DES NOIX
- EMPRISONNÉ
- BIEN ÉPANOUI
- TIRÉS D'AFFAIRE
- BEIGNET
- COTON PELUCHEUX
- CONSTRUCTION DE PONT
- FRÔLES

Grille 2

- EAU DE VAISSELLE
- CUMIN DES PRÉS
- RABAISSÉE
- FAIT PAREIL
- C'EST COMME UN TROU
- PRÉFIXE NÉGATIF
- LIEU DE JAVA
- BRAME
- REGROUPEMENT À QUINZE

Grille 3

- VOYOU
- FORTES IMPRESSIONS
- BOÎTE MOYENNE
- CORDES DE MINES
- ELLES MONTENT DANS LES ARBRES
- REJETÉE PAR BESOIN
- LEVÉE
- D DIVISÉ PAR II MOINS L
- FAUVE
- LAMES DE CORSET

Grille 4

- DIRIGE LE JET
- ANNE DE LENCLOS
- FUGACE
- FAIRE UNE FAVEUR
- FILES À L'INDIENNE
- CÉLÉBRA
- PÂTÉ DE CAMPAGNE
- CAFETIÈRE
- NOS ANCÊTRES

Solution au mardi 21 mai

À FAIRE :

-
-
-
-
-
-
-

AU JARDIN

Soignez-les avec de l'ortie !

Rien de mieux que la pâtée d'ortie riche en calcium, en fer et en vitamine C pour démarrer les poussins et les canetons. C'est autant de traitements antibiotiques en moins ! Cette recette fonctionne aussi chez les dindons pour passer l'étape critique de la croissance de leur crête rouge. Consommée sous forme de foin ou distribuée en complément alimentaire, l'ortie soulage les douleurs articulaires des chevaux et favorise la minéralisation des juments en fin de gestation. **P.-Y. N.**

SOLUTION DU JEUDI 16

Horizontalement: 1. ÉGOUTTOIR. CAMERAMEN. **2.** MOUTARD. EFFRITÉ. ÉLUDE. **3.** OUT. LIESSE. AN. ACNÉ. IF. **4.** UTILES. TURC. ÉBLOUIES. **5.** LENTE. CAHOTE. MISSEL. **6.** SI. STEPPE. UR. ÂMES. **7.** ENTE. SAIES. ASTI. ÉTEND. **8.** SARRASIN. IULE. MARE. OR. **9.** NI. MESSIES. UNICITÉ. **10.** BI. GO. SONGERIE. HEURE. **11.** IMPRUDENCE. ULTRA. ESTE. **12.** FEU. RAS. ASPES. ETC. EAU. **13.** FERRET. CS. IL. FUSERA. **14.** GOUTTE. BALLON. SEULE. **15.** RUE. XÉRÈS. FÉERIE. AXIS.
Verticalement: A. ÉMOUSSÉS. BIFFER. **B.** GOÛT. INANIMÉE. **C.** OUTIL. TRI. PURGE. **D.** UT. LÉSER. G.R. RO. **E.** TALENT. AMOUREUX. **F.** TRISTESSE. DATTE. **G.** ODE. ÉPAISSES. TR. **H.** ST. PINSON. CEE. **I.** RESUCÉE. INCAS. **J.** FÉRA. SIÈGES. **K.** CF. C.H.U. USÉ. PIAF. **L.** ARA. ORAL. RUELLE. **M.** MINET. SEUILS. LÉ. **N.** ET. BÉAT. NET. FOR. **O.** REAL. MIMI. RÉUNI. **P.** CÔME. ACHATS. **Q.** MENUISERIE. CES. **R.** ÉLÉIS. TÊTUE. RÉA. **S.** NU. ESSE. ERSEAUX. **T.** DISE. NO. ÉTA. LI. **U.** NEF. LADRE. EUDES.

dimanche 19 mai

Pentecôte

Saint Yves

« À la Saint-Yves,
le beau temps arrive. »
Dicton

À FAIRE:

EN CHANSON

1969 Georges Moustaki « Le Métèque »

© Ulf Andersen/AFP

C'est à une injure que Georges Moustaki, « Giuseppe Mustacchi » pour l'état civil, doit l'hymne le plus vibrant de sa carrière. Séducteur devant l'éternel, l'artiste s'éprend au détour des années 1960 d'une jeune fille dont les parents ne goûtent guère la romance, et moins encore les origines italo-grecques du bellâtre né en Égypte. Au point de bientôt le traiter de métèque ! S'il est blessant, le mot apparaît très musical à l'oreille de Georges qui se met aussitôt à écrire un texte. **Moustaki n'est pas encore connu du grand public,** il est un auteur-compositeur à succès qui prête son talent aux autres, notamment à Piaf en 1958, pour qui il a créé le célèbre *Milord*. *Le Métèque* écrit, il en confie le texte à un ami comédien qui le dit sur scène ; il faut attendre encore un peu pour que la chanteuse Pia Colombo ne s'en empare en musique.

Aussi poétique soit-il, ce titre fait chou blanc, si bien que Bruno Coquatrix la prie même de le supprimer de son tour de chant lors de son passage à l'Olympia ! *Le Métèque* semble voué aux regrets éternels quand Polydor, la maison de disques de Serge Reggiani, pour qui Moustaki vient d'écrire, l'invite à interpréter sur disque ses propres chansons. Encore échaudé par ses échecs successifs dix ans plus tôt, il hésite avant de finalement se jeter à l'eau. À raison, puisqu'en cette année 1969, *Le Métèque* devient un tube et Moustaki, une vedette. La chanson sera même reprise en plusieurs langues, dont en grec par Melina Mercouri. **D. L.-H.**

C'EST ARRIVÉ LE…

19 MAI 1976

La Loterie nationale lance le premier tirage du Loto au théâtre de l'Empire, à Paris. À l'époque, seuls les habitants de l'Île-de-France peuvent remplir la grille à 1 franc. Moins de 75 000 bulletins de jeu seront enregistrés ce jour-là. Le succès viendra avec le déploiement du jeu en province. S. P.

« Avec ma gueule de métèque, / de juif errant, de pâtre grec / et mes cheveux aux quatre vents / Avec mes yeux tout délavés / qui me donnent l'air de rêver, / moi qui ne rêve plus souvent / Avec mes mains de maraudeur, / de musicien et de rôdeur / qui ont pillé tant de jardins / Avec ma bouche qui a bu, / qui a embrassé et mordu / sans jamais assouvir sa faim. »

Paroles et musique : Georges Moustaki. Label : Polydor, 1969.

Lundi de Pentecôte

Saint Bernardin

lundi 20 mai

« Un savant peut songer à devenir philosophe, jamais un philosophe ne songera à devenir savant. »
Proverbe chinois

Mots codés

Dans la grille ci-dessous, les lettres ont été remplacées par des nombres, un même nombre représentant toujours la même lettre. Pour commencer le jeu, utilisez les lettres du mot dont le code est déjà indiqué. Les cases ci-dessous servent d'aide-mémoire ; vous pouvez y inscrire les lettres au fur et à mesure que vous les trouvez.

1 F	2 U	3 S	4 I	5 B	6 L	7 E	8	9	10	11	12	13
14	15	16	17	18	19	20	21	22	23	24	25	26

1 F	2 U	3 S	4 I	5 B	6 L	7 E	■	12	18	20	4	21	13	10	7	12
12	■	18	■	6	■	8	■	7	■	4	■	18	■	2	■	15
13	8	19	22	18	10	4	13	9	■	6	2	16	7	12	9	7
6	■	9	■	9	■	6	■	18	■	6	■	7	■	14	■	10
7	23	7	4	17	15	7	■	17	15	18	9	10	7	2	3	7
11	■	10	■	15	■	■	■	6	■	■	■	10	■	13	■	2
7	5	7	9	7	■	17	15	7	4	24	■	7	20	4	7	12
9	■	■	■	2	■	13	■	12	■	19	■	■	■	3	■	■
10	15	7	13	12	7	11	7	■	10	12	13	11	23	7	2	12
■	■	14	■	■	■	11	■	25	■	4	■	18	■	■	■	18
3	14	2	18	26	■	7	11	2	6	7	■	25	2	23	13	9
4	■	4	■	18	■	■	■	11	■	■	■	13	■	12	■	21
1	18	20	13	12	18	5	6	7	■	5	7	12	5	7	12	7
1	■	13	■	12	■	4	■	6	■	13	■	22	■	1	■	11
6	13	14	2	18	17	7	■	18	9	4	11	13	3	4	10	7
7	■	2	■	9	■	12	■	21	■	12	■	11	■	8	■	9
10	12	7	9	10	4	7	11	7	■	7	6	7	11	7	9	10

Solution au jeudi 23 mai

À FAIRE :

-
-
-
-
-
-
-
-
-
-
-

Vite, une astuce !

Vous utilisez souvent votre ordinateur portable lorsqu'il est branché directement sur le secteur ? Si votre appareil le permet, pensez dans ce cas à retirer la batterie qui est très sensible à la chaleur. Les montées en température réduisent lentement sa durée de vie et ses performances. Ce geste simple et précieux permet de retarder le moment où la batterie ne délivrera plus que 2 heures d'autonomie, en lieu et place des 8 heures de ses plus belles années.

SOLUTION DU VENDREDI 17

4	3	1	4	2
1	5	2	3	1
2	4	1	5	2
1	3	2	3	4
2	4	5	1	5
3	1	3	4	3
2	4	2	5	2
1	3	1	4	3

2	3	4	1	5	1
4	1	2	3	2	3
2	3	4	1	4	5
1	5	2	3	2	3
2	3	1	4	1	4
1	5	2	3	2	3
3	4	1	4	1	5
1	2	3	5	2	4

mardi 21 mai

Saint Constantin

« Un problème se résout
dans la souffrance ou dans la joie.
Cela dépend de vous. »
Roberto Shinyashiki

À FAIRE :

•

•

•

•

•

•

•

SOLUTION DU SAMEDI 18

	T		E	
A	R	E	C	S
	A	C	R	A
P	I	L	O	U
	R	O	U	F
R	A	S	E	S

	L		A	
C	A	R	V	I
	V		I	M
O	U	B	L	I
	R	A	I	T
M	E	L	E	E

	L		P	
B	O	O	M	S
	U	R	E	E
P	L	I		V
	O	N	C	E
B	U	S	C	S

	P		C	
N	I	N	O	N
	L	O	U	A
B	O	U	R	G
	T	E	T	E
P	E	R	E	S

EN FORME

Bougez sans crainte

© luckybusiness/stock.adobe.com

Je m'entretiens Pratiquez régulièrement une activité physique, si possible ludique, est bénéfique. Mieux vaut marcher en groupe car les interactions sociales stimulent les neurones. Le bon rythme : de 3 à 4 séances par semaine, de 30 minutes minimum chacune.

Garder l'équilibre, ça se travaille aussi. Santé publique France recommande plusieurs exercices spécifiques réalisables chez soi :

- Debout, mains sur le dossier d'une chaise (calée, l'assise contre un mur pour l'empêcher de glisser), se hisser sur la pointe des pieds, puis redescendre les talons lentement au sol (3 séries de 10).
- Une main en appui sur une chaise, lever une cuisse et fléchir le genou à 90° pendant 10 secondes puis reposer la jambe ; passer à l'autre jambe (3 séries de 5 pour chaque jambe).

Évitez l'impasse sur les protéines, un carburant essentiel des muscles, garants de l'équilibre. À partir de 60 ans, les apports quotidiens doivent atteindre 1,2 g/kg/personne. Soit 84 g pour un poids de 70 kg, qui peuvent être fournis par : 100 g de viande (ou de poisson ou de haricots rouges) + 2 œufs + 2 parts de fromage (gruyère ou fromage blanc) + une poignée d'amandes ou noix + des graines de courge dans la salade.

Ma performance diminue ? J'agis ! Si les exercices sont de plus en plus durs à réaliser, parlez-en à votre médecin. Dispensée sur prescription médicale en cas de problème de santé, l'activité peut être encadrée par un professionnel du sport et de la santé. **A. P.**

Mots à mot

En regroupant et en mélangeant les lettres des deux mots de quatre et trois lettres proposés, composez un troisième mot de sept lettres.

A M E R + R A T = _ _ _ _ _ _ E

Q U E L + C R I = _ _ _ _ _ _ R

E T U I + L I T = _ _ _ _ _ _ E

SOLUTION : Marâtre - Cliquer - Utilité.

Saint Émile

« La vérité et la justice sont souveraines, car elles seules assurent la grandeur des nations. »
Émile Zola

À FAIRE :

•

•

•

•

A TABLE

De la glycine dans votre assiette

© eiiti aoki/stock.adobe.com

Ne vous avisez pas de manger les longues pousses en forme de haricot, ni les grosses graines plates qu'elles contiennent : elles sont très toxiques. Contentez-vous de préparer les jeunes fleurs en beignets, comme dans le pays niçois, ou en salade, mais préalablement blanchies, comme en Asie. Les gourmands préféreront cultiver au potager une autre fabacée : la fameuse glycine tubéreuse (*Apios americana*) des Amérindiens. Ses chapelets de tubercules, riches en protéines, se récoltent à l'automne et se cuisent à l'eau. **P.-Y. N.**

Petits fléchés

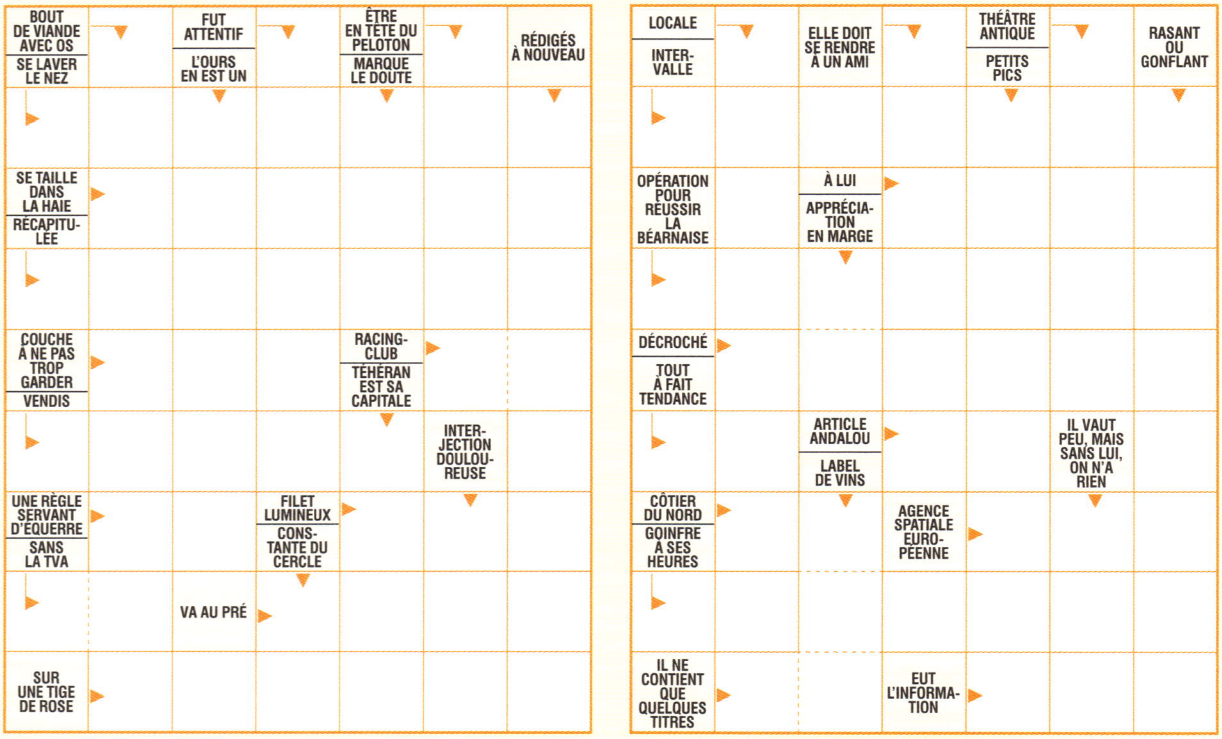

Solution au vendredi samedi 25 mai

jeudi 23 mai

Saint Didier

« Ne pas vendre les œufs
dans le cul des poules. »
Proverbe breton

À FAIRE :

•
•
•
•
•
•
•
•
•
•

Maxi-mot

Trouvez, pour chaque ligne horizontale et verticale, le mot le plus long possible. Marquez autant de points que le nombre de lettres de chaque mot et comparez votre score avec la table ci-dessous.

	A	B	C	D	E	F	G	H	I
1	E	E	A	L	I	L	C	D	T
2	E	C	T	O	M	U	N	I	L
3	R	B	I	T	G	N	N	A	I
4	E	O	N	U	R	Q	T	R	A
5	I	R	E	S	T	I	A	N	E
6	N	A	E	N	K	U	R	I	I
7	C	N	L	O	A	T	O	R	T
8	M	T	M	E	E	A	N	E	R
9	O	S	R	R	N	E	E	J	U

Débutant : de 2 à 99 points
Novice : de 100 à 124 points
Confirmé : de 125 à 144 points
Expert : de 145 à 159 points
Champion : de 160 à 163 points

TOTAL
points

HORIZONTALEMENT
1- .... pts
2- .... pts
3- .... pts
4- .... pts
5- .... pts
6- .... pts
7- .... pts
8- .... pts
9- .... pts
Sous-total pts

VERTICALEMENT
A- .... pts
B- .... pts
C- .... pts
D- .... pts
E- .... pts
F- .... pts
G- .... pts
H- .... pts
I- .... pts
Sous-total pts

Solution au dimanche 26 mai

AU MARCHE

Le radis rose

C'est la pleine saison jusqu'en juin ! Privilégiez les petits producteurs locaux pour qu'il soit bien croquant. Plus le radis est frais, plus il contient de nutriments. Riche en eau, il comprend aussi des antioxydants, des vitamines C, B9, du magnésium… Délicieux nature, il peut aussi rehausser un plat comme une salade de carottes, lentilles, oignons et persil. L'idéal est de le consommer immédiatement, sinon gardez-le au maximum 3 jours au réfrigérateur.

Info + Conservez les fanes de radis pour confectionner une soupe, un cake salé, un pesto… **M.-A. D.**

SOLUTION DU LUNDI 20

1	2	3	4	5	6	7	8	9	10	11	12	13
F	U	S	I	B	L	E	X	N	T	M	R	O
14	15	16	17	18	19	20	21	22	23	24	25	26
Q	H	Z	C	A	Y	V	G	D	P	K	J	W

« Lorsqu'il pleut à la Saint-Donatien, c'est de la pluie pour le mois qui vient. »
Dicton

À TABLE

Galettes aux champignons

Pour 4 personnes La pâte : • 500 g de farine de sarrasin • 12,5 g de gros sel • 1,20 l d'eau filtrée. **La garniture :** • 20 g de beurre • 500 g de champignons de Paris • 2 échalotes • 1 gousse d'ail • 1 petit bouquet de persil plat • Sel • 250 g de shiitakés • Huile d'olive • 4 œufs. **La cuisson :** • 40 g de beurre demi-sel mou • 80 g de beurre gastronomique demi-sel.

1. Mélangez la farine et le gros sel, ajoutez 50 cl d'eau. Mélangez jusqu'à obtenir une pâte lisse et aérée. Versez un peu d'eau sur la pâte pour éviter qu'elle ne se dessèche, couvrez, laissez reposer 24 heures au frais. Laissez-la revenir à température ambiante. Ajoutez 50 cl d'eau pour l'assouplir.

2. Lavez, égouttez et émincez les champignons. Hachez les échalotes, l'ail et le persil.

3. Dans une sauteuse, faites suer les échalotes au beurre, puis l'ail. Ajoutez les champignons, salez. Sur feu vif, laissez cuire jusqu'à évaporation du liquide. Ajoutez le persil, retirez du feu. Lavez les shiitakés, retirez les pieds. Émincez les chapeaux, faites-les cuire quelques minutes à la poêle dans un peu d'huile d'olive. Ajoutez-les aux champignons de Paris.

© Louis Laurent Grandadam, recettes extraites du livre Sarrasin éd. de La Martinière

4. Faites chauffer la poêle, versez la pâte, étalez-la. Avec un pinceau, étalez le beurre mou sur l'intérieur. Au centre, cassez un œuf, disposez les champignons autour. Quand le bord se soulève, pliez la galette en carré. Beurrez au pinceau les bords rabattus, dressez sur une assiette, ajoutez un peu de beurre gastronomique dessus.

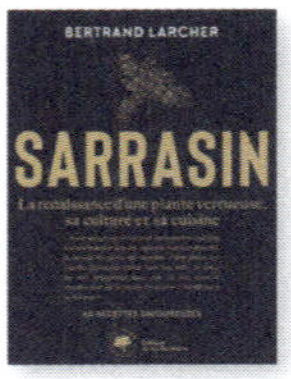

Recette extraite de *Sarrasin*, Bertrand Larcher, éd. de La Martinière

À FAIRE :

•
•
•
•
•
•
•
•

QUELLE HISTOIRE !

Un trésor convoité

Le Mobilier national veille sur 130 000 biens culturels dispersés dans 600 institutions, allant de l'Élysée aux préfectures. Le premier recensement de ces tapis, bronzes et textiles a eu lieu sous Louis XIV. En 2007, un inventaire a constaté la disparition de 17 000 pièces. Si certaines ont été « égarées », d'autres ont été volées. En 2018, Hugues Malecki, ancien sous-préfet de Brioude, a été condamné à deux ans de prison pour avoir vendu chez Sotheby's un tableau de Nathalie Gontcharova après avoir remplacé l'original par une copie ! **J.-P. R.**

Clin d'œil

Jean-Baptiste, 2 ans, est en vacances chez ses grands-parents. Un matin, il les rejoint dans leur lit. Son grand-père descend alors préparer le petit déjeuner. « Chut, dit Jean-Baptiste, écoute le biberon qui monte l'escalier. »

samedi 25 mai

Sainte Sophie

« Pour arriver à s'aimer, il faut avant tout se comprendre. »
Proverbe japonais

À FAIRE :

-
-
-
-
-
-
-
-
-

Sudokus

	8		3	6	2		9	
9		5				6		7
	3						2	
			8		6			
5	9						1	8
	6	8		7		2	4	
3		2				8		9
				5				

			1	4				
5		2				6		7
		8			7			1
					1		6	
7	9			2			5	4
	6		9					
8			6			1		
6		7				4		3
				7	8			

2	6		4					
						9		1
8			1	3				
	7	4			1		9	
				7	3		1	5
	1	8			4		2	
1			5	6				
						8		6
6	5		2					

							9	8
		6	2			5		
	9	3	8					
				6			3	
8	7						5	9
	3			1				
					5	1	2	
		8			7	3		
7	6							

Solution au lundi 27 mai

SOLUTION DU MERCREDI 22

■	C	■	E	■	M	■
M	O	U	C	H	E	R
■	T	R	O	E	N	E
R	E	S	U	M	E	E
■	L	I	T	■	R	C
C	E	D	A	I	■	R
■	T	E	■	R	A	I
H	T	■	P	A	I	T
■	E	P	I	N	E	S

■	R	■	V	■	O	■
P	E	R	I	O	D	E
■	G	■	S	I	E	N
L	I	A	I	S	O	N
■	O	B	T	E	N	U
I	N	■	E	L	■	Y
■	A	A	■	E	S	A
G	L	O	U	T	O	N
■	E	P	■	S	U	T

A TABLE

Gaufres à la fleur d'oranger

Pour 16 petites gaufres • 2 œufs • 40 cl de boisson aux amandes • 2 c. à soupe d'eau de fleur d'oranger • 80 g de beurre fondu • 60 g de sucre • 380 g de farine.

1. Dans un saladier, mélangez les œufs battus, la boisson aux amandes, l'eau de fleur d'oranger et le beurre fondu.

2. Incorporez le sucre et la farine. Remuez de façon énergique jusqu'à obtention d'une consistance fluide et sans grumeaux.

2. Versez une louche de pâte dans le gaufrier. Laissez cuire 3 minutes. Faites cuire le reste de la pâte jusqu'à épuisement.

Le plus santé La boisson aux amandes rend cette recette plus légère et digeste. Testez aussi avec des boissons à l'avoine, à la noisette, à l'épeautre ou à la châtaigne. **M.-A. D.**

« L'oisiveté me suffit, et, pourvu que je ne fasse rien, j'aime encore mieux rêver éveillé qu'en songe. »
Jean-Jacques Rousseau

© Rawsavoyard/stock.adobe.com

BALADE EN FRANCE

Le Sancy au sommet de l'Auvergne

Au pied du volcan, le Mont-Dore fait partie des six communes du massif du Sancy, à la fois station de ski et station thermale. Il y a 2 000 ans, les Romains appréciaient déjà les vertus de ses eaux. Deux lionnes gallo-romaines ornent ses thermes qui figurent parmi les plus anciens de France, puisqu'ils ont été bâtis entre 1817 et 1823 pour une clientèle de rentiers et d'aristocrates. Dès 1826, Louis-Philippe y vient en cure, suivi par Anatole France, Sarah Bernhardt, Coco Chanel… « Aujourd'hui, le Mont-Dore est la première station thermale d'Auvergne, souligne Loïc Mesure, directeur des thermes, grâce à ses eaux et ses cures très médicalisées. » Si le village s'avère un brin austère avec sa pierre volcanique, il bénéficie d'un cadre exceptionnel.
Quelques kilomètres plus loin, La Bourboule. Ici, comme au Mont-Dore, les curistes étaient nommés « les étrangers ». L'âge d'or de la station, dont le nom viendrait de borboler (« bouillonner »), remonte aux Années folles lorsque le roi Farouk, Buster Keaton et Sacha Guitry fréquentaient son parc : 12 ha de jardins à l'anglaise et de merveilleux séquoias. Pendant la Seconde Guerre mondiale, La Bourboule devint une petite « City » auvergnate. Les grandes banques y transfèrent leur siège social pour y entreposer leurs titres loin de Paris.
Ce beau monde résidait dans les villas éclectiques et dans les palaces avant d'aller au casino. Le dernier en activité offre une façade ornée de mosaïques dorées avec, à l'intérieur, une salle de jeu au cachet certain. Un autre décor mérite le coup d'œil : la Maison Rozier, dont les mosaïques ont été réalisées par Gentil et Bourdet, connus pour le Louxor à Paris et la Piscine à Roubaix. Pour retrouver encore cette ambiance surannée des Années folles, rien ne vaut le décor mauresque du *Café de La Poste* pour prendre un verre… **J.-P. R**

À FAIRE :

-
-
-
-
-
-
-
-

SOLUTION DU JEUDI 23

Horizontalement : 1. Citadelle. **2.** Monticule. **3.** Brigantin. **4.** Arqueront, Quarteron, Raqueront, Tronquera. **5.** Éreintais, Éternisai, Sériaient, Siéraient, Tisanière. **6.** Ukrainien. **7.** Contralto, Contrôlât. **8.** Amèrement. **9.** Séjourner
Verticalement : A. Cérémonie. **B.** Brocantes, Contrebas. **C.** Alimenter, Marteline, Terminale. **D.** Soûleront, Tournesol. **E.** Marketing. **F.** Lunatique. **G.** Arçonnent, Canneront, Cantonner, Encornant, Renonçant. **H.** Jardinier. **I.** Titulaire, Tuilerait.

lundi 27 mai

Saint Augustin

« Pluie de mai grandit l'herbette,
mais c'est signe de disette. »
Dicton

À FAIRE :

-
-
-
-
-
-
-
-

SOLUTION DU SAMEDI 25

6	1	3	7	9	5	4	8	2
4	8	7	3	6	2	5	9	1
9	2	5	1	8	4	6	3	7
8	3	4	5	1	9	7	2	6
2	7	1	8	3	6	9	5	4
5	9	6	4	2	7	3	1	8
1	6	8	9	7	3	2	4	5
3	5	2	6	4	1	8	7	9
7	4	9	2	5	8	1	6	3

9	7	6	1	4	5	2	3	8
5	1	2	8	9	3	6	4	7
4	3	8	2	6	7	5	9	1
2	8	4	7	5	1	3	6	9
7	9	1	3	2	6	8	5	4
3	6	5	9	8	4	7	1	2
8	4	9	6	3	2	1	7	5
6	2	7	5	1	9	4	8	3
1	5	3	4	7	8	9	2	6

2	6	1	4	9	5	7	8	3
4	3	5	7	8	2	9	6	1
8	9	7	1	3	6	5	4	2
5	7	4	6	2	1	3	9	8
9	2	6	8	7	3	4	1	5
3	1	8	9	5	4	6	2	7
1	8	9	5	6	7	2	3	4
7	4	2	3	1	9	8	5	6
6	5	3	2	4	8	1	7	9

2	1	7	3	5	6	4	9	8
4	8	6	2	9	1	5	7	3
5	9	3	8	7	4	2	1	6
9	2	4	5	6	8	7	3	1
8	7	1	4	3	2	6	5	9
6	3	5	7	1	9	8	4	2
3	4	9	6	8	5	1	2	7
1	5	8	9	2	7	3	6	4
7	6	2	1	4	3	9	8	5

C'EST ARRIVÉ LE…

27 MAI 1921

Un décret instaure le premier Code de la route. Il sera ensuite remanié et complété à de nombreuses reprises pour prendre en compte, notamment, la hausse de la vitesse des véhicules et les effets de l'alcool sur la conduite. S. P.

Saint Germain

« Soleil de Saint-Germain,
nous promet du bon vin. »
Dicton

EN BEAUTE

La gelée royale, une cure de jouvence

Produite par les abeilles nourricières, la gelée royale favorise la croissance de la reine et sa capacité toujours plus grande à pondre des œufs. Très concentrée en nutriments, elle contient des glucides, des vitamines, des minéraux et des molécules uniques sécrétées par les glandes des abeilles. « Il s'agit d'une protéine, la royalactine, et d'un acide aminé, le royalisine, aux propriétés ultra-puissantes, explique Pauline Malzac, responsable scientifique d'Alvadiem®, marque de produits apicoles. Ces substances anti-inflammatoires peuvent activer le renouvellement cellulaire, avec à la clé des propriétés réparatrices et régénératrices pour la peau »

© JPC-PROD/stock.adobe.com

La gelée royale a l'avantage d'être parfaitement assimilée par l'épiderme. Elle agit sur les rides et stimule la production de protéines de soutien comme l'élastine et le collagène. De quoi s'offrir une véritable cure de jouvence pour briller pendant les soirées. **V. K.**

À FAIRE :

-
-
-
-
-
-
-

Super croisés

	A	B	C	D	E	F	G	H	I	J	K	L
1												
2				■					■			
3							■					■
4										■		
5						■					■	
6								■				
7					■					■		
8						■						

Horizontalement

1. Fait partie des travaux de la terre. **2.** Archives de la télé. Spécialiste du grand écart. Ensemble de lignes. **3.** Accessoires de percussionniste. Rivière du Bassin parisien. **4.** Clandestins sous l'Occupation. Direction de Biarritz. **5.** Elle met le mouton à poil. Esclave du dernier cri. **6.** Repli sur soi. Longue course ou opération éclair. **7.** Une plante qu'on a à l'œil. Réclame vengeance. Élu de Bigorre. **8.** Arbres utilisés par les médecins africains. Un soutien qui vous veut du bien.

Verticalement

A. Nomade dans l'Himalaya. **B.** Mordu, mais qui n'a pas encore la rage. **C.** Arrêter la diligence. **D.** Met de l'huile sur le feu. **E.** Donnes la fièvre. **F.** Placée chez un maître. 1100 à Rome. **G.** Assiste la rédaction. Finira par lasser. **H.** Fleuve côtier de Bretagne. Arrive avant nous. **I.** Matériau insonorisant. **J.** De quoi se remplir la panse. À faire chaque jour pour le scout. **K.** Qui n'ont plus qu'à s'élever. Bois très résistant. **L.** Tour. Petite chute d'eau.

Solution au jeudi 30 mai

mercredi 29 mai

Saint Aymard

« Rosée de mai, fait
tout beau ou tout laid. »
Dicton

À FAIRE :

•

•

•

•

•

•

•

•

A TABLE

Gratin de pommes de terre, saumon et épinards à l'aneth

© PommedeterrePompadourLabelRouge

Plat pour 4 personnes • 30 cl de lait • 30 cl de crème liquide entière • 1 gousse d'ail • Sel, poivre • 750 g de pommes de terre (ici Pompadour) • 2 échalotes • 1 c. à soupe d'huile d'olive • 150 g de pousses d'épinards • 30 g de beurre • 1 c. à soupe de farine • 6 tiges d'aneth • 500 g de filet de saumon sans peau.

1. Mélangez le lait et la crème dans une casserole. Ajoutez une gousse d'ail coupée en deux, salez, poivrez, portez à ébullition.

2. Pelez les pommes de terre, coupez-les en tranches fines. Ajoutez-les dans la casserole, faites cuire 5 minutes. Égouttez-les, réservez le liquide de cuisson.

3. Hachez les échalotes, faites-les revenir 5 minutes avec l'huile dans une poêle, à feu doux. Ajoutez les épinards, laissez-les sur le feu jusqu'à ce qu'ils réduisent.

4. Faites chauffer 20 g de beurre dans une casserole, ajoutez la farine, mélangez. Versez le liquide de cuisson, portez à ébullition. Retirez du feu, ajoutez les trois-quarts d'aneth ciselé. Salez, poivrez.

5. Préchauffez le four à 180 °C (th. 6). Disposez dans un plat à gratin une couche de pommes de terre. Répartissez de la crème à l'aneth, ajoutez le saumon en petits dés, les épinards, puis le reste de la crème, les pommes de terre, le beurre en morceaux. Parsemez d'aneth. M.-A. D.

QUELLE HISTOIRE !

En 1908, Hollywood accueille le tournage du *Comte de Monte-Cristo*. La rumeur d'un lieu de tournage idyllique se répand alors jusqu'à New York, siège de l'industrie du cinéma. Les studios s'y installent, vers 1910, faisant d'Hollywood le nouveau centre du 7e art. D. L-H.

Sudokus

1	3		8				7	
		4			7		5	6
			3	2	6	8		1
3	4	7		6				
		5				1		
				5		4	2	3
8		2	6	9	1			
7	6		5			9		
	9				3		8	5

	1	4						
			1	8			6	9
					6			
5	6					1	9	
			9	1		4		
1	4					5	2	
					3			
			4	2			7	5
	7	8						

Solution au vendredi 31 mai

Saint Ferdinand

jeudi 30 mai

« Celui qui a planté un arbre avant de mourir n'a pas vécu inutilement. »
Proverbe africain

EN FORME

Je prends soin de mon audition

© B. Boissonnet/BSIP/stock adobe.com

L'intensité du bruit et la durée d'exposition sont deux causes de survenue ou d'aggravation de la mauvaise audition. « Autres ennemis possibles : les médicaments dits ototoxiques, tels certains antibiotiques ou diurétiques », rappelle le Dr Arach Madjlessi, gériatre et spécialiste de la maladie d'Alzheimer et des pathologies sensorielles à Saint-Ouen (93).

Je m'entretiens La base : fuir les environnements trop bruyants et porter un casque ou des bouchons d'oreilles lors d'une exposition prolongée (bricolage, concert…). Autres conseils : nettoyer ses oreilles sans excès de zèle, les sécher soigneusement, limiter l'usage des Cotons-Tiges et préférer une serviette humide ou des solutions d'élimination du cérumen en cas de production excessive. En cas d'antécédent familial de presbyacousie, se faire suivre régulièrement pour un repérage et une prise en charge précoces. « Plus on compense la baisse auditive tôt, mieux on conserve la capacité restante, et plus le cerveau s'adapte rapidement », encourage le Dr Madjlessi.

Mon ouïe se dégrade ? J'agis ! Consulter d'abord un médecin généraliste pour rechercher la cause, il peut s'agir en réalité d'un simple bouchon de cérumen, d'une otite ou de presbyacousie. Il passera la main si nécessaire à un ORL pour un audiogramme. En revanche, si la baisse d'audition est brutale, direction les urgences sans hésiter ! **A. P.**

À FAIRE :

-
-
-
-
-
-
-
-
-

C'EST ARRIVÉ LE…

30 MAI 1973

Et de trois pour l'Ajax Amsterdam, ce 30 mai 1973 ! Déjà vainqueurs du tournoi en 1971 et 1972, les footballeurs néerlandais remportent à Belgrade (1-0) la Coupe d'Europe des clubs champions pour la troisième fois consécutive. Ils battent la Juventus de Turin, qui était finaliste pour la première fois de son histoire. **F. M.**

SOLUTION DU MARDI 28

T	E	R	R	A	S	S	E	M	E	N	T
I	N	A	■	G	I	R	L	■	R	E	R
B	A	L	A	I	S	■	O	I	S	E	■
E	M	E	T	T	E	U	R	S	■	S	O
T	O	N	T	E	■	S	N	O	B	■	N
A	U	T	I	S	M	E	■	R	A	I	D
I	R	I	S	■	C	R	I	E	■	P	E
N	E	R	E	S	■	A	L	L	I	E	E

vendredi 31 mai

Visitation
Sainte Lise-Marie

« Pluie de mai grandit l'herbette,
mais c'est signe de disette. »
Dicton

À FAIRE :

-
-
-
-
-
-
-
-
-
-

POUVOIR D'ACHAT

Réparer ses équipements soi-même

© highwaystarz/stock.adobe.com

Établir un diagnostic Certains appareils affichent un code d'erreur en cas de panne. Il suffira de le rechercher dans la notice de l'appareil pour repérer le dysfonctionnement et trouver des conseils pour le résoudre. Le site du constructeur peut aussi fournir une rubrique de dépannage en ligne. C'est aussi le cas du site apreslachat.com qui fédère des communautés d'utilisateurs. Si votre appareil a moins de deux ans, vous pouvez faire jouer la garantie si vous l'avez acquis auprès d'un professionnel.

Être conseillé et commander les pièces Il existe des spécialistes du SAV et des pièces détachées qui accompagnent les particuliers, comme Spareka (spareka.fr) ou SOS Accessoires (www.sos-accessoire.com), qui vous assiste, du diagnostic à l'identification de la pièce à changer. Quant à Commentreparer.com, c'est un forum de bénévoles qui vous aident pas à pas à comprendre la panne et à la réparer. Le réseau des Repair Café (https://repaircafe.org/), gratuits et ouverts à tous, a pour objectif d'aider les particuliers à réparer toutes sortes d'objets. Les bénévoles qui l'animent disposent de leur propre matériel mis à votre disposition. **P. E.**

Mini-croisés

	A	B	C	D	E	F	G	H
1								
2								
3								
4				■				
5		■				■		
6								
7					■			
8			■					

Horizontalement
1. Travailler au champ. **2.** Qui peut envoyer. **3.** Denrée traitée au sel. **4.** Abrite deux sanctuaires au Japon. Résultat d'une secousse. **5.** Élimé. Héros brechtien. **6.** Épaulée par l'aide sociale. **7.** Il arrive après l'Avent. Animal mou. **8.** Technétium au laboratoire. Arrêt d'un liquide organique.

Verticalement
A. Rognant sur tout. **B.** On n'y a pas mis bon ordre. Partie de charrue. **C.** Qui s'inquiète facilement. **D.** Montra du cran. Argiles des potiers. **E.** Employés dans le temps. **F.** Dino, cinéaste italien. Majoration de facture. **G.** Passées par une série de transformations. **H.** Elle vit sur ses réserves.

Solution au samedi 1er juin

SOLUTION DU MERCREDI 29

1	3	6	8	4	5	2	7	9
2	8	4	9	1	7	3	5	6
5	7	9	3	2	6	8	4	1
3	4	7	1	6	2	5	9	8
9	2	5	4	3	8	1	6	7
6	1	8	7	5	9	4	2	3
8	5	2	6	9	1	7	3	4
7	6	3	5	8	4	9	1	2
4	9	1	2	7	3	6	8	5

6	1	4	3	7	9	8	5	2
3	2	5	1	8	4	7	6	9
8	9	7	2	5	6	3	1	4
5	6	3	8	4	2	1	9	7
7	8	2	9	1	5	4	3	6
1	4	9	6	3	7	5	2	8
4	5	6	7	9	3	2	8	1
9	3	1	4	2	8	6	7	5
2	7	8	5	6	1	9	4	3

« La plus haute ambition de l'art est de nous révéler la nature. »
Henri Bergson

Mini-fléchés

CRIER À PLEINS POUMONS / ADDITION		CAPITALE DES PARISII / JOLI MOIS		AFFAIRE D'ENFANT
LOUPA / CRÉATURE DE L'ESPACE				
INVOQUÉE PIEUSEMENT		CENTIGRAMME		

ARRIVER AU BOUT / HABITS FÉMININS		PRIVÉE DE TOUT / ORNÉ DE FILS		METS DES GRAINES EN TERRE
BOÎTE D'ÉLUS / BRUIT DE MOTEUR				
CONCEPT / BORDURES DES FORÊTS				

ABÎMÉE PAR LE FROID / BLAZER		ANIMAL DE BANQUISE / CASSANT		LÀ, ON EN APPREND TOUS LES JOURS
RÉTROGRADE / DÉPENDANT				
CHAUSSÉE SUR LE RIVAGE		L'HOMME DONT ON PARLE		

RECHERCHE DE NAPPES / TINTA		GREFFANT / CONSIGNÉS		SUSCEPTIBLE DE VOLER
COMME LE ROSBIF / FUNESTE				
BOUT D'HÉRÉDITÉ / GROGNE				

Solution au mardi 4 juin

À FAIRE :

-
-
-
-
-
-
-
-
-

AU MARCHE

Le veau

Fiez-vous aux labels (Label Rouge, AB...) qui garantissent la qualité. C'est une bonne source de protéines (24 g/100 g), phosphore, fer, cuivre, zinc... Il est pauvre en matières grasses : 5 % pour l'escalope, le filet, le jarret, moins de 15 % pour le rôti ou l'épaule. Variez les menus avec des protéines végétales. Cru, il se conserve deux jours au frais, pas plus !
Info + Avec les restes, faites un hachis parmentier ou des boulettes. M.-A. D.

SOLUTION DU VENDREDI 31

L	A	B	O	U	R	E	R
E	M	I	S	S	I	V	E
S	A	L	A	I	S	O	N
I	S	E	■	T	I	L	T
N	■	U	S	E	■	U	I
A	S	S	I	S	T	E	E
N	O	E	L	■	V	E	R
T	C	■	S	T	A	S	E

dimanche 2 juin

Sainte Blandine

« On rougirait bientôt de ses décisions, si l'on voulait réfléchir sur les raisons pour lesquelles on se détermine. »
Voltaire

À FAIRE:

-
-
-
-
-
-
-

© Alexandre Lamoureux-SPL Bretagne Plein Sud

BALADE EN FRANCE

Escale au pays de l'or blanc

Station balnéaire réputée dès le XIXe siècle pour son patrimoine architectural d'hôtels particuliers et de villas Art déco et Belle Époque, La Baule n'a aujourd'hui rien perdu de son charme. Elle ne manque pas d'arguments : une thalasso, de nombreux commerces dont l'excellent confiseur Manuel et un incroyable marché, institution de la région. Mais la grande attraction de La Baule, c'est son immense plage de sable fin de plus de 5 km de long. Après ce bol d'iode pur, faites une pause déjeuner face à l'océan, aux *Albatros* ou au *Ponton*, avant de mettre le cap sur la Côte Sauvage et ses hautes falaises granitiques, et ses grottes, dont celle des Korrigans, sur la commune du Pouliguen.

À Batz-sur-Mer, ne manquez pas l'église Saint-Guénolé et son impressionnante tour lanterne dressée au-dessus des marais salants. Profitez- en pour acheter de la fleur de sel chez le paludier Joël Noury, ainsi que les spécialités d'algues de la ferme marine Les Jardins de la mer, avant de vous rendre à *L'Océan*, au Croisic, pour savourer un bar en croûte de sel face à la mer. Si vous êtes matinal, ne manquez pas la visite de la criée de La Turballe, port de pêche le plus important de Loire-Atlantique, qui a bâti jadis sa réputation sur la sardine.

Quittez ensuite la façade littorale pour aller explorer le parc naturel régional de la Brière : il abrite l'un des plus vastes marais de France, La Grande Brière. Vous pourrez y découvrir ses paysages de canaux et de roselières fréquentés par de nombreuses espèces d'oiseaux – hérons, sternes, sarcelles… – à bord d'un blin ou d'un chaland (grandes barques à fond plat). Arrêtez-vous au village de Kerhinet, avant d'aller visiter le joyau de la presqu'île, Guérande, majestueuse cité médiévale fortifiée. Une fois franchie l'imposante porte d'entrée datant du XVe siècle, vous pourrez arpenter ses ruelles, visiter sa collégiale et admirer, sur ses remparts, la vue exceptionnelle sur la mosaïque bigarrée des marais salants. **F. O.**

C'EST ARRIVÉ LE…

2 JUIN 1953

Le couronnement d'Élizabeth II a lieu à l'abbaye de Westminster, à Londres. La cérémonie, grandiose, est retransmise en direct pour la première fois sur les télévisions du monde entier. Elle inaugure un règne de 70 ans, le plus long de l'histoire de la Couronne britannique. La reine s'est éteinte le 8 septembre 2022, à l'âge de 96 ans. Son fils Charles a à son tour été couronné le 6 mai 2023. S. P.

« En juin, brume obscure,
trois jours seulement dure. »
Dicton

Méli-mélo

Dynasties en France

Nous avons mélangé entre elles les lettres de noms de grandes dynasties et familles françaises. Trouvez-les et placez-les au-dessus de la définition qui convient.

Lettres à replacer :

I I G D L M A R
T O P G U E E
O H C I D R T S H L
E D R B G O I L E
N I C I M L E H
E N R E M N E I G O V N I

N° 1 ....

Cette dynastie est la plus ancienne du royaume des Francs. Son fondateur, qui serait à son origine (car sa réalité est loin d'être attestée), est le grand-père d'un certain Clovis, bien connu pour avoir été baptisé à Reims par saint Remi.

N° 2 ....

Cette famille règne sur un rocher d'à peine 2 km². Ce n'est pas tout à fait la France, mais sa vie politique, économique et sportive est étroitement liée à notre pays. Son premier représentant prend la forteresse génoise en 1297.

N° 3 ....

Depuis la fin du XIXe siècle, cette famille, installée à Clermont-Ferrand, est passée du patin de frein en caoutchouc aux pneus de vélo, puis à ceux de voitures, de camions, etc. La firme du même nom édite également un guide gastronomique.

N° 4 ....

Cette grande famille d'origine italienne, dont le nom a été francisé, a donné, depuis le XVIIe siècle, sans discontinuer, des princes, des ducs, des comtes, des évêques, des militaires, des ambassadeurs, et un prix Nobel de physique (deux mots).

N° 5 ....

Cette famille de grands banquiers d'origine allemande, aux nombreuses ramifications et branches, a dominé les affaires financières en France dès le XVIIIe siècle. Son nom est associé à deux grands crus prestigieux du Bordelais de Pauillac.

N° 6 ....

Originaire du Doubs, cette dynastie industrielle française passe de la métallurgie à l'horlogerie, puis aux cycles au cours du XIXe siècle. Cette famille bascule dans l'automobile dès 1896, et donne naissance à une marque mondiale de voitures qui porte encore son nom et est ornée du logo du lion.

Solution au jeudi 6 juin

À FAIRE :

•
•
•
•
•
•
•
•
•

Vite, une astuce !

Si vous n'avez pas d'autre choix que de recharger votre smartphone via le port USB de votre ordinateur, voici trois astuces pour charger plus vite. Branchez le PC portable à une prise électrique. Débranchez les autres appareils éventuellement raccordés aux autres ports USB. Enfin, coupez le système de mise en veille de votre ordinateur.

Clin d'œil

« Je ne veux pas aller à la crèche ce matin, j'ai le rhume », dit Éva, 2 ans. « Mais non, ton rhume est fini, chaton, répond sa grand-mère. » « Alors, je vais attendre à la maison le nouveau rhume. »

mardi 4 juin

Sainte Clothilde

« Les gens heureux ne se corrigent guère : ils croient toujours avoir raison quand la fortune soutient leur mauvaise conduite. »
La Rochefoucauld

À FAIRE :

-
-
-
-
-
-
-

A TABLE

Tatin tomate et feta

Pour 6 personnes • 1 kg de tomates cerises fermes • 3 c. à soupe de vinaigre balsamique • 3 c. à soupe de sucre en poudre • 50 g de feta • 1 brin de romarin • Sel • Poivre.
Pour la pâte : • 250 g de farine • 10 g de sel • 1 œuf • 60 g de beurre • 50 g de parmesan fraîchement râpé • 1 c. à soupe d'herbes de Provence ou de romarin • 3 c. à soupe d'huile d'olive.

1. Dans une jatte, mélangez la farine et une pincée de sel. Formez un puits, ajoutez tous les ingrédients de la pâte et 10 cl d'eau. Mélangez rapidement pour former une boule. Laissez reposer au frais 2 heures.

2. Passé ce temps, mettez dans une sauteuse les tomates avec le vinaigre et le sucre, salez et poivrez. Faites cuire ce mélange pendant 2 à 3 minutes en remuant, puis serrez les tomates dans un moule à tarte de 30 cm de diamètre.

3. Préchauffez le four à 180 °C (th. 6). Sur un plan de travail fariné, étalez la pâte au rouleau. Posez-la sur les tomates en la bordant. Piquez à la fourchette et enfournez pour 30 minutes.

4. Laissez tiédir et retournez le moule sur une assiette en laissant le jus s'écouler un peu. Émiettez la feta et effeuillez le romarin sur la tarte. Servez tiède. **M. Q.**

SOLUTION DU SAMEDI 1ER

■	H	■	L	■
C	U	M	U	L
■	R	A	T	A
A	L	I	E	N
■	E	■	C	G
P	R	I	E	E

■	M	■	D	■
R	O	B	E	S
■	U	R	N	E
V	R	O	U	M
■	I	D	E	E
O	R	E	E	S

■	G	■	O	■
V	E	S	T	E
■	R	E	A	C
A	C	C	R	O
■	E	■	I	L
J	E	T	E	E

■	F	■	E	■
S	O	N	N	A
■	R	O	T	I
F	A	T	A	L
■	G	E	N	E
P	E	S	T	E

EN FORME

5 exercices bons pour les articulations

Tenir chaque posture de 3 à 4 minutes.

1. Contre la déformation des doigts : posez la main à plat sur une table, coude tendu. Gardez un verre entre le pouce et l'index.

2. Pour décrisper l'épaule : placer le coude dans la paume de la main opposée et poussez vers le sol. Puis, avec une bouteille d'eau (50 cl, puis 1 l et 1,5 l), balancez le bras douloureux tendu dans le vide, gardez l'autre main en appui sur une table.

3. Pour la hanche : prenez la position du chevalier servant (un genou à terre) et pousser le bassin vers l'avant.

4. Pour le genou : placez le talon sur la première marche de l'escalier (puis la deuxième, la troisième…) jambe tendue, tronc vers l'avant, en tenant la rampe.

5. Pour la stabilité de la cheville : restez debout sur un oreiller près d'un mur et tenez en équilibre sur un pied quelques secondes. **N. S.**

« Le sommeil n'a pas de maître. »
Proverbe espagnol

AU MARCHE

Le thon blanc

Dès juin, c'est le moment de profiter de ce poisson, également appelé thon germon. Pêché en Atlantique, c'est une excellente source de protéines (27 g/100 g) et d'oméga 3. Il contient aussi du zinc, de l'iode, du sélénium, du potassium, de la vitamine D. Il est délicieux en tartare avec de l'avocat, de la mangue, de la coriandre, du sésame. Vous pouvez aussi le déguster à la plancha avec un trait d'huile d'olive. Cuisinez-le le jour même, en particulier s'il est cru. **M.-A. D.**

© nblxer/stock.adobe.com

Info + Ne consommez pas du thon germon plus de deux fois par semaine car, comme tous les gros poissons, il est contaminé par des métaux lourds.

À FAIRE :

•

•

•

•

Petits fléchés

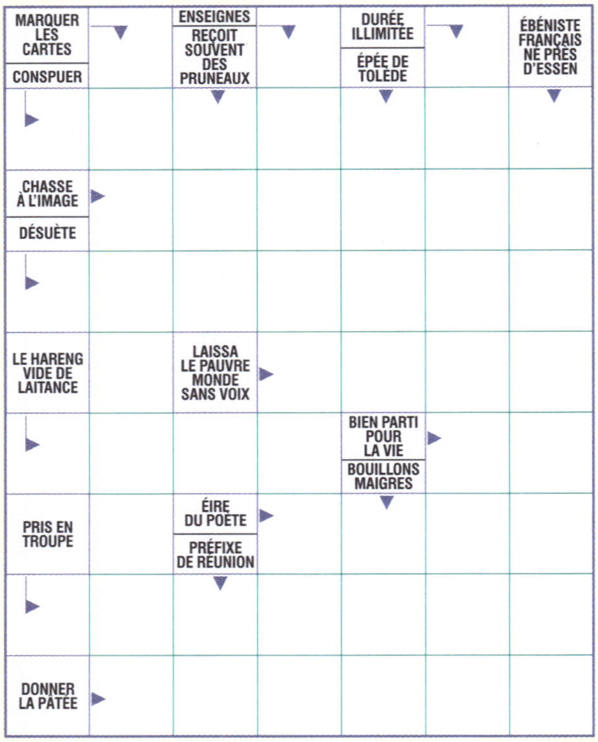

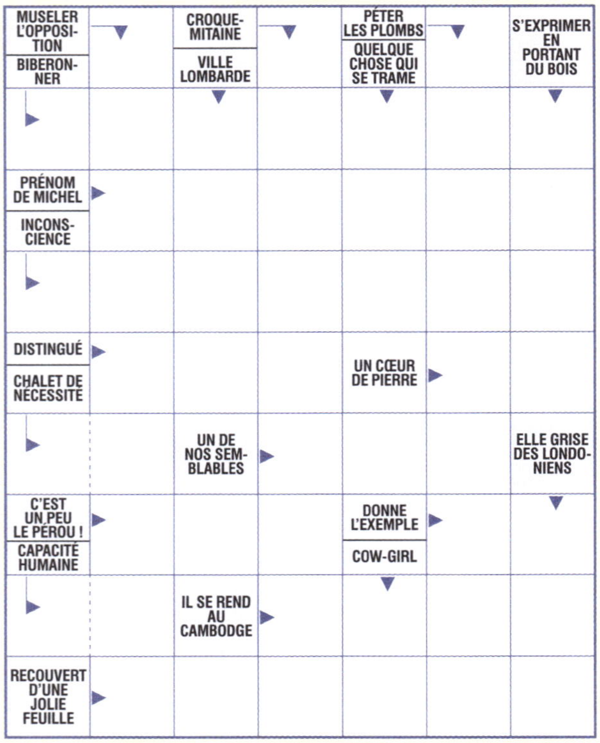

Solution au vendredi 7 juin

jeudi 6 juin

Saint Norbert

« Les bains que prend saint Norbert inondent toute la terre. »
Dicton

À FAIRE :

•
•
•
•
•
•
•
•
•
•

La ronde des mots

Trouvez dix-neuf mots et notez chacun d'eux dans le sens des aiguilles d'une montre autour de la case de définition correspondante.
La première lettre de chaque mot est indiquée par le triangle noir.
Le premier mot est donné en exemple.

Solution au samedi 8 juin

SOLUTION DU LUNDI 3

1. Mérovingienne **2.** Grimaldi **3.** Michelin **4.** De Broglie **5.** Rothschild **6.** Peugeot.

AU JARDIN

Facile, la bouture !

Nul besoin d'avoir la main verte pour bouturer un rosier. Les boutures se font à partir du mois d'août jusqu'à l'automne. Ainsi, celles qui auront pris pourront être plantées au printemps suivant. À la maison, dans un simple verre d'eau, les tiges arrivent à faire des racines. Quand la fleur est tout juste fanée, étêtez la tige pour ne garder qu'une portion de la taille d'un crayon, sans oublier de retirer les feuilles du bas. Une astuce pour les stimuler : plongez dans le verre un rameau d'osier frais. **P.-Y. N.**

« Il n'est pas difficile de nourrir des pensées admirables lorsque les étoiles sont présentes. »
Marguerite Yourcenar

A TABLE

Hachis parmentier au cabillaud

© Pommedeterrepompadourlabelrouge

Pour 4 personnes • 750 g de pommes de terre (ici de la Ratte du Touquet) • 90 g de beurre • 60 cl de lait chaud • 1 poireau • 600 g de filets de cabillaud • 6 brins de persil • 6 tiges de ciboulette • Le zeste d'1 citron bio • 4 feuilles de laurier • 1 c. à café de court-bouillon déshydraté • Sel, poivre • 1 c. à soupe rase de farine tamisée.

1. Pelez et faites cuire les pommes de terre.

2. Passez-les au moulin à légumes, ajoutez 60 g de beurre et 10 cl de lait.

3. Émincez le poireau, tranchez le cabillaud en gros morceaux. Émincez le persil et la ciboulette séparément.

4. Mettez le poireau et le cabillaud dans une sauteuse. Ajoutez le citron, le laurier, le persil. Versez le lait restant et le court-bouillon. Salez, poivrez, faites mijoter à couvert 15 minutes. Retirez le poisson, le poireau, le laurier et le zeste de citron.

5. Effeuillez le cabillaud. Faites chauffer 10 g de beurre dans une casserole, ajoutez la farine, mélangez. Versez 20 cl de jus de cuisson du poisson. Salez, poivrez, laissez épaissir en mélangeant. Ajoutez le poisson, le poireau, la ciboulette.

6. Préchauffez le four à 190 °C (th. 6-7). Versez le contenu de la casserole dans un plat beurré. Recouvrez de purée, enfournez 20 minutes. Si besoin, passez le plat au gril. **M.-A. D.**

À FAIRE:

•

•

•

•

•

•

•

•

•

Mots à mot

En regroupant et en mélangeant les lettres des deux mots de quatre lettres proposés, composez un troisième mot de huit lettres.

PATE + CINE = P _ _ _ _ _ _ _

TIEN + LAMA = _ _ _ _ I _ _ _

NAOS + MUST = _ _ _ _ _ _ _ N

SOLUTION: Patience - Matinale - Moussant.

SOLUTION DU MERCREDI 5

	B		O		P	
S	I	F	F	L	E	R
	S	A	F	A	R	I
P	E	R	I	M	E	E
	A		C	E	N	S
G	U	A	I		N	E
	T		E	R	I	N
R	E	C	R	U	T	E
	R	O	S	S	E	R

	S		F		D	
P	I	C	O	L	E	R
	L	O	U	I	S	E
D	E	M	E	N	C	E
	N	E	T		E	R
W	C		T	E	L	
	I	C	A		L	A
Q	E		R	I	E	L
	R	E	D	O	R	E

samedi 8 juin

Saint Médard

« S'il pleut à la Saint-Médard, il pleut quarante jours plus tard, à moins que Saint-Barnabé ne vienne l'arrêter. »
Dicton

À FAIRE :

•

•

•

•

•

•

•

•

•

Sudokus

			3		5			
4								1
9								7
		3	2		7	4		
		6				3		
8		2		1		6		5
	2						6	
			1	8	2			
	5			3			8	

				7	1			
4		6						
					9		8	1
	2		5			4		
			8			6	3	
	9		7			2		
					2		4	5
9		8						
				4	7			

1			9				5	
	2					3	9	
8			1					
		4		3		6		
			4	2	7			
		2		1		5		
					6			3
	9	6					4	
	7				1			9

					3		9	5
	2	7						
			2					7
	5			1		4		
3			7	8				
	6			2		5		
			9					3
	1	4						
					7		5	9

Solution au lundi 10 juin

SOLUTION DU JEUDI 6

Ligne 1: ménage, baigne, acacia, ressac. **Ligne 2:** anodes, grison, crépir, sucrer. **Ligne 3:** deltas, seigle, pétrie, rareté. **Ligne 4:** trèfle, gercer, rendre, engane. **Ligne 5:** fécond, cétacé, dératé, apeuré.

EN FORME

La mélatonine, mieux que les somnifères

La version de synthèse de cette neurohormone du sommeil peut être prise en complément alimentaire sans effets secondaires, contrairement aux somnifères. Après 60 ans, elle est donc intéressante pour recaler l'horloge interne qui ralentit. Elle est aussi une aide précieuse en cas de maladie d'Alzheimer dont les troubles du sommeil sont un des premiers signes. Avec le zinc, la mélatonine constitue le traitement de base du sommeil naturel, à condition d'être à libération prolongée, bien dosée (1,9 mg) et prise au bon moment. Avis médical requis ! En spray, elle apaise illico un réveil nocturne occasionnel. À libération différée, Chronobiane® Protect LD permet de lutter contre les réveils précoces et les difficultés à se rendormir en fin de nuit, notamment chez les plus âgés. **M. Q.**

« Le hasard est une loi
qui voyage incognito. »
Proverbe arabe

EN CHANSON

1998 Johnny Halliday « Allumer le feu »

En septembre 1998, l'idole donne pour la première fois rendez-vous à son public au Stade de France. « Johnny met le feu au Stade de France », promet l'affiche. Une démesure qui exige un titre à la hauteur ! Quelques mois plus tôt, en studio avec Pascal Obispo pour l'enregistrement de son nouvel album, Johnny avait réclamé une chanson qui en imposerait sur scène. Pascal avait alors appelé à la rescousse son amie Zazie, évoquant une sorte de *We Are The Champions* de Queen. Zazie s'y met immédiatement et imagine un texte simple, festif et fédérateur ; elle pense aux refrains joyeux qu'entonnent les supporters dans les stades de foot. « On m'avait dit "ouverture du Stade de France", j'ai écrit une chanson de gladiateur ! » se souvient-elle. C'est ensuite dans une chambre d'hôtel à Aix-les-Bains que Pascal Obispo a l'idée des premières notes de la mélodie. À son tour, le guitariste Pierre Jaconelli entre dans la danse.

© AFP

Johnny est aux Caraïbes à bord d'un yacht quand Pascal Obispo l'appelle pour lui présenter *Allumer le feu*. Il adore cette première ébauche, feu vert ! Les affiches du show sont bientôt modifiées : on y lit maintenant « Johnny allume le feu ». L'album *Ce que je sais* paraît en janvier 1998 avant que le single *Allumer le feu* ne sorte en juin, pour les 55 ans de l'artiste. En septembre, il fait de ce titre le final de son spectacle du Stade de France, dans un embrasement de feux et lumières. L'impact est colossal et la chanson, bientôt sur toutes les lèvres. D. L.-H.

« Tourner le temps à l'orage / Revenir à l'état sauvage / Forcer les portes, les barrages / Sortir le loup de sa cage / Sentir le vent qui se déchaîne / Battre le sang dans nos veines / Monter le son des guitares / Et le bruit des motos qui démarrent / Il suffira d'une étincelle / D'un rien, d'un geste / Il suffira d'une étincelle / Et d'un mot d'amour pour / Allumer le feu / Allumer le feu. »

Paroles : Zazie. Musique : Pascal Obispo, Pierre Jaconelli. Label : Philips Mercury, 1998.

À FAIRE :

•

•

•

•

•

•

•

•

QUELLE HISTOIRE !

C'est dans l'Antiquité, et non dans la France de Vichy, que la Fête des mères puise ses racines. À chaque équinoxe du printemps, les Grecs glorifiaient Rhéa, mère de tous leurs dieux. Les Romains, eux, fêtaient Mater Matuta, déesse de l'aube et de l'enfantement, le 11 juin. M. Q.

lundi 10 juin

Saint Landry

« L'idiot est celui qui cherche des poissons dans les arbres. »
Proverbe japonais

À FAIRE :

Mots mélangés

Tous les mots de la liste figurent dans cette grille et peuvent se lire dans toutes les directions. Chaque lettre peut être utilisée une ou plusieurs fois, sauf celles formant l'énigme répondant à la définition suivante: multiplication de cellules.

ALÉSÉ
ANTILOPE
APPÉTIT
ARÈNE
BARAKA
BARDE
BÉLUGA
BROUHAHA
CALVADOS
DÉCORATEUR
DOMINANTE
ENGLOUTIR
ENSORCELER
GRELOTTER
GRÉSOIR
HARASSÉ
INTÉRIM
IRRÉEL
LOUANGE
MÂNES
NUMISMATE
PARALLÈLE
PARENTHÈSE
PLIURE
POIREAU
POLTRON
PROTÊT
RASSEMBLER
RÉCHAUD
REPLIÉ
ROUSSEUR
ROUTINE
SACRE
SALERON
SANDALETTE
SAUMURE
SENTIE
SMART
SORBET
SUBCONSCIENT
TABLÉE
TAGLIATELLE
TÉLÉCOMMANDE
TEMPÊTE
TERME
TIÉDIR
TISSAGE
TOUJOURS
TRAUMATISME
TRÉSORERIE
ZODIAQUE

R	U	E	T	A	R	O	C	E	D	E	D	R	A	B
A	G	U	L	E	B	A	H	A	H	U	O	R	B	R
T	E	S	T	E	L	L	E	T	A	I	L	G	A	T
N	N	A	R	V	L	E	R	H	A	R	A	S	S	E
E	G	N	A	U	O	L	C	T	I	S	S	A	G	E
I	L	D	U	C	O	E	A	O	S	E	E	L	E	I
C	O	A	M	M	R	J	S	R	M	U	T	E	U	R
S	U	L	A	I	I	E	U	B	A	M	N	R	Q	E
N	T	E	T	L	R	S	L	O	R	P	A	O	A	R
O	I	T	I	G	A	E	M	E	T	O	N	N	I	O
C	R	T	S	U	R	H	T	A	C	I	I	R	D	S
B	T	E	M	P	E	T	E	N	T	R	M	O	O	E
U	L	U	E	O	O	N	T	T	I	E	O	U	Z	R
S	R	E	P	L	I	E	O	I	T	A	D	S	E	T
E	M	R	E	T	B	R	R	L	E	U	T	S	N	U
N	R	R	U	R	E	A	P	O	P	D	E	E	E	E
A	G	O	O	O	R	P	T	P	P	L	I	U	R	E
M	R	S	E	N	T	I	E	E	A	K	A	R	A	B

SOLUTION : Culture.

SOLUTION DU SAMEDI 8

2	8	1	3	7	5	9	4	6
4	3	7	8	9	6	2	5	1
9	6	5	4	2	1	8	3	7
5	9	3	2	6	7	4	1	8
7	1	6	5	4	8	3	2	9
8	4	2	9	1	3	6	7	5
3	2	8	7	5	9	1	6	4
6	7	4	1	8	2	5	9	3
1	5	9	6	3	4	7	8	2

5	8	9	2	7	1	3	6	4
4	1	6	3	5	8	9	7	2
7	3	2	4	6	9	5	8	1
8	2	3	5	9	6	4	1	7
1	7	5	8	2	4	6	3	9
6	9	4	7	1	3	2	5	8
3	6	7	9	8	2	1	4	5
9	4	8	1	3	5	7	2	6
2	5	1	6	4	7	8	9	3

1	4	7	9	6	3	8	5	2
6	2	5	7	8	4	3	9	1
8	3	9	1	5	2	4	7	6
9	1	4	8	3	5	6	2	7
5	6	3	4	2	7	9	1	8
7	8	2	6	1	9	5	3	4
4	5	1	2	9	6	7	8	3
2	9	6	3	7	8	1	4	5
3	7	8	5	4	1	2	6	9

6	8	1	4	7	3	2	9	5
5	2	7	8	9	6	3	1	4
4	9	3	2	5	1	6	8	7
7	5	8	6	1	9	4	3	2
3	4	2	7	8	5	9	6	1
1	6	9	3	2	4	5	7	8
8	7	5	9	6	2	1	4	3
9	1	4	5	3	8	7	2	6
2	3	6	1	4	7	8	5	9

NOS EXPRESSIONS

ÊTRE MI-FIGUE, MI-RAISIN

C'est-à-dire « en demi-teinte » : partagé entre satisfaction et mécontentement, se montrer à la fois sérieux et rieur, charmant et déplaisant... Mais pourquoi cette expression née au XVe siècle oppose-t-elle pour cela deux fruits tout aussi délicieux ? C'est qu'à l'époque, ils n'avaient pas la même valeur ! Picorés secs lors du Carême, ils composaient l'essentiel des repas, mais si le raisin conservait la noblesse du fruit cher à Bacchus et arrachait un sourire, la figue, qui avait aussi le sens figuré de crotte ou fiente, faisait quant à elle plisser le nez de dégoût ! D'où l'expression entre-deux. M. Q.

Saint Barnabé

« Ne poussez jamais le chat dans les recoins. »
Proverbe arabe

À TABLE

Tarte aux fleurs de pommes

Pour 6 personnes • 900 g de pommes bio • 1 citron bio • 500 g de pâte feuilletée • 10 g de beurre pour le moule • 2 c. à soupe de poudre d'amande • 2 c. à soupe de miel d'acacia • 1 c. à soupe de sucre glace.

1. Découpez les pommes à la mandoline, avec leur peau, pour obtenir des lamelles de 1-2 mm d'épaisseur. Citronnez-les.

2. Étalez la pâte (5 mm d'épaisseur). Foncez-la dans un moule beurré.

3. Piquez le fond, puis déposez dessus un disque de papier sulfurisé et des poids de cuisson ou des haricots secs.

4. Enfournez 10 minutes à 180 °C (th. 6). Retirez disque et poids, faites cuire encore 10 minutes. Laissez refroidir avant de saupoudrer de poudre d'amandes.

5. Juxtaposez des lamelles de pommes et roulez-les de façon à obtenir des fleurs.

6. Disposez-les sur la pâte. Nappez d'un filet de miel, enfournez 20-25 minutes à 180 °C (th. 6).

© Kerouédan / Photocuisine/Sucré Salé

7. Laissez refroidir. Saupoudrez de sucre glace avec un tamis, servez aussitôt.

Info + Pour le décor, déposez quelques pétales de fleur d'acacia sur la tarte. **M.-A. D.**

À FAIRE :

•

•

•

•

•

•

•

•

•

Sudokus

				2	5	6		7
	5				1	8		
6	2	8	3		9			
7		9						
1		2	5	4	7	3		9
						1		8
			6		8	4	5	1
		5	7				2	
9		4	2	5				

9	2							
	7		4	8				
						6	3	
		7			2			6
			7		4		9	5
		1			9			7
						2	6	
	6		3	9				
5	8							

Solution au vendredi 14 juin

C'EST ARRIVÉ LE...

11 JUIN 1906

À Paris, la première ligne de bus à moteur relie Montmartre à Saint-Germain-des-Prés. Cette nouveauté met fin au service de près de 200 chevaux ! Le 15 juillet suivant sera inaugurée la deuxième ligne, reliant l'Hôtel de Ville à la porte Maillot. **S. P.**

mercredi 12 juin

Saint Guy

« Pluie de Saint-Guy,
c'est tout l'an qui rit. »
Dicton

À FAIRE :

-
-
-
-
-
-
-

© mizina/stock.adobe.com

À TABLE

2 mini-recettes fraîcheur

Smoothie concombre kiwi

Pour 2 personnes • 1 concombre • 1 poignée d'alfalfa (luzerne, en magasin bio) • 1 pomme verte • 2 kiwis • ½ oignon blanc.
Coupez le concombre épluché en morceaux. Versez-le dans le bol d'un blender avec l'alfalfa, la pomme pelée coupée en morceaux, les kiwis épluchés et l'oignon blanc. Ajoutez 40 cl d'eau, salez, poivrez et mixez. Servez bien frais avec une paille.

Gaspacho pastèque et pêche

Pour 4 personnes • 1 pastèque • 2 pêches mûres • 1 cuillerée à soupe d'huile d'olive • 2 cuillerées à soupe de vinaigre de Xérès.
Pelez la pastèque et les pêches. Retirez les graines et le noyau. Mettez la pulpe des fruits dans le bol d'un blender avec l'huile d'olive et le vinaigre. Mixez. Réservez le gaspacho au réfrigérateur pendant au moins 6 heures. **I. H.**

Super croisés

	A	B	C	D	E	F	G	H	I	J	K	L
1												
2							■					
3					■							■
4									■			
5				■							■	
6								■				
7						■						
8									■			

Horizontalement

1. Dîner entre amis. **2.** Qui a obtenu une rallonge. Arrêt fréquent sur l'autoroute. **3.** C'est d'aujourd'hui la veille. Mouillé dans une affaire louche. **4.** Faire des travaux d'aiguillage. Dynamisme qui date. **5.** Guinguette ou bastringue. Préparation d'alchimiste. **6.** Qui est redevable. Souci au masculin, mélodie au féminin. **7.** Héroïne émerveillée. L'idiome du village. **8.** Bois pour l'ébéniste. Juge inadmissible.

Verticalement

A. Six bouteilles de champagne ordinaires. **B.** Comme un film conservateur. **C.** Blanchir sous le harnais. **D.** Lancée de la vedette. Et nulle part ailleurs. **E.** Locution conjonctive. Avances en liquide. **F.** Celle du corbeau n'a pas de griffe. **G.** Taille les végétaux à la base. **H.** Grand air à Bayreuth. Partir et revenir. **I.** Petit beignet vietnamien. Pianiste ou actrice. **J.** Dessus de table. **K.** Il fut roi d'Athènes. Chiffres romains. **L.** Note ou île. Étape de la Lune.

Solution au samedi 15 juin

Saint Antoine de Padoue

« À la Saint-Antoine de Padoue, toujours du temps doux. »
Dicton

EN FORME

La tomate : des superpouvoirs

Originaire du Mexique, arrivée en France au XVIe siècle, la tomate ne sortira de la catégorie des plantes ornementales qu'au XVIIIe siècle pour être enfin reconnue comestible et parée de toutes les vertus. Jusque-là, elle était considérée comme toxique, sauf par les Provençaux grâce auxquels elle s'est imposée.

Super antioxydante, la tomate est gorgée de vitamines, de minéraux et d'oligoéléments. Mais elle se distingue surtout par sa puissance antioxydante grâce à sa teneur en vitamine C (16 mg pour 100 g) et sa richesse en lycopène (3,5 mg), dont le rôle dans la prévention du cancer est scientifiquement reconnu.

Super-régime Elle ne pèse que 20 kcal pour 100 g, deux fois moins que la carotte râpée, ce qui en fait d'emblée une alliée de la ligne. D'autant plus qu'elle est dépourvue de lipides (0,26 g/100 g), faible en glucides (2,50 g), de surcroît à IG bas, riche en fibres anti-fringales (1,5 g) et bonne pour le transit.

© DenisProduction.com/stock.adobe.com

Super-protectrice Sa botte secrète : le lycopène. Ce puissant agent anti-inflammatoire permet de lutter contre le diabète de type 2, l'ostéoporose et le mauvais cholestérol. De plus, il réduit les risques de maladies cardiovasculaires grâce à son potassium. En association avec le bêtacarotène, dont la tomate est également riche, il a une action protectrice sur la peau exposée au soleil, mais ne remplace pas la crème solaire ! **M. Q.**

À FAIRE :

•
•
•
•
•
•
•
•
•

Le bon signe

Entre chaque nombre, placez l'un des quatre signes + x : et - afin d'obtenir le total indiqué. Chaque signe n'apparaît qu'une seule fois par opération.

40	10	12	4	23	=	41
15	3	16	33	37	=	76
4	23	9	17	15	=	36

SOLUTION : 40 : 10 + 12 x 4 - 23 = 41 / 15 : 3 x 16 + 33 - 37 = 76 / 4 + 23 : 9 x 17 - 15 = 36.

C'EST ARRIVÉ LE…

13 JUIN 1998

Éric Tabarly, 66 ans, disparaît en mer d'Irlande. Le navigateur convoyait son bateau, le *Pen Duick*, en Écosse. À la suite d'une mauvaise manœuvre, le navigateur tombe à l'eau. Les conditions météo ne permettent pas de le retrouver. Son corps sera repêché un mois plus tard. **S. P.**

vendredi 14 juin

Saint Élisée

« C'est une maladie naturelle à l'homme
de croire qu'il possède la vérité. »
Pascal

À FAIRE :

•

•

•

•

•

•

•

•

•

•

Mots codés

Dans la grille ci-dessous, les lettres ont été remplacées par des nombres, un même nombre représentant toujours la même lettre. Pour commencer le jeu, utilisez les lettres du mot dont le code est déjà indiqué. Les cases ci-dessous servent d'aide-mémoire ; vous pouvez y inscrire les lettres au fur et à mesure que vous les trouvez.

1 C	2 O	3 F	4 R	5 E	6 T	7	8	9	10	11	12	13
14	15	16	17	18	19	20	21	22	23	24	25	26

1 C	2 O	3 F	3 F	4 R	5 E	6 T		16	14	8	1	5	4	7	5	4
11		17		5		2		4		9		8		5		11
6	11	5	13	15	2	7	16	2		10	11	1	13	12	2	6
11		19		4		7		17		5		11		6		9
17	11	14	1	14	6	5		5	19	6	2	4	21	9	5	4
18		2		6				4				12		7		5
8	5	7	8	5		8	12	14	6	22		5	24	14	5	4
5				9		11		5		9				9		
4	14	24	5	4	11	14	7		14	20	12	4	14	20	5	4
		11				7		21		23		18				2
23	11	25	7	5		6	26	9	18	11		6	11	23	2	9
4		9		23				11				26		9		8
11	20	5	4	5	20	5	7	6		26	9	20	5	4	9	8
8		20		7		17		4		5		14		4		5
8	9	5	16	14	7	5		11	6	6	11	21	9	11	7	6
5		7		5		24		14		4		9		6		6
5	8	6	9	4	25	5	2	7		5	17	5	24	11	25	5

Solution au dimanche 16 juin

SOLUTION DU MARDI 11

4	9	1	8	2	5	6	3	7
3	5	7	4	6	1	8	9	2
6	2	8	3	7	9	5	1	4
7	3	9	1	8	6	2	4	5
1	8	2	5	4	7	3	6	9
5	4	6	9	3	2	1	7	8
2	7	3	6	9	8	4	5	1
8	6	5	7	1	4	9	2	3
9	1	4	2	5	3	7	8	6

9	2	3	6	1	5	8	7	4
1	7	6	4	8	3	9	5	2
8	4	5	9	2	7	6	3	1
4	9	7	1	5	2	3	8	6
2	3	8	7	6	4	1	9	5
6	5	1	8	3	9	4	2	7
3	1	4	5	7	8	2	6	9
7	6	2	3	9	1	5	4	8
5	8	9	2	4	6	7	1	3

NOS EXPRESSIONS

C'EST LE COQ DU VILLAGE

Il semblerait qu'au XVIe siècle, il y ait eu deux constantes dans un village : un coq chantant haut et fort, régnant en maître sur sa basse-cour fièrement dressé sur ses ergots et… un personnage puissant, gonflé d'orgueil, menant son petit monde à la baguette. C'est par similitude d'attitude avec le premier que le second s'est alors vu baptiser coq du village. De riche propriétaire terrien craint pour son statut, ce coq-là s'est mué au XVIIIe siècle en une sorte de chaud lapin. Le coq du village qualifie depuis le spécimen masculin le plus populaire du coin, celui qui fait l'intéressant et multiplie les conquêtes, réelles ou imaginaires. M. Q.

Sainte Germaine

« S'il pleut le 15 juin,
il n'y a pas de raisin. »
Dicton

Mini-croisés

	A	B	C	D	E	F	G	H	I	J	K	L
1												
2												
3										■		
4							■					
5				■				■			■	
6			■			■						■
7					■							
8							■					
9								■				
10						■						

Solution au lundi 17 juin

Horizontalement
1. Qui font le bien, et le font bien. **2.** Que l'on ne pourra donc pas rapporter. **3.** Installation de renforts. Morceau de verre. **4.** Écorce du chanvre. Petit godet de turbine. **5.** Il combattit à Bouvines. Ne fut pas pusillanime. Au milieu des terres. **6.** Cela élimine ce qui suit. Tas de bois mesuré. Un des pères de l'art moderne. **7.** Insecte des eaux stagnantes. Revenir sur ce qui a été dit. **8.** Qui n'a point de pointe. Il peut se donner au fugitif. **9.** C'est une mauvaise passe. Fusionna. **10.** Courroies de transmission. Certains hommes les préfèrent blondes.

Verticalement
A. Pour des badauds. **B.** Elle est peut-être d'Arras. **C.** Il part en flèche. Hymne guerrier antique. **D.** Chemin de traverses. Esclave médiévale. **E.** Félin au pelage tacheté. Ferme en plein midi. **F.** Ils divisèrent les Égyptiens. Ne vaut pas une roupie. **G.** Direction sur la rose des vents. Ce qui est froid en manque. Quasiment du zéro défaut. **H.** Grande et chaude gueule. Ne pense pas ce qu'il dit. **I.** Intoxication par le plomb. **J.** Antimoine symbolisé. Contrée fertile en blé. **K.** École à l'ancienne. Entre mère et fille. **L.** Pris dans les griffes du chaton. Ils sont utiles aux soulèvements divers.

À FAIRE :

•
•
•
•
•
•
•
•
•
•

AU JARDIN

L'art du bouquet

Les meilleures fleurs, et les plus odorantes, sont celles qui sont cueillies le matin. Si vous récoltez la pivoine, l'iris, le lys et la rose en boutons bien colorés, ils dureront plus longtemps en vase. Cependant, n'hésitez pas à couper la campanule, l'œillet, la giroflée ou la marguerite parfaitement épanouis. Incontournables pour structurer une composition et lui donner du volume, les feuillages se récoltent aussi dans le jardin. Le bleu de l'eucalyptus fait sensation, tout comme le doré de l'oranger du Mexique, le vert foncé du myrte et le pourpre du cotinus. En magasin, vérifiez la fraîcheur des pivoines et des roses. Des boutons fermes au toucher indiquent qu'elles ont passé moins de temps en chambre froide. **P.-Y. N.**

SOLUTION DU MERCREDI 12

R	E	V	E	I	L	L	O	N	N	E	R
E	T	I	R	E	E	■	P	E	A	G	E
H	I	E	R	■	T	R	E	M	P	E	■
O	R	I	E	N	T	E	R	■	P	E	P
B	A	L	■	A	R	C	A	N	E	■	H
O	B	L	I	G	E	E	■	A	R	I	A
A	L	I	C	E	■	P	A	T	O	I	S
M	E	R	I	S	I	E	R	■	N	I	E

dimanche 16 juin

Fête des pères

Saint Jean-François Régis

« L'homme qui écoute la raison est perdu : la raison fait des esclaves de tous ceux qui ne sont pas assez forts pour la maîtriser. »
George Bernard Shaw

À FAIRE :

•

•

•

•

•

•

•

•

•

•

BALADE EN FRANCE
© into the wild/stock.adobe.com

Mont Gerbier-de-Jonc, aux sources de la Loire

Partant du village ardéchois de Vals-les-Bains, la route qui permet d'accéder à cette protubérance volcanique vieille de 7 millions d'années vaut le coup d'œil. Elle traverse forêts et prairies jusqu'au col, à 1 417 m. À perte de vue, chevaux et vaches s'ébattent au milieu de verdoyantes prairies. En face, le Gerbier-de-Jonc et ses phonolites (roches volcaniques) culminent à 1 551 m. À côté, le Mézenc constitue, avec ses 1 754 m, le point le plus haut des départements de la Haute-Loire et de l'Ardèche.

Pour les marcheurs, il est temps de s'élancer à l'assaut du Gerbier-de-Jonc qui demande 1 heure aller-retour. Les autres contempleront ce cône volcanique orné de cheminées qui donne naissance au dernier grand fleuve sauvage de France… Le visiteur ne doit pas s'attendre à trouver le point précis où l'eau jaillit. De fait, il existe trois sources reconnues : la géographique, l'authentique et la véritable ! Pour découvrir la première, il suffit de se diriger vers le corps de ferme situé au pied du Gerbier. Là, un panneau annonce : « Source géographique de la Loire. » Non loin, le Touring Club de France a érigé en 1938 un monument en l'honneur de la source authentique. Une borne indique : « Sainte-Eulalie-Saint-Nazaire : 1 020 km. » Mais le cadastre a retenu une troisième source à quelques kilomètres en aval. Au bord de la route, un sentier mène vers un étang. Un écriteau y indique : « Ici commence ma longue course vers l'océan. »

Le géographe Paul Vidal de La Blache affirmait que le Gerbier, « vaste plateforme herbeuse toute hérissée de cônes et de pitons phonolitiques, est l'une des contrées les plus étranges de la France et du monde ». Avec un brin de patience, le visiteur peut y observer des marmottes et des vautours fauves ainsi qu'une riche flore où se distingue le droséra, une plante carnivore. Il est ensuite facile de rejoindre la ferme de Bourlatier qui accueille des expositions d'art contemporain ou la Tour à eau qui symbolise la ligne de partage des eaux… **J.-P R.**

SOLUTION DU VENDREDI 14

1 C	2 O	3 F	4 R	5 E	6 T	7 N	8 S	9 U	10 J	11 A	12 P	13 K
14 I	15 W	16 D	17 L	18 Y	19 X	20 M	21 Q	22 Z	23 B	24 V	25 G	26 H

Saint Hervé

« Soleil à la Saint-Hervé,
fait présager d'un bel été. »
Dicton

© Hristina/stock.adobe.com

AU JARDIN

Un balcon joyeux

La fâcheuse expérience de la canicule de 2022 nous fera réfléchir à deux fois avant de craquer pour les classiques bégonias, surfinias et impatientes, trop gourmands en arrosage. Pour avoir un joyeux balcon facile à entretenir, vous pouvez compter sur les grosses fleurs en trompettes roses, blanches ou rouges du dipladenia brésilien. Ses variétés naines s'invitent en mélange dans les jardinières ou dans les suspensions. Plein sud, les incontournables lantanas aux fleurs pimpantes et souvent parfumées se renouvellent de mai aux gelées. Idem pour les gazanias, dimorphotécas et *Osteospermum* donnant des fleurs de marguerite très colorées, qui s'avèrent très économes en eau. Dans un grand pot, adoptez en toute confiance une de ces innombrables variétés compactes de lis des Incas ou d'alstroemères à fleurs d'orchidée. Floraison garantie tout l'été, à condition de la soutenir avec un engrais liquide. Les infatigables bidens jaunes, scaévolas bleus, lobélias roses et verveines multicolores se feront une place au soleil dans une jardinière à réserve d'eau. Plantées dans un terreau avec de l'engrais à libération lente, ces championnes du fleurissement estival feront votre bonheur. Tout comme les géraniums de balcon et les anthémis, dont il faudra régulièrement retirer les fleurs fanées pour prolonger les floraisons. P.-Y. N.

C'EST ARRIVÉ LE…

17 JUIN 1972

À Washington, l'arrestation de cinq hommes, soupçonnés d'installer des micros au quartier général du Parti démocrate dans l'immeuble du Watergate, déclenche un scandale d'État. Révélée par des journalistes du *Washington Post*, cette affaire conduira le président Nixon à démissionner le 9 août 1974. F. M.

À FAIRE :

-
-
-
-
-
-
-
-
-

SOLUTION DU LUNDI 15

P	A	T	R	O	N	N	E	S	S	E	S
I	R	R	A	C	O	N	T	A	B	L	E
E	T	A	I	E	M	E	N	T	■	E	R
T	E	I	L	L	E	■	A	U	G	E	T
O	S	T	■	O	S	A	■	R	R	■	I
N	I	■	S	T	■	M	A	N	E	T	■
N	E	P	E	■	S	E	R	I	N	E	R
I	N	E	R	M	E	■	A	S	I	L	E
E	N	A	V	A	N	T	■	M	E	L	A
R	E	N	E	S	■	B	I	E	R	E	S

mardi 18 juin

Saint Léonce

« La science consiste à oublier ce qu'on croit savoir, et la sagesse à ne pas s'en soucier. »
Charles Nodier

À FAIRE :

-
-
-
-
-
-
-
-
-

AU JARDIN

Des rosiers bien choyés

© Pierre Yves Nedelec

Un rosier ne pense qu'à fleurir. Pour prolonger les floraisons, il faut empêcher la plante de perdre toute son énergie à fructifier en supprimant les fleurs fanées tous les deux ou trois jours. Lorsque la tige ne porte plus de boutons, taillez en biseau au-dessus du bourgeon le plus haut. C'est lui qui assurera les futures fleurs. Si les rosiers s'avèrent très résistants à la sécheresse, arrosez-les une fois par semaine, par temps sec. Offrez à chacun trois bons litres d'eau, de préférence en soirée. Désherbez le pied, paillez-les, en évitant l'écorce de pin qui acidifie trop le sol. Pensez aussi à utiliser votre compost maison et apportez deux fois l'an, en mars-avril, puis en juin, un engrais « spécial rosiers » riche en oligoéléments, telle la magnésie qui donne des fleurs plus colorées.

Planter les plants en conteneur Les rosiéristes et les jardineries mettent à votre disposition des superbes plants fleuris élevés en conteneur. Mieux vaut les planter sans tarder. Le plus délicat, c'est de les dépoter sans que la motte, copieusement arrosée la veille, ne s'effrite trop. Posez le conteneur à plat et découpez-le sur la longueur avec un sécateur. Écartez les bords et dégagez doucement la motte. À exposition ensoleillée, creusez un trou de 40 cm de large et de profondeur. Drainez le fond avec des petits cailloux, surtout si la terre est lourde. Comme le rosier raffole des sols meubles et riches en matières organiques, mélangez du compost ou du fumier décomposé à la terre. Une fois planté, le haut de la motte doit affleurer au niveau du sol. Tout au plus, le point de greffe sera recouvert de 2 à 3 cm de terre. Arrosez abondamment au goulot. **P.-Y. N.**

Clin d'œil

Tandis que sa grand-mère cherchait le morceau de papier sur lequel elle avait inscrit la liste de courses, Julia, 7 ans, le retrouve et le lui tend en disant : « Tiens Mamie, le voilà ton pense-bien. »

Mots à mot

En regroupant et en mélangeant les lettres des deux mots de quatre et trois lettres proposés, composez un troisième mot de sept lettres.

R A S E + G N L = _ _ _ _ _ E _

E T A L + P E T = _ _ _ _ T _ _

Y A N G + M E S = _ _ _ _ _ _ E

SOLUTION : Sanglier - Palette - Gymnase.

Saint Romuald

mercredi 19 juin

« Qui se fait trèfle est piétiné par les poules. »
Proverbe arabe

EN FORME

Allergies : les bons réflexes

Choisissez des cosmétiques avec une liste d'ingrédients courte, en évitant les substances telles que la méthylisothiazolinone et l'isothiazolinone (conservateurs). Si la peau est fragile, passez aux versions sans parfum.
Dans le jardin, limitez les végétaux au potentiel allergisant élevé : cyprès, platane, noisetier, saule, bouleau, mimosa, olivier, chêne, tilleul... Jardinez de préférence tôt le matin et tard le soir.
Empêchez l'accès de la chambre aux animaux de compagnie, y compris la nuit.
Faites le ménage régulièrement avec un chiffon électrostatique et un aspirateur à filtre Hepa (haute efficacité pour les particules aériennes) pour supprimer les acariens.
Réduisez la pollution intérieure en aérant longuement et en évitant la diffusion d'huiles essentielles et l'utilisation de bougies parfumées. V. B.

À FAIRE :

•

•

•

•

Petits fléchés

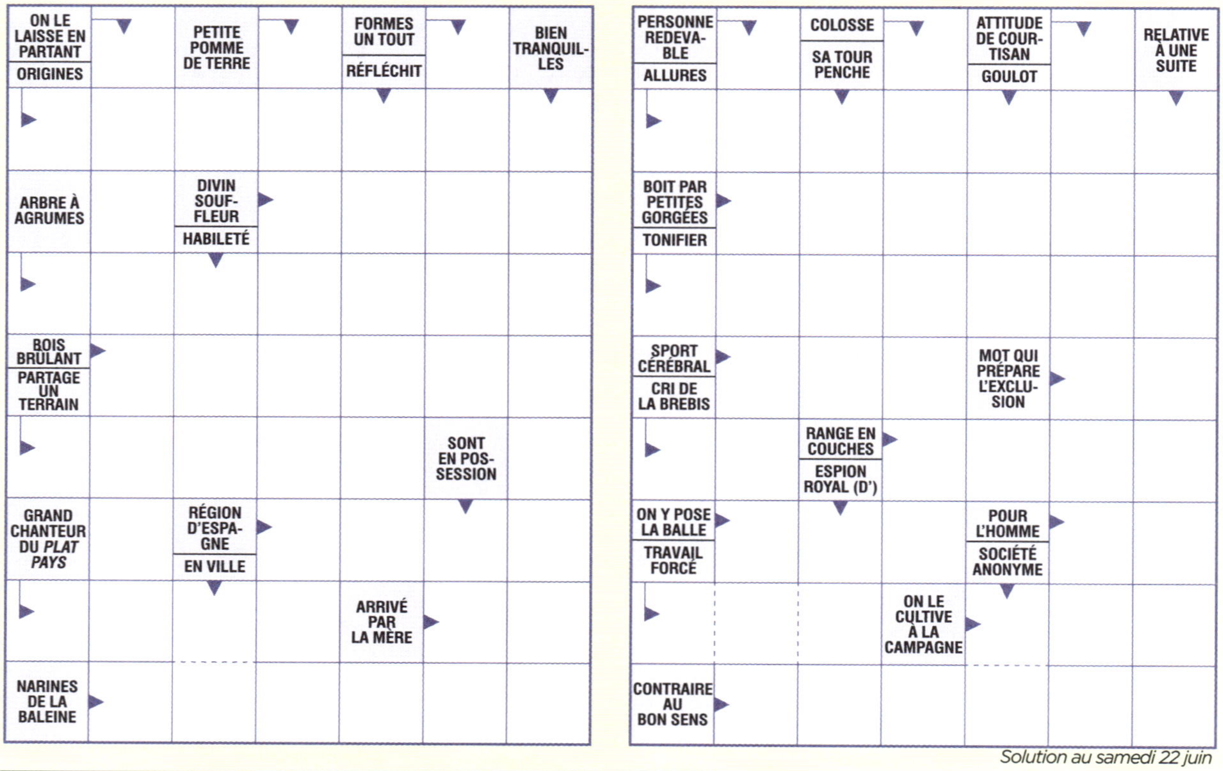

Solution au samedi 22 juin

jeudi 20 juin

Été

Saint Silvère

« Pluie d'orage à la Saint-Sylvère,
c'est beaucoup de vin dans le verre. »
Dicton

À FAIRE :

•

•

•

•

•

•

•

•

Mots croisés

	A	B	C	D	E	F	G	H	I	J	K	L	M	N	O	P	Q	R	S	T	U
1									■												
2					■									■						■	
3							■					■					■				
4			■												■						■
5						■			■										■		
6				■							■					■					
7							■						■						■		
8					■				■								■				
9	■							■						■						■	
10										■		■			■			■			
11		■				■														■	
12				■					■										■		■
13			■				■							■		■					
14				■							■		■								
15					■							■						■			

Solution au dimanche 23 juin

Horizontalement

1. Qui peut ainsi passer au bloc. Licencieras du personnel. **2.** Rusé comme un renard. Travail au box. Une femme qui a peu profité. **3.** Veste ou culotte. Il fait dépenser beaucoup de salive. Applaudi. Un des premiers arrivés. **4.** Qu'est-ce qu'elle est bornée ! Il disperse ses intérêts. Signent de nombreux arrêts. **5.** Des gens du monde. Adoré à Héliopolis. Cuisine la morue de mille façons. Précision musicale. **6.** Fait office de base de départ. Elle peut être conservatoire. Vénérable bénédictin. Prépara la course. **7.** Ses compagnons se tournent vers les pauvres. Fleur ou problème. Était homme de milieu. Après la licence. **8.** Bien servi. Resté sur le carreau. La fin des faims. Lac au succès monstre. **9.** Huiles saintes... Gardés secrets. Divagues. **10.** Voisinage de la terre. Précision horaire très anglaise. Dans la gamme. Roi grotesque. **11.** Elle est très souvent dans les étoiles. Bruits de souris. **12.** À la remorque du camping... Réserve d'eau. Remettre sur pied. **13.** Éclat de rire. Ayant fait l'objet d'une bonne mise au point. Qui concernent la vibration des cordes. Sort sous la pression. **14.** On y trouverait de quoi sabler le champagne ! Ce sont des coups, mais pas droits. Griffonner ses initiales. **15.** Équipe à l'anglaise. Faire passer le chaland. Gris, il est rarement bourguignon. En mauvais état.

Verticalement

A. Prendre en location. Mis au violon. **B.** Petite perte de liquide. Nid de tout autour. **C.** Dans un alphabet étranger. Améliorer la condition des racines. Symbole du gallium. **D.** Noire, elle ne fit pas de cadeau. Étalons très personnels. **E.** Vraiment sans gêne. Faire le fier. **F.** Également. Composée. Indiens des Rocheuses. **G.** Variation de son. Exclamation. Une habitude. Colle bien. **H.** Serti dans une monture. Occupations sans occupation. **I.** Personnage biblique. Cas de métamorphose. A succédé à l'Union soviétique. Sont fréquents dans les palais. **J.** Engin de terrassement. Euphorique. **K.** Muse de l'élégie. Du genre chattes. **L.** Homme d'une grande puissance. Une parabole céleste. Décors en stuc. **M.** Découragé. Supporte les basses températures. **N.** Qui ne doit rien au hasard. Préfixe multiplicateur. Entre trois et quatre. **O.** Sourd en Suisse. Accorte. Tel un art entre Rhin et Meuse. **P.** Il a l'allure d'une antilope. Couvrir des pieds. Le recto tout court. **Q.** Tout pour rêver. Entre en Seine par la droite. Il n'a pas de parole. **R.** Qui est en garnison. Mauvais voyage. **S.** Ancienne monnaie espagnole. Dieu plutôt belliqueux. Établissement de soins. **T.** Qui sont sans entourage. Elles font l'archipel. **U.** Peut sortir du cor comme du corps. Il facilite certains franchissements. Un certain temps.

QUELLE HISTOIRE !

Les premières 24 heures du Mans se déroulent le 26 mai 1923. 33 voitures prennent le départ. 30 réalisent le total kilométrique minimal imposé. Lagache et Léonard, vainqueurs sur Chenard & Walcker, bouclent 128 tours, soit 2 209 km. Le meilleur tour en course revient à l'unique Bentley : 107 km/h. S. P.

« L'ami aime en tout temps, et dans le malheur il se montre un frère. »
Salomon

EN FORME

Une veine tonique avec le mélilot

© semenova_masha/stock.adobe.com

Contre l'insuffisance veineuse Prenez-en 2 à 3 fois par jour, en cures de 3 semaines par mois, par exemple durant la saison chaude : 25 cl d'eau bouillante sur 2 c. à café de mélilot frais ou sec, infusés de 5 à 10 minutes à couvert et filtrés. Ou 1 c. à café de suspension intégrale de plantes fraîches (SIPF) dans un verre d'eau. Ou 2 gélules de 200 mg avec un verre d'eau.

En cas d'hématome, d'entorse Versez 25 cl d'eau bouillante sur 4 c. à café de mélilot frais ou sec. Filtrez, puis appliquez en compresse chaude sur la zone douloureuse. Renouvelez entre 2 et 3 fois par jour durant quelques jours.

Pour soulager jambes lourdes et bouffées de chaleur 25 gouttes de teinture-mère dans un verre d'eau, 3 fois par jour, pendant quelques jours, au moment des troubles.

En cas de conjonctivite Versez 25 cl d'eau de source bouillante sur 2 c. à café de mélilot frais ou sec. Laissez infuser de 5 à 10 minutes à couvert, filtrez soigneusement. Appliquez la lotion tiède ou froide en compresse, une par œil. 2 fois par jour. Renouvelez 3 ou 4 jours si besoin. Conservez 24 heures maximum au réfrigérateur.

Précautions Interdit durant la grossesse, l'allaitement, avant 18 ans et en cas de prise de traitements anticoagulants antivitamine K (type warfarine) ou d'aspirine. Déconseillé, en teinture-mère (alcoolature), en cas de troubles hépatiques. **F. O.**

À FAIRE :

•
•
•
•
•
•
•
•
•

Tout compte fait

Dans chacune des trois lignes, placez les nombres 2 3 6 7 8 de façon à obtenir, en réalisant quatre opérations successives, le total indiqué.

	:		x		-		+		=	21
	+		-		x		:		=	16
	-		x		:		+		=	7

SOLUTION : 6 : 3 x 8 - 2 + 7 = 21 / 3 + 7 - 6 x 8 : 2 = 16 / 7 - 3 x 2 : 8 + 6 = 7

C'EST ARRIVÉ LE…

21 JUIN 1946

Le label Columbia Records dépose le brevet d'un disque plat fabriqué dans une matière réputée incassable : le vinyle. Trois ans plus tard, le premier 33-tours est pressé. Il contenait des œuvres de Felix Mendelssohn. **S. P.**

samedi 22 juin

Saint Alban

« Reconnaître la liberté d'un autre,
c'est lui donner raison
contre sa propre souffrance. »
André Malraux

À FAIRE :

•

•

•

•

•

•

•

•

•

Sudokus

		1	3	5	6	4		
	2		9	1	8		6	
	8						5	
	7	9				2	4	
		5		9		3		
		6	4	7	2	9		
3		7		8		6		4
		2	6	3	9	8		
9			1		7			2

		3		6		1		9
			8		1			
6	5		7			4	8	3
	4	8		7			6	
5	9	6		2			3	4
	3	2		5			9	
4	2		6			9	1	7
			9		5			
		9		4		6		8

			8	4	6			
		8				9		
3		5				2		4
5		1				8		6
	2						9	
			2	5	1			
			5		4			
9	7						4	8
6				8				2

			1		7			
3		5				1		8
		9				6		
2								6
			9	5	2			
1				6				9
			8	3	4			
	6		2		1		8	
	4		5	9	6		7	

Solution au lundi 24 juin

SOLUTION DU MERCREDI 19

■	P	■	G	■	M	■
S	O	U	R	C	E	S
■	U	■	E	O	L	E
O	R	A	N	G	E	R
■	B	R	A	I	S	E
L	O	T	I	T	■	I
■	I	■	L	E	O	N
B	R	E	L	■	N	E
■	E	V	E	N	T	S

■	A	■	H	■	A	■
A	S	P	E	C	T	S
■	S	I	R	O	T	E
M	U	S	C	L	E	R
■	J	E	U	■	N	I
B	E	■	L	I	T	E
■	T	E	E	■	I	L
S	T	O	■	S	O	L
■	I	N	S	A	N	E

AU MARCHE

Le fenouil

Jusqu'en décembre, le fenouil parfume nos assiettes. Vérifiez que son plumet est bien vert et frais, et privilégiez les produits français, bio ou non traités. Peu calorique (20 kcal/100 g environ), il contient beaucoup d'eau. C'est aussi une bonne source de potassium (100 g couvrent 10 % de nos besoins quotidiens), de calcium, de fibres et d'antioxydants. Cru, dégustez-le en salade avec des oranges ou faites-le compoter avec de l'huile d'olive. Il se conserve environ trois jours au réfrigérateur, bien enveloppé dans un linge propre.

Info + Conservez le plumet et les tiges du fenouil pour aromatiser un poisson au four. **M.-A. D.**

« Le sage dit qu'à la Sainte-Audrey, mieux vaut suer que grelotter. »
Dicton

© Mobilier National

BALADE EN FRANCE

Mobilier national : les trésors de la République

À première vue, on dirait un entrepôt de meubles et objets divers. Mais le bâtiment conçu par Auguste Perret qui abrite depuis 1937 le Mobilier national est une véritable caverne d'Ali Baba. Cette institution, située à Paris derrière la Manufacture des Gobelins, perpétue la tradition du Mobilier de la Couronne qui occupait l'hôtel de la Marine où le public pouvait découvrir les nouveautés commandées par le roi.
Aujourd'hui, les missions du Mobilier national consistent à meubler les bâtiments officiels de la République et à entretenir ces objets au sein de 7 ateliers allant de la restauration de tapisseries à l'ébénisterie. Pour commencer, il faut découvrir la réserve Perret « qui nous sert de galerie d'exposition », explique Renaud Serrette, inspecteur des collections. Ici, voici le bureau de Valéry Giscard d'Estaing au ministère des Finances ; là, celui que tous les ministres de l'Intérieur ont utilisé de 1812 à 2021. À côté, le lit de parade de Caroline Murat à l'Élysée côtoie le fauteuil du sacre de Charles X et le trône de François-Joseph d'Autriche. Jusqu'au milieu du XIXe siècle, les châteaux et hôtels particuliers étaient en effet vendus avec leur mobilier. Fragiles et anciens, tous ces meubles doivent être restaurés et, malgré ses 350 salariés, le Mobilier national ne manque jamais de travail.
Après 25 ans de maison, Cérile Faucheux est le chef de l'atelier menuiserie en chaises. Formé dans la prestigieuse école Boulle, il avoue sa passion : « Les plus belles pièces, c'est notre quotidien. Ici, nous avons le temps pour les restaurer. » Plus loin, Franck Lajarrige veille sur l'atelier bronzerie et lustrerie. Au-delà de ce rôle de conservation, l'institution est aussi un lieu de création : l'ARC vient de réaliser dans son centre d'usinage, au deuxième sous-sol, les meubles destinés au Conseil des ministres. À côté de la table, ornée de 1 mm de béton et de filets de laiton, les 44 chaises du Conseil des ministres sont siglées « RF ». Un décor sans fioritures pour les ministres ! **J.-P. R.**

À FAIRE :

•

•

•

•

•

•

•

•

•

SOLUTION DU JEUDI 20

A	S	E	P	T	I	S	E	■	D	E	G	R	A	I	S	S	E	R	A	S
F	U	T	E	■	T	A	N	N	E	R	I	E	■	N	A	I	N	E	■	O
F	I	A	S	C	O	■	C	O	C	A	■	B	E	N	I	■	C	A	I	N
R	N	■	T	O	U	C	H	E	A	T	O	U	T	■	G	O	A	L	S	■
E	T	R	E	S	■	R	A	■	P	O	R	T	U	G	A	I	S	■	O	P
T	E	E	■	S	A	I	S	I	E	■	B	E	D	E	■	S	E	L	L	A
E	M	M	A	U	S	■	S	O	U	C	I	■	I	N	T	E	R	■	E	S
R	E	P	U	■	T	U	E	■	S	A	T	I	E	T	E	■	N	E	S	S
■	N	O	N	C	E	S	■	C	E	L	E	S	■	E	R	R	E	S	■	E
A	T	T	E	R	R	A	G	E	■	I	■	A	M	■	R	E	■	U	B	U
R	■	E	S	A	■	G	R	I	G	N	O	T	E	M	E	N	T	S	■	R
C	A	R	■	N	U	E	E	■	R	E	V	I	G	O	R	E	R	■	I	■
H	I	■	N	E	T	■	V	O	I	S	E	S	■	S	■	G	I	C	L	E
E	R	G	■	R	E	V	E	R	S	■	S	■	P	A	R	A	P	H	E	R
T	E	A	M	■	S	A	S	S	E	R	■	P	I	N	O	T	■	U	S	E

lundi 24 juin

Saint Jean-Baptiste

« Être dur de la feuille n'empêche pas pour autant d'être mou de la branche et réciproquement. »
Pierre Dac

À FAIRE :

Mots mélangés

Tous les mots de la liste figurent dans cette grille et peuvent se lire dans toutes les directions. Chaque lettre peut être utilisée une ou plusieurs fois, sauf celles formant l'énigme répondant à la définition suivante : travail de sape.

CAROTTE
CELUI
CHARPIE
CHORISTE
CINOCHE
CORÉEN
COURTOIS
DALLAGE
DÉCÉLÉRER
DEGRÉ
DÉPAYSÉ
DOLMEN
ÉCŒURER
ENTORTILLER
ESTAFETTE
ÉVASIF
FEUILLETON
FRIMAS
GIROFLÉE
INDIGO
JAGUAR
LARYNX
LEVRETTE
MACHIN
MAJORITÉ
MARCASSIN
MÉTAIRIE
NAGUÈRE
NAPPE
NUQUE
NURSE
OFFENSÉ
OPINEL
ORDURE
OSSIFICATION
RAFIOT
REPORTAGE
RÉSERVE
RIGORISTE
ROMANCERO
RUISSELER
SIGNIFIER
SPAGHETTI
TURPITUDE
UNIVERS
VARICELLE
VIANDE
VITUPÉRER

N	I	H	C	A	M	N	I	S	S	A	C	R	A	M
I	T	T	E	H	G	A	P	S	F	I	S	A	V	E
E	R	U	D	R	O	O	R	E	C	N	A	M	O	R
C	O	R	E	E	N	R	I	G	O	R	I	S	T	E
O	I	D	U	C	G	V	I	T	U	P	E	R	E	R
E	D	N	A	I	V	R	E	S	R	O	V	E	U	E
U	G	N	O	L	S	L	E	T	T	E	R	V	E	L
R	E	A	O	C	L	S	T	E	O	E	E	I	N	E
E	S	G	T	I	H	A	E	L	I	L	S	N	T	C
R	N	U	U	R	T	E	G	L	S	F	E	U	O	E
X	E	E	R	E	O	A	U	E	E	O	R	T	R	D
N	F	R	P	P	I	P	C	C	A	R	O	T	T	E
Y	F	E	I	P	R	R	E	I	F	I	N	G	I	S
R	O	N	T	R	A	L	I	R	F	G	U	P	L	Y
A	E	E	U	Q	U	N	S	A	M	I	R	F	L	A
L	I	N	D	I	G	O	R	V	T	A	S	E	E	P
E	T	T	E	F	A	T	S	E	H	E	E	S	R	E
E	T	I	R	O	J	A	M	C	N	E	M	L	O	D

SOLUTION : Couture.

SOLUTION DU SAMEDI 22

7	9	1	3	5	6	4	2	8
5	2	4	9	1	8	7	6	3
6	8	3	7	2	4	1	5	9
8	7	9	5	6	3	2	4	1
2	4	5	8	9	1	3	7	6
1	3	6	4	7	2	9	8	5
3	1	7	2	8	5	6	9	4
4	5	2	6	3	9	8	1	7
9	6	8	1	4	7	5	3	2

2	8	3	5	6	4	1	7	9
9	7	4	8	3	1	5	2	6
6	5	1	7	9	2	4	8	3
1	4	8	3	7	9	2	6	5
5	9	6	1	2	8	7	3	4
7	3	2	4	5	6	8	9	1
4	2	5	6	8	3	9	1	7
8	6	7	9	1	5	3	4	2
3	1	9	2	4	7	6	5	8

2	1	9	8	4	6	3	5	7
7	4	8	3	2	5	9	6	1
3	6	5	7	1	9	2	8	4
5	3	1	4	9	7	8	2	6
4	2	7	6	3	8	1	9	5
8	9	6	2	5	1	4	7	3
1	8	2	5	7	4	6	3	9
9	7	3	1	6	2	5	4	8
6	5	4	9	8	3	7	1	2

6	8	2	1	4	7	5	9	3
3	7	5	6	2	9	1	4	8
4	1	9	3	8	5	6	2	7
2	9	8	4	1	3	7	5	6
7	3	6	9	5	2	8	1	4
1	5	4	7	6	8	2	3	9
5	2	7	8	3	4	9	6	1
9	6	3	2	7	1	4	8	5
8	4	1	5	9	6	3	7	2

Le saviez-vous

Sur le mont Chenaillet (Hautes-Alpes), perchés à 650 m d'altitude, se cachent les traces d'un ancien océan. Ici et là, de drôles d'amas composés de boules de roches agglomérées jalonnent le sentier de randonnée permettant d'accéder au site. Ces pierres d'origine volcanique se sont formées il y a 155 millions d'années, au fond d'un océan qui séparait alors l'Europe du petit continent nommé Apulie, en Italie. Pendant plusieurs millions d'années, à l'époque de la formation des Alpes, la tectonique des plaques a soulevé et porté au sommet des pans entiers de ce plancher océanique. Vertigineux ! S. P

Saint Prosper

« Le jour de la Saint-Prosper,
n'oublie pas de fumer la terre. »
Dicton

A TABLE

Tarte au cacao et sabayon de fraises

© Thys/Photocuisine/Sucré Salé

Pour 6 personnes La tarte : • 170 g de farine • 15 g de cacao amer en poudre • 95 g de sucre semoule • 1 œuf • 1 pincée de sel • 95 g de beurre • 3 cl d'eau. **Le sabayon :** • 4 jaunes d'œufs • 80 g de sucre • Sucre vanillé • 2 c. à soupe de crème liquide • 500 g de fraises • Sucre glace.

1. Mélangez farine, cacao, sucre, œuf et sel jusqu'à obtenir un sablage. Incorporez le beurre en dés, l'eau, pétrissez, formez une boule. Réservez 1 heure au frais.

2. Étalez la pâte et placez-la dans un moule garni de papier cuisson. Piquez le fond, disposez un disque de papier cuisson dessus, lesté avec des poids. Enfournez 15 minutes à 180 °C (th. 6), retirez les poids et le papier, cuire 20 minutes.

3. Le sabayon : préchauffez le four en fonction gril. Fouettez les jaunes, les sucres avec la crème dans un bol au bain-marie, jusqu'à ce que le mélange soit mousseux. Retirez du feu quand il est homogène.

4. Lavez, équeutez les fraises, coupez-en la moitié en quatre, répartissez sur le fond de pâte. Nappez de sabayon, ajoutez le reste de fraises.

5. Placez sous le gril 5 minutes. Saupoudrez de sucre glace.

Info + Pour varier, il est possible de remplacer le cacao par de la poudre de vanille. **M.-A. D.**

À FAIRE :

•

•

•

•

•

•

•

Super croisés

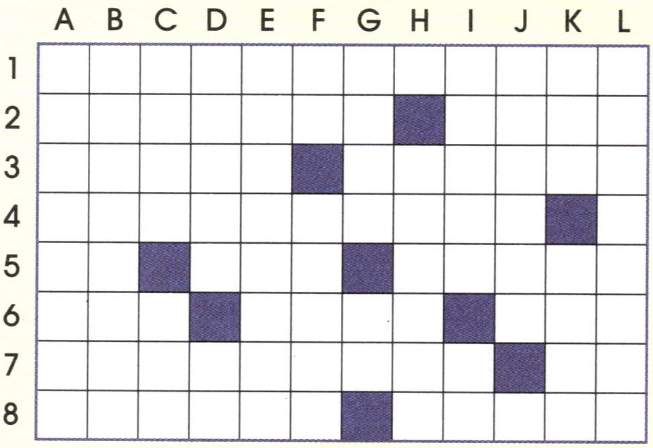

Horizontalement

1. Une allure trop modeste pour de grands cracks. **2.** Fait perdre du temps. Il est ennuyeux, mais elle a l'air agréable. **3.** Primate au bras long. Aurons une réaction bien humaine. **4.** Ne se font pas sur rendez-vous. **5.** Possessif. Poisson du Midi. Se met vite en boule. **6.** Auteur du *Nom de la rose*. Déclenché par un réchauffement anormal de l'océan (El). Peut précéder une naissance. **7.** Pas pour rien. Le titane. **8.** Rechercher des coquilles ou des perles. Eau potable.

Verticalement

A. Avec lui, c'est du tout cuit ! **B.** Replié sur lui-même. **C.** Faire place nette. C'était une réponse de Normand. **D.** Au bord du chemin. Mao en parcourut plus d'un. **E.** Ouvrir une précieuse boîte. **F.** Le même en plus court. N'a pas la tâche facile. **G.** Fondateur de l'Oratoire. Devenu un homme du monde. **H.** Cétone à odeur de violette, employée en parfumerie. **I.** Arrose Meaux. Réduction de poste. **J.** Qui peut user certaines dents. **K.** Anaïs en littérature. Donna de la bande. **L.** Pour les œnologues.

Solution au vendredi 28 juin

mercredi 26 juin

Saint Anthelme

« La souffrance profonde de tous les prisonniers et de tous les exilés est de vivre avec une mémoire qui ne sert à rien. »
Albert Camus

À FAIRE :

•

•

•

•

•

•

•

•

•

QUELLE HISTOIRE !

Le castor refait surface

Notre castor a bien failli disparaître de l'Hexagone, chassé pour sa fourrure, sa chair et ses glandes odorantes utilisées en cosmétique. Au début du siècle dernier, on n'en comptait plus qu'une centaine, réfugiés sur le Rhône. Les programmes de réintroduction de l'espèce, désormais protégée depuis 1909, ont permis une répartition du castor principalement dans le Sud-Est, le Centre et le Nord-Est. On estime aujourd'hui la population à près de 15 000 individus. Avec des incisives affûtées comme des ciseaux à bois, le castor est bien équipé pour grignoter la base des troncs. Il s'attaque aux arbres qui poussent sur les berges en signant une taille dite en crayon. L'abattage des arbres et la coupe des arbustes, injustement décriés, renouvellent la végétation. Cela contribue à protéger les berges de l'érosion.

Pour accéder à son habitation, le castor emprunte un tunnel incliné. L'entrée mène à la salle à manger, où le rongeur apporte des végétaux à grignoter. Au-dessus, la chambre, au sol tapissé de copeaux secs pour se reposer et élever les nouveau-nés. Le logis se termine par une cheminée d'aération, sorte de hutte, habillée de morceaux de bois.

© Serge/Stock Adobe

Le castor ne construit de barrage ni pour piéger les poissons, ni pour embêter les pêcheurs. Très actif la nuit, il accumule des branchages et de la boue pour maintenir un niveau d'eau d'au moins 60 cm, agréable à sa nage, mais surtout pour que l'entrée du tunnel qui mène à son terrier soit immergée. Le barrage du castor épure les eaux, réduit les risques d'inondation et constitue une zone de frai pour les poissons. P.-Y. N.

C'EST ARRIVÉ LE…

26 JUIN 1918

Tentant de prendre Paris, les Allemands lancent une offensive sur la capitale. Les obus de la Grosse Bertha, ce canon devenu mythique, bombardent la ville. La lourde pièce d'artillerie a pris le nom de la fille de l'industriel allemand Krupp, à la tête d'un géant de l'acier. S. P.

Le saviez-vous

L'invention de l'imperméable. En 1977, intrigué par les capacités déperlantes et autonettoyantes de la feuille de lotus, le botaniste allemand Wilhelm Barthlott a découvert que sa surface irrégulière en était la clé. Faite de minivagues inférieures au diamètre d'une goutte d'eau, elle empêche celle-ci d'adhérer, de même que la saleté qu'elle transporte. Ce biomimétisme, appelé effet lotus, est utilisé depuis les années 1990 sur les vêtements, vitres, tissus d'ameublement… Le hic : contrairement au lotus qui renouvelle constamment sa structure, les objets manufacturés avec cet effet antiadhérent perdent leurs capacités à l'usure. M. Q.

Saint Fernand

jeudi 27 juin

« Temps de la Saint-Fernand,
chaleur et soleil riant. »
Dicton

© Petrik/stock.adobe.com

EN FORME

Je protège ma vue

Les maladies oculaires, comme la rétinopathie, la dégénérescence maculaire liée à l'âge (DMLA) ou le glaucome, sont en partie liées à notre hygiène de vie. Nous pouvons donc agir.

Je m'entretiens quand le soleil brille Quelle que soit la saison, protégez vos yeux avec des lunettes de soleil. Contre les effets nocifs de la lumière des écrans (ordinateurs, smartphones, tablettes…), on peut chausser des lunettes de protection anti-lumière bleue ou apposer un filtre sur l'écran.

Plus astucieuse, la règle des 4 fois 20 : prendre 20 secondes, toutes les 20 minutes, pour lever les yeux de l'écran et regarder à au moins 20 pas, à droite et à gauche, puis cligner 20 fois des yeux. Une alimentation équilibrée participe aussi à prévenir les maladies oculaires. Elle doit faire la part belle aux poissons gras, aux œufs, aux agrumes, aux carottes, myrtilles, épinards, mâche, brocolis, ainsi qu'aux noix et aux amandes.

Ma performance diminue ? J'agis ! Au moindre trouble brutal ou durable, direction l'ophtalmologiste. À partir de 50 ans et même 40 ans, la prévention passe par des rendez-vous réguliers. Et avec le 100 % santé, bien s'équiper en lunettes est désormais accessible à tous. **A. P.**

À FAIRE :

•

•

•

•

•

•

•

•

Mots à mot

En regroupant et en mélangeant les lettres des deux mots de quatre et trois lettres proposés, composez un troisième mot de sept lettres.

B R I E + T O I = B _ _ _ _ _ _

D I M E + U N I = _ _ _ I _ _ _

U R N E + Z I G = _ _ _ _ _ _ R

SOLUTION : Boîtier - Diminué - Zinguer.

C'EST ARRIVÉ LE…

27 JUIN 1972

Les partis socialiste et communiste signent un Programme commun de gouvernement qui permettra à François Mitterrand d'être le candidat unique de la gauche à la présidentielle de 1974. L'accord prend fin en 1977, quatre ans avant l'élection de Mitterrand à la présidence de la République. **F. M.**

vendredi 28 juin

Saint Irénée

« Le jour de la Saint-Irénée,
c'est l'un des plus beaux de l'année. »
Dicton

À FAIRE:

Jackpot

Dans chaque jeu, trouvez trois mots de quatre, cinq, six ou sept lettres en ne prenant qu'une lettre par colonne. Chaque lettre ne sert qu'une fois. Un exemple vous est déjà donné.

1

2

3

4

Solution au dimanche 30 juin

AU MARCHE

Pastèque : la saison débute !

Si elle est lisse et lourde, c'est qu'elle est bien juteuse. Évitez les fruits à la coupe qui ont perdu leurs vitamines. Riche en eau (91 %), elle contient aussi des antioxydants, des vitamines C et B9. Renfermant des sucres qui fermentent dans l'intestin, elle est à déguster en petite quantité. Délicieuse en salade avec des tomates cerises, des poivrons jaunes, de la mâche, des graines de courge et de la ricotta, elle se conserve 3 jours au réfrigérateur.
Info + Confectionnez un jus en ajoutant des fraises et un peu de citron. **M.-A. D.**

SOLUTION DU MARDI 25

T	R	O	T	T	I	N	E	M	E	N	T
R	E	T	A	R	D	E	■	A	R	I	A
A	T	E	L	E	■	R	I	R	O	N	S
I	R	R	U	P	T	I	O	N	S	■	T
T	A	■	S	A	R	■	N	E	I	G	E
E	C	O	■	N	I	N	O	■	F	I	V
U	T	I	L	E	M	E	N	T	■	T	I
R	E	L	I	R	E	■	E	V	I	A	N

« Saint-Pierre et Paul pluvieux,
est pour trente jours dangereux. »
Dicton

Mini-fléchés

C'EST UN PORC
TYPE QUELCONQUE
ENGRAIS EN FOSSES
MARSUPIAL
CIGARE VITE FUMÉ
À PEINE ROUGI
TUBE COLLECTEUR
C'EST UN RISQUE À COURIR
VEDETTES

CHANCEUSE
RENAIS
C'EST UN TOURNANT
BOISSON DE TABLE
SOUILLÉS
SE GAUSSERA
QUI DURE UN CYCLE
ILS CHANTAIENT COMME HOMÈRE
AMÉRICAIN SOUS LES DRAPEAUX

FAIRE UN REPLI
ROULEAU JAPONAIS
FILET À L'ARRIÈRE DU BATEAU
ISOLÉE
PETITES TERRES AUX ANTILLES
CLUB DE MADRID
CRIE LA NUIT
CHOISIT
ESCARPEMENTS ROCHEUX

TOUT À FAIT ACQUIS
ECCLÉSIASTIQUES
VA AU GRÉ DU VENT
GRAND SEIGNEUR
MAISONS DE SANTÉ
AJUSTA LA BALANCE
CHANTEUR DES ÎLES
TYPE D'ÉTOILE
BUTTES DE SABLE

Solution au lundi 1er juillet

À FAIRE :

•
•
•
•
•
•
•
•
•

Le saviez-vous

Le cirque de Gavarnie est une impressionnante muraille de 6,5 km de circonférences et 1500 m de hauteur: les dimensions du cirque naturel de Gavarnie sont monumentales. Ses falaises calcaires, qui s'élèvent au cœur du parc national des Pyrénées, sont les plus hautes d'Europe. Situé sur le versant nord de la crête qui sépare la France de l'Espagne, le site Pyrénées-Mont Perdu est inscrit au patrimoine mondial de l'Unesco depuis 1997. Cet amphithéâtre naturel s'est forgé au fil des érosions glaciaires qui ont façonné le massif des Pyrénées, il y a une cinquantaine de millions d'années. S. P.

C'EST ARRIVÉ LE…

29 JUIN 1972

L'inclassable chanteur-compositeur-comédien Boby Lapointe meurt à 50 ans d'un cancer foudroyant, dans sa ville natale de Pézenas (Hérault). Acrobate des mots, l'auteur d'*Aragon et Castille*, *Ta Katie t'a quitté* et *La Maman des poissons* se proclamait « calembourien dans l'âme ». F. M.

dimanche 30 juin

Saint Martial

« Quand Saint-Pierre laisse de la pluie à Saint-Martial, Saint-Martial donne des essaims autant qu'il en faut. »
Dicton

À FAIRE :

•

•

•

•

•

•

•

•

•

•

SOLUTION DU VENDREDI 28

1. truc / onde / lump.
2. malus / rugby / lèvre.
3. fronde / talion / sniper.
4. boskoop / épicier / aérobic

© Abbaye de Noirlac

BALADE EN FRANCE

Abbaye de Noirlac, une oasis de sérénité

Pour Paul Fournier, directeur de l'abbaye jusqu'en septembre 2022 : « Noirlac est l'une des rares abbayes du XIIe siècle qui nous soit parvenue intacte. Elle a échappé aux guerres de Religion et à la Révolution. » Au pied d'une colline, son église et ses jardins ouvrent sur le bocage qui s'étend jusqu'aux rives du Cher. À son apogée, l'abbaye accueillait une soixantaine de moines secondés par autant de convers qui se consacraient à l'agriculture. Ils édifièrent une église aux dimensions d'autant plus impressionnantes qu'elle était réservée à leur seul usage, symbolisant ainsi une volonté d'élévation.
L'abbaye est devenue un centre culturel de rencontre, accueillant des concerts sublimés par son extraordinaire acoustique. Aujourd'hui encore, les voix y résonnent près d'une dizaine de secondes ! Après des années de rénovation, l'ensemble a retrouvé son lustre d'antan. De la splendide charpente en bois du dortoir des convers jusqu'au réfectoire, Noirlac offre une architecture dépouillée, à l'exception notable des appartements des moines. Au XVIIIe siècle, ceux-ci ont scindé leurs dortoirs pour y créer des appartements baroques, éloignés de l'esprit cistercien. De ces logements, on gagne la terrasse qui domine le cloître pour apprécier la mise en paysage des jardins de l'abbaye par le célèbre jardinier Gilles Clément.
Vus de haut, les massifs floraux voguent comme des nuages, reflets du ciel dans la vie terrestre. « Pour évoquer les jardins des simples, explique Jonathan Champion, jardinier de l'abbaye, nous avons planté du romarin, de l'hysope et de la sauge. Pour symboliser le ciel, nous avons choisi une monochromie dans les bleus avec des brunnéras, des pulmonaires et des iris. » Cette poésie se retrouve dans la roseraie et dans la majestueuse allée de tilleuls plantés après la Révolution. Là, il ne reste qu'à s'asseoir dans une chaise longue pour lire, rêver et méditer. **J.-P. R.**

Saint Thierry

lundi 1er juillet

« Si le début de juillet est pluvieux,
le restant du mois sera douteux. »
Dicton

À FAIRE:

-
-
-
-
-
-

NOS EXPRESSIONS

DÉCOUVRIR LE POT AUX ROSES

Née au XIIIe siècle, la locution a d'emblée pris le sens de « percer à jour un secret caché intentionnellement ». Si découvrir le pot s'explique aisément, dans le sens où l'on révèle ce qu'un couvercle dissimule en le soulevant, la présence des roses dans l'histoire relève, elle, du mystère qui a toujours entouré la reine des fleurs ; non seulement en raison des préparations rares et secrètes dont elle était l'ingrédient majeur mais aussi en tant que symbole poétique et érotique de l'intimité féminine. Plus prosaïquement, ce pot aux roses viendrait avant tout du récipient contenant le rose dont les femmes fardaient leurs joues et dont la découverte levait enfin le voile sur le mystère de leur teint perpétuellement si frais. M. Q.

SOLUTION DU SAMEDI 29

	V		L	
P	E	K	I	N
	R	O	S	I
D	R	A	I	N
	A	L	E	A
S	T	A	R	S

	V		V	
R	E	V	I	S
	R	I	R	A
A	N	N	A	L
		I	G	I
A	E	D	E	S

	O		C	
S	U	S	H	I
	R	E	A	L
U	L	U	L	E
	E	L	U	T
C	R	E	T	S

	O		D	
A	B	B	E	S
	T	A	R	A
S	E	R	I	N
	N	O	V	A
D	U	N	E	S

ÉTÉ

mardi 2 juillet

Saint Martinien

« Pour nuire à quelqu'un, n'en dites pas du mal, mais trop de bien. »
Proverbe africain

À FAIRE :

•

•

•

•

•

•

•

•

•

© IgorYegorov/stock.adobe.com

AU JARDIN

J'économise l'eau

C'est devenu une évidence de faire des réserves d'eau de pluie. Non calcaire, sans chlore et à température ambiante : un bonheur pour les plantes ! Il suffit de se brancher sur les gouttières et de stocker l'eau du ciel dans des cuves de 1000 l. On estime que 10 m^2 de toiture fournissent dans l'année une moyenne de 7 m^3 d'eau.

« Un binage vaut deux arrosages » Ce vieil adage est plus que jamais d'actualité. Le binage se pratique avec une serfouette ou une binette entre les rangs de légumes. Son but : briser la croûte superficielle du sol qui se forme sous l'action des pluies battantes. Cela réduit les pertes d'eau par remontées capillaires tout en assurant une bonne aération de la terre.

Arroser vos plantes tous les jours en petites quantités, c'est du gaspillage. Leurs racines resteront superficielles et n'auront pas besoin d'aller puiser l'eau en profondeur. Les arrosages copieux mais espacés sont plus efficaces et surtout plus économiques. La majorité des légumes absorbent l'eau principalement par leur feuillage : arrosez le potager par aspersion – sauf les tomates, sensibles aux maladies favorisées par l'humidité. **P.-Y. N.**

Tout compte fait

Dans chacune des trois lignes, placez les nombres 2 4 6 8 9 de façon à obtenir, en réalisant quatre opérations successives, le total indiqué.

	:		+		x		-		=	92
	x		+		-		:		=	25
	+		x		:		-		=	56

SOLUTION : 6 : 2 + 9 x 8 - 4 = 92 / 6 x 9 + 4 - 8 : 2 = 25 / 6 + 9 x 8 : 2 - 4 = 56.

Le saviez-vous

C'est notamment l'acide formique contenu à la base des poils durs de l'ortie qui donne une sensation de brûlure et de démangeaison. Pour la faire passer, il suffit de se frotter la peau avec une feuille fraîche de plantain ou de menthe. Sinon, retirez les poils urticants avec un ruban adhésif ou frictionnez avec du vinaigre. P.-Y. N.

« La vie a, comme un feu, fumée, flamme et cendre. »
Proverbe arabe

AU MARCHÉ

Le melon

Contrairement à ce que son goût sucré pourrait laisser penser, le melon se place parmi les fruits les moins caloriques (42 kcal pour 100 g). Source de vitamines A et C, de caroténoïdes et de composés phénoliques, il est une mine d'antioxydants. Ceux-ci agissent avec les fibres pour lutter contre le développement de certains cancers, du côlon et du sein notamment, ainsi que des maladies cardiovasculaires. Il est riche en bêtacarotène et favorise un beau bronzage.

© Christian Jung/stock.adobe.com

Enfin, ce fruit donne de l'énergie grâce à la vitamine C, au magnésium, au fer et au phosphore qu'il contient. **I. H.**

À FAIRE :

•

•

•

•

Petits fléchés

NAVIRE-CITERNE
QUI FAIT DE LA PEINE
TEMPLE AU CŒUR D'ATHÈNES
DOUZE À ROME
BRILLER DE MILLE FEUX
NON D'ENFANT
CERTAINS SONT PLUS SECS QUE D'AUTRES
HALAIT DE SON CÔTÉ
PASSÉ À L'HUILE
ARRIVÉ EN CE MONDE
FIN D'INFINITIF
TOUCHÉ AU CŒUR OU À L'ESTOMAC
DES OS DANS LES AFFAIRES
SYMBOLE DU COBALT
PETITE SURFACE DE TERRAIN
IL EST PORTEUR DE CHARGE
L'EUROPE
ARTICLE DE FEMME
TRAVAUX DIRIGÉS
RETRANCHER UNE PARTIE D'UN ENSEMBLE
RESTITUER À SON PROPRIÉTAIRE

ABÎME
GRAND TOUR
MOITIÉ DE TRAVAIL
RAMASSA LES ÉPIS
FANS DE BAMBOU
ÉNONCES À LA SUITE
QUI MÉRITERAIT PLUS DE SUCCÈS
DÉLICE À DELHI
BAC À LÉGUMES
QUEL BOUCAN !
LAISSA DE GLACE
RIVIÈRE D'EUROPE CENTRALE
DE BREST À STRASBOURG
DONNEUR DE LEÇON
HOMME DE LONDRES
ÉLÉMENT DE PORTÉE
IL EST SOUVENT SUIVI DE SON PAS
OBJETS EN MÉTAL GRIS

Solution au jeudi 4 juillet

jeudi 4 juillet

Saint Florent, sainte Berthe

« Pour la Sainte-Berthe,
se cueille l'amande verte. »
Dicton

À FAIRE:

•

•

•

•

•

•

•

•

•

Mots codés

Dans la grille ci-dessous, les lettres ont été remplacées par des nombres, un même nombre représentant toujours la même lettre. Pour commencer le jeu, utilisez les lettres du mot dont le code est déjà indiqué. Les cases ci-dessous servent d'aide-mémoire ; vous pouvez y inscrire les lettres au fur et à mesure que vous les trouvez.

1 P	2 R	3 I	4 M	5 A	6 T	7 E	8	9	10	11	12	13
14	15	16	17	18	19	20	21	22	23	24	25	26

1 P	2 R	3 I	4 M	5 A	6 T	7 E	■	5	12	7	11	3	9	3	7	2
5	■	9	■	10	■	21	■	9	■	10	■	9	■	9	■	15
1	5	6	10	23	14	15	2	24	■	5	9	6	3	17	7	16
7	■	3	■	5	■	22	■	25	■	2	■	7	■	16	■	11
2	5	4	3	11	11	7	■	11	5	6	3	9	3	8	6	7
5	■	7	■	5	■	■	■	15	■	■	■	8	■	6	■	5
8	7	2	3	9	■	13	5	8	6	5	■	7	21	3	20	16
8	■	■	■	22	■	11	■	7	■	18	■	■	■	10	■	■
7	9	19	16	7	6	7	2	■	17	15	9	20	11	7	16	2
■	■	16	■	■	■	4	■	14	■	6	■	25	■	■	■	7
13	11	5	26	26	■	7	22	3	11	7	■	2	7	10	3	26
2	■	6	■	5	■	■	■	11	■	■	■	15	■	16	■	11
5	7	2	15	9	5	12	5	11	■	13	5	8	6	3	22	7
8	■	3	■	18	■	3	■	3	■	11	■	10	■	12	■	21
7	6	7	8	3	7	9	■	5	13	5	8	15	16	2	22	3
2	■	4	■	9	■	20	■	4	■	9	■	1	■	7	■	15
15	22	7	11	7	6	6	7	8	■	10	23	7	12	2	15	9

Solution au dimanche 7 juillet

SOLUTION DU MERCREDI 3

■	P	■	P	■	E	■
V	E	X	A	N	T	E
■	T	I	R	A	I	T
F	R	I	T	■	N	E
■	O	■	H	I	C	S
U	L	C	E	R	E	■
■	I	O	N	■	L	A
U	E	■	O	T	E	R
■	R	E	N	D	R	E

■	D	■	B	■	G	■
P	E	R	I	P	L	E
■	T	■	N	A	A	N
M	E	C	O	N	N	U
■	R	A	M	D	A	M
F	I	G	E	A	■	E
■	O	E	■	S	I	R
P	R	O	F	■	N	E
■	E	T	A	I	N	S

Le saviez-vous

Jusqu'à la Révolution, se prévaloir d'un arbre généalogique de haute lignée pouvait rapporter gros : seuls les roturiers et les serfs s'acquittaient de la taille royale. Les nobles ne la payaient pas. Avec la complicité de notaires peu scrupuleux, moult membres de la bourgeoisie n'hésitèrent donc pas sous l'Ancien Régime à s'inventer des blasons, des ancêtres à particule et même à faire ériger de fausses pierres tombales pour anoblir leur pedigree ! M. G.

« L'intérêt que j'ai à croire une chose n'est pas une preuve de l'existence de cette chose. »
Voltaire

À FAIRE :

A TABLE

Religieuses tomate-mozza

Pour 4 personnes • 4 belles tomates bien rondes • 250 g de mozzarella di bufala • 4 c. à café de pesto (maison ou en bocal) • 4 tomates cerises avec leurs pédoncules • 100 g de mascarpone • Sel, poivre.

1. Ébouillantez les tomates rondes pendant 20 secondes. Égouttez-les et pelez-les. Creusez-les délicatement du côté du pédoncule pour les évider sans les percer. Salez légèrement l'intérieur des tomates et retournez-les sur du papier absorbant pour les laisser dégorger.

2. Coupez la mozzarella en tout petits dés, mettez-les dans une jatte avec le pesto. Salez, poivrez et mélangez ces ingrédients.

3. Remplissez les tomates avec cette farce et posez-les sur un plat de service, le côté ouvert vers le dessous. Disposez une tomate cerise sur chaque tomate farcie, comme sur une religieuse.

© Czerw Guillaume/Real : Chantepie Manuella/Marie Claire

4. Mettez le mascarpone dans une poche à douille et faites une petite collerette de pointes tout autour de la base des tomates cerises.

Info + Servez cette préparation fraîche, éventuellement décorée de feuilles de basilic. M. Q.

D'un mot à l'autre

En regroupant et en mélangeant les lettres de chaque mot, donné avec la lettre qui le suit, trouvez un second mot composé de huit lettres.

1	FOREUR	+	L	=	________
2	NIVEAU	+	R	=	________
3	TENDER	+	O	=	________
4	PANAIS	+	R	=	________
5	QUETER	+	E	=	________

SOLUTION : 1/ frôleur. 2/ vaurien. 3/ détoner. 4/ panaris. 5/ requête.

C'EST ARRIVÉ LE...

5 JUILLET 1972

Créé le 5 juillet, le Comité interministériel de la sécurité routière a pour mission de faire chuter le lourd bilan de 45 morts en moyenne par jour. L'année suivante, la ceinture de sécurité devient obligatoire aux places avant et la vitesse est limitée à 100 km/h sur l'ensemble du réseau national. F. M.

samedi 6 juillet

Début des vacances des zones A, B et C

Sainte Mariette

« C'est les jeunes qui se souviennent.
Les vieux, ils oublient tout. »
Boris Vian

À FAIRE :

•
•
•
•
•
•
•
•

Sudokus

	4						5	7
	6	5				2	4	
8				5	4			
4		9	5		1			
				7		3		5
3		8	9		6			
5				6	3			
	1	6				5	8	
	3						7	1

					6		9	5
			7	9	4			2
1	7							
		8	9		5			
3						6	1	
		4	6		2			
4	5							
			2	6	1			4
					9		2	7

					3			7
1		5						
				6	7			8
	6			3		7		
	4			8			9	
		9		5			1	
8			9	4				
						6		5
7			1					

			9	4	8			
8								6
5								1
	3						1	
	6	8		7		5	2	
			2	6	5			
	7		3	2	6		8	
		6				1		
		2		5		7		

Solution au lundi 8 juillet

C'EST ARRIVÉ LE...

6 JUILLET 1880

Sous l'impulsion du député Benjamin Raspail, le 14 juillet est déclaré fête nationale, en mémoire de la prise de la Bastille (1789) et de la fête de la Fédération (1790), jour où les fédérations régionales, créées pour défendre la République, se rassemblent à Paris. La IIIe République a besoin de symboles. Le premier défilé militaire se déroulera sur les Champs-Élysées en 1919. S. P.

NOS EXPRESSIONS

IL Y A ANGUILLE SOUS ROCHE

Celle que les gastronomes du Moyen Âge dégustaient en pâté n'a que peu à voir dans cette expression signifiant qu'il se trame quelque chose de pas clair, qu'il y a de la perfidie dans l'air. Certes, c'est en soulevant une pierre dans l'eau que l'on peut trouver l'anguille qui, n'aimant pas la lumière, s'y cache dans la journée. Mais c'est de l'ancien verbe guiller, synonyme de « ruser » et « tromper », que la locution tire sa définition. Guiller et anguille étant de proche sonorité et la dissimulation étant le propre du verbe comme de la bête fuyante, c'est par jeu de mots que cette dernière est devenue le symbole de la duperie dans cette expression attestée chez Rabelais en 1532. **M. Q.**

dimanche 7 juillet

Saint Raoul

« Quand à Saint-Raoul le soleil brille,
c'est le moissonneur qui grille. »
Dicton

EN CHANSON

1977 Eddy Mitchell « La Dernière Séance »

© Sophia Morizet/Gamma Rapho

L'amour du cinéma, Claude Moine le tient de son père, un cinéphile averti. C'est avec lui, à l'âge de 7 ans, que le gosse de Belleville découvre *Le Grand Passage* de King Vidor : une révélation ! Il ne quittera plus les salles obscures… En 1977, devenu Eddy Mitchell, il souhaite honorer le 7e art dans son nouvel album avec 12 chansons faisant référence à de grands films américains et à leurs héros. Son fidèle ami et complice, Pierre Papadiamandis, disparu en 2022, compose une mélodie inspirée d'un film en noir et blanc de Peter Bogdanovich, *The Last Picture Show* – littéralement, *La Dernière Séance* – qu'Eddy a découvert à sa sortie, 6 ans plus tôt.

Le crooner cisèle un texte nostalgique, déplorant au passage la transformation du cinéma de son enfance en supermarché. Cette chanson donne son titre à l'album, dont la pochette montre le chanteur devant un écran diffusant un film avec Elvis Presley, son idole de toujours. Si ce nouvel opus trouve son public en 1977, il devient un tube seulement 5 ans plus tard.

Sur FR3, le chanteur anime une émission consacrée aux grands classiques du cinéma américain des années 1950 et 1960. En direct d'une salle délicieusement vintage, Eddy Mitchell présente le film diffusé, tandis que le générique du programme devient tout naturellement *La Dernière Séance*. Tout comme les œuvres proposées, la chanson entre définitivement dans la légende. **D. L.-H.**

À FAIRE :

•
•
•
•
•
•
•
•
•
•
•

« La lumière revient déjà / Et le film est terminé /
Je réveille mon voisin / Il dort comme un nouveau-né /
Je relève mon strapontin / J'ai une envie de bâiller /
C'était la dernière séquence / C'était la dernière séance /
Et le rideau sur l'écran est tombé »

Auteur : Claude Moine. Compositeur : Pierre Papadiamantis. Label : Barclay, 1977.

SOLUTION DU JEUDI 4

1	2	3	4	5	6	7	8	9	10	11	12	13
P	R	I	M	A	T	E	S	N	C	L	V	B
14	15	16	17	18	19	20	21	22	23	24	25	26
W	O	U	J	Z	Q	G	X	D	H	K	Y	F

lundi 8 juillet

Saint Thibault

« Dédaigner l'argent, c'est faire preuve de désintéressement, surtout quand il s'agit de celui qu'on doit. »
Pierre Dac

À FAIRE :

•

•

•

•

•

•

•

AU JARDIN

Un bel hôtel pour d'utiles petites bêtes

© JackF/stock.adobe.com

Contrôler les populations de parasites et vous assurer de belles récoltes de fruits et de légumes, tel est le travail des insectes auxiliaires et des pollinisateurs. Comme leur nombre baisse d'année en année, malgré l'interdiction des pesticides au jardin, autant faire un petit geste de plus pour la biodiversité. Refuge, spot de ponte et site d'hivernage, l'hôtel à insectes fera à coup sûr leur bonheur. L'environnement proche devra naturellement être propice à leur venue, avec un coin de pelouse fleurie, une haie mixte, des plantes mellifères et un mélange de fleurs pour les insectes.

Paille, briques, tiges… Une déco sur mesure Pour un bon taux de remplissage, l'aménagement intérieur doit être réalisé avec des matériaux naturels. Ils inciteront les insectes auxiliaires du jardinier à venir y pondre à la belle saison et à s'y réfugier avant l'hiver. Mais attention, chacun a ses préférences. De la paille pour le perce-oreille, des pommes de pin pour la coccinelle, des tiges creuses pour l'abeille solitaire, des briques pour le syrphe…

Votre hôtel, surélevé sur deux pieux, doit bénéficier d'un bon ensoleillement et rapidement se réchauffer pour le bien-être des insectes auxiliaires et des pollinisateurs. Vous orienterez donc sa façade vers le sud ou le sud-est, en veillant à ce que l'arrière soit abrité des vents dominants par une haie, par exemple. Contrairement aux nichoirs à oiseaux fixés dans les arbres, ce refuge sera implanté au beau milieu du potager ou en bonne place sur la pelouse. **P.-Y. N**

SOLUTION DU SAMEDI 6

1	4	3	6	8	2	9	5	7
7	6	5	3	1	9	2	4	8
8	9	2	7	5	4	1	3	6
4	7	9	5	3	1	8	6	2
6	2	1	4	7	8	3	9	5
3	5	8	9	2	6	7	1	4
5	8	7	1	6	3	4	2	9
9	1	6	2	4	7	5	8	3
2	3	4	8	9	5	6	7	1

2	4	3	1	8	6	7	9	5
5	8	6	7	9	4	1	3	2
1	7	9	5	2	3	4	8	6
7	6	8	9	1	5	2	4	3
3	2	5	8	4	7	6	1	9
9	1	4	6	3	2	5	7	8
4	5	2	3	7	8	9	6	1
8	9	7	2	6	1	3	5	4
6	3	1	4	5	9	8	2	7

6	2	8	4	1	3	9	5	7
1	7	5	8	9	2	4	6	3
4	9	3	5	6	7	1	2	8
5	6	1	2	3	9	7	8	4
3	4	7	6	8	1	5	9	2
2	8	9	7	5	4	3	1	6
8	3	6	9	4	5	2	7	1
9	1	2	3	7	8	6	4	5
7	5	4	1	2	6	8	3	9

6	1	7	9	4	8	2	5	3
8	2	3	5	1	7	9	4	6
5	9	4	6	3	2	8	7	1
2	3	5	8	9	4	6	1	7
9	6	8	1	7	3	5	2	4
7	4	1	2	6	5	3	9	8
1	7	9	3	2	6	4	8	5
4	5	6	7	8	9	1	3	2
3	8	2	4	5	1	7	6	9

C'EST ARRIVÉ LE…

8 JUILLET 1992

La puce devient obligatoire sur les cartes bancaires. L'invention du Français Roland Moreno entre dans tous les foyers. En 10 ans, le nombre de paiements par carte bancaire triple. Elle s'impose comme un produit de la vie courante. **S. P.**

« L'homme de bien est droit et juste, mais non raide et inflexible. Il sait se plier mais pas se courber. »
Confucius

EN FORME

Un souffle pur avec le thym

Antiseptique, antibactérien, antiviral, antifongique, le thym agit sur les infections des voies respiratoires et celles du système génito-urinaire, les troubles buccaux et digestifs. Tonique et immunostimulant, il est utilisé lors d'épisodes d'état grippal et de fatigue généralisée.

En cuisine : le thym s'utilise seul ou en bouquet garni, frais ou séché, pour parfumer légumes, poissons, grillades, pot-au-feu… Il entre dans la composition de desserts revisités tels des sorbets ou crèmes brûlées. Les abeilles en tirent un miel savoureux et crémeux, parfait pour sucrer une boisson et adoucir la gorge.

En infusion : pour combattre les inflammations de la sphère ORL, notamment la bronchite, laissez infuser 10 minutes 2 g de plante séchée dans 150 ml d'eau bouillante. Buvez-en plusieurs tasses par jour. Pour lutter contre la mauvaise haleine, la plaque dentaire ou traiter les inflammations de la muqueuse buccale, faites infuser 10 minutes 5 g de plante séchée dans 100 ml d'eau bouillante. Filtrez, laissez refroidir et utillisez la préparation en gargarisme, entre 2 et 3 fois par jour.

© Ruslan Mitin/stock.adobe.com

En aromathérapie En cas de refroidissement, buvez un jus de citron sucré avec 1 goutte d'HE de thym à thymol diluée dans 1 cuillerée de miel. **F. O.**

À FAIRE :

•

•

•

•

•

•

•

Super croisés

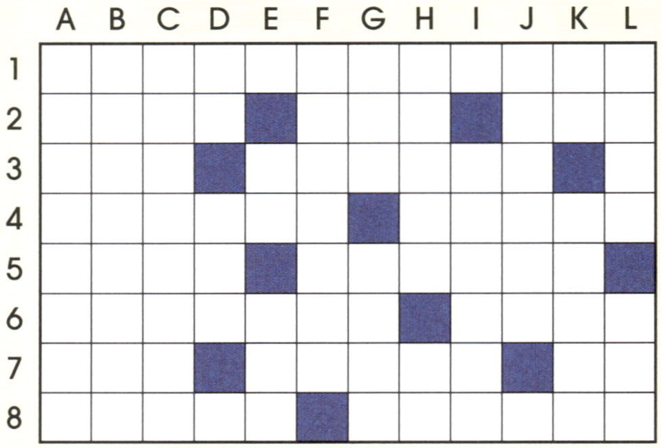

Horizontalement

1. Opération défensive. **2.** Descente vertigineuse. Il refit le monde avec les moyens du bord. Métro à Lille. **3.** Dynamisme plutôt ancien. Instrument à cordes pincées. **4.** Amanite des Césars. Région de Berbères. **5.** Une eau à fleur… de peau. Il fit *Le Voyage dans la Lune*. **6.** Prendre le chou. Il est conditionné en tube. **7.** Article ou articles. Elle fume aux heures d'ouverture. Constante d'Archimède. **8.** Rongeur d'Afrique voisin de l'écureuil. Note qui valait deux rondes.

Verticalement

A. Quasi immatériel. **B.** Pique un cheval. **C.** Répondre du tac au tac. **D.** Un club. Arrivée parmi nous. **E.** Petit poids. Bien conservés. **F.** Précisions de rang occupé. **G.** Homère y serait mort. Des rois en Suède ou au Danemark. **H.** Qui ne laisse aucune chance. Expression puérile. **I.** Priver de tous ses moyens. **J.** Donc incontestable. **K.** Gallium au laboratoire. Il raconta pas mal de fables. **L.** Ils vont rejoindre la Chambre. Disconvient.

Solution au mercredi 10 juillet

mercredi 10 juillet

Saint Ulrich

« Pluie du dix juillet, mouille sept fois,
du moissonneur le bonnet. »
Dicton

À FAIRE :

•

•

•

•

•

•

•

•

A TABLE

Tartare de tomates

Pour 6 personnes • 6 tomates olivettes • 3 oignons blancs • 4 artichauts poivrade • Le jus d'un citron • 1 bouquet de basilic • 1 c. à café de moutarde forte • 3 c. à soupe d'huile d'olive • 1 c. à soupe de vinaigre balsamique • 6 jaunes d'œufs de caille • Fleur de sel • Sel, poivre.

1. Lavez et essuyez les tomates. Épépinez-les et coupez-les en petits dés. Épluchez et émincez finement les oignons.

2. Coupez les queues des artichauts. À l'aide d'un petit couteau d'office, retirez toutes les feuilles dures, puis coupez les feuilles tendres à 1 ou 2 cm des fonds. Au fur et à mesure, plongez les artichauts épluchés dans de l'eau citronnée. Égouttez-les, puis coupez-les en fines lamelles (à la mandoline si possible). Lavez et ciselez le basilic.

3. Dans une jatte, mélangez la moutarde avec l'huile et le vinaigre. Salez et poivrez. Ajoutez tous les légumes, le basilic ciselé et mélangez.

4. Tassez le tartare dans des ramequins ou des cercles. Démoulez-les dans des assiettes, disposez au centre un jaune d'œuf de caille cru. Saupoudrez de fleur de sel et de poivre. Servez frais. **M. Q.**

© Czerw Guillaume/Real : Chantepie Manuella/Marie Claire

Mini-fléchés

Grille 1 :
- PLANTE ALPINE
- TOMBÉ DU TRÔNE
- ADORE
- LES ŒUFS DU PETIT
- S'EXPRIME COMME UN DUC
- LA NATIVITÉ
- HARASSÉ DE FATIGUE
- CIL OU CHEVEU
- RÉPERTORIE

Grille 2 :
- BOX EN ÉCURIE
- ALLONGEA
- C'EST L'ÉLITE !
- ÉTONNANT
- OS MINCE PROPRE AUX POISSONS
- PETIT LIBERTAIRE
- ESCLAVE À SPARTE
- BRILLE AU SOLEIL
- CHANCE

Solution au vendredi 12 juillet

SOLUTION DU MARDI 9

V	E	R	R	O	U	I	L	L	A	G	E
A	P	I	C	■	N	O	E	■	V	A	L
P	E	P	■	C	I	S	T	R	E	■	U
O	R	O	N	G	E	■	A	U	R	E	S
R	O	S	E	■	M	E	L	I	E	S	■
E	N	T	E	T	E	R	■	N	E	O	N
U	N	E	■	U	S	I	N	E	■	P	I
X	E	R	U	S	■	C	A	R	R	E	E

« Un visage est-il un masque
de comédie posé sur la tragédie
de l'âme ? »
Shan Sa

EN FORME

Insomnies : les meilleures thérapies

© Pixel-Shot/stock.adobe.com

Quand l'insomnie est installée, mieux vaut envisager une thérapie ciblée avec un professionnel de santé. Outre l'hypnose, connue pour son efficacité, vous pouvez-vous fier à d'autres techniques.

La thérapie comportementale et cognitive (TCC) Individuelle ou en groupe, elle vous réapprend à dormir au bon moment et à mettre en place des automatismes propices au sommeil. Surtout indiquée si vous avez plongé dans l'insomnie après un événement stressant, souffrez de douleurs chroniques ou devez arrêter les somnifères.

La sophrologie En alliant relaxation musculaire, respiration profonde et visualisation mentale positive, elle est souveraine pour combattre l'anxiété qui bloque le sommeil et celle qui surgit à l'idée même d'aller au lit.

La luminothérapie L'exposition sous une lumière blanche reproduisant l'intensité des rayons du soleil synchronise l'horloge interne pour recaler les cycles d'éveil et de sommeil. Elle est indiquée chez les seniors sortant peu, les couche-tard/lève-tard et ceux qui dorment trop le jour.

L'EMDR (la psychothérapie par mouvements oculaires) Associant hypnose, comportementalisme et psychanalyse, l'EMDR utilise les mouvements des yeux pour désensibiliser au stress. Très efficace pour traiter les traumatismes (harcèlement, accidents…), sources de cauchemars, de boulimie nocturne et d'anorexie. **M. Q.**

À FAIRE :

-
-
-
-
-
-
-
-
-

Tout compte fait

Dans chacune des trois lignes, placez les nombres 1 2 3 4 5 de façon à obtenir, en réalisant quatre opérations successives, le total indiqué.

	+		-		x		:		=	8
	+		:		-		x		=	4
	-		+		x :		:		=	14

SOLUTION : 2 + 5 - 1 x 4 : 3 = 8 / 4 + 5 : 3 - 1 x 2 = 4 / 5 - 1 + 3 x 4 : 2 = 14

C'EST ARRIVÉ LE…

11 JUILLET 1975

Le tombeau de l'empereur Qin est découvert en Chine, près de Xi'an, grâce à des paysans qui creusaient un puits. Il contient plus de 6000 statues grandeur nature de soldats et de chevaux, en terre cuite. Cette redoutable armée reposait sous terre depuis le IIIe siècle avant Jésus-Christ. **S. P.**

vendredi 12 juillet

Saint Olivier

« Juillet, orage de nuit, peu de mal,
mais que de bruit. »
Dicton

À FAIRE:

•

•

•

•

•

•

•

•

•

D'un mot à l'autre

En regroupant et en mélangeant les lettres de chaque mot donné avec la lettre qui le suit, vous devez trouver un second mot composé, selon le cas, de quatre, cinq, six ou sept lettres. Aucun mot au pluriel n'est admis ni aucun verbe conjugué.

Mots de 4 lettres

1 TOP + N = ☐☐☐☐

2 DON + R = ☐☐☐☐

3 SOC + Y = ☐☐☐☐

Mots de 5 lettres

4 OMIS + N = ☐☐☐☐☐

5 SEPT + E = ☐☐☐☐☐

6 LIGE + T = ☐☐☐☐☐

7 SAPE + U = ☐☐☐☐☐

Mots de 6 lettres

8 AVALE + G = ☐☐☐☐☐☐

9 AVERE + S = ☐☐☐☐☐☐

10 CHENE + U = ☐☐☐☐☐☐

Mots de 7 lettres

11 TEIGNE + B = ☐☐☐☐☐☐☐

12 TORTUE + Y = ☐☐☐☐☐☐☐

13 PETRIR + I = ☐☐☐☐☐☐☐

14 REPORT + M = ☐☐☐☐☐☐☐

Solution au lundi 15 juillet

SOLUTION DU MERCREDI 10

	G		C	
D	E	C	H	U
	N	O	E	L
R	E	C	R	U
	P	O	I	L
L	I	S	T	E

	S		G	
E	T	I	R	A
	A	N	A	R
I	L	O	T	E
	L	U	I	T
V	E	I	N	E

Le saviez-vous

Des fossiles, comme s'il en pleuvait ! Au nord de Digne-les-Bains, dans les Alpes-de-Haute-Provence, une immense dalle de calcaire gris porte les vestiges de centaines d'ammonites fossilisées. Semblables à des nautiles, ces mollusques ont peuplé les océans pendant 300 millions d'années. Une fois morts, ils sont tombés au fond de l'eau et ont été recouverts par les sédiments qui les ont protégés et figés pour l'éternité. On peut aujourd'hui les admirer grâce à un sentier menant du parc du Musée-Promenade, à la fois centre d'interprétation de l'Unesco et Géoparc de Haute-Provence, à la dalle de calcaire. De nombreuses explications sont données sur place. S. P.

samedi 13 juillet

Saint Henri, saint Joël

« Au cours des siècles, l'histoire des peuples n'est qu'une leçon de mutuelle tolérance. »
Émile Zola

Mini-fléchés

Grille 1

- EMPORTEMENT
- FAUX ANIS
- LIÉ AU REGARD
- DOULEUR
- LES SEPT AMIS DE BLANCHE-NEIGE
- COUPA COURT
- DÉMONSTRATIF
- POUR CUIRE À VIF LES ALIMENTS
- INDIQUE LE LIEU OU L'ON VA

Grille 2

- VIN CHARENTAIS
- TOUTE TROUÉE
- GLISSE À SKI
- LUTH D'IRAN
- DÉCISIONS ROYALES
- BOUQUET CHAMPÊTRE
- EXISTERAI
- DIFFICILES À SUPPORTER
- PLATINE POUR LE CHIMISTE

Grille 3

- MANGE TOUT
- GAMINS DE LYON
- ENFREINT LA LOI
- COURS ÉGYPTIEN
- MAISONS DE SANTE
- SE BIDONNERA
- RUBAN EN TISSU
- FROMAGES BLANCS SUISSES
- SYMBOLE DU GALLIUM

Grille 4

- POURSUIVIT
- IL FINIT EN GELÉE
- FRANC-TIREUR
- DÉESSE MARINE
- GRÉSIL
- FAIRE LA SOUDURE
- FILE VITE
- OFFICIER À LA TÊTE DU VILLAGE
- ARTICLE CASTILLAN

Solution au mardi 16 juillet

À FAIRE:

•
•
•
•
•
•
•
•
•
•

A TABLE

Salade vitaminée

Pour 4 personnes • 2 melons • 8 tranches de jambon cru • 200 g de feta • 2 grenades • Feuilles de basilic.

Faites des billes de melon en vous aidant d'une cuillère parisienne. Coupez le jambon cru en morceaux. Égouttez la feta, coupez-la en dés. Ouvrez les grenades et prélevez les grains. Ciselez les feuilles de basilic. Placez tous les ingrédients dans un saladier, puis préparez une vinaigrette à l'huile d'olive et au vinaigre de framboise. **I. H.**

Clin d'oeil

Julia, 5 ans, demande : « Maman, quel z'our on est auzourd'hui ? » « Le 11 août (prononcé "zou"). » « Ah non, z'ai pas envie de zouer ! »

dimanche 14 juillet

Fête nationale

Sainte Camille

« Parler beaucoup et parler à propos ne sont pas la même chose. »
Sophocle

À FAIRE :

•
•
•
•
•
•
•
•

© Dahouët-PVA21@aLamoureux_OT VAL ANDRE

BALADE EN FRANCE

La beauté sauvage des Côtes-d'Armor

Commencez votre périple par Pléneuf-Val-André, et sa digue-promenade, où vous pourrez prendre un bol de vitalité face à la baie de Saint-Brieuc. Vous aurez peut-être la chance d'apercevoir *La Pauline*, un vieux gréement sur lequel vous pourrez embarquer pour une petite croisière. N'hésitez pas à faire le plein d'embruns sur la grande plage et à gagner à pied, à marée basse, l'îlot du Verdelet. Ce rocher, expulsé de sa chaussure par le géant Gargantua, selon la légende, abrite une réserve ornithologique. Si vous aimez marcher, partez à la découverte des landes et des plages sauvages en suivant le sentier des douaniers.

Mettez le cap sur le port de Dahouët, d'où partaient les terre-neuvas dès le XVIe siècle pour traquer les bancs de morues au large du Canada puis de l'Islande. Vous y contemplerez l'oratoire Notre-Dame-de-la-Garde, édifié à la mémoire des nombreuses victimes de la pêche à la morue, et point de départ aujourd'hui encore de la traditionnelle bénédiction de la mer qui se déroule en août. Après avoir passé l'étang, vous pourrez remonter le cours de La Flora et vous enfoncer dans la magie des terres costarmoricaines le long de chemins ombragés.

Ne manquez pas le château de Bienassis, datant des XVe et XVIIe siècles et classé monument historique, avant de prendre la direction du cap Fréhel. Intense avec son relief tourmenté battu par les vents, ce site d'exception arbore de superbes falaises de schiste et de grès rose dominant la mer à plus de 70 m et abritant des centaines d'oiseaux nicheurs. Le phare, l'un des 5 plus puissants de France, porte à plus de 53 km. Du haut de sa galerie, vous découvrirez un panorama exceptionnel embrassant à la fois la lande, la rade de Saint-Malo ainsi que le fort La Latte. Cette spectaculaire forteresse de grès rose construite au XIVe siècle mérite votre attention. **F. O.**

C'EST ARRIVÉ LE...

14 JUILLET 1972

Opposées à l'extension d'un camp militaire dans le Larzac, près de 20 000 personnes se réunissent à Rodez (Aveyron), où une longue colonne de tracteurs fait sensation. Le projet, qui exigeait l'expropriation de centaines d'agriculteurs, sera abandonné en 1981. **F. M.**

« Une ivresse efface mille tristesses. »
Proverbe chinois

Jackpot

Dans chaque jeu, trouvez trois mots de quatre, cinq, six ou sept lettres en ne prenant qu'une lettre par colonne. Chaque lettre ne sert qu'une fois. Un exemple vous est déjà donné.

1

2

3

4

Solution au vendredi 19 juillet

À FAIRE :

•
•
•
•
•
•
•
•
•

A TABLE

Petits flans à la courgette

Pour 4 personnes • 2 courgettes • 4 œufs • 120 g de Maïzena • 120 g de fromage râpé • 1 gousse d'ail • 1 oignon.
Préchauffez votre four à 180 °C. Coupez les courgettes en petits dés et faites-les cuire à la vapeur. Dans un saladier, mélangez les courgettes, les œufs, la maïzena, le fromage râpé, l'ail et l'oignon coupé en dés. Versez la pâte dans des moules individuels. Enfournez pour 15 minutes. M. Q.

SOLUTION DU VENDREDI 12

4 lettres : 1/ pont - 2/ rond - 3/ cosy. **5 lettres :** 4/ moins - 5/ peste - 6/ gilet - 7/ pause. **6 lettres :** 8/ lavage - 9/ averse - 10/ chenue. **7 lettres :** 11/ beignet - 12/ tutoyer - 13/ tripier - 14/ tromper.

mardi 16 juillet

Sainte N.-D. Mt-Carmel

« Nourrissez un ingrat pendant trois semaines, il vous oubliera en trois jours. »
Proverbe japonais

À FAIRE :

SOLUTION DU SAMEDI 13

	F		V	
C	U	M	I	N
	R	A	S	A
C	E	L	U	I
	U		E	N
G	R	I	L	S

	P		D	
M	I	T	E	E
	N	A	R	D
S	E	R	A	I
	A		P	T
R	U	D	E	S

	V		D	
G	O	N	E	S
	R	I	R	A
G	A	L	O	N
	C		G	A
S	E	R	E	S

	C		S	
C	O	I	N	G
	U	N	I	R
D	R	O	P	E
	S		E	L
M	A	I	R	E

A TABLE

Tarte aux pêches et fruits rouges aux amandes

Pour 6 personnes • 1 sachet de levure boulangère déshydratée • 10 cl de lait • 300 g de farine • 60 g de sucre semoule • 1 pincée de sel • 1 jaune d'œuf • 100 g de beurre doux ramolli • 3 c. à soupe de poudre d'amande • 3 pêches jaunes • 125 g de fruits rouges • 1 c. à soupe de miel de thym • 3 brins de thym • 1 c. à soupe d'amandes effilées.

1. Délayez la levure dans du lait tiède, laissez reposer 5 minutes et mélangez ces ingrédients.

2. Tamisez la farine, formez un puits au centre, versez le lait, mélangez. Laissez reposer 15 minutes.

3. Ajoutez le sucre, le sel, le jaune d'œuf et le beurre. Pétrissez. Recouvrez la pâte d'un linge, laissez lever pendant 1 heure à température ambiante.

4. Abaissez la pâte sur du papier sulfurisé, transférez sur une plaque de cuisson.

5. Répartissez la poudre d'amande jusqu'à 4 cm des bords. Déposez les pêches, coupées en fins quartiers et disposées en rosace sur la pâte. Ajoutez les fruits rouges.

© Kerouédan/Photocuisine

6. Ensuite, badigeonnez les fruits de miel légèrement chauffé. Parsemez votre préparation de brins de thym et d'amandes effilées. Rabattez les bords de la pâte sur la garniture. Enfournez pendant 35-40 minutes à 180 °C (th. 6).

Info + Pour obtenir une cuisson plus homogène, enfournez la tarte à 150 °C (th. 5) pendant 10 minutes supplémentaires **M.-A. D.**

AU JARDIN

Faites durer vos bouquets

Juste avant de mettre vos fleurs dans un vase, pensez à retirer les feuilles sur un tiers de chaque tige. Ensuite, recoupez l'extrémité des tiges avec un sécateur afin qu'elles absorbent mieux l'eau. N'oubliez pas de diluer dans le vase le contenu du petit sachet généralement proposé avec le bouquet. De la même façon que le bicarbonate de soude, ce produit nourrit les fleurs, prolonge leur vie et évite à l'eau de croupir. Rajoutez de l'eau fraîche dès que le niveau baisse en évitant d'immerger les feuilles. Enfin, placez le vase en pleine lumière, dans une pièce bien fraîche. **P.-Y. N.**

« Un mystique, c'est toujours un homme qui veut oublier quelque chose. »
Jean-Paul Sartre

EN FORME

Je saigne du nez

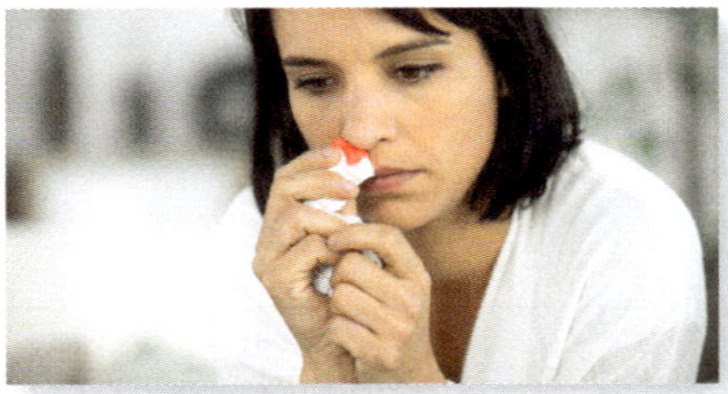

© auremar/stock.adobe.com

Aussi appelé épistaxis, ce phénomène souvent bénin (mais parfois impressionnant) peut arriver à tout le monde. Or, nous adoptons rarement les bons gestes pour l'arrêter ! **Comment réagir ?** Il ne faut surtout pas pencher la tête en arrière, ni s'allonger quand un saignement nasal survient, sinon il s'écoule dans la gorge. Pour activer la coagulation, il faut au contraire pencher la tête vers l'avant et comprimer la narine avec le doigt pendant une dizaine de minutes.
Quelles précautions ? Si ces épisodes se produisent souvent, il faut en parler à votre médecin. Ils peuvent révéler une hypertension artérielle. Et si le saignement nasal intervient après un choc à la tête, se poursuit malgré la compression, s'accompagne de maux de tête ou de vomissements, il est important de consulter rapidement. **M. Q.**

À FAIRE :

•

•

•

•

Petits fléchés

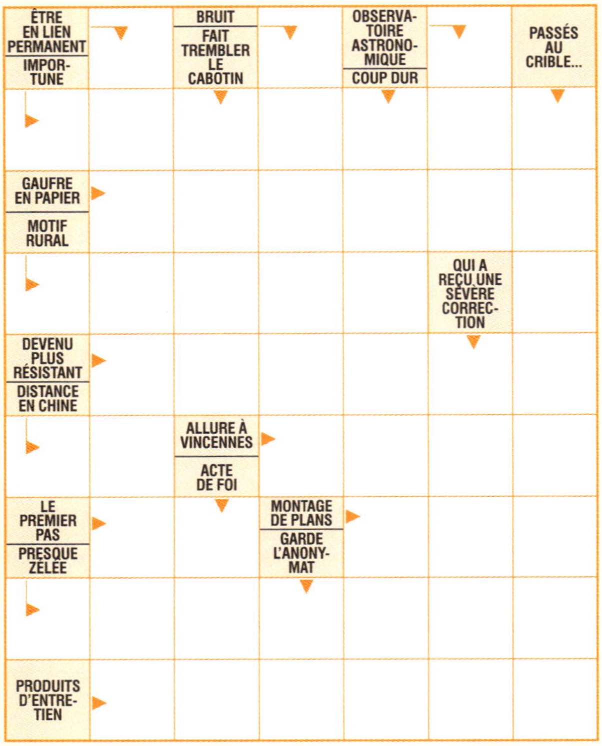

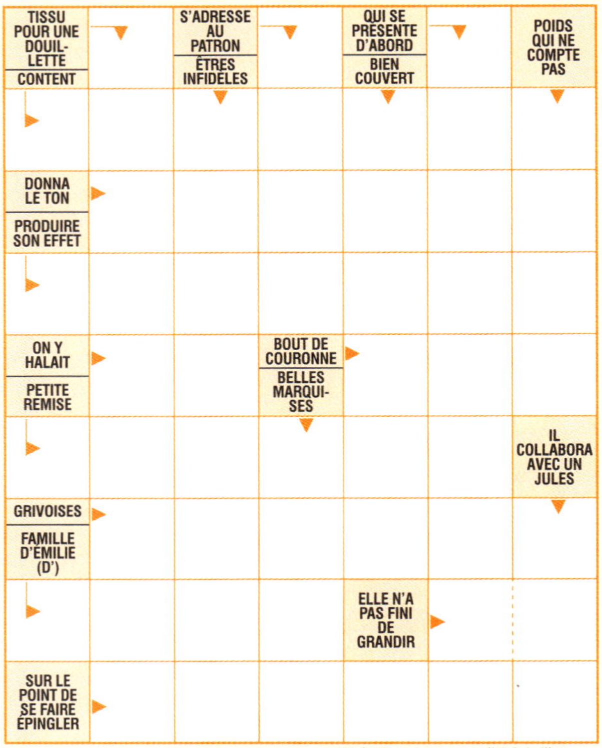

Solution au samedi 20 juillet

jeudi 18 juillet

Saint Frédéric

« À la Saint-Frédéric, tout est vert,
tout est nids, plantes, bêtes et gens,
tous sourient. »
Dicton

À FAIRE :

•

•

•

•

•

•

Mots croisés

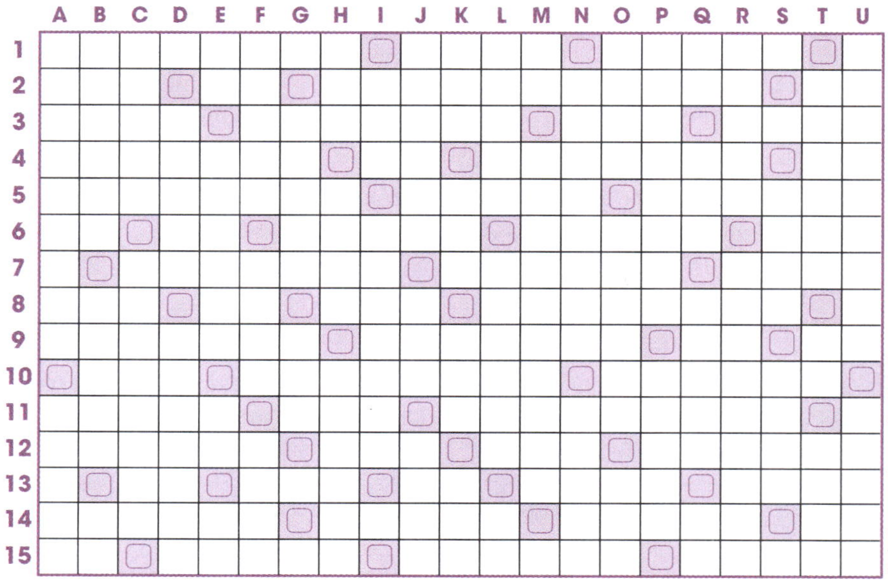

Solution au dimanche 21 juillet

Horizontalement

1. Composé pour être sifflé. Ils sont levés en signe de victoire. Américaine pour une plage normande. **2.** Restant. Avant midi. Flasque et collante. Pronom personnel réfléchi. **3.** Est fidèle au croissant. Cabinet de consultation. Réponse de Normand. Sur le pont d'un bateau. **4.** Ballottée. Mauvaise note. Qui ont vu la cire de près. Précède un pas. **5.** Attitude religieuse traditionnelle. Faire bonne contenance. Est difficile à chasser… **6.** Basse tension. Cité sur la Tille. Comme un bois endommagé par le feu. Prises lâches. Monnaie nordique. **7.** Grec et bête type. Repos en ballade. Il entre dans le capital. **8.** Cours de Suisse. Est à couvrir. Signal de priorité. Qualificatif pour une randonnée. **9.** Tours de cochon. Anciens Hollandais. Elle porta l'écusson. Interjection. **10.** Défend le consommateur. Cupidité. Elles sont petites avec peu d'effets. **11.** L'ancêtre du sonar. À moi. Petites entreprises. **12.** Poule d'eau. Peut cacher une longue suite. Fleuve de la Manche. Restauré. **13.** Fait de. Il fait courir les animaux. Pour un terrain de football. Qui sait bien manœuvrer. Couchis de fascines. **14.** Grade universitaire. Narine de cétacé. Tamise. Article espagnol. **15.** Celui qui n'est plus avec elle. Mouillent les pores. Travailler au bouvet. Chef éthiopien.

Verticalement

A. Des articles indéfinis. Plein de vie. **B.** Se servant d'une pelle. Réduisit les voiles. Ville de thermes. **C.** Scié. Mises en avant. **D.** Personne bien conservée. Vraiment étonnants. **E.** Parole de Chimène. Donnent de la braise. Disque. Forêt de Normandie. **F.** Elles font cercle autour d'un thé. Étendre sur le carreau. Ne suit pas la ligne droite. **G.** Pris l'avantage. Oncle au pays de Biden. **H.** Vie privée. Trois sur quatre n'ont pas connu d'hommes. Spécialistes des beaux pieds. **I.** A fait l'objet d'un choix. Regardant sans vraiment voir. **J.** Coloré. Lieu de flagrant délit. Appréciable. **K.** Rayon lumineux. Jamais comme autrefois. Il est de mèche. Recueil plein de sel. **L.** Ils réchauffent sous le manteau. Soufflés ou aplatis. Le titane au laboratoire. **M.** Est sensible après la. Ne pas lâcher l'affaire. **N.** Bien brune. Passe à Verdun. **O.** Ouvre la loi du talion. Qui ne saurait faire attendre. Proche de la daurade. **P.** Écrins à perles de rivière. Vivants dans toute la famille. **Q.** Poison en raccourci. Lentilles bâtardes. Fait la cloche. Étain en coupelle. **R.** S'attaque aux mottes. Contenant sur le chantier. **S.** Œuvre de ver. Personnage biblique. **T.** Qui s'entend bien. Employé quand ça ne marche vraiment plus. Lettre ancienne. **U.** Note de bas de page. S'opposent aux nombres imaginaires.

Clin d'œil

Kalie, 5 ans, montre son cahier de géographie à sa grand-mère. Celle-ci l'interroge : « Le dessus de la Terre, ça s'appelle comment ? » « La croûte terrestre », répond Kalie. « Et en dessous ? » « C'est le manteau. » « Oui, c'est drôlement bien. Et encore en dessous, au milieu de la Terre ? » Kalie réfléchit : « Heu… le croûton ? »

« Écrire c'est une façon de parler sans être interrompu. »
Jules Renard

© Dušan Zidar/stock.adobe.com

EN FORME

Mettez de l'ortie dans votre assiette

Quelle saveur ? Son goût prononcé de chlorophylle rappelle les haricots verts crus. Les pointes ont une saveur plus douce que les feuilles situées plus bas sur la tige. Celles-ci, corsées, évoquent le champignon ou la noisette fraîche. Le fait que l'ortie pique la peau – port des gants obligatoire pour la cueillette – permet de la reconnaître à coup sûr !
Quels bienfaits ? L'ortie est très riche en minéraux (fer, potassium, magnésium, calcium...), en vitamines A et C, et en protéines (40 % de son poids sec et 8 % de son poids frais). Elle soulage l'arthrite et les rhumatismes. Elle est aussi diurétique, dépurative, tonifiante, et elle régule la glycémie.
Comment la préparer ? Polyvalente, l'ortie se consomme cuite en potage, sautée comme des épinards, dans une omelette ou une quiche. Une fois lavée et hachée, elle peut être ajoutée crue à des salades ou des jus verts. Séchée et réduite en poudre, elle fera un excellent condiment. **I. G.**

À FAIRE :

•
•
•
•
•
•
•
•
•
•

Mots à mot

En regroupant et en mélangeant les lettres des deux mots de quatre et trois lettres proposés, composez un troisième mot de sept lettres.

RADE + CRI = C _ _ _ _ _ _

CIRE + MOT = _ _ _ R _ _ _

CHAR + ERG = _ _ _ _ _ _ R

SOLUTION : Criarde - Motrice - Charger.

SOLUTION DU LUNDI 15

1. anis / piaf / robe.
2. zigue / souci / avion.
3. amitié / mûrier / badaud.
4. sashimi / ménager / coloris.

samedi 20 juillet

Sainte Marina

« L'oisiveté me suffit, et, pourvu que je ne fasse rien, j'aime encore mieux rêver éveillé qu'en songe. »
Jean-Jacques Rousseau

À FAIRE :

-
-
-
-
-
-
-
-
-

Sudokus

	4		5		8		7	
	5						3	
		8	9		2	4		
		6				1		
		7		2		8		
3				8				7
5				6				9
1				5				2
2			4		9			6

			6		3			
4	1							5
	3					7	4	
		2		3				9
		7	1	8			6	4
		4		6				1
	7					5	1	
9	5							3
			5		2			

	5						9	
	8						2	
			1		7			
4		8				9		5
3			7		6			2
		2				6		
		7		9		1		
				8				
1			6		3			8

		2				8		
			4		8			
4		9				3		7
9		1				5		2
3								1
2			7		5			9
				3				
	2			9			6	
	6		2		1		7	

Solution au lundi 22 juillet

SOLUTION DU MERCREDI 17

■	E	■	F	■	E	■
I	N	T	R	U	S	E
■	C	R	E	P	O	N
C	H	A	M	P	■	D
■	A	C	I	E	R	E
L	I	■	T	R	O	T
■	N	A	■	C	U	T
D	E	V	O	U	E	E
■	R	E	N	T	E	S

■	M	■	P	■	A	■
N	A	R	R	E	N	T
■	T	E	I	N	T	A
G	E	N	E	R	E	R
■	L	E	■	O	R	E
C	A	G	I	B	I	■
■	S	A	L	E	E	S
E	S	T	E	■	U	E
■	E	S	S	O	R	E

EN FORME

Les effets délétères du dioxyde d'azote et des particules fines issues du tabac, du trafic routier et du chauffage sont désormais bien connus. Chaque année en France, la pollution de l'air provoque 40 000 décès et beaucoup de troubles respiratoires (asthme, BPCO…), des cancers (poumon, sein), des maladies cardiovasculaires (AVC, infarctus du myocarde), la maladie d'Alzheimer… la liste est longue ! Autant de bonnes raisons de délaisser sa voiture au profit des mobilités douces (marche, vélo, transports en commun), de privilégier les achats en circuits courts, d'éviter de fumer, et même d'alléger nos poubelles : un camion-benne consomme 80 l/100 km ! Des gestes bons pour la planète, et pour notre santé. **A. P.**

« Quand il pleut à la Saint-Victor,
la récolte n'est pas d'or. »
Dicton

QUELLE HISTOIRE !

Salvetat, des bulles sorties des entrailles de la Terre

La légende raconte que les pèlerins du Moyen Âge se désaltéraient à cette source d'eau très peu salée et naturellement gazeuse. Cette source offrait une halte bienvenue aux marcheurs empruntant la voie d'Arles vers Saint-Jacques-de-Compostelle. Située sur la commune de La Salvetat-sur-Agout (Hérault), au cœur du parc naturel régional du Haut Languedoc, la source délivre une eau pure, issue des pluies et de la fonte des glaces, qui, lors de son passage dans le sol, se charge en gaz carbonique issu des entrailles de la terre.

© Photos archives Salvetat

En 1848, la source jaillissant au lieu-dit Rieumajou est officiellement reconnue pour ses bienfaits par l'Académie de médecine et commercialisée. Le site devient une station thermale prisée des curistes qui viennent de loin pour profiter des vertus de son eau.

À la fin des années 1980, le succès de Badoit et le débit insuffisant de sa source incitent le groupe Évian, son propriétaire, à prospecter dans toute la France pour trouver un nouveau site exploitable. L'entreprise redécouvre l'eau de Rieumajou et elle s'installe en 1992 dans la petite commune de l'Hérault. L'eau est embouteillée à la source et commercialisée sous le nom de Salvetat. Depuis, la marque a élargi sa gamme et propose des eaux gazeuses au parfum de citron, citron vert, clémentine et menthe. Son défi dans les années à venir : continuer à lutter contre la pollution générée par ses bouteilles. C'est un challenge : le groupe Danone, propriétaire de Salvetat est en effet régulièrement épinglé par les ONG de défense de l'environnement pour sa production de déchets plastique. **S. P.**

Le saviez-vous

Canna, est le nom d'une île d'Écosse, d'une ville d'Australie, et d'une commune d'Italie. Quant aux noms de la ville du Liban et de celle de Galilée où Jésus a changé l'eau en vin, ils s'écrivent avec un seul « n ». S. P.

À FAIRE :

•

•

•

•

•

•

•

•

•

SOLUTION DU JEUDI 18

B	R	E	U	V	A	G	E	■	B	R	A	S	■	O	M	A	H	A	■	R
R	A	B	■	A	M	■	G	E	L	A	T	I	N	E	U	S	E	■	S	E
I	M	A	M	■	I	S	O	L	O	I	R	■	O	I	L	■	R	O	O	F
C	A	H	O	T	E	E	■	U	N	■	E	P	I	L	E	E	S	■	N	E
A	N	I	M	I	S	M	E	■	D	O	S	E	R	■	T	R	E	S	O	R
B	T	■	I	S	■	A	R	S	I	N	■	R	A	P	T	S	■	O	R	E
R	■	B	E	O	T	I	E	N	■	C	E	S	U	R	E	■	B	I	E	N
A	A	R	■	N	U	■	S	O	S	■	P	E	D	E	S	T	R	E	■	C
C	R	A	S	S	E	S	■	B	A	T	A	V	E	S	■	I	O	■	H	E
■	I	N	C	■	R	A	P	A	C	I	T	E	■	T	E	N	U	E	S	■
A	S	D	I	C	■	M	O	N	■	F	E	R	M	E	T	T	E	S	■	R
N	A	I	A	D	E	■	E	T	C	■	S	E	E	■	R	E	T	A	P	E
I	■	E	N	■	R	U	T	■	H	A	■	R	U	S	E	■	T	U	N	E
M	A	S	T	E	R	■	E	V	E	N	T	■	S	A	S	S	E	■	E	L
E	X	■	S	U	E	E	S	■	R	A	I	N	E	R	■	N	E	G	U	S

lundi 22 juillet

Sainte Marie-Madeleine

« Sainte-Madeleine pluie amène.
Si elle ne dure pas longtemps,
elle remplit le grenier de froment. »
Dicton

À FAIRE :

•

•

•

•

•

•

•

•

A TABLE

Cake de voyage à la banane

Pour 10 personnes Le cake : • 200 g de chocolat noir 70 % • 250 g de farine (blé ou grand épeautre) • 1 sachet de poudre à lever • 3 sachets de sucre vanillé • 50 g de cacao amer • 3 bananes • 1 yaourt (vache, coco ou soja) • 75 g d'huile de pépins de raisin • 1 c. à soupe de rhum • 70 g de sirop d'agave • 1 c. à soupe d'extrait de vanille liquide • 4 œufs • 100 g de noix de pécan. **Le caramel :** • 500 g de dattes • 40 cl de crème de coco • 1 pincée de fleur de sel.

1. Le cake: découpez le chocolat en grosses pépites. Dans un saladier mélangez la farine, la poudre à lever, le sucre vanillé et le cacao.

2. Dans un deuxième saladier, écrasez les bananes avec le yaourt, l'huile, le rhum, le sirop d'agave et la vanille. Mélangez. Séparez le blanc des jaunes d'œufs. Battez les blancs en neige, ajoutez les jaunes au deuxième saladier. Faites un puits dans le premier saladier, versez-y le contenu du second, mélangez. Ajoutez les noix de pécan et le chocolat. Incorporez les blancs, versez dans un moule.

3. Placez le cake dans un panier vapeur, faites-le cuire 1 heure 10 sans soulever le couvercle. Laissez refroidir avant la prochaine étape.

4. Le caramel: mixez les dattes dénoyautées avec la crème de coco et la fleur de sel. Déposez le caramel sur le cake, servez aussitôt.

© Marie Chioca

Info + La cuisson à la vapeur permet de conserver les qualités nutritionnelles des aliments et de donner plus de moelleux au cake. **M.-A. D.**

Recette extraite de *Recettes sublimes et sages au chocolat*, Marie et Maud Chioca, éd. Terre Vivante

SOLUTION DU SAMEDI 20

6	4	2	5	3	8	9	7	1
9	5	1	7	4	6	2	3	8
7	3	8	9	1	2	4	6	5
8	2	6	3	9	7	1	5	4
4	1	7	6	2	5	8	9	3
3	9	5	1	8	4	6	2	7
5	7	4	2	6	1	3	8	9
1	6	9	8	5	3	7	4	2
2	8	3	4	7	9	5	1	6

7	2	5	6	4	3	1	9	8
4	1	9	7	2	8	6	3	5
8	3	6	9	5	1	7	4	2
1	6	2	4	3	7	8	5	9
3	9	7	1	8	5	2	6	4
5	8	4	2	6	9	3	7	1
2	7	8	3	9	4	5	1	6
9	5	1	8	7	6	4	2	3
6	4	3	5	1	2	9	8	7

2	5	1	8	6	4	3	9	7
7	8	6	5	3	9	4	2	1
9	4	3	1	2	7	5	8	6
4	6	8	3	1	2	9	7	5
3	1	9	7	5	6	8	4	2
5	7	2	9	4	8	6	1	3
8	3	7	2	9	5	1	6	4
6	2	5	4	8	1	7	3	9
1	9	4	6	7	3	2	5	8

6	1	2	3	7	9	8	5	4
7	3	5	4	2	8	1	9	6
4	8	9	1	5	6	3	2	7
9	7	1	8	6	3	5	4	2
3	5	6	9	4	2	7	8	1
2	4	8	7	1	5	6	3	9
8	9	7	6	3	4	2	1	5
1	2	3	5	9	7	4	6	8
5	6	4	2	8	1	9	7	3

Le saviez-vous

Si elles ne sont pas nos amies, les termites n'en sont pas moins championnes en matière d'habitat écologique ! Pouvant atteindre une hauteur de 9 m, une termitière offre une climatisation réversible via un système de trous percés à sa base, de tunnels intérieurs et de cheminées à son sommet. Cette conception a servi de modèle à un immeuble inauguré en 1996 au Zimbabwe, où les températures dépassent les 40 °C. Il consomme 90 % moins d'énergie qu'un bâtiment de taille comparable. M. Q.

Sainte Brigitte

« Nuages de la Sainte-Brigitte,
par le soleil sont chassés vite. »
Dicton

AU JARDIN

Bien tailler les rosiers

Chaque année, la question revient sur le tapis: quand dois-je tailler mes rosiers? Pour faire simple: ceux qui ne fleurissent qu'une fois en mai-juin se taillent juste en fin de floraison. C'est le cas des rosiers arbustifs et grimpants non remontants et de nombre de rosiers botaniques dont la floraison est portée par le bois mûr formé l'été précédent. Ne coupez pas plus d'un tiers de la hauteur et pensez à égaliser leur silhouette dès l'automne. Pour les rosiers remontants, ceux qui fleurissent en plusieurs fois entre le mois de mai et l'automne, intervenez en janvier-février en les coupant de moitié.

Utilisez un sécateur aux lames affûtées et désinfectées à l'alcool. Coupez toujours en biseau au-dessus d'un bourgeon. Sectionnez les tiges mortes et les rameaux trop fins à la base. Enfin, laissez tranquilles les rosiers dits paysagers. Généreux et rustiques, ils garantissent de belles fleurs sans nécessiter beaucoup d'entretien. Contentez-vous uniquement de les rafraîchir tous les 3 ans en les coupant très court. **P.-Y. N.**

© Richard Villalon/stock.adobe.com

À FAIRE:

-
-
-
-
-
-
-

Mots à rayer

Rayez dans chaque grille tous les noms de la liste. Ils peuvent se croiser et se lire en tous sens : de haut en bas et vice versa, de droite à gauche et inversement, ainsi qu'en diagonale.

G	N	A	T	E	E	S	R	A	P	M	O	C
I	A	L	B	E	D	G	N	I	M	M	E	L
R	U	A	C	I	B	A	R	A	N	T	L	O
E	T	N	O	A	G	A	S	A	D	C	A	F
S	I	P	I	S	T	E	H	S	H	E	E	F
P	L	A	N	A	S	E	R	P	A	A	D	R
E	I	I	G	N	O	B	L	E	L	B	I	I
C	S	E	G	E	L	L	O	C	L	A	M	R
T	E	N	I	L	U	O	M	T	E	R	D	A

ADRET
ALPHABET
AMBASSADE
APRÈS
ASPECT
COING
COLLÈGE
COMPARSE
DÉBLAI
DEDANS
ÉBATS
ÉTANG
FATMA
HAÏR
HALLE
IDÉAL
IGNOBLE
LEMMING
MOULINET
OFFRIR
PAÏEN
PINCÉE
PIRATAGE
PISTE
POIDS
RESPECT
RINCER
SAGA
UTILISÉ

mercredi 24 juillet

Sainte Christine

« À la Sainte-Christine,
les blés perdent leurs racines. »
Dicton

À FAIRE :

•
•
•
•
•
•
•
•
•

EN FORME

Trois conseils pour protéger vos dents

© Kurhan/stock.adobe.com

On arrête le grignotage Si vous mangez entre les repas, la salive n'a pas le temps de jouer pleinement son rôle protecteur entre deux prises alimentaires. Il faut aussi freiner votre consommation d'aliments acides (agrumes, épinards…), qui déminéralisent l'émail (ou boire le jus d'orange à la paille pour limiter le contact avec les dents).

On s'alerte d'une mauvaise haleine Souvent attribuée à un problème gastrique, elle est d'origine bucco-dentaire dans 80 % des cas. Elle est liée à la présence de bactéries dont certaines ont le pouvoir de synthétiser des composés sulfurés volatils, responsables des mauvaises odeurs. Une langue chargée peut être un indice. Vous êtes concerné ? Direction le cabinet du dentiste.

On chasse les petites manies Certaines habitudes a priori anodines peuvent engendrer une usure traumatique des dents, provoquer des douleurs, voire des fêlures. C'est le cas, par exemple, pour les fumeurs de pipe, en raison du petit choc permanent donné sur les incisives, ou les couturières qui coincent des épingles entre leurs dents. I. G.

C'EST ARRIVÉ LE…

24 JUILLET 1967

Le général De Gaulle provoque la colère du gouvernement canadien en clôturant son discours sur le balcon de l'hôtel de ville de Montréal par la phrase « Vive le Québec libre ! ». Face au tollé provoqué, le président français est contraint d'écourter sa visite. S. P.

Tout compte fait

Dans chacune des trois lignes, placez les nombres 1 3 6 7 9 de façon à obtenir, en réalisant quatre opérations successives, le total indiqué.

	+		x		-		:		=	22
	:		-		x		+		=	19
	x		+		:		-		=	10

SOLUTION : 1 + 7 x 9 - 6 : 3 = 22 / 9 : 3 - 1 x 6 + 7 = 19 / 7 x 9 + 3 : 6 - 1 = 10

jeudi 25 juillet

Saint Jacques

« Si Saint-Jacques est serein,
l'hiver sera dur et chagrin. »
Dicton

© Elena/stock.adobe.com

Soignez vos rosiers

Outre la forme et le parfum, un des principaux critères de sélection des rosiers par les créateurs est la résistance aux maladies. Ce n'est pas pour déplaire aux jardiniers amateurs, privés depuis 2019 de nombreux produits phytosanitaires. Un rosier planté dans une terre riche et bien nourrie sera, toutefois, naturellement moins attrayant pour les auxiliaires comme les coccinelles et les oiseaux insectivores.

Vos rosiers ne sont pas à l'abri d'une attaque d'oïdium. Des températures supérieures à 20 °C et une forte hygrométrie favorisent la croissance de ce champignon qui blanchit le feuillage. Remediez à ce problème en pulvérisant une décoction de prêle sur vos plantes. Contre d'autres maladies cryptogamiques, comme celle des taches noires et la rouille avec ses pustules orangées, pulvérisez du soufre micronisé – à utiliser en traitement préventif pour ne pas abuser du produit qui s'accumule dans le sol. Et ne vous inquiétez pas des mégachiles, ces abeilles solitaires et précieuses pollinisatrices qui poinçonnent les feuilles, elles ne compromettent ni la croissance ni la floraison de vos rosiers. **P.-Y. N.**

À FAIRE :

-
-
-
-
-
-
-

Kemarus®

Une grille est composée de zones de 1 à 5 cases entourées de gras.
- Complétez la grille avec les chiffres manquants sachant qu'une zone d'une case contient le chiffre 1, une zone de deux cases contient les chiffres 1 et 2, une zone de trois cases contient les chiffres 1, 2 et 3, etc.
- Deux chiffres identiques ne peuvent être placés côte à côte, ni en diagonale.

Exemple :

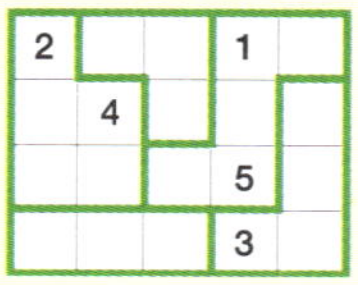

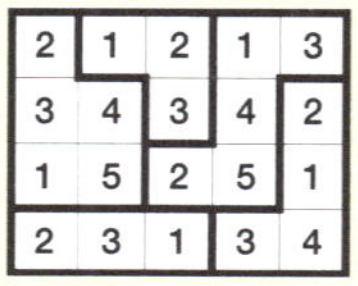

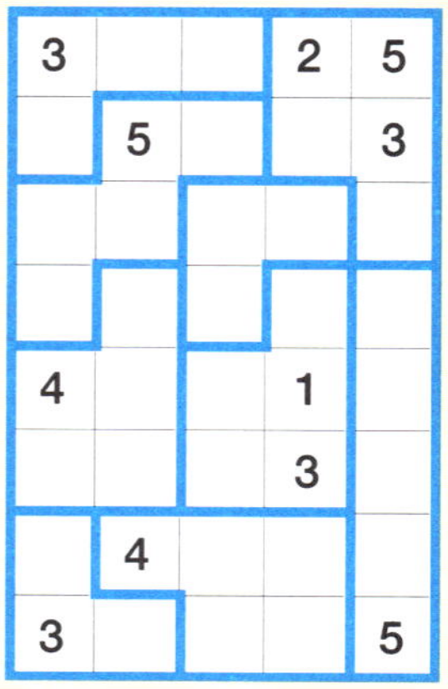

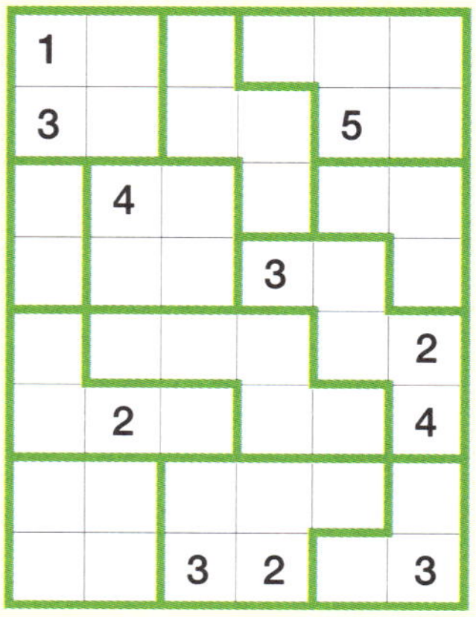

Solution au vendredi 26 juillet

vendredi 26 juillet

Sainte Anne, saint Joachim

« Pour la Sainte-Anne, s'il pleut,
trente jours seront pluvieux. »
Dicton

À FAIRE :

Méli-mélo

La couronne d'Angleterre

Nous avons mélangé entre elles les lettres de noms de personnages historiques et celui d'une religion. Trouvez-les et placez-les au-dessus de la définition qui convient.

Lettres à replacer :

AAAEEIIIOULNRDNQT
TERMRAIDOU
ILEAHTESB
EAGLNMISNACI
GELTCEMUUNALLINOQREUA
KTHCEBSAMOTE

N° 1 ....
Fille d'Henri VIII et d'Anne Boleyn, première du nom, elle fut reine de 1558 à 1603. Elle soutint les protestants et fit battre l'Invincible Armada de Philippe II d'Espagne. Ne s'étant jamais mariée, elle fut surnommée la « reine vierge ».

N° 2 ....
Après avoir épousé Louis VII, roi de France, elle fut reine d'Angleterre en se mariant avec Henri Plantagenêt, dont elle eut Richard Cœur de Lion et Jean sans Terre. Elle vécut principalement en France et conspira même contre son époux (trois mots).

N° 3 ....
Ce duc de Normandie devint roi d'Angleterre après avoir remporté la bataille d'Hastings et triomphé du roi Harold en 1066. Il établit une monarchie forte reposant sur le système féodal et une administration efficace (trois mots).

N° 4 ....
Il s'agit ici de la religion officielle du royaume, qui va s'éloigner de la papauté, conservant des traits catholiques avec des tendances calvinistes. C'est un acte d'Henri VIII qui va confirmer le schisme, le roi prenant la tête de l'Église.

N° 5 ....
Prélat et homme politique, ami du roi Henri II, chancelier du royaume, il fut nommé par le roi archevêque de Canterbury en 1162. Par la suite, il s'opposa au monarque, qui le fit assassiner en 1170. Il fut canonisé dès 1173 (prénom et nom).

N° 6 ....
Elle inspira un drame à Victor Hugo et fut surnommée « la Catholique » (elle rétablit cette religion dans le royaume) ou « la Sanglante » (exécution de Jeanne Grey qui contestait sa légitimité). Elle régna de 1553 à 1558 (prénom et nom).

Solution au dimanche 28 juillet

SOLUTION DU JEUDI 25

3	4	1	2	5
2	5	3	4	3
1	4	1	2	1
2	5	3	4	3
4	1	2	1	2
2	3	5	3	4
1	4	1	2	1
3	2	5	3	5

1	4	1	4	1	2
3	2	3	2	5	3
1	4	1	4	1	2
2	3	2	3	5	3
4	5	1	4	1	2
1	2	3	2	3	4
3	4	1	4	5	2
1	2	3	2	1	3

NOS EXPRESSIONS

ÇA COULE DE SOURCE

« Vous écrivez divinement, je suis sûre que vous n'y pensez pas et tout ce que vous dites sur cela coule de source de votre cœur au bout de votre plume... » C'est à Françoise de Sévigné, grande épistolière du XVIIe siècle, que l'on doit l'expression « couler de source », au sens figuré d'aller de soi. Avant elle, il n'y avait aucune métaphore à constater qu'une eau prenait naturellement naissance en amont... M. Q.

« Vivre est ce qu'il y a de plus beau au monde, la plupart des gens existent c'est tout. »
Oscar Wilde

Mini-fléchés

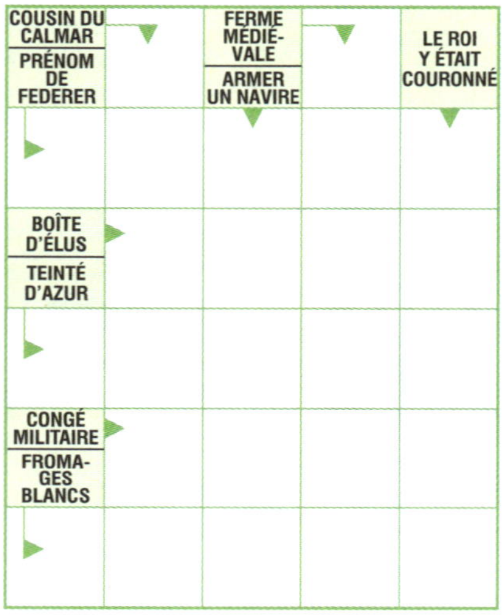

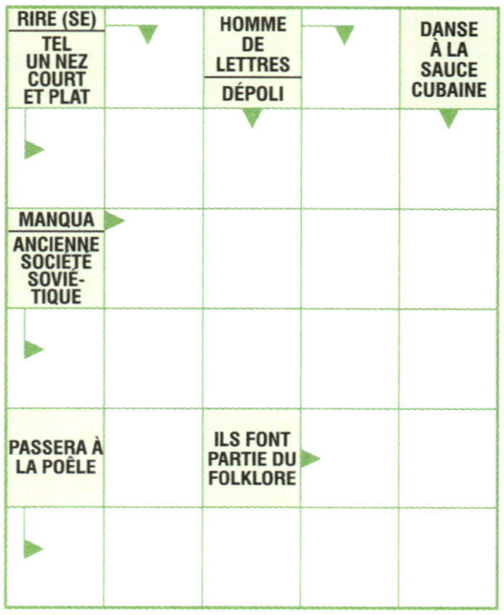

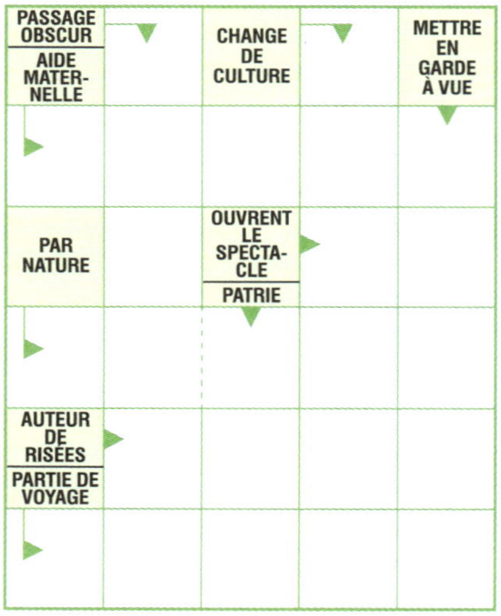

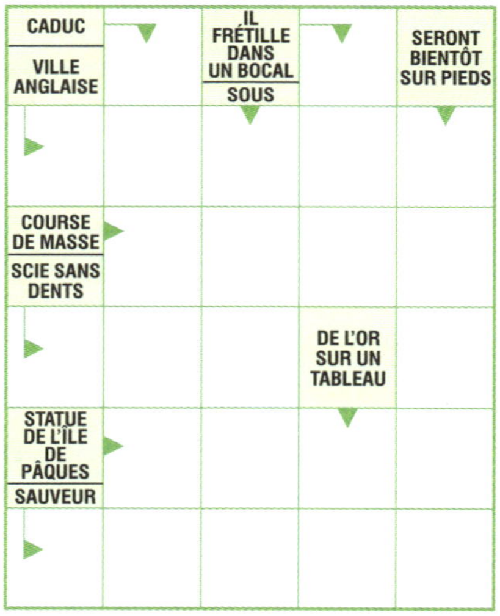

Solution au lundi 29 juillet

À FAIRE :

•
•
•
•
•
•
•
•

Vite, une astuce !

Si vous avez besoin de recharger votre smartphone très rapidement, activez le mode avion. Privé de toute connexion, l'appareil ne gaspille plus l'énergie qu'il tente simultanément d'accumuler. Prenez aussi soin de vous brancher sur une prise murale, qui assurera une recharge bien plus rapide que la prise USB d'un ordinateur. Évitez également de manipuler votre téléphone portable pendant que la batterie se recharge : la mise en éveil de son écran est très énergivore !

Le saviez-vous

La plus importante des collections publiques consacrées à Henri de Toulouse-Lautrec est réunie depuis 1922 dans une aile du palais de la Berbie d'Albi. Tableaux de jeunesse, scènes de Montmartre, affiches, dessins et lithographies donnés par la mère de l'artiste composent un ensemble unique signé du peintre, né en 1864 dans une famille de la noblesse albigeoise. M.-E. G.

dimanche 28 juillet

Saint Samson

« Si le jour de Saint-Samson, le pinson est au buisson, tu peux, bon vigneron, défoncer ton poinçon. »
Dicton

À FAIRE :

•
•
•
•
•
•
•
•
•
•

SOLUTION DU VENDREDI 26

1. Élisabeth **2.** Aliénor d'Aquitaine **3.** Guillaume le Conquérant **4.** Anglicanisme **5.** Thomas Becket **6.** Marie Tudor.

© Clermont Auvergne Tourisme

BALADE EN FRANCE

Royat-Chamalières, thermes impériaux

En 1844, la découverte de la grande source scelle le devenir de cette commune d'Auvergne : Royat sera une ville thermale. Le 9 juillet 1862, Napoléon III et Eugénie la visitent. Ils n'y restent que quelques heures, mais cela suffit pour lancer la station. La source est rebaptisée du nom de l'impératrice. En 1865, le Grand Hôtel est construit, bientôt suivi en 1874 du parc thermal et du casino. Ce succès attire le prince de Galles qui offre une chapelle anglicane. Dans le même temps, Auguste et Clémentine Rouzaud y créent une chocolaterie qui va essaimer dans toute la France : La Marquise de Sévigné. **C'est l'heure de gloire de Royat,** ces années folles où rentiers et aristocrates fréquentent ses palaces et son nouveau casino. Royat possède toujours le charme de l'époque. Devant ses thermes, dont les vitraux Art déco représentent le Puy-de-Dôme, les bains gallo-romains rappellent que l'histoire thermale de la ville s'écrit en réalité depuis l'Antiquité. À côté, les mosaïques de la *Buvette Eugénie* sont l'œuvre de Gentil et Bourdet, les céramistes de la piscine de Roubaix. De là, il faut grimper une volée de marches pour atteindre le pavillon Majestic en briques émaillées vertes. **Tout autour, anciens palaces et villas éclectiques** s'étagent jusqu'aux bois. La route descend vers Chamalières, commune jumelle qui commence à la hauteur des thermes. Parfois, des convois ultrasécurisés traversent cette ville paisible. Ils proviennent de l'imprimerie de la Banque de France qui, à elle seule, a fabriqué un quart des euros circulant en Europe. En 2026, elle rejoindra le site de Vic-le-Comte, où se trouve déjà la papeterie. Lieu de naissance de Pierre Schoendoerffer (réalisateur du *Crabe-Tambour*) dont Giscard a longtemps été maire, Chamalières retrouvera alors le calme bourgeois des belles villas. Avant de quitter la commune, une visite s'impose au parc Bargoin, orné de près de 60 essences d'arbres. C'est l'occasion de rejoindre une ancienne voie romaine qui mène au Puy-de-Dôme. **J.-P. R.**

Sainte Marthe

« Pluie du matin en juillet
est bonne au vin. »
Dicton

À FAIRE :

-
-
-
-
-
-
-

SOLUTION DU SAMEDI 27

■	P	■	T	■
R	O	G	E	R
■	U	R	N	E
B	L	E	U	I
■	P	E	R	M
S	E	R	E	S

■	M	■	A	■
C	A	M	U	S
■	R	A	T	A
A	R	T	E	L
■	E	■	U	S
F	R	I	R	A

■	T	■	A	■
N	U	R	S	E
■	N	■	S	P
E	N	S	O	I
■	E	O	L	E
A	L	L	E	R

■	P	■	I	■
L	E	E	D	S
■	R	U	E	E
A	I	R	■	M
■	M	O	A	I
J	E	S	U	S

AU MARCHE

La myrtille

C'est le début de la saison de cette petite baie aux multiples vertus. Sa peau doit être lisse, rebondie et sans tache. Riche en eau (85 %), elle est peu sucrée. Côté nutrition, c'est une pépite : vitamines C, B, E, manganèse, fibres, antioxydants... Savourez les myrtilles avec un yaourt (brebis, vache, végétal...) ou en salade avec du melon et des framboises. Ne les conservez pas plus d'une semaine au réfrigérateur.

Info + Au jardin, plantez des myrtilles dans un coin ombragé. M.-A. D.

mardi 30 juillet

Sainte Juliette

« À la Sainte-Juliette,
l'été est en fête. »
Dicton

À FAIRE :

•

•

•

•

AU JARDIN

Un hortensia en pot

© Johan Pienaar/stock.adobe.com

L'hortensia peut vivre longtemps en pot et fleurir généreusement. Offrez-lui un contenant 3 fois plus volumineux que son conteneur d'origine. Drainez le fond avec une bonne couche de billes d'argile avant de planter l'hortensia dans un mélange à parts égales de terre de bruyère, légère et acide, et de terreau horticole, riche en matières organiques. Pour garantir une bonne reprise, la motte de l'arbuste sera préalablement immergée dans un seau d'eau. Pendant toute la période de croissance et de floraison, suivez de près l'arrosage. Si le feuillage s'affaisse, c'est le signe que la plante réclame à boire. En mars, faites un apport d'engrais spécial hortensia, sous forme liquide ou en granulés. Renouvelez à la mi-juin pour soutenir la floraison. **P.-Y. N.**

Petits fléchés

QU'EST-CE QU'ELLE ASSURE ! / DU LUX		FINS TISSUS / PÉCHÉ		FIT DES AVANCES / SANS RETENUES		VIOLEMMENT CRITIQUÉS
MÉGIR UN CUIR / OISEAU RAPACE						
NOTE DANS LA MARGE		RÉCUSAI / PARTIE À L'EXAMEN				
					IL NE FAIT PAS GRAND BIEN	
L'IRIDIUM / PLANCHE DE TOMES			IL A SES HEURES DE POINTES			
ARTICLE D'ARAGON			PAS POUR TOUS			

FORMER UN TOUT / PETITE GOURDE		BOÎTE À SUSHIS / DÉLICTUEUSE		SE DÉBARRASSER / SÉRIE DE MESSES		CHIEN DU TAROT
BÊTE À PIQUANTS / FERA L'ARTICLE						
CŒUR DE L'AISNE / TERRE DES ANCIENS					VILLE DE GALILÉE	
			TEST POUR UN PSYCHIATRE / LUEUR			
CHAOS GLACÉ / CALE D'ANGLE						SYMBOLE D'UN GAZ RARE
		FIT SON NID				
METTRE SUR LE SABLE						

Solution au jeudi 1er août

mercredi 31 juillet

Saint Ignace de Loyola

« Au jour de Saint-Ignace,
moissonne quel que temps qu'il fasse. »
Dicton

A TABLE

Tarte aux pêches et aux fruits rouges

© Roulier-Turiot/Photocuisine

Pour 4 personnes La pâte : • 185 g de farine • 95 g de sucre semoule • 95 g de beurre (+ un peu pour le moule) • 1 œuf • 1 pincée de sel • 2 c. à soupe d'eau froide. **La tarte :** • 5 pêches jaunes • 125 g de framboises • 125 g de myrtilles • 125 g de gelée d'abricot ou coing • Papier cuisson.

1. La pâte : travaillez la farine, le sucre et le beurre jusqu'à obtenir un sablage. Fouettez l'œuf avec le sel et l'eau. Incorporez-les au sablage, formez une boule homogène. Conservez 1 heure au réfrigérateur.

2. La tarte : préchauffez le four à 180 °C (th. 6). Étalez la pâte, garnissez un moule à tarte beurré. Piquez le fond de la pâte, disposez une feuille de papier cuisson avec des poids (ou des haricots secs) dessus. Enfournez 15 minutes. Puis, retirez les poids et le papier, poursuivez la cuisson durant 20-25 minutes. Laissez refroidir complètement avant de démouler.

3. Pelez les pêches, coupez-les en fins quartiers, égouttez-les. Rincez et séchez les fruits rouges. Puis, dans une petite casserole, faites légèrement chauffer la gelée afin de la liquéfier.

4. Disposez les fruits sur la tarte. Badigeonnez l'ensemble d'une fine couche de gelée. Réservez au frais jusqu'au service.

Info + Parsemez quelques feuilles de menthe sur le dessus pour sublimer les arômes. **M.-A. D.**

À FAIRE :

•
•
•
•
•
•
•
•
•

Figures manquantes

Observez cette chaîne pendant 30 secondes, puis cachez-la.

Reproduisez de mémoire les trois formes manquantes dans la chaîne ci-dessous.

C'EST ARRIVÉ LE...

31 JUILLET 1944

L'avion d'Antoine de Saint-Exupéry s'abîme en Méditerranée, abattu par un tir allemand. L'écrivain, poète et aviateur français disparaît en mer. 66 ans plus tard, l'épave de son appareil sera retrouvée au large de Marseille et formellement identifiée. **S. P.**

jeudi 1er août

Saint Alphonse

« S'il pleut au premier août,
pas de regain du tout. »
Dicton

À FAIRE :

•
•
•
•
•
•
•
•
•

D'un mot à l'autre

En regroupant et en mélangeant les lettres de chaque mot donné avec la lettre qui le suit, vous devez trouver un second mot composé, selon le cas, de quatre, cinq, six ou sept lettres. Aucun mot au pluriel n'est admis ni aucun verbe conjugué.

Mots de 4 lettres

1 SOC + Y = _ _ _ _
2 OLA + T = _ _ _ _
3 LOT + V = _ _ _ _

Mots de 5 lettres

4 PERE + I = _ _ _ _ _
5 MERE + C = _ _ _ _ _
6 TURF + U = _ _ _ _ _
7 FIER + C = _ _ _ _ _

Mots de 6 lettres

8 RUBAN + I = _ _ _ _ _ _
9 ISSUE + C = _ _ _ _ _ _
10 RICHE + O = _ _ _ _ _ _

Mots de 7 lettres

11 RABAIS + F = _ _ _ _ _ _ _
12 APOTRE + T = _ _ _ _ _ _ _
13 ECLATE + H = _ _ _ _ _ _ _
14 PLAQUE + N = _ _ _ _ _ _ _

Solution au samedi 3 août

SOLUTION DU MARDI 30

■	M	■	L	■	P	■
L	U	M	I	E	R	E
■	T	A	N	N	E	R
H	U	L	O	T	T	E
■	A	■	N	I	A	I
G	L	O	S	E	■	N
■	I	R	■	R	A	T
E	T	A	G	E	R	E
■	E	L	■	S	E	S

■	T	■	B	■	O	■
T	O	P	E	T	T	E
■	T	E	N	R	E	C
V	A	N	T	E	R	A
■	L	A	O	N	■	R
S	I	L	■	T	A	T
■	S	E	R	A	C	■
V	E	■	A	I	R	A
■	R	U	I	N	E	R

AU MARCHE

La tomate cerise

Depuis juillet, la tomate cerise s'invite joyeusement dans nos pique-niques. Choisissez-la bien rouge, ferme mais pas dure, chez un producteur local pour une fraîcheur optimale. Gorgée d'eau (90 %), elle est source de fibres, de vitamine C, de potassium et d'antioxydants, dont le lycopène, précieux l'été. Dégustez-la nature ou en salade avec de la roquette, de la burrata, des herbes fraîches. Elle se conserve environ 4 jours à l'air ambiant.

Info + Savourez la tomate cerise avec de l'huile d'olive pour mieux assimiler le lycopène qu'elle contient. **M.-A. D.**

vendredi 2 août

Saint Julien Eymard

« À quoi servirait l'intelligence si l'imbécillité n'existait pas ? »
Pierre Dac

EN FORME

Haricot vert : un concentré de bons nutriments

Faiblement calorique Composé à plus de 90 % d'eau, le haricot vert n'apporte que 32 kcal pour 100 g. Grâce à ses fibres, il est rassasiant : une belle assiette vous aidera facilement à ne pas exagérer sur le fromage ou le dessert. Pour conserver sa légèreté, évitez de le noyer dans du beurre.

Riche en fibres Une assiette de 200 g en fournit 6 g (soit 20 % de l'apport conseillé), de quoi stimuler naturellement le transit intestinal. Les haricots extrafins conviennent en cas de syndrome de l'intestin irritable puisqu'ils contiennent principalement de la pectine, une fibre très douce. Les haricots de plus gros calibre apportent plus de cellulose, un peu plus irritante.

Un cocktail vitaminé Une assiette de 200 g représente de 10 à 20 % de l'apport conseillé en calcium, magnésium, potassium, ainsi qu'en cuivre et en manganèse. Le haricot vert présente des teneurs élevées en vitamine K, utile à la santé osseuse (36 % de l'apport conseillé) et en vitamine B9, essentielle au bon fonctionnement des neurones (100 %).

© karepa/stock.adobe.com

Prenez-en soin ! Pour profiter pleinement de ses micronutriments, mangez le haricot vert dans les 48 heures après la cueillette. Préférez une cuisson à la vapeur ou à l'étouffée. Si vous devez le congeler, un blanchiment préalable (de 2 à 3 minutes à l'eau bouillante) permet de stabiliser les vitamines tout au long de la conservation. **F. D.**

À FAIRE :

•

•

•

•

•

•

•

•

Dessiner de mémoire

Observez ces quatre viennoiseries pendant 30 secondes, puis cachez-les.

Redessinez les formes dans le bon ordre.

C'EST ARRIVÉ LE...

2 AOÛT 1972

Les femmes font une entrée fracassante à l'École polytechnique jusqu'alors réservée aux hommes : arrivée en tête du concours, Anne Chopinet n'a que 18 ans et, après un bac mention « très bien », elle a aussi été reçue à l'École normale supérieure et à Centrale ! Sur 300 élèves, cette première promotion mixte compte 7 femmes. **F. M.**

samedi 3 août

Sainte Lydie

« Fais de ta vie un rêve,
et d'un rêve, une réalité. »
Antoine de Saint-Exupéry

Sudokus

7		6						
		4	9					1
	5		3	8				2
		8		3			7	6
	2	5				9	1	
6	7			5		8		
5				4	7		9	
1					5	6		
						1		5

	9						5	2
			1	3				9
2	6		5			8		
			6	7		3		
		5				1		
		8		1	5			
		9			1		8	7
1				2	4			
7	2						1	

		8	1	6				
	2	7						
							8	
4					2			3
1			4		7			2
5			9					4
	1							
						9	4	
				2	9	6		

				7				
5								9
	6			3			5	
	3	5	7		4	6	2	
			1		2			
	8						9	
		2	9		3	1		
		3				5		
	5		8		1		4	

Solution au lundi 5 août

À FAIRE :

•
•
•
•
•
•
•
•
•

SOLUTION DU JEUDI 1ER

4 lettres : 1/ Cosy - 2/ Alto - 3/ Volt. **5 lettres :** 4/ Épier - 5/ Crème - 6/ Futur - 7/ Récif. **6 lettres :** 8/ Urbain - 9/ Cuisse - 10/ Échoir. **7 lettres :** 11/ Abrasif - 12/ Tapoter - 13/ Lâcheté - 14/ Planque.

Le saviez-vous

Chaos de granit rose en Bretagne, le Pied d'éléphant, le Chapeau de Napoléon, la Guérite des amoureux, le Champignon, la Bouteille... Voici quelques-uns des noms donnés aux étonnantes formations rocheuses qui émaillent la côte autour du village de Ploumanac'h, dans les Côtes-d'Armor. Ces majestueux blocs de granite rose sont connus à travers le monde. Ces roches se trouvaient dans le sous-sol à l'origine. Leur forme arrondie est l'aboutissement d'un phénomène d'érosion très lent, qui a duré plusieurs millions d'années. L'eau douce les a altérées en s'infiltrant. Le vent les a découvertes... Aujourd'hui, elles flamboient pour le bonheur des nombreux visiteurs au moindre rayon de soleil. Au cœur du site, la Maison du Littoral abrite leur histoire. S. P.

« Il faut cueillir les choux,
l'un des trois premiers jours d'août. »
Dicton

© Christophe Bouthe-Ot Tarn

BALADE EN FRANCE

Albi, la perle du Tarn

Son surnom aurait pu être « la ville rose », comme Toulouse, tant la brique foraine, caractéristique du Midi toulousain, s'affiche partout sur les façades, avec ses déclinaisons allant du rouge à l'ocre. Utilisée du XIe au XIXe siècle, fabriquée à partir de la terre locale, elle donne son âme au centre historique d'Albi. Mais ce qui attire irrésistiblement le regard du visiteur, c'est l'imposante, presque écrasante, cité épiscopale qui surplombe les toits, témoignant de la puissance des évêques d'Albi au XIIIe siècle, un site reconnu en 2010 au patrimoine mondial de l'Unesco.

Alors autant démarrer la visite par Sainte-Cécile, « la plus grande cathédrale de briques au monde ». Depuis l'extérieur, son austérité et son allure défensive peuvent surprendre mais, une fois passé le porche, la richesse des fresques capte tous les regards. Il faut avancer les yeux levés pour admirer les couleurs, les décors de style géométrique, les trompe-l'œil… Et sous le grand orgue du XVIIIe siècle, une immense fresque de 200 m² offre une incroyable représentation du Jugement dernier.

Après toutes ces émotions, une balade dans les quartiers médiévaux, qui composent le cœur de la ville, s'impose. En flânant d'une placette à l'autre, le long des maisons à colombages, le visiteur passe devant la collégiale et le cloître Saint-Salvi. Construit lui aussi au XIIIe siècle, il abrite un jardin, inspiré de l'ancien jardin des simples, où règnent silence et quiétude. Juste le temps de gagner le musée Toulouse-Lautrec installé dans le palais de la Berbie, l'autre prestigieux monument de la cité épiscopale. Ainsi repu de patrimoine, d'art et d'histoire, une promenade « nature » est la bienvenue. En pleine ville, au pied des remparts, démarre un sentier de randonnée qui serpente sur 4 km le long des rives du Tarn. Tout l'été, des gabarres permettent aussi de faire cette balade sur l'eau, parfois sous l'œil méfiant des hérons, aigrettes ou castors. **M.-E. G.**

À FAIRE :

•

•

•

•

•

•

•

•

Vite, une astuce !

C'est bien connu, le pollen des fleurs de lis tache les doigts et les tissus. C'est pourquoi les fleuristes prennent soin de couper les étamines avant de vous vendre un bouquet. Si le mal est fait, laissez le tissu sécher en plein soleil ou retirez un maximum de pollen avec un rouleau anti-poils. Appliquez aussitôt un détachant puis lavez en machine.

lundi 5 août

Saint Abel

« Quand août est bon,
abondance à la maison. »
Dicton

À FAIRE :

•

•

•

•

•

•

•

•

© Pefkos/stock.adobe.com

AU JARDIN

Il est pas beau mon gazon ?

Tondre à la bonne hauteur Pour avoir un beau gazon, il faut une lame bien affûtée qui ne déchiquette pas les brins d'herbe. Les tondeuses à lames hélicoïdales donnent de meilleurs résultats. Ceci dit, il faut régler la hauteur de coupe pour ne pas tondre plus d'un tiers de la hauteur du gazon, sous peine de le transformer en paillasson. En été, la pousse étant plus lente, tondez tous les 10 jours environ. Ramassez l'herbe pour éviter la propagation de maladies, sauf si elle est coupée finement.

Arroser comme il faut Si les brins d'herbes ne se redressent plus après un piétinement et prennent une teinte vert-bleuté, c'est que votre pelouse a soif. Il faut savoir que moins vous arrosez, plus les racines vont se développer et chercher l'eau en profondeur. Suivez de près la météo pour ne pas arroser la veille d'une forte précipitation. Les jours de canicule, arrosez en pluie fine, en soirée, en comptant tout de même 5 l par m^2. Pas de panique en cas d'interdiction d'arrosage, votre pelouse grillée attendra les pluies d'automne pour se refaire une beauté.

Éliminer les mauvaises herbes Un gazon bien nourri, arrosé et régulièrement tondu est forcément plus beau. Le passage du rouleau l'aidera à se densifier, laissant moins de place aux mauvaises herbes. Ne laissez pas les pâquerettes ou les pissenlits gagner du terrain : délogez-les avec un couteau désherbeur ou un désherbeur mécanique à dents. Contre les mousses, il suffit de rééquilibrer la terre trop acide avec un apport de calcium et de magnésium. **P.-Y. N.**

SOLUTION DU SAMEDI 3

7	3	6	5	1	2	4	8	9
2	8	4	9	7	6	3	5	1
9	5	1	3	8	4	7	6	2
4	1	8	2	3	9	5	7	6
3	2	5	7	6	8	9	1	4
6	7	9	4	5	1	8	2	3
5	6	3	1	4	7	2	9	8
1	4	2	8	9	5	6	3	7
8	9	7	6	2	3	1	4	5

3	9	1	4	8	6	7	5	2
8	5	7	1	3	2	4	6	9
2	6	4	5	9	7	8	3	1
9	1	2	6	7	8	3	4	5
6	7	5	9	4	3	1	2	8
4	3	8	2	1	5	9	7	6
5	4	9	3	6	1	2	8	7
1	8	6	7	2	4	5	9	3
7	2	3	8	5	9	6	1	4

9	4	8	1	6	3	7	2	5
3	2	7	5	9	8	4	1	6
6	5	1	2	7	4	3	8	9
4	7	6	8	1	2	5	9	3
1	9	3	4	5	7	8	6	2
5	8	2	9	3	6	1	7	4
7	1	9	6	4	5	2	3	8
2	6	5	3	8	1	9	4	7
8	3	4	7	2	9	6	5	1

3	9	8	5	7	6	2	1	4
5	2	7	4	1	8	3	6	9
4	6	1	2	3	9	8	5	7
1	3	5	7	9	4	6	2	8
6	7	9	1	8	2	4	3	5
2	8	4	3	6	5	7	9	1
8	4	2	9	5	3	1	7	6
9	1	3	6	4	7	5	8	2
7	5	6	8	2	1	9	4	3

EN FORME

On maigrit en dormant

Fabriquée pendant le sommeil, la leptine, hormone issue des graisses stockées dans notre tissu adipeux, active le système de satiété et met en veilleuse la ghréline, hormone de l'appétit. Elle augmente la dépense énergétique, ce qui explique une perte de poids facilitée en dormant. Mieux : dormir une heure de plus chaque nuit permet de réduire l'apport calorique de 300 kcal environ chaque jour. C'est ce qu'a démontré une étude scientifique américaine menée sur des gens en surpoids ne dormant à l'origine que 6 h 30 par nuit… **M. Q.**

« Si le vent souffle le 6 août, le blé sera cher toute l'année. S'il ne souffle pas, il sera bon marché. »
Dicton

A TABLE

Salade de haricots verts, tomates et parmesan

Pour 4 personnes • 500 g de haricots verts • 500 g de petits pois à écosser • 125 g de tomates cerises • 1 courgette verte • 50 g de roquette • 1 c. à soupe de graines de tournesol • 1 c. à soupe de graines de courge • 3 c. à soupe de vinaigre balsamique blanc • 5 c. à soupe d'huile d'olive • Sel, poivre du moulin • 100 g de parmesan en copeaux.

1. Équeutez les haricots, écossez les petits pois et lavez-les. Plongez les haricots 6 minutes dans une casserole d'eau bouillante salée. Ajoutez les petits pois, prolongez la cuisson 5 minutes. Égouttez, plongez les légumes dans un bain d'eau glacée. Égouttez à nouveau.

2. Lavez et coupez les tomates cerises en quarts. Lavez et râpez la courgette à l'aide d'une mandoline crantée.

3. Rincez et essorez la roquette. Faites toaster très légèrement les graines à sec dans une poêle.

© Ploton / Photocuisine/Sucré Salé

4. Répartissez la roquette et la courgette râpée dans quatre assiettes. Ajoutez les haricots verts, les petits pois, les tomates et les graines.

5. Fouettez le vinaigre avec l'huile, assaisonnez, versez sur la salade, ajoutez les copeaux de parmesan.

Info + Préparez une vinaigrette avec du vinaigre de framboise pour faire ressortir les parfums. **M.-A. D.**

À FAIRE :

•

•

•

•

•

•

•

Super croisés

	A	B	C	D	E	F	G	H	I	J	K	L
1												
2				■							■	
3							■					
4					■				■			
5			■					■				■
6					■							
7										■		
8				■								

Horizontalement

1. On compte sur lui pour faire passer le courant. **2.** Un joli mois. S'exprime à la façon de certains coureurs. **3.** On le trouve sur un parasol. Fait le mur. **4.** Une partie du globe. Impliqué dans une affaire de cœur. Tel que l'on ne laisse presque rien paraître. **5.** Libéré d'une attache. Agent de sûreté. Versés à Bucarest. **6.** Également. Passés. **7.** Échelle pour monter et descendre. Joué. **8.** Région de Colmar. Regardera de trop près.

Verticalement

A. Prouve qu'on n'a pas eu de peine. **B.** Simplicités naturelles. **C.** Élève la pensée. Force du passé. **D.** Roi africain. **E.** Lettre grecque. Personnel. **F.** Femme qui vend. **G.** Ne fait jamais un grand numéro. Sont composés pour la table. **H.** Il est préférable qu'il ne manque pas d'air. Parfois jeté pour protester. **I.** Peut se faire sur le champ. Suite logique. **J.** Éprouvée dans sa ductilité. **K.** Mettre sous enveloppe. **L.** Se rencontrent à un croisement. Procéda par élimination.

Solution au vendredi 9 août

mercredi 7 août

Saint Gaétan

« En août, de l'aube au soir,
on n'a qu'une heure pour s'asseoir. »
Dicton

À FAIRE :

•

•

•

•

•

•

•

•

EN FORME

Sommeil : je me cale sur mon rythme

© iofoto/stock.adobe.com

Plutôt du soir ou du matin ? C'est un chronotype déterminé par la génétique. Vous êtes du matin, comme 20 % de la population, si… vous vous endormez et vous réveillez environ une heure et demie plus tôt que la moyenne, avez faim dès le réveil et ne traînez pas au lit. C'est le matin que vous êtes le plus efficace. La moitié de cette catégorie se réveille dès 5 h du matin et file au lit à 21 h. Vous êtes du soir, comme 30 % de la population, si… vous vous endormez tard, si vous ne pouvez rien faire, ni avaler avant 10 h du matin. Vous n'êtes efficace que l'après-midi. Dans cette catégorie, une moitié ne peut s'endormir avant 5 h du matin. Vous êtes intermédiaire, comme 50 % de la population, si… vous vous adaptez facilement aux horaires de la vie en société.

Petit ou gros dormeur ? On naît moyen dormeur (7 à 8 h de sommeil), court dormeur (de 5 à 7 h) ou long dormeur (de 8 à 10 h). C'est pendant les vacances que vous pourrez caler votre plage de sommeil pour optimiser votre repos. Cachez tout ce qui fait « bip » et voyez comment les choses se passent. Les vrais courts dormeurs n'auront pas besoin de plus de sommeil que d'habitude. Les moyens et longs dormeurs vont en revanche confirmer, voire dépasser ce quota. Si c'est votre cas, au bout de quelques jours, vous vous réveillerez spontanément à peu près toujours à la même heure. Levez-vous dans la foulée. Si vous êtes en forme dans la journée et que votre entourage ne vous signale pas de sautes d'humeur, c'est que votre besoin est satisfait. M. Q.

C'EST ARRIVÉ LE…

7 AOÛT 1972

À la surprise générale, l'indétrônable directeur du service des sports de l'ORTF est licencié : Raymond Marcillac est accusé de « publicité clandestine » et du détournement des coordonnées des téléspectateurs. L'ancien athlète et promoteur du sport à la télévision récuse les accusations mais voit sa carrière brisée. F. M.

Cerf-volant

Quelle ficelle est reliée au cerf-volant ?

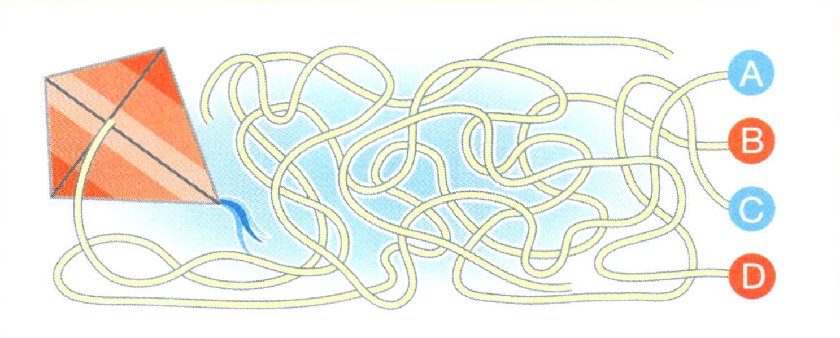

SOLUTION : La ficelle C.

« À la Saint-Dominique,
ne te plains pas si le soleil pique. »
Dicton

A TABLE

Cheesecake choco-praline

© Julie Mechali Annelyse Chardon /Cniel

Pour 8 personnes La base : • 250 g de sablés anglais • 40 g de cacao en poudre • 25 g de sucre • 100 g de beurre. **La crème :** • 600 g de fromage frais à tartiner • 120 g de crème épaisse entière • 110 g de sucre • 15 g de fécule de maïs • 3 œufs • 250 g de chocolat praliné. **La ganache :** • 100 g de crème liquide • 100 g de chocolat corsé. **La décoration :** • Quelques copeaux de chocolat.

1. La base: mixez les sablés avec le cacao et le sucre, ajoutez le beurre fondu, mixez à nouveau. Tassez le mélange dans un moule de 20 cm à fond amovible. Faites cuire 10 min dans un four préchauffé à 180 °C (th. 6). Sortez du four, laissez tiédir, baissez le four à 140°C (th. 4-5).

2. La crème: mélangez le fromage frais avec la crème, le sucre, la fécule. Ajoutez les œufs et le chocolat praliné fondu, versez sur la base, enfournez 50 min. Laissez refroidir dans le four entrouvert, puis placez au réfrigérateur pendant au moins 4 heures.

3. La ganache: hachez le chocolat, en réservant quelques copeaux pour le décor. Faites chauffer la crème dans une casserole. Quand elle bout, versez-la sur le chocolat haché, laissez reposer 30 secondes, mélangez.

4. La décoration: Recouvrez le cheesecake, laissez durcir, parsemez de copeaux de chocolat, servez aussitôt.

Info + Choisissez un chocolat noir à 70 % de cacao. minimum Il contient plus de nutriments **M.-A. D.**

À FAIRE:

•

•

•

•

•

•

•

•

•

Sudokus

			1	9	3			
	8						2	
	5			8			3	
7	3						4	8
			4		8			
9								6
			3		1			
		4	6		9	3		
	6	2				4	9	

	6						3	
			9	4	6			
	9		5	1	3		8	
3								5
				2				
2				8				7
		8				1		
		7	1		9	6		
		6				2		

Solution au samedi 10 août

C'EST ARRIVÉ LE...

8 AOÛT 1786

La première ascension du Mont-Blanc est réalisée par deux Savoyards. Michel Paccard et Jacques Balmat réalisent un défi lancé en 1760 par le savant suisse et naturaliste Horace-Benedict de Saussure: vaincre la plus haute montagne d'Europe, sans crampons ni piolet. Un exploit! **S. P.**

vendredi 9 août

Saint Amour

« Un instant de bonheur
vaut mille ans dans l'histoire. »
Voltaire

À FAIRE :

•
•
•
•
•
•
•
•
•

La ronde des mots

Trouvez dix-neuf mots et notez chacun d'eux dans le sens des aiguilles d'une montre autour de la case de définition correspondante.
La première lettre de chaque mot est indiquée par le triangle noir.
Le premier mot est donné en exemple.

Solution au lundi 12 août

SOLUTION DU MARDI 6

I	N	T	E	R	R	U	P	T	E	U	R
M	A	I	■	H	E	N	N	I	T	■	U
P	I	G	N	O	N	■	E	R	I	G	E
U	V	E	E	■	E	M	U	■	R	A	S
N	E	■	G	A	G	E	■	L	E	I	■
I	T	O	U	■	A	N	C	I	E	N	S
T	E	S	S	I	T	U	R	E	■	E	U
E	S	T	■	L	E	S	I	N	E	R	A

EN FORME

Je teste ma mobilité

Plusieurs petits exercices aident à faire le point sur votre équilibre.

• Levez-vous d'une chaise (dossier placé contre un mur) sans l'aide des mains. L'idéal : effectuez l'exercice 5 fois en moins de 14 secondes (16 secondes après 80 ans) et observez votre évolution au fil des ans.
• Tenez sans appui 5 secondes sur une jambe (à faire en présence d'un proche).
• Marchez en posant alternativement le pied droit, puis le pied gauche sur une même ligne droite imaginaire ou matérialisée au sol. **A. P.**

« Froidure à la Saint-Laurent,
froidure à la Saint-Vincent. »
Dicton

Mini-fléchés

Grille 1

- PIÈCE DE JEU
- PORTE DES MÛRES
- ACIDITÉ DÉSAGRÉABLE
- ON Y FAIT DES PROJECTIONS
- CHERCHER À FAIRE MOUCHE
- ÉQUIPE SPORTIVE
- MENUE MONNAIE
- CORRIGEA LE DEVOIR
- PORT NORMAND

Grille 2

- LIMPIDITÉ, NETTETÉ
- FERMENTER
- ENFREINT LA LOI
- ESSENTIEL
- GUIDES POUR UN CHEVAL
- DÉMONSTRATION DE JOIE
- GNON
- FLEUVE DE LISBONNE
- DÉVOUÉS

Grille 3

- BLOQUÉE
- REGRET EXPRIMÉ
- COQUE DE BATEAU
- FIBRE TEXTILE
- DEVIENDRAS
- GLOUSSER
- DONNER DU DÉCOR
- LIQUIDES DE TIGES
- LE MOT DE LA FIN QUAND ON EST JEUNE

Grille 4

- POISON TROPICAL
- CHANGER DE POSTE
- ENLEVER LA FRAICHEUR
- PIÈCE DE BOIS
- QUI SE MONTRE INFLEXIBLE
- SERA HILARE
- BOUFFON VÉNITIEN
- ÉQUIDÉ DE LA SAVANE AFRICAINE
- *IDEM* EN PLUS COURT

Solution au jeudi 15 août

À FAIRE :

-
-
-
-
-
-
-
-
-
-

AU MARCHE

Le concombre

Ce légume, star des tables estivales, est un formidable draineur. Avec plus de 90 % d'eau, une haute teneur en potassium associée à un faible taux de sodium, le concombre facilite l'élimination urinaire. Riche en fibres, il relance les intestins paresseux et cale efficacement les gros appétits. Consommé avec sa peau, il aiderait à limiter le taux de cholestérol sanguin et de triglycérides. La raison ? Il s'y cache de la peroxydase, une protéine anti-graisse. **I. H.**

SOLUTION DU JEUDI 8

2	7	6	1	9	3	5	8	4
4	8	3	7	6	5	1	2	9
1	5	9	2	8	4	6	3	7
7	3	5	9	1	6	2	4	8
6	2	1	4	7	8	9	5	3
9	4	8	5	3	2	7	1	6
5	9	7	3	4	1	8	6	2
8	1	4	6	2	9	3	7	5
3	6	2	8	5	7	4	9	1

1	6	4	8	7	2	5	3	9
8	5	3	9	4	6	7	1	2
7	9	2	5	1	3	4	8	6
3	7	1	6	9	4	8	2	5
6	8	9	7	2	5	3	4	1
2	4	5	3	8	1	9	6	7
5	3	8	2	6	7	1	9	4
4	2	7	1	3	9	6	5	8
9	1	6	4	5	8	2	7	3

dimanche 11 août

Sainte Claire

« Si, le jour de Sainte-Claire, la journée est chaude et claire, comptez sur les fruits à couteau, à coup sûr ils seront beaux. »
Dicton

À FAIRE :

•

•

•

•

•

•

•

•

•

EN CHANSON

1985 Marc Lavoine « Elle a les yeux revolver »

« Arrête de faire tes yeux revolver », lui lançait sa mère lorsqu'il était enfant. Cette petite phrase ainsi que le film *Les Yeux de Laura Mars*, avec Faye Dunaway, qu'il a vu 9 fois : il n'en faut pas davantage pour inspirer à Marc Lavoine un texte qui va définitivement marquer sa carrière. Le tout jeune artiste vient de commencer à collaborer avec Fabrice Aboulker, directeur artistique dans une maison de disques. Marc a convaincu Fabrice de mettre quelques-uns de ses textes en musique.

L'une de leurs créations, *Pour une biguine avec toi*, vient de trouver un bel écho, si bien que, dans la foulée, on leur réclame un album. Dans le même temps, côté vie personnelle, le beau Marc rencontre quelques orages, au point de s'installer sur le canapé de son comparse. C'est lors de cette cohabitation que le chanteur écrit le texte d'*Elle a les yeux revolver*. Il le dépose sur le piano de Fabrice. À lui de jouer !

© AFP

Quelques semaines plus tard, Marc prend le chemin des studios... mais le résultat n'enthousiasme guère la maison de disques tandis que le chanteur, convaincu de tenir une pépite, doit se battre bec et ongles pour que la chanson voie le jour en 45-tours. Avec raison, puisque le titre, immédiatement programmé en radio, atteint des sommets : 800 000 ventes ! *Elle a les yeux revolver* sera l'un des grands tubes de l'année 1985 et la porte d'entrée vers le succès du jeune Marc Lavoine. 39 ans plus tard, le charme agit encore... D. L.-H

« Un peu spéciale, / elle est célibataire / Le visage pâle, / les cheveux en arrière / Et j'aime ça / Elle se dessine sous des jupes fendues / Et je devine des histoires défendues / C'est comme ça / Tellement si belle / quand elle sort / Tellement si belle, / je l'aime tellement si fort / Elle a les yeux revolver / Elle a le regard qui tue / Elle a tiré la première / M'a touché, c'est foutu / Elle a les yeux revolver / Elle a le regard qui tue / Elle a tiré la première / Elle m'a touché, c'est foutu. »

Auteur : Marc Lavoine. Compositeur : Fabrice Aboulker. Label : Bandit/Phonogram, 1985.

C'EST ARRIVÉ LE...

11 AOÛT 1972

Un accord franco-britannique fixe à l'année suivante le début des travaux du tunnel sous la Manche, pour relier Paris à Londres en 2 h 40 dès 1980. À l'étude depuis 1957, le projet est interrompu entre 1975 et 1985 et ne sera achevé qu'en 1994. F. M.

« S'il pleut à la Sainte-Clarisse,
c'est souvent comme vache qui pisse. »
Dicton

Mini-croisés

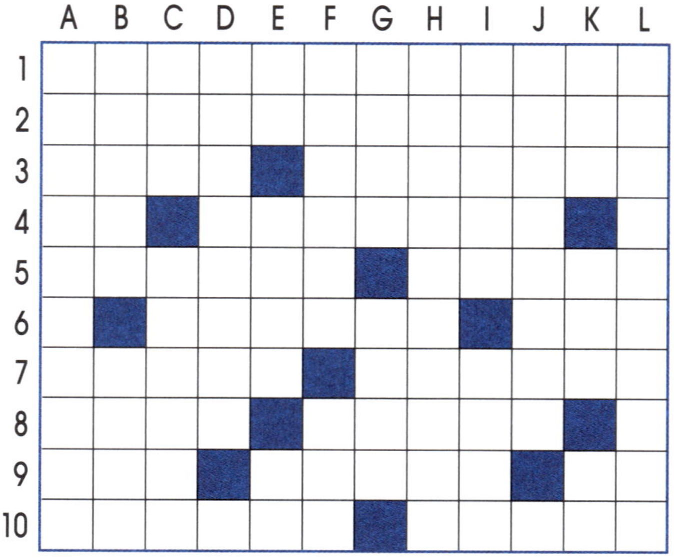

Solution au vendredi 16 août

Horizontalement
1. Mots osés. **2.** On lui préfère les œufs à la neige. **3.** Côté de vallée blanche. Proférer des injures. **4.** Son nom indique sa forme. Inflammation de vaisseau. **5.** En feu. Bluté. **6.** Chant de sirène. Dur à cuir. **7.** À la base de la sculpture. Pas large du tout. **8.** Il se met rapidement en boule. Sur parquet, planche de surf. **9.** Amoureuse des poèmes de Ronsard. Repas des chiens de chasse. Loin d'être dépassé. **10.** Volcan sur l'île de Ross. Il nage au milieu des coraux.

Verticalement
A. Préoccupant. **B.** Trouver un moyen de s'évader. Obtenir une audition. **C.** Institut arabe à Paris. Grosse humiliation. **D.** Elle peut faire l'opinion. **E.** Colporteur de bruits. Sortie du lot. Cuivre au labo. **F.** Revenir à la charge. Doit quitter le foyer. **G.** Remplit les assiettes. Pierre ou Paul, mais pas Luc. **H.** Tendues pour saisir la perche. **I.** Rubis sur l'ongle. Sur Belon, en Bretagne. **J.** Séjour d'un solitaire. **K.** Il est responsable de la chute des cours. Imbécile en Suisse. L'iridium dans les formules chimiques. **L.** Roche métamorphique de couleur vert sombre.

À FAIRE:

•
•
•
•
•
•
•
•
•

AU JARDIN

Je fais mon purin d'ortie

Les amateurs le savent: le purin d'ortie est un produit miracle pour le jardin. C'est un phytostimulant riche en azote et en potassium à pulvériser au potager, un antifongique préventif notamment contre le mildiou, un antiparasite renforçant les défenses naturelles des plantes ainsi qu'un superactivateur du compost. Pour fabriquer votre purin, faites macérer, dans un bidon en plastique, 800 g de feuilles d'ortie hachées dans 10 l d'eau de pluie. Couvrez et laissez fermenter. Brassez une à deux fois par jour pendant une semaine. Filtrez le purin avant de le verser dans des bidons bien fermés que vous pourrez garder un an au frais. P.-Y. N.

SOLUTION DU VENDREDI 9

Ligne 1: nectar, tenace, sterne, barbet. **Ligne 2:** trémas, animer, regain, bocage. **Ligne 3:** merlan, mettre, astate, arrêts. **Ligne 4:** letton, teinte, amitié, essaim. **Ligne 5:** techno, négoce, tirage, amerri.

mardi 13 août

Saint Hippolyte

« Temps trop beau en août,
annonce hiver en courroux. »
Dicton

À FAIRE :

-
-
-
-

EN FORME

Notre langue nous parle !

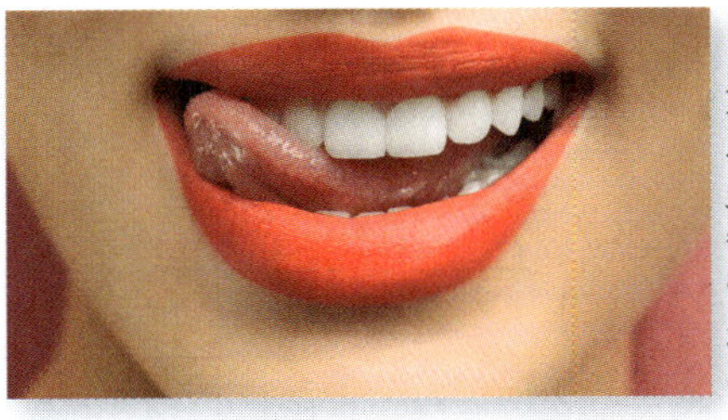

© Africa Studio/stock.adobe.com

Composée de 17 muscles, de vaisseaux et de nerfs, entourée d'une muqueuse, tapissée de papilles, la langue sert à mastiquer, déglutir, parler et ressentir les saveurs. Des troubles altérant ces fonctions peuvent orienter un diagnostic. Il faut également aviser son médecin en cas de modification de sa tonicité, de sa souplesse, de sa texture ou de sa couleur, signe éventuel d'une pathologie, d'un défaut d'hygiène de vie, d'une carence ou d'effets secondaires d'un traitement. **La douleur ne doit pas être ignorée.** « De fortes sensations de brûlure linguale, non expliquées par une cause organique, traduisent souvent une glossodynie, un trouble psychosomatique fréquent chez la femme ménopausée, aggravé par le stress et calmé par les repas », indique le Pr Laurent Misery, spécialiste en psycho-dermatologie. **M. Q.**

Petits fléchés

ELLE ALIMENTE LA LOCO
CAUSES
RENDRE MOINS SONORE
PLUTÔT VAGUE
EXCÉDER
IL HABILLE L'INDIENNE
SE DONNER DES BAISERS
ASPIRA LE LIQUIDE
CALLOSITÉ
ALLAITÉ
PIÈCE DE BOUCHERIE
ON Y PREND LE LAIT À SA SOURCE
QUI NE SAURAIT FAIRE DE DOUTE
TISSU
ACTINIUM SYMBOLISÉ
DEUX EN CHIFFRES ROMAINS
OBJETS POUR PROTÉGER OU CACHER

GAI REPAS
MORDANT
MENER AU TRIBUNAL
POUSSÉ À AGIR
PREMIÈRE PAGE
JET D'EAU
MONOPOLISANT LE MARCHÉ
ACCÉDER À L'INTÉRIEUR
TÉTER
UN VRAI DRAME POUR LES JAPONAIS
COMPULSERONS
PARTIE DE MATCH
IGNARE
FAIT L'AFFAIRE
CHAÎNE DU GROUPE M6
EST-OUEST
LIE LE MAÎTRE AUX MATIÈRES
VILLE OÙ LES PRUNES COMPTENT
VILAIN MOT DE VILAIN MÔME
CÔTÉ OÙ L'ON VOIT LE JOUR POINDRE

Solution au samedi 17 août

« Moins les gens ont d'idées à exprimer, plus ils parlent fort. »
François Mauriac

A TABLE

Tarte aux cerises et crème de pistache

Pour 6 personnes La pâte : • 400 g de pâte sablée • 10 g de beurre pour le moule. **La crème de pistache :** • 100 g de beurre mou • 100 g de sucre semoule • 2 œufs • 120 g de pistaches décortiquées • 500 g de cerises noires.

1. Étalez la pâte. Foncez-la dans un moule beurré. Piquez le fond avec une fourchette. Disposez une feuille de papier cuisson sur la pâte avec des poids, enfournez 10 minutes à 180 °C (th. 6), retirez poids et papier et faites cuire encore 5 minutes. Laissez refroidir.

2. La crème de pistache : fouettez le beurre avec le sucre, incorporez les œufs et 100 g de pistaches mixées en poudre.

3. Versez sur la pâte, enfournez 20-25 minutes environ à 180 °C (th. 6). Laissez complètement refroidir.

4. Concassez le reste des pistaches au couteau. Lavez puis équeutez les cerises, séchez-les bien, puis répartissez-les sur la tarte. Parsemez la tarte de pistaches concassées et servez aussitôt.

© Ploton/Photocuisine/Sucré Salé

Info + Si vous préférez une présentation différente, dénoyautez les cerises et coupez-les en deux avant de les disposer sur la tarte. **M.-A. D.**

À FAIRE :

•

•

•

•

•

•

•

•

D'un mot à l'autre

En regroupant et en mélangeant les lettres de chaque mot, donné avec la lettre qui le suit, trouvez un second mot composé de sept lettres.

1 COUDRE + M = _ _ _ _ _ _ _

2 TANREC + V = _ _ _ _ _ _ _

3 ANIMER + G = _ _ _ _ _ _ _

4 CIREUR + V = _ _ _ _ _ _ _

5 APHONE + I = _ _ _ _ _ _ _

SOLUTION : 1/ décorum. 2/ crevant. 3/ germain. 4/ cuivrer. 5/ aphonie.

C'EST ARRIVÉ LE…

14 AOÛT 1972

Jules Romains, académicien depuis 1946, s'éteint à 86 ans. Devenu célèbre dès 1923 avec *Knock*, il est surtout l'auteur d'une fresque en 27 tomes, *Les Hommes de bonne volonté*. En 1964, Georges Brassens avait composé *Les Copains d'abord* pour le film tiré de son roman *Les Copains*. **F. M.**

jeudi 15 août

Assomption

« Au quinze août, gros nuages en l'air,
c'est la neige pour l'hiver. »
Dicton

À FAIRE :

•

•

•

•

•

•

Mots croisés

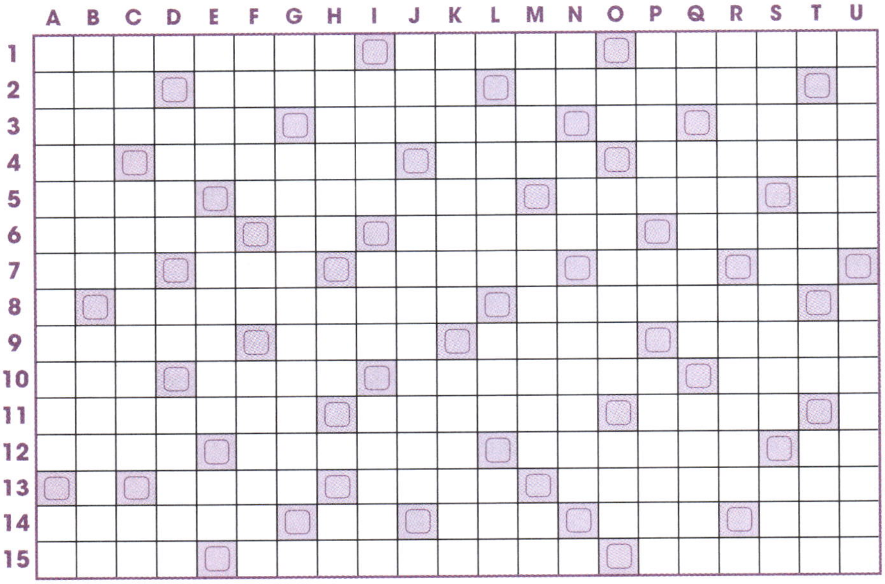

Solution au dimanche 18 août

Horizontalement

1. Des divisions n'ayant pas de dénominateur commun. Liquide d'impression. Connaît l'art d'être pompier. **2.** Cri de bûcheron. Très contrarié. Marteau, mais pas bien gros. **3.** Alentours d'un lieu. Tournent pour les petits. Il provoqua une ruée. Entre l'union libre et le mariage. **4.** Lac. Rapace. Procure un bénéfice. Très énervés. **5.** Mal ressenti. Qui a fait fortune. Bon pour le service. Gai participe. **6.** Sans trace écrite. Souvent sur le bout du doigt. Victime d'un mauvais sort. Allant de l'avant. **7.** Il est fourré au restaurant vietnamien. Rond populaire. Des aigris. Un plus. Vingt-sept États. **8.** Aux deux extrémités. Prétextant. **9.** Est sage comme une image. Colorant naturel… Fit preuve d'imagination. À peine un peu de lux. **10.** N'est pas resté sans voix. Se fait avec galanterie. Relative au fief. Fit matière à robe pour homme. **11.** Ils roulent pour nous. Protection rapprochée. Peut être choisi pour un fauteuil. **12.** Fis eau. Elles se suivent à la chaîne. Signoret dans l'intimité. Rend forte la main du mort. **13.** Poèmes anciens. S'exprimait bien chez Isée. Celle de la mer Morte est très élevée. **14.** Après l'apogée. Billet à prendre au départ. Carré de cadastre. Fête en Asie. Monnaie nordique. **15.** Arrivée au bout. Elle fait le candide. Logiques.

Verticalement

A. Finissent souvent au cabaret. Reste à éponger. **B.** Travaille à façon. Comme d'anciens passages pour piétons. **C.** Nourrice célèbre. Java d'origine africaine. Pour désigner. **D.** Voie ferrée. Dans un certificat d'origine. Grande cité drapière. **E.** Escarpé. Son cas est exceptionnel. Paresseux. **F.** Ensemble de poèmes épiques. Lac des Pyrénées. Famille romaine guelfe. **G.** En grève. Sinueuses. **H.** Travail de couture. Compagnon du Prophète. De l'argent sur le tableau. **I.** A sa place au perchoir. Bravo à l'écran. Qui est mauvais au goût. **J.** Endroit où l'on voit le jour. Rendre limpide. **K.** Bleu vif. Anneau d'aviron. **L.** Blanche, c'est une petite étoile. Monture. Le dernier est à la mode. **M.** Légèrement teinté. Tourne la tête aux Hongrois. Conjonction de coordination. **N.** Juste avant la discipline. Manque d'audace. Sursautes. **O.** Direction. Fibre synthétique. La fin des échecs. **P.** D'un auxiliaire. Article contracté. Deviennent grandes après le bac. **Q.** Distance intersidérale. Total. Allemande, elle date de la fin du XIXe siècle. **R.** Maux de pies. D'une région d'Égypte. **S.** Une « providence » très endettée… Père. Une île grecque. **T.** Marque de bombe. Cité de Mésopotamie. Foyer. **U.** Devient vieux. Comme des idées bien travaillées.

SOLUTION DU SAMEDI 10

	D		A	
R	O	N	C	E
	M		R	C
V	I	S	E	R
	N	O	T	A
R	O	U	E	N

	P		D	
C	U	V	E	R
	R	I	R	E
J	E	T	O	N
	T	A	G	E
Z	E	L	E	S

	S		C	
H	E	L	A	S
	R	I	R	E
O	R	N	E	R
	E		N	A
S	E	V	E	S

	C		T	
M	U	T	E	R
	R	I	R	A
Z	A	N	N	I
	R		I	D
Z	E	B	R	E

« Généralement, les gens qui savent peu parlent beaucoup, et les gens qui savent beaucoup parlent peu. »
Jean-Jacques Rousseau

NOUVELLES TECHNOLOGIES

De belles photos de vacances avec mon smartphone

Une image bien nette Pensez à nettoyer le capteur de votre appareil photo avec un chiffon à lunettes. Pensez aussi à faire le point manuellement. Il suffit en général de toucher sur l'écran le sujet que vous voulez prendre en photo et la mise au point se fait naturellement dessus.

Un cadre parfait Avant de prendre la photo, observez le cadre et choisissez le meilleur angle et la plus belle lumière. Tenez votre appareil avec le capteur en haut et essayez d'être le plus stable possible…

Jouer avec les réglages La plupart des appareils peuvent corriger l'exposition, activer un mode nuit ou utiliser des filtres de couleur. Sur les appareils les plus perfectionnés, vous pouvez jouer avec la profondeur de champ pour faire des photos floues à l'arrière et nettes sur le sujet principal ou laisser l'intelligence artificielle optimiser le cliché.

Attention au zoom Les smartphones proposent des zooms numériques puissants, mais essayez de ne pas en abuser car ils détériorent la qualité de l'image.

© PhotoIris2021/stock.adobe.com

Retoucher ses photos Vous pouvez recadrer et modifier la luminosité et les couleurs de vos photos. Dans la galerie photo, ouvrez le cliché et sélectionnez le menu « Modifier », symbolisé par le crayon, pour activer les outils de retouche. Essayez sans aucun risque : toutes les modifications sont annulables. Un conseil : pour archiver vos photos, transférez-les vers un ordinateur. Il suffit en général de raccorder le smartphone à votre ordinateur à l'aide de son câble USB. **C. D.**

À FAIRE :

•

•

•

•

•

•

•

•

•

Var-maths

Déplacez un seul crayon pour que l'opération proposée ait pour résultat le numéro de département du Var (83).

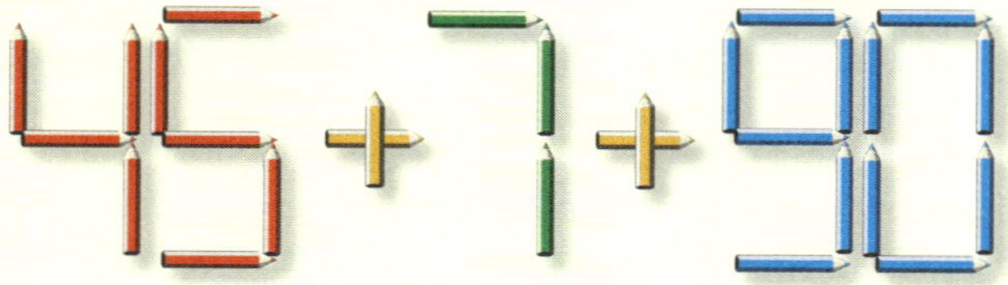

SOLUTION : 46 + 7 + 30

SOLUTION DU LUNDI 12

G	R	I	V	O	I	S	E	R	I	E	S
R	E	M	O	N	T	E	P	E	N	T	E
A	V	A	L	■	E	R	U	C	T	E	R
V	E	■	A	O	R	T	I	T	E	■	P
I	R	R	I	T	E	■	S	A	S	S	E
S	■	A	L	E	R	T	E	■	T	A	N
S	O	C	L	E	■	S	T	R	I	C	T
I	U	L	E	■	P	A	T	I	N	■	I
M	I	E	■	C	U	R	E	E	■	I	N
E	R	E	B	U	S	■	S	C	A	R	E

samedi 17 août

Saint Hyacinthe

« À la Saint-Hyacinthe,
on peut semer sans crainte. »
Dicton

Sudokus

	7		2		5		9	
		1				7		
		2				4		
	3		6		1		2	
	9	8	7		3	6	5	
		9		4		2		
2				5				7
6				1				8

6	9		8		5			
5					2			
				1		6		7
				4		8	6	
	3	2		7	8			
				5		2	7	
				9		4		2
9					1			
3	1		5		7			

1						4	3	
	7			4				
2	6		7					
		1	6		9			8
						7		9
		7	5		1			2
6	5		1					
	4			8				
8						5	2	

8		1		7				
			5		8			
7						9		6
	9		8				5	
			7	4	6			
	2				5		4	
9		5						7
			6		3			
				2		4		5

Solution au lundi 19 août

À FAIRE :

•

•

•

•

•

•

•

•

•

SOLUTION DU MARDI 13

	C		A		I	
R	A	I	S	O	N	S
	T		S	U	C	A
B	E	C	O	T	E	R
	N	O	U	R	R	I
J	A	R	R	E	T	
	I		D	R	A	P
V	R	A	I		I	I
	E	C	R	A	N	S

	G		E		U	
C	U	I	S	A	N	T
	E	N	T	R	E	R
S	U	C	E	R		U
	L	I	R	O	N	S
S	E	T		S	O	T
	T	E	V	A		A
E	O		A	G	E	N
	N	A		E	S	T

EN FORME

La courgette, une alliée santé

C'est un vrai légume minceur. Avec 15,5 kcal pour 100 g, ce n'est pas la courgette qui vous fera prendre du poids. D'autant que, grâce à sa bonne teneur en fibres, elle cale les appétits les plus féroces. Ces fibres ont aussi la propriété de relancer les intestins paresseux et de participer à la prévention des cancers du sein et du côlon. En consommant la courgette crue, on préserve les fibres pour une meilleure satiété. De plus, elle conserve ainsi toute son eau.

Un atout pour les yeux Sa chair renferme de la lutéine et de la zéaxanthine, 2 pigments caroténoïdes essentiels à la bonne santé oculaire. Un apport régulier et suffisant permettrait de réduire les risques de dégénérescence ophtalmique (DMLA, cataracte...). **I. H.**

« Quand août est pluvieux,
septembre est radieux. »
Dicton

© La Belle-Iloise

QUELLE HISTOIRE !

La Belle-Îloise : la sardine, ça conserve !

L'histoire commence au tournant du XIXe siècle sur le port de Quiberon, dans le Morbihan. Adrien Hilliet, fils d'une famille de pêcheurs, a l'idée d'ouvrir un magasin tout près de la criée pour vendre le poisson le plus frais possible. Quelques décennies plus tard, en 1932, et alors que les sardineries ont fait prospérer le littoral breton, son fils, Georges Hilliet, décide de lancer sa propre conserverie dans le quartier de Port-Maria et de la nommer La Belle-Îloise, en hommage à la plus grande des îles bretonnes, située juste en face de Quiberon.

Aujourd'hui encore, le travail artisanal occupe une place importante dans la conserverie quiberonnaise dirigée par Caroline Hilliet-Le Branchu, petite-fille du fondateur. L'entreprise ne met en boîte que des sardines fraîchement pêchées. La saison de la pêche dure du printemps à l'automne. Fraîchement débarqués, les petits poissons bleu argenté sont immédiatement saumurés, étêtés et éviscérés à la main, pour en respecter la chair délicate et en préserver le goût. Ils sont ensuite séchés puis cuits le jour même de leur arrivage. Les sardines sont ensuite rangées tête-bêche dans leurs boîtes par des opérateurs saisonniers avant d'être assaisonnées.

La Belle-Îloise s'efforce de proposer plusieurs nouveautés chaque année. En 1968, elle a lancé la crème de sardine au whisky, puis s'est tournée vers le thon et le maquereau dans les années 1990. À l'occasion de son 90e anniversaire, elle propose des nouvelles recettes, telles que les sardines au poivre vert et kumquat, celles aux baies de Batak et curcuma ou encore aux algues bio de Bretagne. Elle a également réédité la boîte de sardines Saint-Georges à l'huile d'olive, un de ses grands classiques. **S. P.**

À FAIRE :

•

•

•

•

•

•

•

•

•

SOLUTION DU JEUDI 15

C	L	I	V	A	G	E	S	■	E	N	C	R	E	■	S	A	P	E	U	R
H	A	N	■	R	E	V	U	L	S	E	■	O	S	S	E	L	E	T	■	A
A	B	O	R	D	S	■	T	O	T	O	N	S	■	O	R	■	P	A	C	S
N	O	■	A	U	T	O	U	R	■	P	A	I	E	■	A	G	I	T	E	S
S	U	B	I	■	E	N	R	I	C	H	I	■	U	T	I	L	E	■	R	I
O	R	A	L	E	■	D	E	■	L	Y	N	C	H	E	■	O	S	A	N	T
N	E	M	■	S	O	U	■	R	A	T	E	S	■	R	A	B	■	U	E	■
N	■	B	I	P	O	L	A	I	R	E	■	A	R	G	U	A	N	T	■	C
I	C	O	N	E	■	E	M	O	I	■	C	R	E	A	■	L	U	E	U	R
E	L	U	■	C	O	U	R	■	F	E	O	D	A	L	E	■	B	U	R	E
R	O	L	L	E	R	S	■	A	I	R	B	A	G	■	C	U	I	R	■	U
S	U	A	I	■	S	E	R	I	E	S	■	S	I	M	O	N	E	■	A	S
■	T	■	L	A	I	S	■	G	R	E	C	■	S	A	L	I	N	I	T	E
D	E	C	L	I	N	■	A	R	■	A	R	E	■	T	E	T	■	O	R	E
U	S	E	E	■	I	N	G	E	N	U	I	T	E	■	S	E	N	S	E	S

lundi 19 août

« L'élite de ce pays permet de faire et défaire les modes, suivant la maxime qui proclame : "Je pense, donc tu suis." »
Pierre Desproges

À FAIRE :

-
-
-
-
-
-
-
-

A TABLE

Salade de haricots plats, mozzarella et nectarines

Pour 4 personnes • 500 g de haricots plats • 3 nectarines jaunes • 4 lamelles de tomates séchées à l'huile • 1 bulbe d'oignon botte • 5 c. à soupe d'huile d'olive • 3 c. à soupe de vinaigre de cidre • 1 c. à soupe d'origan séché • Sel, poivre du moulin • 2 c. à soupe de pignons de pin • 100 g de mesclun • 6 brins de cerfeuil • 4 boules de mozzarella de 125 g chacune.

1. Équeutez, lavez, puis taillez les haricots plats en tronçons. Ensuite, plongez-les 10 minutes dans une casserole d'eau bouillante salée. Égouttez-les.

2. Coupez les nectarines en 6 quartiers. Faites-les griller sur les deux faces.

3. Égouttez les tomates séchées, pelez le bulbe d'oignon. Mixez le tout avec l'huile, le vinaigre et l'origan, assaisonnez.

4. Faites griller rapidement les pignons à sec dans une poêle sans cesser de remuer.

5. Dressez dans 4 assiettes creuses le mesclun, les pluches de cerfeuil et les haricots plats. Ajoutez les nectarines et les boules de mozzarella coupées en deux. Parsemez de pignons et arrosez de vinaigrette avant de déguster.

© Thys/Photocuisine/Sucré Salé

Info + Conservez l'huile des tomates séchées pour votre vinaigrette, c'est une astuce antigaspi. M.-A. D.

SOLUTION DU SAMEDI 17

8	7	4	2	6	5	1	9	3
9	5	1	4	3	8	7	6	2
3	6	2	1	7	9	4	8	5
1	2	6	5	8	4	3	7	9
7	3	5	6	9	1	8	2	4
4	9	8	7	2	3	6	5	1
5	8	9	3	4	7	2	1	6
2	1	3	8	5	6	9	4	7
6	4	7	9	1	2	5	3	8

6	9	7	8	3	5	1	2	4
5	4	1	7	6	2	3	9	8
2	8	3	9	1	4	6	5	7
7	5	9	2	4	3	8	6	1
1	3	2	6	7	8	5	4	9
4	6	8	1	5	9	2	7	3
8	7	5	3	9	6	4	1	2
9	2	6	4	8	1	7	3	5
3	1	4	5	2	7	9	8	6

1	9	8	2	5	6	4	3	7
3	7	5	9	4	8	2	6	1
2	6	4	7	1	3	9	8	5
4	2	1	6	7	9	3	5	8
5	3	6	8	2	4	7	1	9
9	8	7	5	3	1	6	4	2
6	5	3	1	9	2	8	7	4
7	4	2	3	8	5	1	9	6
8	1	9	4	6	7	5	2	3

8	6	1	3	7	9	5	2	4
2	4	9	5	6	8	1	7	3
7	5	3	2	1	4	9	8	6
6	9	4	8	3	2	7	5	1
5	1	8	7	4	6	3	9	2
3	2	7	1	9	5	6	4	8
9	3	5	4	8	1	2	6	7
4	7	2	6	5	3	8	1	9
1	8	6	9	2	7	4	3	5

Le saviez-vous

Dans les années 1960, la France est en pleine frénésie immobilière. Avec la loi de 1962 sur la protection du patrimoine, le ministre de la Culture André Malraux poursuit deux objectifs. Il veut, d'une part, éviter une atteinte irréversible aux quartiers historiques des villes. D'autre part, il veut « préserver l'extérieur et moderniser l'intérieur » de ce patrimoine historique et architectural. Avec ses 66 monuments et immeubles classés, Sarlat sert de pilote pour cette réforme, ainsi que le quartier Saint-Jean de Lyon. 60 ans plus tard, plus d'une centaine de quartiers historiques sont sauvés à Chartres, Nérac, Richelieu ou encore à Paris, avec l'exemple du Marais. J.-P. R.

Saint Bernard

« Temps de la Saint-Bernard,
chaleur et soleil riant. »
Dicton

AU JARDIN

Le lis, c'est royal !

© Tatiana Belova/stock.adobe.com

La légende raconte que c'est Clovis (466-511) qui a le premier choisi 3 fleurs de lis jaunes pour remplacer les crapauds de son écusson. Mais à y regarder de plus près, le dessin ressemble plus à un iris des marais qu'à un lis. Il faudra attendre Louis VII (1120-1180) pour que le blason des rois de France soit définitivement orné de lis d'or sur fond bleu.

Les jardiniers, eux, se contenteront de cultiver le lis royal qui donne de grandes fleurs en trompette blanches, marquées de bandes pourpres. Le lis blanc et les hybrides asiatiques ouvrent le bal des floraisons en juin, suivis en juillet par les lis trompette. En août, les orientaux prennent la relève. Leur coloris peut varier du blanc au noir en passant par toutes les nuances de jaune, d'orange et de rose. Si vous voulez embaumer vos massifs, misez sur le parfum suave du lis blanc, du lis royal et des hybrides orientaux.

Les lis se reproduisent naturellement par semis. Curieusement, certains, comme le lis royal, n'ont pas besoin d'être fécondés pour produire des graines. Vous pouvez aussi le multiplier en prélevant les écailles périphériques de son bulbe défleuri en août. Mais d'autres variétés, comme le lis tigré, portent des bulbilles à l'aisselle des feuilles. Élevées en pot, elles vous donneront des petits en tous points identiques au pied-mère. **P.-Y. N.**

À FAIRE :

-
-
-
-
-
-
-

Super croisés

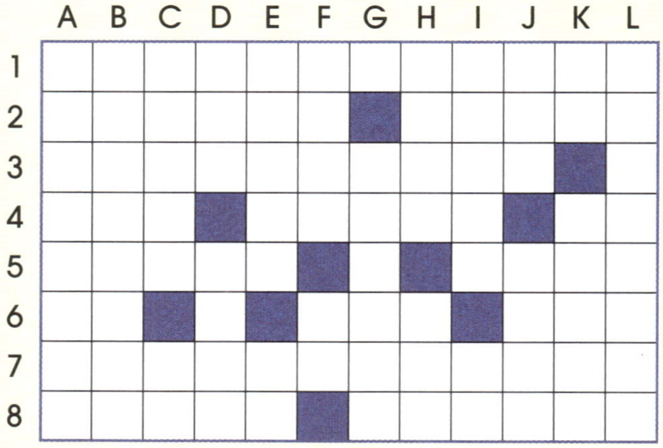

Horizontalement

1. Elle est pleine de pellicules. **2.** Bat le rappel. Des peintres pourtant pas crédules. **3.** Il lui faut des rames pour marcher. **4.** Transport de banlieusards. Les lamas n'y crachent pas. Passe d'un endroit à un autre. **5.** Avance. Fait partie de la campagne de Hollande. **6.** Des pas en Chine. On y faisait ses ablutions. Nourrice de Dionysos. **7.** La curiosité le fait grossir. **8.** Les guitaristes en herbe lui doivent *Jeux interdits*. Percée.

Verticalement

A. On le remarque davantage chez le perdant. **B.** Injuste. **C.** Due au bacille de Hansen. Mise en application. **D.** Prêt à être cueilli. Gros défaut. **E.** Chauffe l'enclume. Incident. **F.** A émis une plainte. Mot des parents. **G.** Sans nuances. **H.** Reine de Bretagne. Charpente maritime. **I.** Habileté de l'artiste. Molybdène. **J.** Demoiselle sur le pavé. Il a plusieurs maisons. **K.** Porte-bouteilles. Moquerie. **L.** Fait disparaître.

Solution au vendredi 23 août

mercredi 21 août

Saint Christophe

« Face à un ivrogne, les murs eux-mêmes s'écartent. »
Proverbe japonais

À FAIRE :

•

•

•

•

•

•

•

•

© Alexander Ruiz/stock.adobe.com

EN FORME

Adoptez l'alimentation anti-inflammatoire

Contre l'arthrose, l'un des meilleurs régimes anti-inflammatoires est le régime méditerranéen, qui fait la part belle aux légumes, légumineuses, fruits, produits de la mer et épices (curcuma, gingembre). Pour être absorbée, la poudre de curcuma est à mélanger avec de l'huile et du poivre noir. Le gingembre (râpé, cru ou mariné) possède deux composés actifs (shogaol et gingérol) soulageant la douleur et la raideur.
Pensez aux crucifères (brocoli, chou-fleur…), qui apportent des précurseurs du sulforaphane, un anti-inflammatoire naturel, ainsi qu'au thé vert et à la tisane de cassis. À l'inverse, la viande rouge, les viennoiseries, les plats industriels et les sucreries favorisent la production de substances acides qui amplifient la douleur. Limitez au maximum votre consommation. **N. S.**

QUELLE HISTOIRE !

Au milieu du XIIIe siècle, le pape Innocent III lance une croisade contre les Cathares, ou Albigeois. Simon de Montfort, vicomte d'Albi, de Béziers et de Carcassonne, sera son principal instigateur, persécutant de nombreux Languedociens, jugés hérétiques. M.-E. G.

Sudokus

			6		9			
							4	9
6	4							1
		2		9				
		4		8		7	3	
		5		7				
9	8							6
							7	2
			1		5			

			3		6			
			4	7	5			
	4						8	
			9	5	2			
		3				9		
		1				7		
3	2						4	6
1				2				3
7				4				2

Solution au dimanche 25 août

« La gueule d'un canon est moins dangereuse que la bouche d'un calomniateur. »
Proverbe africain

AU JARDIN

L'aubergine, fille du Midi

Contrairement à la tomate, originaire d'Amérique du Sud, l'aubergine trouve ses origines en Inde. Elle s'implante en Espagne durant le xve siècle puis intrigue Louis XIV. L'Italie l'adopte, mais il faudra attendre la fin du xixe siècle pour que celle qu'on appelait « pomme des fous », et dont on s'est longtemps méfié en France, trouve sa terre de prédilection dans le Midi.

© pilipphoto/stock.adobe.com

Riche en eau, en fibres et en sels minéraux, elle est peu calorique. Jeune, on peut la consommer crue, marinée dans l'huile ou le citron. Incontournable de la ratatouille, elle se déguste aussi farcie, en beignets, en terrine, en tarte et en clafoutis. Pour le fameux caviar, on la rôtit au four à 200 °C durant 45 minutes, puis on prélève sa pulpe que l'on mélange à du tahiné (purée de sésame), de l'ail et de l'huile d'olive.

L'aubergine, *Solanum melongena* pour les botanistes, appartient à la grande famille des solanacées. Sous les tropiques, c'est une vivace mais, sous nos climats, cette frileuse se limite à un cycle annuel. Et ne vous fiez pas à son aspect duveteux : ses tiges, ses feuilles et ses pédoncules sont couverts d'épines.

Beaucoup de chaleur, un sol riche en compost et de l'eau jusqu'à plus soif : tels sont les 3 secrets de la culture de l'aubergine. Comme les graines ne germent qu'à 22 °C, on les sème en février ou mars sous châssis ou en serre. Dans le sud de la France, les beaux plants sont repiqués au potager fin avril. Après la plantation, comptez 90 jours pour récolter les premiers fruits que l'on limitera à moins d'une douzaine par pied. P.-Y. N.

À FAIRE :

•

•

•

•

•

•

•

•

Blocs-notes

Choisissez trois blocs-notes pour avoir un total de trois carrés, trois cercles, trois étoiles, trois triangles, trois croix et trois losanges.

SOLUTION : B - D - E.

C'EST ARRIVÉ LE…

22 AOÛT 1922

Les premiers jeux mondiaux féminins ont lieu à Paris, au stade Pershing. 77 athlètes, issues de 5 nations, ont fait le déplacement. La compétition est lancée par la française Alice Milliat pour contester l'absence de femmes pendant les jeux Olympiques. Elle est destinée à montrer que les femmes sont des athlètes à part entière, à l'instar de leurs collègues masculins. S. P.

vendredi 23 août

Sainte Rose de Lima

« Quand nous savons ce qui nous attend,
nous le supportons plus facilement. »
Thomas Bernhard

À FAIRE :

•

•

•

•

•

•

•

•

•

•

Méli-mélo

Les îles de France

Nous avons mélangé entre elles les lettres de noms d'îles françaises. Trouvez-les et placez-les au-dessus de la définition qui convient.

Lettres à replacer :

EEEIBLLL
UNEIRNO
SSNATUOE
EUOSELPQROLR
EGAUUPODLE
SMRAESUIQ

N° 1 ....
Découverte en 1493 par Christophe Colomb, c'est la plus vaste des îles des Antilles françaises, en forme de papillon. Elle devient française sous l'égide de Richelieu en 1635, puis anglaise, pour redevenir définitivement française en 1816.

N° 2 ....
Cette terre bretonne fut habitée sans discontinuer depuis le mésolithique, quelques menhirs encore présents l'attestent. Terre monastique, terre de refuge, puis place royale, elle est devenue terre de tourisme. Sarah Bernhardt y résida.

N° 3 ....
Cette île fut certainement peuplée par les Phocéens, puis les Romains. Elle subira fréquemment les attaques des pirates de la Méditerranée, malgré le fort construit au XVIe siècle. Aujourd'hui, elle est presque totalement propriété de l'État.

N° 4 ....
Dans le Pacifique, ces îles découvertes par Alvaro de Mendaña de Neyra en 1595, puis visitées par Cook en 1774, deviennent françaises grâce à Dupetit-Thouars en 1842. Elles furent le havre de Gauguin et furent chantées par Brel (les).

N° 5 ....
Située au large de la côte de Léon, elle est très tôt occupée (présence d'un cromlech), puis christianisée au VIe siècle. Le phare du Stiff y est construit en 1695. La dureté de la vie divise la société en deux : les hommes en mer et les femmes sur terre.

N° 6 ....
Située dans l'océan Indien, après avoir été découverte par les navigateurs portugais, elle fut d'abord appelée île Bourbon par les Français. Le comte de La Bourdonnais en fut gouverneur général de 1735 à 1746 (La).

Solution au lundi 26 août

SOLUTION DU MARDI 20

F	I	L	M	O	G	R	A	P	H	I	E
A	M	E	U	T	E	■	N	A	I	F	S
I	M	P	R	I	M	A	N	T	E	■	C
R	E	R	■	T	I	B	E	T	■	V	A
P	R	E	T	E	■	R	■	E	D	A	M
L	I	■	A	■	T	U	B	■	I	N	O
A	T	T	R	O	U	P	E	M	E	N	T
Y	E	P	E	S	■	T	R	O	U	E	E

EN FORME

Cuisiner maison, c'est encore mieux !

L'étude française NutriNet-Santé révèle que les forts consommateurs de produits industriels ultra-transformés (pizzas, pains et viennoiseries industriels, plats tout préparés…) ont plus souvent le moral en berne. Ces aliments peuvent en effet contenir des additifs ou de l'huile de palme riche en graisses saturées, défavorables au microbiote, ou de l'huile de tournesol, dont les oméga 6 ont un effet pro-inflammatoire. Cuisinez maison, cela peut être une occasion gourmande de se détendre. **F. D.**

« À la Saint-Barthélemy,
la grenouille sort de son nid. »
Dicton

Mini-fléchés

DONT ON A LE PRIX / PATRIOTE CORSE / IL A SON BAC / JEUNE PALMIPÈDE / IL ÉTAIT TRAITÉ À LA SPARTIATE / MONNAIE À TÉHÉRAN / GENRE MUSICAL / SPORT D'ÉQUIPE / CAISSE DE CHARBON

ARAIGNÉE REDOUTÉE / PETITS PUMAS / PRÉNOM MASCULIN / LAVEUR À POILS / PRODUIT DANS LES MARAIS / PARQUA / FOUETTÉ, EN CUISINE / DIFFICILE À TOUCHER / CARIBOU

FAUCON / TARTINE À AVALER / PRENDRE L'EAU / IL EST CHARGÉ / ELLE PEUT GÊNER UNE TROTTEUSE / SUBMERGE / COMME CELA / GROUPE D'ECCLÉSIASTIQUES / ON Y TROUVE DES CHEFS

CHAÎNE ESPAGNOLE / FLEUVE DE BAGDAD / IL ÉVITE LES CONFUSIONS / ARMÉS / ARRIVÉE À TERME / ROI NORDIQUE / FAISAIT FUREUR / IL FACILITE LA DÉMONSTRATION / EXTRAIT DU RÈGLEMENT / EN PLACE

Solution au mardi 27 août

À FAIRE :

•
•
•
•
•
•
•
•

C'EST ARRIVÉ LE…

24 AOÛT 1972

Le ministère de la Santé lance une alerte contre le talc pour bébés Morhange, à l'origine d'affections neurologiques graves chez près de 200 nourrissons, dont 36 sont morts. Des lots défectueux contenaient une surdose d'un bactéricide hautement toxique. Les familles seront indemnisées 6 ans plus tard par l'une des sociétés impliquées, avant même la décision de justice. Cette affaire qui fit grand bruit à l'époque a contribué à inciter les pouvoirs publics à renforcer les conditions de mise sur le marché de nouvelles molécules. F. M.

Vite, une astuce !

Un four très encrassé ? Faites-le chauffer à température maximale pendant 5 minutes. Éteignez-le et, quand il est tiède, étalez sur les parois un mélange de lessive en poudre délayée dans 4 fois son volume de vinaigre blanc. Laissez agir quelques heures, grattez à la spatule, rincez à l'eau vinaigrée.

dimanche 25 août

Saint Louis

« Beau temps pour la Saint-Louis,
plusieurs jours sans pluie. »
Dicton

À FAIRE :

-
-
-
-
-
-
-
-
-

© Delphotostock/stock.adobe.com

BALADE EN FRANCE

Sous les ciels d'Houlgate

Pour faire connaissance avec Houlgate, laissez-vous happer par son charme intemporel en déambulant dans cette station balnéaire très prisée dès la fin du XIXe siècle. Son exceptionnel patrimoine bâti, où les maisons, demeures, manoirs et casino Belle Époque côtoient les bâtisses de style néonormand, lui a valu les faveurs d'illustres villégiateurs, tels Edgar Degas, Berthe Morisot, les frères Lumière, Claude Debussy ou encore Sacha Guitry. Pour prendre un grand bol d'iode, flânez sur la promenade Roland-Garros. Rue Victor-Delise, prenez l'escalier « Les Cent Marches » jusqu'à la table d'orientation : l'effort est récompensé par la vue, qui embrasse la mer et l'horizon.

Vous pourrez ensuite mettre le cap sur Villers-sur-Mer pour découvrir les falaises des Vaches noires, une zone naturelle d'intérêt écologique, idéale pour randonner et remarquable de beauté. Elles sont nommées ainsi par les marins parce que, vues de la mer, elles évoqueraient un troupeau de vaches en train de paître. Elles constituent aussi un important site géologique et paléontologique. Pour en savoir plus, visitez le musée Paléospace.

La région offre de nombreuses balades. Dans la réserve ornithologique du Gros Banc, espace naturel sensible, vous pourrez vous immerger dans le plus grand respect de la faune. Mais surtout, ne manquez pas Dives-sur-Mer, point de départ de la flotte de Guillaume le Conquérant pour l'Angleterre en 1066. Cette cité du Moyen Âge vous fera voyager dans l'Histoire. De la colonne Guillaume sur la plage au centre historique, en passant par la halle médiévale, tout vous parlera du duc de Normandie. La chapelle Notre-Dame de Dives, construite au début du XIe siècle, a servi d'inspiration à l'église de Balbec décrite par Proust dans *À la recherche du temps perdu*. Elle abrite aussi *L'Extase de sainte Thérèse d'Avila*, un tableau d'une beauté si inouïe qu'il est bien difficile de s'en détacher. **F. O.**

SOLUTION DU MERCREDI 21

2	3	1	6	4	9	8	5	7
7	5	8	3	1	2	6	4	9
6	4	9	8	5	7	3	2	1
8	7	2	5	9	3	1	6	4
1	9	4	2	8	6	7	3	5
3	6	5	4	7	1	2	9	8
9	8	3	7	2	4	5	1	6
5	1	6	9	3	8	4	7	2
4	2	7	1	6	5	9	8	3

9	1	7	3	8	6	2	5	4
8	3	2	4	7	5	6	1	9
5	4	6	2	9	1	3	8	7
6	7	8	9	5	2	4	3	1
4	5	3	1	6	7	9	2	8
2	9	1	8	3	4	7	6	5
3	2	9	7	1	8	5	4	6
1	6	4	5	2	9	8	7	3
7	8	5	6	4	3	1	9	2

« Quand la pluie te cogne,
le crapaud croit que tu es son ami. »
Proverbe africain

À FAIRE :

•

•

•

•

•

•

•

•

•

•

AU JARDIN

Optez pour l'accélérateur du compostage

Le processus de dégradation de la matière organique brute en humus prend entre 3 et 6 mois. Pour accélérer le processus, vous pouvez acheter un activateur à base de bactéries ou mieux encore : compter sur un activateur végétal comme la fameuse consoude, une plante sauvage et vivace qui pousse dans les fossés et dans les lieux humides. Ses larges feuilles se répartissent telles quelles ou sous forme de purin à faire soi-même mais aussi vendu en jardinerie. Idem pour l'ortie. **P.-Y. N.**

SOLUTION DU VENDREDI 23

1. Guadeloupe **2.** Belle-Île
3. Porquerolles **4.** Marquises
5. Ouessant **6.** Réunion

mardi 27 août

Sainte Monique

« L'Histoire est la science des choses qui ne se répètent pas. »
Paul Valéry

À FAIRE :

•

•

•

•

•

•

•

SOLUTION DU SAMEDI 24

	T		G	
P	A	O	L	I
	R	I	A	L
D	I	S	C	O
	F	O	O	T
B	E	N	N	E

	M		M	
E	Y	R	A	S
	G	A	R	A
B	A	T	T	U
	L	O	I	N
R	E	N	N	E

	L		P	
L	A	I	U	S
	N	O	I	E
A	I	N	S	I
	E		E	M
O	R	D	R	E

	S		T	
T	I	G	R	E
	E	R	I	C
I	R	E		H
	R	E	C	U
C	A	S	E	E

© Macleg/stock.adobe.com

QUELLE HISTOIRE !

Il était une fois Hollywood

En 1886, Harvey Wilcox, qui a bâti une fortune dans l'immobilier, et sa femme Daeida décident de changer de vie. À 11 km à l'ouest de Los Angeles, monsieur achète un lopin de terre que madame rebaptise « Hollywood », du nom d'une colonie d'immigrants allemands basée dans l'Ohio. *Holly* en anglais désigne le houx et *wood* veut dire « bois ». Wilcox plante quelques pieds de houx anglais et imagine bientôt une cité autour de son ranch ; il en dessine le plan tandis que son épouse lève des fonds pour construire églises, école et bibliothèque.

14 ans plus tard, le village accueille 500 âmes et dispose de son journal, d'un hôtel et d'un bureau de poste. Il sera rattaché à Los Angeles en 1910 afin de bénéficier de son approvisionnement en eau. En 1908, Hollywood accueille pour la première fois le tournage d'un film. Le site séduit les producteurs new-yorkais. Dès les années 1910, des studios s'y installent. C'est ainsi que, tandis qu'en Europe la guerre paralyse l'industrie du cinéma, Hollywood devient la capitale mondiale du 7e Art.

Dans les années 1930, la Metro-Goldwyn-Mayer, les studios Paramount, Warner Bros et 20th Century Fox y fabriquent à la pelle ses stars de légende. Les premières furent Mary Pickford, Douglas Fairbanks et Charlie Chaplin avant que rayonnent les déesses de l'âge d'or : Rita Hayworth, Jane Russell, Bette Davis, Joan Crawford, Lana Turner ou Ava Gardner. Les puissants studios jouissent alors d'un vivier de stars qu'ils manipulent à leur guise, un esclavage camouflé sous les diamants et les zibelines donnant lieu à nombre de tragédies, suicides et maladies psychiatriques. L'enfer du décor ! D. L.-H.

C'EST ARRIVÉ LE…

27 AOÛT 1883

Une éruption colossale jaillit du Krakatoa, un volcan situé entre les îles de Java et de Sumatra en Indonésie. L'explosion est entendue jusqu'à 5 000 km. Une partie de l'île volcanique est pulvérisée et un raz-de-marée provoque la mort de 36 000 personnes. La région est plongée dans l'obscurité pendant deux jours et demi. S. P.

mercredi 28 août

Saint Augustin

« C'est comme s'il pleuvait du vin, fine pluie à Saint-Augustin. »
Dicton

EN FORME

Hips, j'ai le hoquet !

« Favorisé par le stress, qui contracte le diaphragme et freine l'arrivée d'air, ou par une déglutition irritante, le hoquet peut être stoppé en bloquant sa respiration. Faire peur à couper le souffle peut donc parfois en venir à bout, admet Philippe Hérisson, kinésithérapeute du sport, mais il y a plus efficace et moins traumatisant. » Voici quatre solutions pour vous en débarrasser.

- Inspirez une grande bouffée d'air, suspendez votre respiration aussi longtemps que possible, puis expirer lentement.
- Avec deux doigts, pressez brièvement le nerf phrénique (le nerf du diaphragme), juste au-dessus de la clavicule.
- Bombez la poitrine tout en serrant les omoplates pendant 10 secondes.
- Buvez de petites gorgées d'eau en fixant le fond du verre pour détourner votre attention du problème.

Des crises de hoquet prolongées ou récidivantes peuvent traduire un reflux gastro-œsophagien, du diabète ou un problème rénal. Parlez-en à votre médecin traitant. **M. Q.**

À FAIRE :

•

•

•

•

Petits fléchés

COURT DIVERTISSEMENT / PEU EMPLOYÉ		AVOIR DE L'AUDACE / DE LA CITÉ		MONUMENT FUNÉRAIRE / MISES AU PARFUM		HORS DU TEMPS
AMOUREUX DE LA DOUCE FRANCE / NERVEUX						
DIEU SOLAIRE / PREUVE D'INNOCENCE			APRÈS *BIS* / DONNA UN BAISER			
					CHANGE DE VOIX À L'ADOLESCENCE	
INDICATION DE RANG / *TINTIN* OU *ASTÉRIX*						
		QUI N'EST PAS ACCOMPAGNÉ				
GRANDS OUVERTS						

NAVIRE RAPIDE DU XVe SIÈCLE / GRANDES QUANTITÉS		LIQUEUR D'ANJOU / PRONOM RELATIF		IL ÉTOUFFE LA FLAMME / BLOQUE SON FUSIL		LES SUISSES EN FONT TOUT UN FROMAGE
MISE À SAC / BÉNÉFICIER D'UN RÉGIME						
IL PEUT ÊTRE À CHARGE OU À DÉCHARGE		FLOTTE DANS SES HABITS				
						DEVENUS DES HOMMES DU MONDE
TERMINUS DE TRANSHUMANCE		FILM DE LUC BESSON / EN FIN DE LETTRE				
				C'EST-À-DIRE EN PLUS COURT		
ON LES UTILISE EN PARFUMERIE						

Solution au vendredi 30 août

jeudi 29 août

Sainte Sabine

« Pluie à la Sainte-Sabine,
est une grâce divine. »
Dicton

À FAIRE:

•

•

•

•

•

•

•

•

© Windawake/stock.adobe.com

AU JARDIN

Choisir les bonnes plantes sur un balcon

C'est bien connu, les plantes grasses dites succulentes ont la capacité de stocker suffisamment d'eau pour résister aux pires épisodes de sécheresse. Ces végétaux-chameaux comme les crassulas, les echeverias, les agaves et les aéoniums ont prouvé leur résilience au cours du dernier été caniculaire, tout comme les orpins et les *Sempervivums* qui, eux, ne sont pas sensibles au le gel. Ils sont à cultiver dans une terre drainante, de type terreau à cactus, avec un lit de sable ou de petits graviers au fond du pot. **P.-Y. N.**

POUVOIR D'ACHAT

Mieux gérer vos abonnements !

Évaluez vos besoins réels Avez-vous vraiment besoin de 2 h d'appel mensuels en mobile ? En deçà, vous trouverez facilement des forfaits à partir de 2 ou 3 € par mois. Une connexion fibre vous est-elle utile ou l'ADSL vous suffit-il ? La différence de tarif tourne autour de 15 € mensuels.
Comparez les offres Consultez régulièrement les comparateurs d'offres mobile ou Internet. Vérifiez bien toutes les clauses, la promotion pouvant ne durer que quelques mois avant un retour à un tarif plus élevé. Certains opérateurs sont prêts à prendre en charge une partie de l'abonnement restant dû et les frais de résiliation si vous résiliez avant la fin de votre engagement.
Gérez la fin de votre engagement C'est le moment de faire le tour de la concurrence, les opérateurs réservant leurs promotions aux nouveaux abonnés. Attention aux propositions de votre propre opérateur deux à quatre mois avant la fin de votre engagement : elles sont souvent moins intéressantes.
Négociez Si vous avez identifié des forfaits à meilleur prix, vous pouvez tenter de négocier avec votre opérateur. Beaucoup accordent une ristourne sur le tarif mensuel pour leurs clients fidèles. **G. L. N.**

C'EST ARRIVÉ LE...

29 AOÛT 1989

Un gigantesque incendie ravage la montagne Sainte-Victoire qui domine Aix-en-Provence. Le site, inspiration de Paul Cézanne pour de nombreuses toiles, est inscrit à ce titre au patrimoine national français. Pendant 3 jours, des centaines de sapeurs-pompiers et de militaires se relaient sans relâche pour sauver la montagne. De nombreux habitants perdent leur maison. **S. P.**

« À la Saint-Fiacre, soleil ardent,
pour huit jours encore, du beau temps. »
Dicton

Mini-croisés

	A	B	C	D	E	F	G	H	I	J	K	L
1												
2												
3							■					
4			■					■				
5									■			
6				■							■	
7		■								■		
8							■					
9						■						
10					■				■			

Solution au samedi 31 août

Horizontalement
1. Il vend toutes sortes d'essences. **2.** Est contrôlée par un régime. **3.** Qui ne s'enlève pas. Bave. **4.** Suivit Henri dès 1589. Est à la base d'un clonage. Fait des embrouilles. **5.** Vaut un demi-carat. Il traverse Paris de A à E. **6.** Camille, proche de Jules. Félicité une fois par an. **7.** Lion, chèvre et même dragon ! C'est peu de n'en avoir qu'un. **8.** Trouble. Personne retenue. **9.** Se montre infidèle. Début d'empoisonnement. **10.** Périodes marquées par un état particulier. École libre. Il aime le beau.

Verticalement
A. Elle met la main à la pâte. **B.** Entraînée à haut niveau. Étendue pour des moutons. **C.** Essence de térébenthine. Homme donneur. **D.** Célébrité d'Épinal. Porte d'une maison. **E.** Besoin d'un chalet. **F.** Comme un pain complet. **G.** Envoyé spatial. Lac d'Amérique. Contracté. **H.** Mesure en mégaoctets. Entré dans le corps. **I.** On doit y apporter des réponses. Son coup n'est pas réfléchi. **J.** Sous l'emprise du stupéfiant. Ancienne capitale birmane. **K.** On peut surfer dessus. Passer à la réalisation. **L.** Enregistrent.

À FAIRE :

•

•

•

•

•

•

•

•

•

AU MARCHE

Le chabichou

L'été est la meilleure saison pour déguster ce fromage au lait de chèvre à pâte molle AOC, originaire du Poitou. Plus il est affiné, plus il est sec avec des arômes intenses. Il offre une bonne quantité de protéines (20 g/100 g), mais aussi des vitamines A et B, et du calcium. Il est moyennement gras (25 % de matières grasses) et assez salé. Le chabichou est idéal avec une salade aux pommes Granny Smith et aux herbes aromatiques. Il se garde dans un endroit frais et sec, une semaine environ.

Info + Évitez de saler une salade qui contient du chabichou car il est naturellement salé. **M.-A. D.**

SOLUTION DU MERCREDI 28

■	I	■	O	■	S	■
I	N	U	S	I	T	E
■	T	R	E	N	E	T
F	E	B	R	I	L	E
■	R	A	■	T	E	R
A	L	I	B	I	■	N
■	U	N	I	E	M	E
B	D	■	S	E	U	L
■	E	V	A	S	E	S

■	C	■	G	■	E	■
P	A	Q	U	E	T	S
■	R	U	I	N	E	E
M	A	I	G	R	I	R
■	V	■	N	A	G	E
T	E	M	O	I	N	■
■	L	■	L	E	O	N
A	L	P	E	■	I	E
■	E	S	T	E	R	S

samedi 31 août

Saint Aristide

« Le possesseur de l'art
est maître de la citadelle. »
Proverbe arabe

Sudokus

		6				5		
			1		5			
	3	5		6		4	2	
2								6
9				5				4
			3	7	1			
3	9						8	1
				1				
			9	4	7			

		9				7		3
		6	1					
			3	5				6
8			4	2			1	
	6						2	
	2			3	6			5
5				9	3			
					7	5		
4		3				9		

	5				6			
						1		2
7		6	8					
8	6			9			7	
2				1				6
5	4			2			3	
4		5	2					
						9		3
	7				5			

			5	9				7
8	2							
						6		5
		6	9	1	2		4	
		7					3	
		1	3	7	4		6	
						9		6
5	4							
			7	5				2

Solution au lundi 2 septembre

À FAIRE :

-
-
-
-
-
-
-
-
-

SOLUTION DU VENDREDI 30

P	E	P	I	N	I	E	R	I	S	T	E
A	L	I	M	E	N	T	A	T	I	O	N
T	E	N	A	C	E	■	M	E	D	I	T
I	V	■	G	E	N	E	■	M	E	L	E
S	E	M	E	S	T	R	E	■	R	E	R
S	E	E	■	S	A	I	N	T	E	■	I
I	■	C	H	I	M	E	R	E	■	A	N
E	M	E	U	T	E	■	O	T	A	G	E
R	E	N	I	E	■	A	L	E	V	I	N
E	R	E	S	■	R	U	E	■	A	R	T

Le saviez-vous

La légende raconte que le gouffre de Padirac, trou béant situé près de Rocamadour, dans Lot, large de 32 m et profond de 103 m, serait l'œuvre du Diable voulant jouer un mauvais tour à Saint-Pierre. En réalité, cette cavité naturelle, qui s'est formée il y a 1 ou 2 millions d'années, est due à la lente dissolution du calcaire par les eaux de pluie. L'érosion a ensuite décapé, couche par couche, le plafond, avant qu'il ne s'effondre sous son propre poids. Au fond de la cavité, une rivière souterraine s'écoule sur une vingtaine de kilomètres avant de se jeter dans la Dordogne. Le gouffre de Padirac se visite, c'est aujourd'hui le premier site du patrimoine naturel souterrain en France. S. P.

« S'il fait beau à la Saint-Gilles,
cela durera jusqu'à la Saint-Michel. »
Dicton

© Pierre-Defontaine-ARTGE-LA MEUSE.FR

Saint-Mihiel, petite Florence de Lorraine

Voilà un gros bourg au patrimoine si riche qu'il lui vaut parfois l'appellation de « petite Florence de Lorraine ». Son histoire est liée à son abbaye, fondée à la fin de la période franque par le seigneur local, le comte Vulfoad et sa femme Adalsinde. Elle abriterait des reliques de saint Michel (Mihiel). En 755, Pépin le Bref confisque ce domaine qu'il offre à Fulrad, abbé de Saint-Denis. Sous ce puissant patronage, Saint-Mihiel devient alors l'une des plus vastes abbayes de Lorraine, jusqu'à la Révolution, période pendant laquelle elle accueille prison et tribunal.

La visite commence par la bibliothèque dont les plus fameux ouvrages sont le manuscrit de saint Athanase du IXe siècle et le *Missel de Toul*, premier livre imprimé en Lorraine en 1502. Elle se poursuit dans l'ancien tribunal qui a fonctionné jusqu'en 2010. Désormais, il accueille une exposition pérenne sur le Saillant de Saint-Mihiel, cette percée en 1914 des lignes allemandes dans le dispositif français où a péri Alain Fournier, auteur du *Grand Meaulnes*. La cité a été occupée de septembre 1914 jusqu'à sa libération par le général Pershing en 1918. S'il est possible de voir tranchées et ouvrages bétonnés, l'exposition rend compte de la vie d'alors à travers l'artisanat de guerre et des films projetés dans l'ancienne salle d'audience.

Ensuite, il faut s'arrêter à l'église romane avec sa tour porche et se rendre dans celle consacrée à saint Étienne pour admirer le chef-d'œuvre de l'enfant du pays, Ligier Richier. Né vers 1500, il a signé des sculptures à Nancy et Bar-le-Duc avant de s'enfuir à Genève après sa conversion au protestantisme. Sa *Mise au tombeau* s'avère si remarquable que les occupants Allemands ont essayé de l'emporter. Sa matière de prédilection : le calcaire de Lorraine, traité à la cire pour lui donner l'apparence du marbre. Sculptés à taille réelle, 13 personnages ont été façonnés dans 3 blocs, ce qui rend la composition plus complexe. Sillonnez les rues à la recherche d'hôtels particuliers Renaissance avant de découvrir les halles pour savourer des nourritures bien terrestres, produites localement. **J.-P. R.**

À FAIRE :

•

•

•

•

•

•

•

•

•

C'EST ARRIVÉ LE…

1ER SEPTEMBRE 1929

Le commissaire Maigret fait sa première apparition dans *Pietr-le-Letton*, sous la plume de Georges Simenon. Le policier à la pipe et au flair hors pair, amateur de bière et de blanquette, figurera dans 75 romans de l'écrivain belge. **S. P.**

lundi 2 septembre

Sainte Ingrid

« La nature nous a donné deux oreilles et seulement une langue afin de pouvoir écouter davantage et parler moins. »
Zénon d'Elée

À FAIRE :

•

•

•

•

•

•

•

•

A TABLE

Pêches pochées à la camomille et chantilly

Pour 4 personnes **Les pêches pochées :** • 500 ml d'eau • 200 g de sucre • le jus d'1 citron • 5 fleurs de camomille séchées • 1 kg de pêches. **La chantilly :** • 400 g de crème liquide • 160 g de mascarpone • 23 ml de sirop d'orgeat. **Les amandes caramélisées :** • 80 g de sucre • 40 ml d'eau • 200 g d'amandes • 10 g de beurre • 1 g de fleur de sel. **Pour la décoration :** • zestes de citron bio • quartiers de pêches • pousses vertes comestibles (ici, de l'Atsina® Cress).

1. Les pêches : portez l'eau et le sucre à ébullition, ajoutez le jus de citron, les fleurs de camomille. Épluchez les pêches puis coupez-les en quartiers. Faites-les pocher dans le sirop pendant 10 minutes à feu doux.

2. La chantilly : montez ensemble la crème et le mascarpone, ajoutez le sirop d'orgeat. Mélangez, versez dans une poche à douille cannelée.

3. Les amandes caramélisées : portez le sucre et l'eau à ébullition, ajoutez les amandes et remuez jusqu'à ce qu'elles soient caramélisées. Ajoutez le beurre, la fleur de sel, mélangez.

© Bernhard Winkelmann. Stylisme Julie Maurence

Réservez les amandes en les décollant les unes des autres.

4. Le dressage : disposez les quartiers de pêches pochées au centre d'une assiette. Déposez la chantilly autour. Décorez avec les amandes caramélisées, des quartiers de pêches fraîches, des zestes de citron et quelques pousses vertes.

Que boire avec ? Un thé blanc aux fleurs et agrumes, servi glacé. **M. A. D.**

Sudokus

	8	5		1	3			
	1	2	6		9			8
						1	2	5
3	6		1					7
	4		9	7	6		8	
8					4		6	1
6	5	4						
1			4		2	3	5	
			7	8		4	1	

	5	3				2	7	
8			9		7			3
	9		5		4		6	
		8		1		3		
				4				
6								5
		6				9		
		4		9		1		
			6		2			

Solution au vendredi 6 septembre

SOLUTION DU SAMEDI 31

7	8	6	2	3	4	5	1	9
4	2	9	1	8	5	3	6	7
1	3	5	7	6	9	4	2	8
2	5	3	4	9	8	1	7	6
9	7	1	6	5	2	8	3	4
6	4	8	3	7	1	2	9	5
3	9	4	5	2	6	7	8	1
5	6	7	8	1	3	9	4	2
8	1	2	9	4	7	6	5	3

2	1	9	6	8	4	7	5	3
3	5	6	1	7	9	2	4	8
7	4	8	3	5	2	1	9	6
8	3	7	4	2	5	6	1	9
9	6	5	7	1	8	3	2	4
1	2	4	9	3	6	8	7	5
5	8	1	2	9	3	4	6	7
6	9	2	8	4	7	5	3	1
4	7	3	5	6	1	9	8	2

9	5	2	1	4	6	3	8	7
3	8	4	7	5	9	1	6	2
7	1	6	8	3	2	5	4	9
8	6	1	3	9	4	2	7	5
2	3	7	5	1	8	4	9	6
5	4	9	6	2	7	8	3	1
4	9	5	2	6	3	7	1	8
6	2	8	4	7	1	9	5	3
1	7	3	9	8	5	6	2	4

1	6	4	5	9	8	3	2	7
8	2	5	6	3	7	1	9	4
9	7	3	2	4	1	6	8	5
3	5	6	9	1	2	7	4	8
4	9	7	8	6	5	2	3	1
2	8	1	3	7	4	5	6	9
7	1	2	4	8	3	9	5	6
5	4	9	1	2	6	8	7	3
6	3	8	7	5	9	4	1	2

mardi 3 septembre

Saint Grégoire

« Pluie de Saint-Grégoire,
autant de vin en plus à boire. »
Dicton

© Rummy & Rummy/stock.adobe.com

AU JARDIN

Sous le soleil exactement

Les énormes fleurs jaune d'or du tournesol ont un tel sens de l'orientation qu'elles ne quittent pas le soleil de vue. Son nom botanique est *Helianthus*, qui vient du grec *helios* (soleil) et *anthos* (fleur). C'est au mouvement de sa tige que la fleur doit cette orientation. En effet, le côté du pédoncule qui ne reçoit pas le soleil pousse bien plus vite que celui qui est bien éclairé. Mais la fleur finit toujours par se figer pour fixer le soleil levant.
La fleur de tournesol est composée d'un disque central dont les fleurons jaunes, bruns ou noirs sont butinés par les abeilles. Ce cœur est orné d'une couronne de ligules jaune d'or. Parmi les dizaines de variétés ornementales, il existe aussi des fleurs jaune clair, comme « Valentin », ou chocolat chez « Velvet Queen ». Le bien nommé « Solar Eclips » arbore un large disque noir cerné d'une couronne jaune et rouge feu. Le capitule chargé de graines est si lourd qu'il penche inévitablement. Un tuteur n'est pas superflu pour éviter la casse des variétés les plus hautes.
En septembre ou octobre, coupez la tête une fois les graines bien dures. Laissez sécher à l'abri jusqu'à ce que les graines se détachent à la main. À déguster à l'apéritif, natures ou grillées à la poêle. Avec ses 30 cm de haut, le nain « Sunstatic » est le plus petit tournesol. En pot, il porte jusqu'à vingt fleurs. La plupart des variétés ornementales dépassent rarement 2 m de haut. **P.-Y. N.**

À FAIRE :

•

•

•

•

•

•

•

•

Mots à mot

En regroupant et en mélangeant les lettres des deux mots de quatre lettres proposés, composez un troisième mot de huit lettres.

HORS + TIAN = T

LOTE + CLAN = L

TENU + PORC = R

SOLUTION : Trahison - Collante - Ponctuer.

C'EST ARRIVÉ LE…

3 SEPTEMBRE 1967

La Suède change de sens de circulation. À partir de 5 h du matin, tous les conducteurs du pays sont invités à délaisser le côté gauche de la chaussée pour passer à droite. À ce jour, seuls 4 pays européens circulent encore à gauche : le Royaume-Uni, l'Irlande, Chypre et Malte. **S. P**

mercredi 4 septembre

Sainte Rosalie

« Aimer une idée, c'est l'aimer un peu plus qu'on ne devrait. »
Jean Rostand

À FAIRE :

•
•
•
•
•
•
•

EN FORME

Le chocolat, oui, mais avec modération

Le chocolat, ennemi du cholestérol ou du diabète ? Pas forcément, à condition de ne pas en abuser et de consommer du chocolat noir, fort en cacao. Riche en antioxydants, donc bénéfique pour la santé en général et le bien-être cardiovasculaire en particulier, il aide à faire baisser la tension artérielle mais aussi le mauvais cholestérol (LDL), car ses graisses sont surtout mono insaturées (semblables à celles de l'huile d'olive) et il contient des phytostérols, qui diminuent l'absorption du cholestérol alimentaire. **Côté diabète, la consommation de chocolat noir pourrait améliorer la sensibilité à l'insuline** et donc aider à réguler la glycémie. De plus, sa richesse en fibres lui confère un IG faible (IG 20 à 30 contre 50 à 70 pour le chocolat blanc) qui ne fait pas bondir le taux de sucre dans le sang. Mais il faut le déguster dans la foulée du repas, sinon la charge glycémique augmente. M. Q.

© Stanislav Komogorov/stock.adobe.com

QUELLE HISTOIRE !

Imaginé en 1954 par Edmond Dujardin, éditeur de matériel pour auto-écoles, le *Mille Bornes* – comme la longueur de la N 7, s'inspire du Code de la route et des péripéties jalonnant le trajet. Un succès jamais démenti !

M. Q.

AU JARDIN

Chasser les taches noires des rosiers

C'est un champignon microscopique appelé « marsonia » qui est à l'origine des taches noires sur les rosiers. Cette maladie cryptogamique courante est favorisée par un sol lourd ou trop humide, un déficit d'ensoleillement, mais aussi des arrosages fréquents sur le feuillage du rosier. Le marsonia est plus actif au cours des étés frais et humides.

Pour limiter la propagation de ce champignon, ne laissez pas les feuilles malades s'accumuler au pied des rosiers. Oubliez le savon noir, certes très efficace contre les pucerons. Traitez plutôt la plante avec un fongicide du commerce adapté pour lutter contre les maladies du rosier. P.-Y. N.

« En cherchant le vieux,
on apprend du neuf. »
Proverbe japonais

La ronde des mots

Trouvez dix-neuf mots et notez chacun d'eux dans le sens des aiguilles d'une montre autour de la case de définition correspondante.
La première lettre de chaque mot est indiquée par le triangle noir.
Le premier mot est donné en exemple.

Solution au samedi 7 septembre

À FAIRE:

-
-
-
-
-
-
-
-
-

AU MARCHE

La courgette

Jusqu'à fin septembre, la saison de la courgette bat son plein. Préférez-la fine et petite, car elle est plus goûteuse. Riche en eau, elle contient des carotènes, des sels minéraux, des vitamines C et B, des fibres, du fer. Pour profiter de ses nutriments, dégustez-la en salade, râpée et assaisonnée avec une sauce à base de purée d'amande, de citron et d'ail. Dans le bac à légumes, elle se conserve environ 5 jours.

Info + Pour alléger un gâteau, remplacez le beurre par une courgette ! **M.-A. D.**

C'EST ARRIVÉ LE...

5 SEPTEMBRE 1972

Lors des jeux Olympiques d'été qui se déroulent à Munich, l'organisation palestinienne Septembre noir prend l'équipe olympique israélienne en otage. Après l'exécution de 11 athlètes israéliens, 5 des 8 terroristes sont abattus lors de l'assaut de la police allemande. **S. P.**

vendredi 6 septembre

Saint Bertrand

« Les paroles sont aux pensées ce que l'or est aux diamants. Il est nécessaire pour les mettre en œuvre, mais il en faut peu. »
Voltaire

À FAIRE :

•

•

•

•

•

•

•

•

•

•

DANS LA NATURE

L'anémone de mer, un drôle d'animal !

© TechAgent/stock.adobe.com

Bien accrochée au rocher grâce à son pied ventouse, l'anémone commune, ou actinie rouge, se balance au gré des courants. Elle capture le zooplancton, les crevettes, les débris organiques ou les petits poissons. Mais quand la mer se retire, l'animal dépourvu de squelette n'a aucun mal à se rétracter et forme une boule gluante. Il sécrète alors du mucus pour se prémunir d'une déshydratation à l'air libre. Saviez-vous que l'anémone de mer se consomme en Asie comme en Méditerranée ? Pour faire passer la pilule, les cuisiniers provençaux et espagnols déguisent l'anémone en beignet. Mais, avant la cuisson, l'anémone verte est plongée dans du vinaigre pour neutraliser ses tentacules urticants. Sa chair iodée a un goût d'huître.

Proche parente des coraux, l'anémone de mer est un animal marin sexué travesti en fleur. Des algues microscopiques lui donnent ses couleurs. Carnivore, elle capture ses proies avec ses tentacules venimeux animés par les courants. Combien de bambins, pêchant dans les trous d'eau, se sont amusés à toucher une belle anémone ? Par réflexe, elle s'est alors immédiatement refermée sur leur doigt. Alors, quand un petit poisson frôle une anémone de mer, il a peu de chances de s'en sortir vivant. Car les tentacules stimulés par un simple contact injectent aussitôt du venin. Paralysée sur-le-champ, la proie est entraînée vers la bouche qui fait aussi office d'anus. **P.-Y. N.**

SOLUTION DU LUNDI 2

7	8	5	2	1	3	6	9	4
4	1	2	6	5	9	7	3	8
9	3	6	8	4	7	1	2	5
3	6	9	1	2	8	5	4	7
5	4	1	9	7	6	2	8	3
8	2	7	5	3	4	9	6	1
6	5	4	3	9	1	8	7	2
1	7	8	4	6	2	3	5	9
2	9	3	7	8	5	4	1	6

4	5	3	1	6	8	2	7	9
8	6	1	9	2	7	5	4	3
2	9	7	5	3	4	8	6	1
5	7	8	2	1	6	3	9	4
1	3	9	7	4	5	6	8	2
6	4	2	3	8	9	7	1	5
3	8	6	4	5	1	9	2	7
7	2	4	8	9	3	1	5	6
9	1	5	6	7	2	4	3	8

Le saviez-vous

Parfois abrégé en zor ou zorey, « Zoreille » est le surnom donné, principalement à la Réunion et en Nouvelle-Calédonie, aux Français de métropole. Deux raisons principales seraient à l'origine de ce qualificatif apparu après la Première Guerre mondiale. D'abord, la particularité des oreilles des Métropolitains, qui virent illico au rouge sous la chaleur et le soleil des îles. Mais aussi leur tendance à faire répéter les Îliens, faute de bien les comprendre, passant ainsi pour des durs d'oreille. M. O.

Sainte Reine

« En dépit du médecin,
nous vivons tous jusqu'à la mort. »
Proverbe français

Mini-fléchés

MESURE DU TEMPS / ENCAUSTIQUER		BOMBÉ PAR DEVANT / LOUPAS		ACTIONS DE COMMANDOS
HÉROÏNE DE ZOLA / JOUÉ PAR TOUS				
APRÈS L'HEURE / LE MESSIE				

DONT ON A LE PRIX / AUTREFOIS		SAPENT LE MORAL / DÉNOUA		SUCCESSION D'ÉVÉNEMENTS
BRIDE DE TRAÎNEAU / FREINER FORT				
ACCOMPLI / BIENHEUREUSE				

VILLE AU BORD DU LÉMAN / CADRE		DÉGOULINER / SOUTIEN DE TÊTE		CRIANT TEL UN CERF
ATTACHE LES LACETS / ALÉSA				
IL CHANTA *L'EAU VIVE*		INDIQUE LE LIEU OÙ L'ON EST		

FUTUR INSECTE / MATIÈRE DE BAS		REMORQUERA / POISSONS		ARBRES AUX BONNES VERTUS
GRIMACE DU PETIT BOUDEUR / CHOISIR				
CERVIDÉ / MIS EN BALANCE				

Solution au dimanche 8 septembre

À FAIRE:

-
-
-
-
-
-
-
-
-

SOLUTION DU JEUDI 5

Ligne 1: Italie, verrat, onagre, estran. **Ligne 2:** leurre, rendue, gitane, rebâti. **Ligne 3 :** rétros, dilaté, anobli, aviron. **Ligne 4 :** renter, aligné, bétail, rejeté. **Ligne 5 :** trépan, gréser, aléser, Eiffel.

C'EST ARRIVÉ LE...

7 SEPTEMBRE 1822

Le Brésil gagne son indépendance sur le Portugal après plus de 300 ans de colonisation. Dans une cérémonie près du fleuve Ipiranga, Dom Pedro, régent du Brésil, jette son chapeau aux couleurs du Portugal et crie : « L'indépendance ou la mort ! » Ce jour est devenu celui de la fête nationale. S. P.

dimanche 8 septembre

Nativité Notre-Dame

« Septembre se nomme le mai de l'automne. »
Dicton

À FAIRE :

•

•

•

•

•

•

•

© Ville du Mans/Gilles Mousse

BALADE EN FRANCE

Le Mans, fief des Plantagenêt

Dès que la nuit tombe, des anges musiciens s'envolent de la cathédrale Saint-Julien et des œuvres éphémères illuminent les remparts. Les Romains avaient fortifié leur cité en érigeant une vaste muraille à proximité de la Sarthe. Constituée de briques, de pierres de roussard – un grès rouge – et de calcaire clair formant d'harmonieux losanges et triangles, elle est ponctuée par des tours massives remaniées au Moyen Âge. De ces fortifications qui enserrent la vieille ville, aussi appelée « Cité Plantagenêt », une volée de marches grimpe vers la cathédrale, édifiée entre le XIe et le XVe siècle, qui mêle style roman et style gothique.

Tout autour, la vieille ville regorge de maisons à pans de bois et, de-ci de-là, d'hôtels particuliers et maisons médiévales, notamment celle dite d'Adam et Ève, dont la riche ornementation remonte à 1525. Le dimanche, un vaste marché se tient au pied de la cathédrale, proposant poulets de Loué, fromages de chèvre et légumes de la région. Si la charcuterie y occupe une place de choix, les plus aventureux quitteront la Cité Plantagenêt pour visiter, à deux pas, la distillerie du Sonneur où Emmanuel concocte des eaux-de-vie de poire et de pêche, mais aussi un alcool distillé avec des rillettes !

Enfin, rue Chanzy, il faut visiter, l'incroyable bunker qui, durant l'Occupation, a abrité le poste de commandement de l'armée allemande pour la Bretagne et la Normandie. Fermé en 1946, il a été redécouvert en 2011 lors de la démolition de la cité administrative. Des machines à écrire en passant par l'accordéon Hohner d'un soldat, tout est resté en place, y compris la photo de la femme du général posée à côté de son lit de camp... Le 28 juin 1944, menacé d'être traduit devant un conseil de guerre par Hitler, le général Dollmann a préféré se suicider pour sauver sa famille, et notamment sa femme qui était d'origine américaine. **J.-P. R.**

SOLUTION DU SAMEDI 7

■	M	■	V	■
C	I	R	E	R
■	N	A	N	A
T	U	T	T	I
■	T	A	R	D
J	E	S	U	S

■	T	■	M	■
J	A	D	I	S
■	R	E	N	E
P	I	L	E	R
■	F	I	N	I
B	E	A	T	E

■	G	■	C	■
D	E	C	O	R
■	N	O	U	E
M	E	U	L	A
■	V	■	E	N
B	E	A	R	T

■	N	■	T	■
N	Y	L	O	N
■	M	O	U	E
O	P	T	E	R
■	H	E	R	E
P	E	S	A	S

Saint Alain

lundi 9 septembre

« On doit des égards aux vivants.
On ne doit aux morts que la vérité. »
Voltaire

Mots codés

Dans la grille ci-dessous, les lettres ont été remplacées par des nombres, un même nombre représentant toujours la même lettre. Pour commencer le jeu, utilisez les lettres du mot dont le code est déjà indiqué. Les cases ci-dessous servent d'aide-mémoire ; vous pouvez y inscrire les lettres au fur et à mesure que vous les trouvez.

1 T	2 A	3 M	4 B	5 O	6 U	7 R	8	9	10	11	12	13
14	15	16	17	18	19	20	21	22	23	24	25	26

1 T	2 A	3 M	4 B	5 O	6 U	7 R	■	18	17	9	19	8	16	9	8	7
7	■	2	■	8	■	17	■	7	■	5	■	19	■	17	■	5
2	18	10	5	17	16	18	7	8	■	8	7	7	2	1	6	3
16	■	8	■	13	■	8	■	9	■	6	■	8	■	6	■	2
21	17	9	8	13	8	7	■	9	6	7	22	6	3	2	17	16
22	■	1	■	8	■	■	■	5	■	■	■	20	■	1	■	21
2	23	8	16	1	■	4	7	17	21	12	■	8	24	17	13	8
16	■	■	■	5	■	5	■	7	■	11	■	■	■	5	■	■
1	7	2	17	16	17	16	23	■	8	9	19	2	23	16	5	13
■	■	14	■	■	■	15	■	14	■	1	■	15	■	■	■	17
9	14	6	2	25	■	8	3	6	13	8	■	8	26	26	8	1
11	■	2	■	22	■	■	■	2	■	■	■	7	■	8	■	17
9	6	7	20	17	20	2	16	1	■	9	3	5	12	17	16	23
1	■	8	■	19	■	1	■	5	■	2	■	13	■	16	■	17
8	21	13	17	19	9	8	■	7	8	19	8	17	16	18	7	8
3	■	13	■	8	■	3	■	15	■	17	■	8	■	7	■	6
8	13	8	21	1	7	17	21	8	■	16	8	7	20	8	6	24

Solution au mercredi 11 septembre

À FAIRE :

•

•

•

•

•

•

•

•

•

EN FORME

Articulations : la méthode douce

« Les douleurs articulaires sont calmées par l'*Harpagophytum*, (feuilles de cassis) et la reine-des-prés », rappelle le Dr Labescat. L'écorce de saule (aspirine végétale) soulage, mais est contre-indiquée en cas d'allergie à l'aspirine et de risque hémorragique.

Une astuce : l'huile essentielle (HE) de gingembre, diluée dans de l'huile végétale, joue le même rôle qu'un patch chauffant.

L'argile verte a une action anti-inflammatoire, antalgique et cicatrisante, appliquée en cataplasme avec 3 gouttes d'HE de girofle. **N. S.**

Clin d'œil

Margaux, 6 ans, malade, va chez le médecin qui diagnostique une pneumopathie du côté gauche. En racontant l'affaire, elle dit à sa grand-mère : « Mamie, je suis gauchère ! »

mardi 10 septembre

Sainte Inès

« On se prend à beaucoup mieux aimer la réalité, parfois, après un long détour par les rêves. »
Pierre Reverdy

À FAIRE :

•

•

•

•

•

•

•

A TABLE

Tarte aux abricots caramélisés

© Ploton/Photocuisine/Sucré Salé

Pour 6 personnes • 500 g d'abricots • 15 g de beurre • 125 g de cassonade • 2 c. à soupe d'Amaretto (facultatif) • 3 c. à soupe de purée d'amandes complètes • 1 rouleau de pâte brisée • 1 jaune d'œuf • 1 c. à soupe d'eau.

1. Dénoyautez les abricots, découpez-les en quatre. Faites-les revenir dans une sauteuse avec le beurre pendant 5 minutes. Saupoudrez de cassonade, faites caraméliser le tout 10 minutes en mélangeant bien. Versez l'Amaretto, faites réduire et bien caraméliser durant encore 5-10 minutes. Laissez complètement refroidir la préparation.

2. Déroulez la pâte avec son papier sur une plaque à four. Tartinez le centre de purée d'amandes. Disposez les abricots, puis rabattez les bords sur la garniture.

3. Fouettez le jaune d'œuf avec l'eau, badigeonnez-en les bords de pâte à l'aide d'un pinceau.

4. Enfournez la tarte pendant 35-40 minutes dans un four préchauffé à 180 °C (th. 6), ou jusqu'à ce que la pâte soit dorée et croustillante. Dégustez tiède.

Info + Faites pocher les abricots dans un sirop parfumé à la verveine ou au romarin. **M.-A. D.**

Super croisés

	A	B	C	D	E	F	G	H	I	J	K	L
1												
2				■					■			
3								■				
4					■							■
5						■				■		
6			■						■			
7							■					
8												

Horizontalement

1. Torture fatale pour Ravaillac. **2.** Entre X et XX. Envoie à la Chambre. Dieu de la Nature. **3.** Un parcours parsemé d'obstacles. Bon ! **4.** Un mois consacré à Auguste. Équipais un navire. **5.** Fibre élastique. Sa taille se mesure en mégaoctets. Il forme le pronominal. **6.** Divinité grecque. Faire une percée. Grade de ceux qui se serrent la ceinture. **7.** Normalisé. La passe y est parfois délicate. **8.** Partisan d'une langue universelle.

Verticalement

A. Vidé de sa substance. **B.** Messieurs, sous la Révolution. **C.** Membre de la famille. Localisation numérique. **D.** Envergure de héros. **E.** Référence en énergie. Mélancoliquement broyé. **F.** Prénom de Fitzgerald. Il a la corde au cou. **G.** Il se fixe à nos murs. **H.** Gentil monstre. Victime de Charlotte Corday. **I.** Homme symbole aux USA. Régiment à pied. **J.** Proche de l'andouiller. Ils finissent par aller au tapis. **K.** Qui commence à se manifester. **L.** Ça fait boum ! C'est en fuyant qu'il s'occupa de son père.

Solution au vendredi 13 septembre

« Septembre humide,
pas de tonneau vide. »
Dicton

© Cycreation/stock.adobe.com

AU JARDIN

Un potager fleuri

Traditionnellement, quelques rangs étaient toujours réservés au potager pour y cultiver glaïeuls, dahlias, arums blancs et autres fleurs à bouquet. Aujourd'hui, dans les petits potagers au carré où la place est comptée, le zinnia, la reine-marguerite, le souci et les variétés naines de tournesol, de capucine ou d'amarante se glissent entre les légumes. En installant un treillage, vous profiterez des fleurs colorées du haricot d'Espagne, de la capucine grimpante ou de l'ipomée. Lorsque les légumes non récoltés à temps se mettent à fleurir, le potager prend soudain de nouvelles couleurs. **Les fleurs violettes de l'artichaut, les ombelles roses de l'oignon,** les soleils d'or du topinambour et les fleurettes bleues de la chicorée sont ravissants. Semés dans les parcelles au repos, les engrais verts offrent aussi de délicates petites fleurs : on aime le bleu intense de la phacélie et du lupin, le rouge du trèfle incarnat ou le blanc rosé du sarrasin.
Les légumes-fruits de l'été, dont la tomate, la courgette ou l'aubergine, font le bonheur des butineurs. Sans nos bourdons et abeilles, nous devrions nous charger des fécondations indispensables à de bonnes récoltes, en mariant les fleurs. Arrivés dans votre potager, ils visiteront les fleurs des haricots, des pois et des fraisiers. Les fleurs du tournesol, de la bourrache et du souci sont même de véritables aimants à insectes, sans oublier les plantes aromatiques comme la lavande, la menthe, l'origan, l'aneth et le thym dont raffolent les papillons, autres alliés essentiels du potager. **P.-Y. N.**

À FAIRE :

-
-
-
-
-
-
-
-
-
-
-

Le bon signe

Entre chaque nombre, placez l'un des quatre signes + x : et - afin d'obtenir le total indiqué. Chaque signe n'apparaît qu'une seule fois par opération.

20	12	11	2	18	=	5
6	10	14	2	12	=	6
8	6	12	7	14	=	28

SOLUTION : 20 - 12 x 11 + 2 : 18 = 5 / 6 x 10 + 14 - 2 : 12 = 6 / 8 - 6 + 12 : 7 x 14 = 28.

SOLUTION DU LUNDI 9

1	2	3	4	5	6	7	8	9	10	11	12	13
T	A	M	B	O	U	R	E	S	J	Y	K	L
14	15	16	17	18	19	20	21	22	23	24	25	26
Q	Z	N	I	D	P	V	C	H	G	X	W	F

jeudi 12 septembre

Saint Apollinaire

« Toutes les grandes vérités commencent par être des blasphèmes. »
George Bernard Shaw

À FAIRE :

-
-
-
-
-
-
-
-

EN FORME

Comptez sur les prunes

Elles sont énergétiques Elles font partie des fruits les plus riches en sucre, 16 % pour la reine-claude, 8 % pour la mirabelle: parfaites pour les collations. En cas de diabète ou de surpoids, ne vous en privez pas, mais ne dépassez pas 3 à 4 reines-claudes ou 10 petites mirabelles (environ 120 g). Si vous les préparez en compote, évitez de rajouter du sucre, mais parfumez-les plutôt avec une gousse de vanille ou une pointe de cannelle.

Elles régulent le transit Elles allient une bonne proportion de fibres, stimulant le fonctionnement des intestins, et une teneur élevée en sorbitol, aux propriés laxatives. N'en abusez pas toutefois si vous souffrez du syndrome de l'intestin irritable, car le sorbitol peut occasionner des ballonnements.

Elles sont utiles pour la prévention cardio-vasculaire Elles apportent de la pectine, qui aide à réduire le taux de « mauvais cholestérol »

© Alexshyripa/stock.adobe.com

(LDL) en diminuant l'assimilation des graisses. Elles comptent aussi parmi les fruits qui contiennent le plus de polyphénols, à effet antioxydant ou anti-inflammatoire, protecteurs des artères.

Elles sont précieuses pour le cerveau Des études ont montré que les consommateurs réguliers ont une meilleure mémoire. Cet effet est attribué à certains de leurs polyphénols, les flavonoïdes, qui protègent les neurones de l'inflammation et facilitent leur oxygénation. **F. D.**

Kemarus®

Une grille est composée de zones de 1 à 5 cases entourées de gras.
- Complétez la grille avec les chiffres manquants sachant qu'une zone d'une case contient le chiffre 1, une zone de deux cases contient les chiffres 1 et 2, une zone de trois cases contient les chiffres 1, 2 et 3, etc.
- Deux chiffres identiques ne peuvent être placés côte à côte, ni en diagonale.

Exemple :

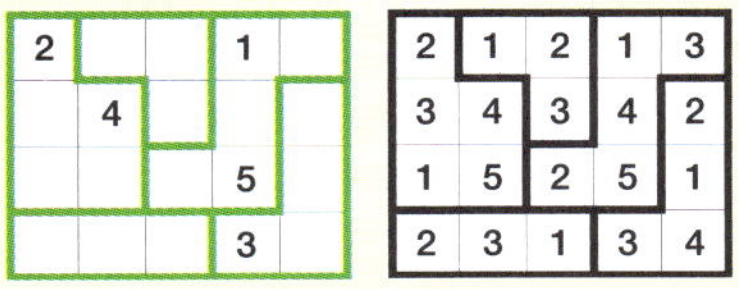

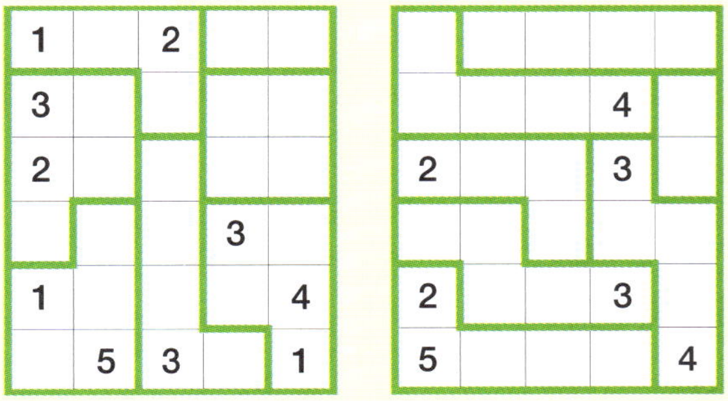

Solution au samedi 14 septembre

« Le plus lent à promettre est toujours le plus fidèle à tenir. »
Proverbe français

Jackpot

Dans chaque jeu, trouvez trois mots de quatre, cinq, six ou sept lettres en ne prenant qu'une lettre par colonne. Chaque lettre ne sert qu'une fois. Un exemple vous est déjà donné.

1 Mots de 4 lettres

O	U	A	M
S	I	S	A
M	O	D	T

SODA
....
....

2 Mots de 5 lettres

M	L	F	M	A
B	M	E	U	R
I	A	P	I	E

....
....
....

3 Mots de 6 lettres

C	R	H	P	U	I
G	E	O	A	P	S
M	A	M	U	R	E

....
....
....

4 Mots de 7 lettres

T	U	A	T	E	I	U
M	E	R	R	O	A	E
D	A	N	L	I	T	R

....
....
....

Solution au dimanche 15 septembre

À FAIRE :

•
•
•
•
•
•
•
•
•
•

NOS EXPRESSIONS

J'AI DU BON TABAC

« On pense que l'usage de la pipe doit être non seulement autorisé, mais directement provoqué en le facilitant au soldat par des distributions de tabac », écrivait en 1803 Jean-François Coste, médecin des armées. De son côté, le général d'Empire Lassalle affirmait : « Un hussard qui ne fume pas est un mauvais soldat ! » Si Louis XIV a instauré en 1668 la gratuité du tabac pour les troupes, cette mesure sans cesse annulée puis rétablie a été définitivement abolie en 1972. J.-P. R.

SOLUTION DU MARDI 10

E	C	A	R	T	E	L	E	M	E	N	T
X	I	I	■	E	L	I	T	■	P	A	N
S	T	E	E	P	L	E	■	S	O	I	T
A	O	U	T	■	A	R	M	A	I	S	■
N	Y	L	O	N	■	R	A	M	■	S	E
G	E	■	F	O	R	E	R	■	D	A	N
U	N	I	F	I	E	■	A	R	E	N	E
E	S	P	E	R	A	N	T	I	S	T	E

« Septembre emporte les ponts
ou tarit les fontaines. »
Dicton

Sudokus

	4	1					3	
			5	1	9			
	5	2	4		7	8		1
		8				7		4
	7		9	8	1		2	
2		9				5		
5		7	3		2	1	8	
			7	6	8			
	6					2	4	

6		5	8			9		
			2	1		8	7	
		7			6		2	3
	3		7	9	4			
4					8	6		5
	8		5	6	2			
		1			7		4	9
			3	2		1	5	
3		8	4			7		

	9				6	1		3
				5		8	6	
			9		2			
1	2	6		3				
7								2
				8		6	5	7
			3		9			
	5	4		7				
6		8	4				7	

			6	1	7			
	4						9	
5			4		9			6
	8			9			4	
				3				
	5	4				7	2	
7								3
9	2			6			1	7
	1		2		3		6	

Solution au mardi 17 septembre

À FAIRE :

•
•
•
•
•
•
•
•
•
•

SOLUTION DU JEUDI 12

1	4	2	1	2
3	5	3	4	3
2	1	2	1	2
4	3	4	3	5
1	2	1	2	4
4	5	3	5	1

3	4	1	3	2
1	5	2	4	1
2	3	1	3	2
4	5	4	5	1
2	1	2	3	2
5	3	4	1	4

EN FORME

Qu'est-ce qu'une bonne nuit ?

Un bon sommeil se juge uniquement à la qualité de l'éveil ! Bien dormir, c'est se sentir reposé et en forme 30 minutes à 1 h après le lever, passer une journée sans coups de pompe ni somnolence, sans problème de concentration ni de mémorisation. Autrement, cela signifie que l'on a mal dormi, trop ou trop peu, et pas à la bonne heure.

Le sommeil est une notion très personnelle, car en partie génétiquement programmé par notre horloge biologique. Celle-ci détermine la propension à être plutôt lève-tôt ou lève-tard et le quota d'heures nécessaires à un sommeil réparateur. Si Einstein faisait des nuits de 11 heures, Napoléon, de 4 heures et qu'en moyenne, les Français dorment 7 heures, bien dormir, c'est avant tout respecter ses propres besoins. **M. Q.**

« Il n'est nulle grandeur là où manquent simplicité, bonté, et vérité. »
Léon Tolstoï

EN CHANSON

2010 Nolwenn Leroy « La Jument de Michao »

Un peu au creux de la vague en 2010, Nolwenn Leroy a l'idée lumineuse d'honorer ses origines bretonnes dans un album. Elle emprunte plusieurs titres aux folklores bretons et celtes, et s'entoure de prestigieux arrangeurs locaux tels que Tri Yann ou Alan Stivell. Leurs créations côtoient celles d'Alain Souchon, Miossec ou encore Jean-Michel Caradec. Dans cet album, dont la pochette présente la chanteuse à l'âge de 3 ou 4 ans vêtue d'un costume traditionnel breton, un titre remporte bientôt tous les suffrages: *La Jument de Michao*, aussi nommée *J'entends le loup, le renard et la belette*.

Cette chanson n'est pas vraiment une nouveauté puisque son origine remonte au XVe siècle. Contre toute attente, elle n'est pas bretonne, mais bourguignonne! Il s'agissait à l'origine d'une prière aux disparus chantée lors des messes d'obsèques. Elle se faufilera bientôt dans plusieurs régions de France et se verra chantée aussi bien en

© Fred Tanneau/AFP

français, en breton qu'en langues d'oc et d'oïl. En 1973, *La Jument de Michao* devient véritablement bretonne grâce à la reprise du groupe folklorique Kouerien, puis 3 ans plus tard grâce à celle de Tri Yann qui en font un succès populaire.

Dès lors, la chanson s'exporte en Allemagne, au Canada, au Danemark et aux Pays-Bas. À son tour, en décembre 2010, quand elle publie l'album Bretonne, Nolwenn Leroy assure à *La Jument de Michao* un joli tour du monde puisqu'elle sera un hit jusqu'en Corée du Sud et aux États-Unis. *Bretonne*, écoulé à plus d'un million d'exemplaires, demeure le plus gros succès de la chanteuse. **D. L. H.**

« C'est dans dix ans / je m'en irai / J'entends le loup / et le renard chanter / C'est dans dix ans / je m'en irai / J'entends le loup / et le renard chanter / J'entends le loup, / le renard, et la belette / J'entends le loup / et le renard chanter / J'entends le loup, / le renard, et la belette / J'entends le loup / et le renard chanter. »

Traditionnel. Arrangements: Tri Yann. Label: Mercury Records – 2010.

À FAIRE:

-
-
-
-
-
-
-
-
-
-

SOLUTION DU VENDREDI 13

1. soda / miam / oust.
2. mafia / impur / blême.
3. groupe / campus / méhari.
4. dualité / terroir / manteau.

lundi 16 septembre

Sainte Édith

« Je tremble toujours de n'avoir écrit qu'un soupir, quand je crois avoir noté une vérité. »
Stendhal

À FAIRE :

•

•

•

•

•

•

•

•

A TABLE

Crevettes et tofu sautés aux haricots verts

Pour 2 personnes • 300 g de haricots verts • 10 crevettes crues • 100 g de tofu ferme • 1 petit bouquet de coriandre fraîche • 1 oignon cébette • ½ grappe de poivre vert • ½ c. à soupe d'huile vierge de noix de coco • 1 petite gousse d'ail • 1 c. à soupe d'huile de sésame grillé • 2 c. à soupe de sauce d'huître (en grandes surfaces) ou de sauce soja • Sel.

1. Équeutez et lavez les haricots, plongez-les 8 minutes dans une casserole d'eau bouillante salée. Égouttez-les, puis plongez-les dans un bain d'eau glacée. Égouttez.

2. Décortiquez les crevettes en laissant la queue. Ouvrez-les par le dos pour en extraire le boyau.

3. Coupez le tofu en petits cubes. Effeuillez la coriandre. Émincez l'oignon. Égrappez le poivre vert.

4. Dans un wok, faites sauter les haricots avec le poivre vert 2 minutes dans l'huile de coco. Ajoutez les crevettes, l'ail pelé et écrasé, puis faites sauter encore 2-3 minutes.

5. Dans une petite poêle, faites griller le tofu avec l'huile de sésame. Déglacez avec la sauce d'huître ou la sauce soja, mélangez. Versez dans le wok, mélangez pendant 2 minutes.

© Ploton/Photocuisine/Sucré Salé

6. Dressez dans des assiettes, parsemez d'oignon et de coriandre. Servez aussitôt.

Info + Servez avec un riz parfumé ou des nouilles de riz. M.-A. D.

C'EST ARRIVÉ LE...

16 SEPTEMBRE 1620

Le *Mayflower* quitte Plymouth pour le Nouveau Monde avec, à son bord, 102 pèlerins fuyant les persécutions religieuses. Ils sont considérés comme les pères fondateurs des États-Unis. Ils avaient pour mission de créer une colonie de l'autre côté de l'Atlantique. Aujourd'hui, on estime à 35 millions le nombre de leurs descendants, dont 9 présidents américains. S. P.

AU MARCHE

La pêche

Jusqu'à la fin septembre, profitez des arômes de la pêche. Au marché, vérifiez qu'elle est souple, car elle ne mûrit plus après récolte. Elle doit être lourde, signe qu'elle est bien juteuse et fraîche ; si possible, achetez des fruits bio. La pêche est riche en eau et en bêtacarotène, un précieux antioxydant pendant l'été, et renferme aussi de la vitamine B9. Dégustez-la en carpaccio avec quelques feuilles de menthe. Au réfrigérateur, elle se conserve environ 3 jours.

Info + Gardez la peau des pêches pour le compost. M.-A. D.

« S'il pleut à la Saint-Renaud :
l'automne s'annonce penaud. »
Dicton

© Pierre Yves Nedelec

AU JARDIN

Aménager une forêt tropicale

Records de températures estivales, hivers plus doux et printemps précoces font pousser des ailes aux jardiniers. C'est d'autant plus vrai que la palette des végétaux au style exotique ne cesse de s'élargir, en incluant désormais des espèces frileuses que nous n'aurions jamais imaginées chez nous. Pour commencer, tournez-vous vers des plantes luxuriantes qui ont déjà fait preuve de résistance au froid.

Quelques mètres carrés dans une cour ou un jardinet suffisent à créer ce décor. Idéalement, l'espace doit être abrité des vents dominants et des gelées par un mur, une palissade... Il bénéficiera en partie d'un léger ombrage, comme celui d'un arbre, pour éviter aux feuillages les plus tendres de brûler sous le soleil estival, en préservant une bonne hygrométrie.

Un soin particulier sera donné à la terre qui, comme dans la forêt tropicale, sera enrichie en humus. Les apports de terreau, complétés chaque année par un paillage de feuilles mortes et de débris végétaux, nourriront les plantes tout en protégeant les espèces les plus fragiles. Coup de cœur pour le paillage en coques de cacao qui sent bon le chocolat ! La densité des plantations, le jeu des volumes, l'impression de désordre et les contrastes entre les feuillages contribueront grandement à la réussite de cette ambiance dépaysante. **P.-Y. N.**

À FAIRE :

•

•

•

•

•

•

•

•

Mots à mot

En regroupant et en mélangeant les lettres des deux mots de quatre et de trois lettres proposés, composez un troisième mot de sept lettres.

R E T S + R I A = _ _ _ _ _ E _

A L O I + R I F = _ _ _ _ A _ _

S T U C + R O B = _ _ _ _ _ _ T

SOLUTION : Tarsier – Foirail – Scorbut.

SOLUTION DU SAMEDI 14

7	4	1	8	2	6	9	3	5
3	8	6	5	1	9	4	7	2
9	5	2	4	3	7	8	6	1
6	1	8	2	5	3	7	9	4
4	7	5	9	8	1	6	2	3
2	3	9	6	7	4	5	1	8
5	9	7	3	4	2	1	8	6
1	2	4	7	6	8	3	5	9
8	6	3	1	9	5	2	4	7

6	2	5	8	7	3	9	1	4
9	4	3	2	1	5	8	7	6
8	1	7	9	4	6	5	2	3
5	3	6	7	9	4	2	8	1
4	7	2	1	3	8	6	9	5
1	8	9	5	6	2	4	3	7
2	5	1	6	8	7	3	4	9
7	6	4	3	2	9	1	5	8
3	9	8	4	5	1	7	6	2

5	9	7	8	4	6	1	2	3
4	1	2	7	5	3	8	6	9
8	6	3	9	1	2	7	4	5
1	2	6	5	3	7	4	9	8
7	8	5	6	9	4	3	1	2
3	4	9	2	8	1	6	5	7
2	7	1	3	6	9	5	8	4
9	5	4	1	7	8	2	3	6
6	3	8	4	2	5	9	7	1

8	9	2	6	1	7	5	3	4
6	4	7	3	5	8	1	9	2
5	3	1	4	2	9	8	7	6
1	8	6	7	9	2	3	4	5
2	7	9	5	3	4	6	8	1
3	5	4	1	8	6	7	2	9
7	6	8	9	4	1	2	5	3
9	2	3	8	6	5	4	1	7
4	1	5	2	7	3	9	6	8

mercredi 18 septembre

Sainte Nadège

« Les jeunes gens s'imaginent que l'argent c'est tout. Et quand ils deviennent vieux, ils en sont sûrs. »
Oscar Wilde

À FAIRE :

-
-
-
-
-
-
-
-

Vite, une astuce !

Les passages répétés, les griffes du chien et les brûlures du barbecue laissent des trous et des plaques dénudées dans le gazon. Pour vite les regarnir, semez des mélanges tout prêts à base de semences enrobées avec de l'engrais. Griffez le sol, semez, arrosez et en moins d'une semaine tout aura reverdi. P.-Y. N.

EN FORME

La moutarde sort des placards

© Jiri Hera/stock.adobe.com

En cuisine Elle agrémente vinaigrettes et viandes et favorise une bonne digestion. Ses feuilles apportent leur saveur subtilement piquante dans une salade ou sont cuites à la vapeur pour préserver une texture croquante.

En infusion En cas de manque d'appétit ou de lourdeur digestive, laissez infuser 5 minutes 1 c. à café de sommités fleuries de moutarde (en herboristerie) dans 1 tasse d'eau bouillante. Filtrez. Boire 1 à 3 tasses de cette préparation par jour.

En cataplasme (ou sinapisme) Contre les douleurs rhumatismales ou les rhumes, toux ou bronchites simples, mélangez 200 g de farine de lin avec de l'eau froide ou tiède. Étalez la mixture sur un linge, ajoutez 50 g de farine de graines de moutarde. Enveloppez la personne au niveau de la poitrine ou du rhumatisme. Laissez agir de 10 à 15 minutes. Renouvelez 2 fois par jour, pas plus de 15 jours.

En bain (pieds, mains ou corps) Contre les rhumes et les refroidissements, pour une action décongestionnante générale ou locale, pour soulager jambes lourdes ou maux de tête : placez dans un sachet 20 ou 30 g de farine de moutarde par litre d'eau chaude. **F. O.**

Mini croisés

	A	B	C	D	E	F	G	H
1								
2								
3			■					
4						■		
5								■
6				■				
7		■						
8					■			

Solution au vendredi 20 septembre

Horizontalement

1. Dressais vers le ciel. **2.** Un héros divinisé. **3.** À contrer quand on a de la voix. Capitale de la Suisse. **4.** Se passe en hiver. Fin d'infinitif. **5.** Chocolats en boîte. **6.** Ancienne armée. Elle vécut aux côtés d'Aragon. **7.** Pousser une exclamation (s'). **8.** Mer de la Méditerranée. Après la citation.

Verticalement

A. Adouci avec du sucre. **B.** D'une finesse douteuse. **C.** Préfixe négatif. Pourvue. **D.** Lieu de supplice. Adjectif démonstratif. **E.** Briser les tiges du peigne. **F.** Apparence. Offris un siège. **G.** Il fait rarement chaud dans son lit. **H.** Goutter. Courbure du sourcil.

« Le coq, en septembre, chantant la matinée, annonce une abondante rosée. »
Dicton

Mots croisés

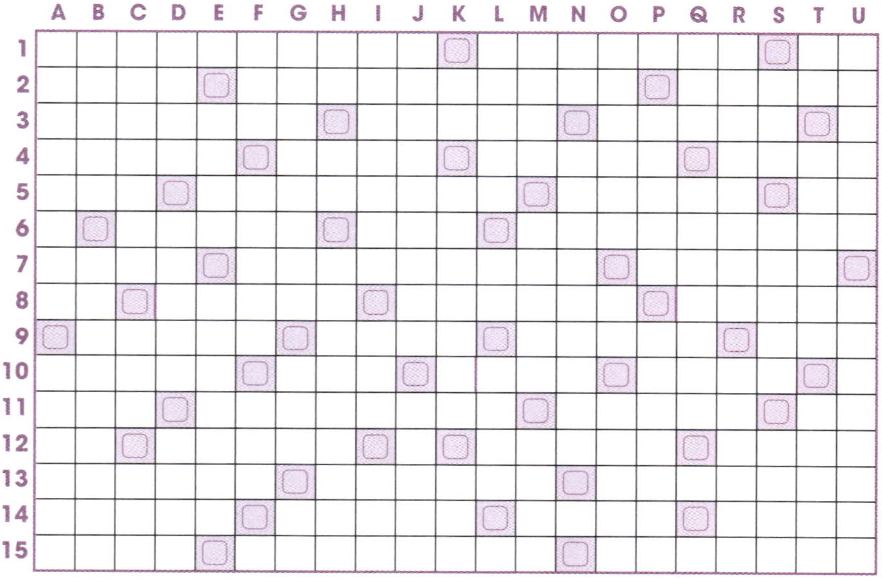

Solution au dimanche 22 septembre

Horizontalement

1. Qui se font fâcheusement remarquer. Elle a partie liée avec la flotte. Supporte bien les cadavres. **2.** Monnaie du Cambodge. Rafraîchit les Toulousains. Frère du père. **3.** Véhicules en commun. Sans son. Chapeau claque. **4.** N'avoue pas. Vieux animaux. Fis un travail d'officine. Pièce mécanique. **5.** Endroit où l'on voit le jour. Signes musicaux. Relatif à une partie d'intestin. L'Europe en bref. **6.** On l'entend toujours un peu à Noël. Régal de bétail. Hommes de couverture. **7.** Fort. Des vues de l'esprit. Avant l'armistice. **8.** Il permet de réfléchir. Couteau qui peut se retrouver sur le sable. Changer de degré. Montrant de la hardiesse. **9.** Plat de résistance. Victime d'une méprise. Consistant. Unités monétaires roumaines. **10.** Embellis. Habitant. Château sur l'Indre. Chose fine de beau harnais. **11.** Il tourne en galoche. Bien connu chez Œdipe. Ne mit pas dans le bon chemin. Abonde dans le nobiliaire. **12.** Cité sur la Tille. Mis en boîte à l'atelier. Particule composée d'un quark et d'un antiquark. Porteuse de conseil. **13.** Attendu. Grains éclatés... Troquet. **14.** Tranchée. Est joyeux chez Beethoven. Limite en bois. Pays d'œillets. **15.** Aspira. Particule fondamentale. Tout le monde n'a pas les siennes à l'Élysée.

Verticalement

A. Les dents de la mer. Est poétique. **B.** Ils secondent. Remise dans le droit chemin. **C.** Chevalier des touches. Petit recueil. Œuvrait à la grande distribution. **D.** Affaire de qualité. Charpentée. Montagne de Grèce. **E.** Les hommes n'y sont pas admis. Vague. **F.** L'humidité le pourrit aisément. Point central. Pris. **G.** Âme sœur. Connaissance approfondie. Contenance de cuve au chai. **H.** Petite entreprise. Île en face de La Rochelle. Non utilisé. **I.** Transporter au loin. Fabricant de glaces. Station périphérique. **J.** Commandée. Se tenant. **K.** Expulsé. Raccordements de pièces mouvantes. Pic des Pyrénées. **L.** Compagnon de Cybèle. Pronom réfléchi. Prend ses distances. **M.** N'aime pas les gentillesses. Composèrent des cercles de poètes disparus. Père de Jason. **N.** À la mode de Londres. Susceptibles d'une réprimande. **O.** On ne s'en lasse pas ! Dieu solaire. Avalée sans déguster. **P.** Héroïne d'un roman d'amour. Descendant de Perse. **Q.** Coup long sur court. Tirer dans tous les sens. **R.** Jettes un œil. Pourvoir. **S.** Est très regardant à propos des médias. Relative à la vigne. Sac de spores. **T.** Pronom personnel. Poisson vorace à morsure dangereuse. Composant électronique. **U.** Célébrées. Planchettes mobiles de certains meubles.

À FAIRE :

-
-
-
-
-
-
-
-

QUELLE HISTOIRE !

C'est dans un cercueil porté par 4 mousquetaires qu'Alexandre Dumas, né il y a 222 ans, le 24 juillet 1802, fait une entrée très remarquée au Panthéon en 2002. Alexandre Dumas rejoint enfin son fidèle ami Victor Hugo qui louait tant son panache ! M. Q

vendredi 20 septembre

Saint Davy

« Une société n'est forte que lorsqu'elle met la vérité sous la grande lumière du soleil. »
Émile Zola

À FAIRE :

-
-
-
-
-
-
-
-
-

AU JARDIN

Quand les légumes montent en graines

Une courge, une tomate ou tout autre légume-fruit qui fleurit, c'est la promesse de belles fructifications. Mais quand certaines plantes du potager se mettent subitement à s'allonger et fleurir, c'est mauvais signe. On dit alors qu'elles montent en graines. Dans ce cas, dites adieu aux tendres feuilles d'épinard, aux belles pommes de salades et aux gros cœurs de choux…

An allant au bout de leur cycle végétatif, ces légumes mettent toute leur énergie dans la formation des graines. Ce phénomène concerne aussi d'autres végétaux comme les légumes-racines tels que les carottes, les radis, les panais et les betteraves qui finissent par jaunir et durcir. Un semis trop précoce, des variations brutales de températures et des arrosages irréguliers sont souvent la cause d'une montée en graines prématurée. **P.-Y. N.**

© Pierre Yves Nedelec

D'un mot à l'autre

En regroupant et en mélangeant les lettres de chaque mot donné avec la lettre qui le suit, trouvez un second mot composé de sept lettres.

1 DAUBER + M = ☐☐☐☐☐☐☐
2 TANTRA + S = ☐☐☐☐☐☐☐
3 LAITUE + R = ☐☐☐☐☐☐☐
4 LACHER + N = ☐☐☐☐☐☐☐
5 MAIRIE + N = ☐☐☐☐☐☐☐

SOLUTION : 1/ Bermuda. 2/ Transat. 3/ Taulier. 4/ Charnel. 5/ Minerai.

SOLUTION DU MERCREDI 18

E	R	I	G	E	A	I	S
D	E	M	I	D	I	E	U
U	T	■	B	E	R	N	E
L	O	D	E	N	■	I	R
C	R	O	T	T	E	S	■
O	S	T	■	E	L	S	A
R	■	E	C	R	I	E	R
E	G	E	E	■	S	I	C

samedi 21 septembre

Saint Matthieu

« Quand il pleut à la Saint-Matthieu, fais coucher tes vaches et tes bœufs. »
Dicton

Mini-croisés

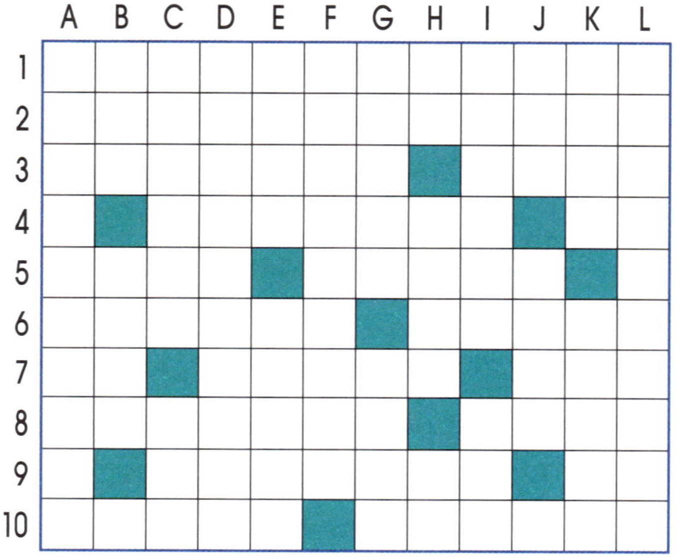

Solution au lundi 23 septembre

Horizontalement
1. Pattes-d'oie. **2.** Conseil d'orientation. **3.** Village au sud de Propriano. Île à l'entrée sud du Petit Belt. **4.** Spectacle d'un certain genre. Deuxième pour Leclerc. **5.** Prouver sa bravoure. C'est la fête en Espagne ! **6.** Une bonne aide à l'emploi. Personnage de San Antonio. **7.** Il s'expose au salon. Sous. Les mains en l'air ! **8.** Faire une mise à jour. Préparé comme un gendarme. **9.** Qui ont l'apparence d'un spectre. Signes de la Vierge. **10.** De Délos ou Mykonos. Région de Grèce.

Verticalement
A. Distribution de pains. **B.** Lieu culturel parisien. Gris foncé. **C.** Extrémité de lacet. Dépôt. **D.** Qui arrivera donc demain ou plus tard. **E.** ... sur-Belon, en Bretagne. Carvi dans les prés. **F.** Ils sont toujours verts. **G.** Au cœur du saint-pierre. Entre le couvert et le découvert. **H.** La moitié de la moitié de tonton. Connaissances particulières. Monstre de cinéma. **I.** Botte peuplée. Direction. **J.** Blanche ingénue. Plat basque pimenté. **K.** Se perd parfois quand on déménage. A touché une surface visible. **L.** Une nouille dans le gratin.

À FAIRE :

-
-
-
-
-
-
-
-
-

AU MARCHE

Le bleu du Vercors-Sassenage

Invitez ce délicieux fromage à pâte persillée à votre table, c'est la pleine saison ! Préparé à base de lait de vache et labellisé AOP, il révèle des notes délicates de noisette. Riche en lipides (30 g/100 g) et en sel (1,5 g/100 g), c'est aussi une excellente source de calcium : 600 mg pour 100 g. Déposez-en quelques lamelles sur une salade avec des brins de ciboulette. Vous pouvez le conserver environ une semaine au réfrigérateur.
Info + Vous pouvez parsemer des morceaux de bleu sur un gratin. **M.-A. D.**

C'EST ARRIVÉ LE...

21 SEPTEMBRE 1961
Johnny Hallyday donne son premier concert à l'Olympia à l'âge de 18 ans. Sa réputation sulfureuse le précède. Les critiques louent néanmoins son déhanchement. Il fait salle comble : le mythe est né. **S. P.**

dimanche 22 septembre

Saint Maurice

« Semis de Saint-Maurice,
récolte à ton caprice. »
Dicton

À FAIRE :

•
•
•
•
•
•
•
•
•

© Kleber Rossillon&Région Provence-Alpes-Côte d'Azur/Sources 3D MC

BALADE EN FRANCE

La grotte Cosquer à la conquête du public

Un jour d'octobre 1985, au pied des falaises du cap Morgiou, par 37 m de fond, le plongeur Henri Cosquer découvre au bout d'un boyau étroit rempli de sédiments une vaste salle remplie de stalagmites. La cavité est partiellement immergée, mais Henri est ébahi par les merveilles géologiques qui s'offrent à ses yeux. Elles ne sont rien à côté de ce qu'il découvre quelques explorations plus tard : des centaines de peintures, des gravures et des mains comme peintes au pochoir ornent les parois.
Pendant 6 ans, Henri Cosquer tait sa trouvaille, n'y emmenant qu'une poignée d'initiés jusqu'à la survenue d'un drame. En 1991, 3 plongeurs perdent la vie en voulant rejoindre la grotte. Henri Cosquer la déclare alors aussitôt aux autorités maritimes. « On a d'abord cru à une galéjade », se souvient Jacques Collina-Girard, préhistorien, géologue et président du Comité scientifique pour le projet de reconstitution de la grotte Cosquer. Mais il faut se rendre à l'évidence. Le plongeur a découvert le premier site préhistorique orné et immergé au monde. Un site dont la richesse, avant la remontée des eaux, devait être égale à celles de Lascaux ou Chauvet. En effet, là, lors de la dernière glaciation, il y a plus de 30 000 ans, des hommes, des femmes et des enfants ont apposé les empreintes de leurs mains, peint les animaux avec lesquels ils vivaient et gravé des signes, aujourd'hui difficiles à interpréter. Après 15 000 ans d'occupation, ils ont délaissé les lieux et son entrée a été recouverte par les eaux.
Aujourd'hui, la grotte est un patrimoine historique et culturel menacé. « Une partie aura disparu dans le demi-siècle qui vient », prévient Michel L'Hour, conservateur général du patrimoine et archéologue sous-marin. L'élévation du niveau de la mer aura raison de ces peintures. Pour en garder la mémoire et continuer à l'étudier, une réplique a été réalisée. Préserver et montrer, telle est l'ambition de Cosquer 2, cette reconstitution qui vient d'ouvrir au public au cœur de Marseille. **S. P.**

SOLUTION DU JEUDI 19

T	A	P	A	G	E	U	S	E	S	■	A	M	I	R	A	L	E	■	I	F
R	I	E	L	■	T	R	A	M	O	N	T	A	N	E	■	O	N	C	L	E
I	D	I	O	M	E	S	■	M	U	E	T	S	■	G	I	B	U	S	■	T
D	E	N	I	E	■	U	R	E	S	■	I	O	D	A	S	■	C	A	M	E
E	S	T	■	S	I	L	E	N	C	E	S	■	I	L	E	A	L	■	U	E
N	■	R	O	S	S	I	■	E	R	S	■	A	S	S	U	R	E	U	R	S
T	R	E	S	■	O	N	I	R	I	S	M	E	S	■	T	R	E	V	E	■
S	E	■	S	O	L	E	N	■	T	I	E	D	I	R	■	O	S	A	N	T
■	D	A	U	B	E	■	E	G	E	E	■	E	P	A	I	S	■	L	E	I
O	R	N	E	S	■	A	M	E	■	U	S	S	E	■	R	E	N	E	■	R
R	E	A	■	C	O	M	P	L	E	X	E	■	E	G	A	R	A	■	D	E
I	S	■	O	U	T	I	L	■	T	■	M	E	S	O	N	■	N	U	I	T
E	S	P	E	R	E	■	O	R	A	G	E	S	■	B	I	S	T	R	O	T
N	E	T	T	E	■	H	Y	M	N	E	■	O	R	E	E	■	I	N	D	E
T	E	T	A	■	E	L	E	C	T	R	O	N	■	E	N	T	R	E	E	S

« Orages de septembre,
neiges de décembre. »
Dicton

La ronde des mots

**Trouvez dix-neuf mots et notez chacun d'eux dans le sens des aiguilles d'une montre autour de la case de définition correspondante.
La première lettre de chaque mot est indiquée par le triangle noir.
Le premier mot est donné en exemple.**

Solution au mardi 24 septembre

À FAIRE :

-
-
-
-
-
-
-
-
-

AU MARCHE

Le romarin

Pensez au romarin frais pour parfumer vos plats. Regardez si les brins sont bien verts : ils dégagent une délicieuse odeur lorsque vous les pincez entre vos doigts. Cette plante contient du romarinol, un puissant antioxydant. Elle peut sécher à l'air libre, ses propriétés restent intactes. En vinaigrette avec de la ciboulette et de l'estragon, le romarin accompagnera une salade verte agrémentée d'oignons et d'échalotes.
Info + Parsemez vos grillades de romarin : il protège la viande de l'oxydation des flammes. **M.-A. D.**

SOLUTION DU SAMEDI 21

B	I	F	U	R	C	A	T	I	O	N	S
A	M	E	L	I	O	R	A	T	I	O	N
S	A	R	T	E	N	E		A	E	R	O
T		R	E	C	I	T	A	L		D	B
O	S	E	R		F	E	R	I	A		I
N	O	T	I	C	E		T	E	X	A	N
N	U		E	U	R	O	S		O	L	A
A	L	L	U	M	E	R		S	A	U	R
D		I	R	I	S	E	E	S		N	D
E	G	E	E	N		E	T	O	L	I	E

mardi 24 septembre

Saint Thècle

« Ce qui a été cru par tous,
et toujours, et partout,
a toutes les chances d'être faux. »
Paul Valéry

À FAIRE :

•

•

•

•

•

•

•

•

•

A TABLE

Sablé croustillant chocolat-framboise

© Photo : Bernard Winkelmann/Stylisme : Julie Maurence

Pour 6 personnes **Le sablé chocolat :** • (à réaliser au préalable pour le sablé croustillant ci-dessous) : • 150 g de farine T80 • 50 g de poudre de cacao • 130 g de beurre Charente-Poitou AOP à température ambiante • 120 g de cassonade • 2 g de fleur de sel. **Le sablé croustillant :** • 100 g de chocolat noir • 215 g de sablé au chocolat • 60 g de feuillantine ou crêpes dentelles écrasées • 500 mg de fleur de sel. **Le crémeux chocolat :** • 50 g de jaunes d'œufs (soit 2 petits jaunes) • 20 g de cassonade • 125 ml de lait entier • 125 ml de crème liquide • 117 g de chocolat noir (66 % de cacao). **La décoration :** • framboises • fleurs comestibles (ici des fleurs d'allymis).

1. Le sablé chocolat : tamisez la farine et le cacao. Mélangez le beurre avec la cassonade, ajoutez les poudres tamisées, la fleur de sel. Étalez et enfournez 25 minutes à 150 °C (th. 5). Laissez refroidir, hachez au couteau.

2. Le sablé croustillant : faites fondre le chocolat noir, mélangez-le avec le sablé chocolat, la feuillantine et la fleur de sel. Moulez cette préparation dans des cercles.

3. Le crémeux chocolat : mélangez les jaunes d'œufs et la cassonade. Faites bouillir le lait et la crème, versez la moitié sur le mélange jaunes d'œufs et la cassonade, puis reversez le tout dans la casserole. Faites cuire jusqu'à 83 °C sans cesser de mélanger. Versez en 3 fois sur le chocolat noir, mélangez. Mixez, laissez 6 heures au réfrigérateur.

4. Le dressage : pochez des petites boules de crémeux sur le sablé. Décorez le gâteau avec des framboises et des fleurs comestibles.

Que boire avec ? Un thé noir Earl Grey goût russe. **M.-A. D.**

Tout compte fait

Dans chacune des trois lignes, placez les nombres 3 4 6 7 9 de façon à obtenir, en réalisant quatre opérations successives, le total indiqué.

	-		+		x		:		=	24
	-		+		x		:		=	15
	x		:		-		+		=	13

SOLUTION : 9 - 4 + 7 x 6 : 3 = 24 / 7 - 6 + 4 x 9 : 3 = 15 / 4 x 9 : 3 - 6 + 7 = 13.

SOLUTION DU LUNDI 23

Ligne 1: jarret, cracra, kevlar, encave. **Ligne 2:** rehaut, crèche, lester, ascèse. **Ligne 3 :** arides, clapir, tergal, exécré. **Ligne 4 :** dressé, priser, glapir, costal. **Ligne 5 :** seiche, sottie, presto, taguer.

« On est bien forcé de croire au doigt de Dieu, quand on voit comme il se l'est mis dans l'œil. »
Germain Nouveau

© Blende40/stock.adobe.com

QUELLE HISTOIRE !

La bouillabaisse, une potion antique

***Boui abaisso*, autrement dit, « quand ça bout, tu abaisses »** (le feu) : voilà ce que bouillabaisse signifie en provençal. À l'origine, cette spécialité marseillaise était grecque et s'appelait *kakavia*. Importée par les marins venus de Phocée fonder Massalia au VIIe siècle avant J.-C., cette recette consistait à cuire les poissons invendus en ragoût dans un chaudron d'eau de mer. La cité phocéenne s'est approprié ce modeste plat préparé par les pêcheurs. **Une fois découvert par les Parisiens au XIXe siècle,** il deviendra un mets de luxe servi dans des restaurants, qui baptiseront bouillabaisse n'importe quelle soupe de poisson ! D'où la création en 1980 d'une charte d'authenticité : la chair de quatre types de poissons servi à part du bouillon, des croûtons aillés et de la vraie rouille, pas de la mayonnaise. En revanche, rien n'a jamais validé la légende selon laquelle Vénus servait de la bouillabaisse à son époux Vulcain pour l'endormir et filer rejoindre Mars, son amant ! **M. Q.**

À FAIRE :

•

•

•

•

•

•

•

•

Sudokus

8						5	4	
9			5					
			4	6				7
	2	9						4
		8		1		7		
6						1	8	
4				7	3			
					8			6
	6	2						8

	5		6			3	2	
8							7	
4				5	3			
			8		9	2		
		5				1		
		7	5		6			
			9	3				2
	7							4
	6	3			8		9	

Solution au vendredi 27 septembre

Clin d'œil

Mila, 4 ans, veut dormir avec sa grand-mère. Pour sommeiller en paix, cette dernière met des bouchons d'oreilles orange. Le lendemain au petit déjeuner, Mila questionne : « Mamou, pourquoi tu mets des carottes dans tes oreilles ? »

jeudi 26 septembre

Saint Côme, saint Damien

« À la Saint-Côme et Saint-Damien,
on trouve des noix plein les chemins. »
Dicton

À FAIRE :

-
-
-
-
-
-
-
-

EN FORME

La fleur de sel : un bouquet de minéraux

© Thierry Ryo/stock.adobe.com

La fleur de sel possède des atouts majeurs par rapport au sel traditionnel. Cueillie à la main à fleur d'eau, elle contient jusqu'à 5 % de minéraux autres que le chlorure de sodium : calcium, magnésium, potassium, iode. Les fleurs de sel originaires de la façade Atlantique en sont particulièrement chargées, plus que celles provenant de Camargue. Ces minéraux leur confèrent une saveur spécifique vous permettant de relever vos préparations tout en utilisant de très faibles doses de sel.

Faites des associations avec des aliments riches en potassium Un bon apport en potassium, abondant dans les végétaux, minimise l'impact défavorable du sel sur le système cardiovasculaire. Pour renforcer l'intérêt de la fleur de sel, vous pouvez donc l'associer à des herbes ou des aromates qui en sont riches. En dessert, mélangez-la à des fruits ou du chocolat noir.

Info + Attention au sel caché dans certains aliments sucrés achetés dans le commerce. Dans l'idéal, préparez vous-même vos biscuits ou viennoiseries afin d'en maîtriser la dose. **F. D.**

C'EST ARRIVÉ LE…

26 SEPTEMBRE 46 AVANT J.-C.

Vercingétorix meurt à Rome, 6 ans après avoir été capturé à Alésia. Un épais halo de mystère entoure sa disparition. Le chef gaulois est-il mort exécuté par strangulation ? Son décès est-il dû à ses conditions d'emprisonnement ? Nul ne le sait avec certitude. De quoi forger de nombreuses légendes… **S. P.**

Tout compte fait

Dans chacune des trois lignes, placez les nombres 2 4 5 6 8 de façon à obtenir, en réalisant quatre opérations successives, le total indiqué.

	:		+		x		-		=	24
	-		+		x		:		=	18
	+		-		:		x		=	25

SOLUTION : 6 : 2 + 5 x 4 - 8 = 24 / 5 - 2 + 6 x 8 : 4 = 18 / 6 + 8 - 4 : 2 x 5 = 25.

Saint Vincent de Paul

vendredi 27 septembre

« Pluie de septembre travaille, à la vigne et à la semaille. »
Dicton

Mots mélangés

Tous les mots de la liste figurent dans cette grille et peuvent se lire dans toutes les directions. Chaque lettre peut être utilisée une ou plusieurs fois, sauf celles formant l'énigme répondant à la définition suivante: qui ne se laisse pas diviser en deux.

ARRIVÉE
ATTENTE
BERLUE
BLOUSE
BOISER
BOUCLIER
CELLIER
COMMISSAIRE
COSTUME
CÔTIER
COURBATURÉ
CUMULÉ
DAMOISEAU
DATCHA
DÉLAVER
DISPUTE
ENCHEVÊTRÉ
ENJÔLEUR
ÉPIDERME
GEISHA
GLOUGLOU
GRATTE-CIEL
IMBIBER
IMPOSSIBLE
LASSITUDE
MÉDICALISER
MÉTÉORE
MÉTREUR
NOIRCEUR
OCULAIRE
OEUVRER
ONCLE
OSSATURE
PIÉCETTE
POÊLER
PORC-ÉPIC
QUERELLEUR
RATIO
REBUFFADE
RÉELLE
RONDE
STÈLE
STRUCTUREL
TAPISSERIE
TIERCE
TRACTÉ
VIRALE
VOULOIR

E	L	C	N	O	R	U	E	L	L	E	R	E	U	Q
A	H	S	I	E	G	C	I	P	E	C	R	O	P	M
U	E	A	H	C	T	A	D	R	E	I	L	L	E	C
A	T	T	E	N	T	E	I	R	A	G	E	D	I	E
E	T	E	D	N	O	R	U	S	U	R	I	M	R	N
S	E	E	E	L	E	T	S	O	U	C	C	O	E	J
I	C	P	L	L	A	I	L	T	A	E	E	C	S	O
O	E	B	E	B	M	G	C	L	N	T	T	U	S	L
M	I	O	R	M	I	U	I	C	E	U	T	L	I	E
A	P	U	O	E	R	S	H	M	A	P	A	A	P	U
D	O	C	S	T	E	E	S	N	B	S	R	I	A	R
C	E	L	S	R	V	V	D	O	S	I	G	R	T	V
O	U	I	A	E	A	E	I	I	P	D	B	E	V	O
S	V	E	T	U	L	S	T	R	P	M	I	E	I	U
T	R	R	U	R	E	U	E	C	R	E	I	T	R	L
U	E	R	R	R	D	O	M	E	A	A	A	E	A	O
M	R	R	E	E	L	L	E	U	L	R	E	B	L	I
E	D	A	F	F	U	B	E	R	C	O	T	I	E	R

SOLUTION : Impaire.

À FAIRE:

•

•

•

•

•

•

•

•

•

•

Le saviez-vous

Fluide, jaune et au goût neutre, l'huile de tournesol est la troisième huile la plus consommée en France. On distingue l'huile dite oléique, riche en oméga 9, et la classique, chargée en oméga 6, qui, elle, supporte mal la cuisson. Avant la guerre de 2022, l'Ukraine assurait la moitié de la production mondiale. Depuis, on assiste à une flambée des prix, des risques de pénurie et son remplacement par les huiles de colza ou de palme dans les chips, la margarine et autres préparations. P.-Y. N.

SOLUTION DU MERCREDI 25

8	1	6	7	3	2	5	4	9
9	7	4	5	8	1	2	6	3
2	5	3	4	6	9	8	1	7
1	2	9	8	5	7	6	3	4
5	4	8	3	1	6	7	9	2
6	3	7	9	2	4	1	8	5
4	8	5	6	7	3	9	2	1
7	9	1	2	4	8	3	5	6
3	6	2	1	9	5	4	7	8

7	5	1	6	8	4	3	2	9
8	3	6	2	9	1	4	7	5
4	2	9	7	5	3	6	1	8
3	1	4	8	7	9	2	5	6
6	9	5	3	4	2	1	8	7
2	8	7	5	1	6	9	4	3
1	4	8	9	3	7	5	6	2
9	7	2	1	6	5	8	3	4
5	6	3	4	2	8	7	9	1

samedi 28 septembre

Saint Venceslas

« Brouillards d'automne,
beau temps nous donnent. »
Dicton

À FAIRE :

•
•
•
•
•
•
•
•

Sudokus

			9	1	5			
	9				2		4	
2							1	6
	2			5	9	7		
1	7	9						
	8			6	1	3		
8							9	2
	4				3		7	
			5	8	7			

		4				8		
	6	3				4	5	
	5		9		7		6	
	4	1				6	8	
	8		7		4		9	
		9	6		5	1		
				3				
1								6
6			1		9			5

		7					9	5
	2			7			3	
	4			5	2			
6		5						8
			3		1			
2						3		6
			9	3			4	
	6			1			2	
3	7					5		

	1						2	
			6	9	8			
	7		1		3		4	
			2		7			
		8				5		
		9		5		3		
3								7
2								4
			8	3	4			

Solution au lundi 30 septembre

C'EST ARRIVÉ LE…

28 SEPTEMBRE 1992

Arte arrive sur le réseau hertzien. La chaîne de télévision franco-allemande diffuse d'abord ses programmes de 19 heures à 1 heure du matin. Son but : favoriser les rapprochements entre les peuples d'Europe. S. P.

NOS EXPRESSIONS

IL FAUT GARDER L'ÉGLISE AU CENTRE DU VILLAGE

Cette curieuse expression s'appuie sur une réalité bien organisée depuis le Moyen Âge : dans un village, l'église occupe la place centrale et les maisons serpentent tout autour. Utilisée dans différents pays européens, la locution n'a toutefois pas le même sens selon le lieu où elle est employée. En France, garder (ou remettre) l'église au centre du village appelle au respect des convenances ou à revenir à des valeurs traditionnelles. En Suisse, elle signifie mettre les points sur les i à quelqu'un qui peine ou rechigne à entendre raison, tandis qu'en Belgique, elle invite à garder la tête froide. M. G.

« Un tronc d'arbre a beau séjourner dans le fleuve, il ne se transformera jamais en crocodile. »
Proverbe africain

© Vulcania

BALADE EN FRANCE

Vulcania, voyage au cœur d'un volcan

Rêvé par le couple de vulcanologues Maurice et Katia Krafft, décidé par Valéry Giscard d'Estaing, alors président du conseil régional d'Auvergne, il y a 20 ans, naît le parc dédié au volcanisme. Il serait le seul du genre en Europe. De loin, seule une tour en forme de cône volcanique émerge de l'ancien terrain militaire où le site a été édifié. Au cœur de la chaîne des Puys, dans la commune de Saint-Ours-les-Roches, Vulcania a été conçu pour se fondre dans le paysage. Construit sur 3 niveaux en sous-sol, ce musée vivant du volcanisme a été sculpté à même la lave d'une ancienne coulée.
Dès l'entrée, un grondement sourd et menaçant plonge le visiteur dans un voyage immersif au centre de la terre. Après une descente d'une trentaine de mètres au cœur du cratère, une vaste salle circulaire disperse les visiteurs vers des animations aussi spectaculaires qu'instructives : simulations de tremblements de terre ou d'activité éruptive, descente dans les abysses à la rencontre du volcanisme sous-marin, parcours-spectacle à la découverte des volcans du monde et de leurs légendes, films sur écrans géants... Les visiteurs sont secoués, surpris, emportés. Sous une grande verrière, un jardin volcanique offre un aperçu de la flore luxuriante vivant sur les pentes des volcans.
L'expédition se poursuit à l'extérieur où les animateurs du site proposent de passionnantes lectures de paysage. Au loin, le puy de le plus élevé (1465 m) de la chaîne des Puys domine la faille de Limagne, haut lieu tectonique, inscrit au patrimoine mondial de l'Unesco depuis 2018. Les amateurs de sensations fortes peuvent ensuite jouer à se faire peur dans la forêt des Dragons où les animaux fantastiques sont mis à l'honneur, avant de se diriger vers les montagnes russes Namazu, une animation dans l'univers des séismes. Une belle entrée en matière pour aborder les sciences en s'amusant ! **S. P.**

À FAIRE :

QUELLE HISTOIRE !

Les premières graines de tournesol ne sont arrivées sur le Vieux Continent qu'au XVIe siècle. Pourtant, notre belle astéracée cultivée depuis plus de cinq mille ans par les Amérindiens et les Mexicains serait en réalité originaire de Patagonie !
P.-Y. N.

lundi 30 septembre

Saint Jérôme

« À défaut du pardon,
laisse venir l'oubli. »
Alfred de Musset

À FAIRE :

SOLUTION DU SAMEDI 28

4	6	8	9	1	5	2	3	7
7	9	1	6	3	2	8	4	5
2	5	3	8	7	4	9	1	6
3	2	6	4	5	9	7	8	1
1	7	9	3	2	8	6	5	4
5	8	4	7	6	1	3	2	9
8	3	7	1	4	6	5	9	2
6	4	5	2	9	3	1	7	8
9	1	2	5	8	7	4	6	3

9	1	4	5	6	3	8	7	2
7	6	3	8	2	1	4	5	9
8	5	2	9	4	7	3	6	1
5	4	1	3	9	2	6	8	7
2	8	6	7	1	4	5	9	3
3	7	9	6	8	5	1	2	4
4	9	5	2	3	6	7	1	8
1	2	7	4	5	8	9	3	6
6	3	8	1	7	9	2	4	5

1	8	7	6	4	3	2	9	5
5	2	6	8	7	9	1	3	4
9	4	3	1	5	2	6	8	7
6	3	5	4	2	7	9	1	8
7	9	8	3	6	1	4	5	2
2	1	4	5	9	8	3	7	6
8	5	2	9	3	6	7	4	1
4	6	9	7	1	5	8	2	3
3	7	1	2	8	4	5	6	9

9	1	3	7	4	5	6	2	8
4	5	2	6	9	8	7	1	3
8	7	6	1	2	3	9	4	5
5	3	1	2	8	7	4	6	9
6	4	8	3	1	9	5	7	2
7	2	9	4	5	6	3	8	1
3	8	4	5	6	2	1	9	7
2	6	5	9	7	1	8	3	4
1	9	7	8	3	4	2	5	6

AU MARCHE

Le navet

Dès le mois d'octobre, les navets s'invitent sur les étals. Avant de les acheter, vérifiez que leurs fanes sont bien vertes. Plus le navet est petit, meilleur il est. Excellent pour la santé, il mérite d'être revalorisé : il contient des fibres, des antioxydants, du potassium, du phosphore, du cuivre, du manganèse, des vitamines B et C. Il se déguste cru : râpez-le et ajoutez-y une sauce au fromage blanc, façon rémoulade. Ne le conservez pas plus de 3 jours dans le bac à légumes du réfrigérateur.

Info + Récupérez les fanes pour les cuisiner en pesto, en soupe ou poêlées, comme les épinards. **M.-A. D.**

Sainte Thérèse de Lisieux

« La pierre précieuse, non taillée, ne brille pas. »
Proverbe japonais

A TABLE

Curry de pois chiches

Pour 2 personnes • ¼ de chou-fleur • 200 g de pois chiches (en boîte) • Sel, poivre • 10 cl de lait de coco • 7 cl d'eau chaude • 100 g de riz • 2 œufs • Quelques brins de coriandre. Pour le curry : • 1 filet d'huile (+ 1 filet pour les œufs) • 1 petit oignon • ½ gousse d'ail • 1 bout de gingembre frais • 1 pincée de curry en poudre • 1 pincée de cumin en poudre • 1 pincée de curcuma en poudre.

1. Faites chauffer l'huile dans une cocotte, ajoutez l'oignon, l'ail et le gingembre hachés, avec toutes les épices. Faites revenir 5 minutes sur feu moyen.

2. Ensuite, ajoutez le chou-fleur détaillé en petits bouquets, les pois chiches égouttés, salez, poivrez. Versez le lait de coco et l'eau chaude. Couvrez, laissez cuire 20 minutes.

3. Faites cuire le riz dans une casserole d'eau bouillante salée (10 minutes environ). Égouttez, maintenez au chaud.

4. Faites cuire 2 à 3 minutes les œufs au plat dans une poêle huilée. Salez et poivrez la préparation.

5. Répartissez le curry dans les assiettes. Ajoutez le riz et l'œuf. Parsemez chaque assiette de coriandre ciselée et servez aussitôt.

© Lawton/Photocuisine

Info + Vous pouvez remplacer le chou-fleur par des fleurettes de brocoli grillées. M.-A. D.

À FAIRE :

•

•

•

•

•

•

•

Le bon signe

Entre chaque nombre, placez l'un des quatre signes + x : et - afin d'obtenir le total indiqué. Chaque signe n'apparaît qu'une seule fois par opération.

14	7	20	22	9	=	53
39	30	20	15	7	=	19
33	11	6	14	8	=	24

SOLUTION : 14 : 7 x 20 + 22 - 9 = 53 / 39 - 30 x 20 : 15 + 7 = 19 / 33 : 11 x 6 + 14 - 8 = 24.

C'EST ARRIVÉ LE...

1ER OCTOBRE 1862

Élisa Lemonnier ouvre la première école professionnelle pour jeunes filles, rue de la Perle à Paris. Le matin, on y dispense un enseignement général d'arithmétique, de français et d'histoire, entre autres matières. Pendant l'après-midi, les jeunes femmes apprennent les règles du commerce et le droit. Elles suivent aussi des ateliers de couture, de confection, de gravure sur bois ou de peinture sur porcelaine. S. P.

mercredi 2 octobre

Saint Léger

« Si les feuilles tombent à la Saint-Léger,
suivra une bonne année. »
Dicton

À FAIRE :

-
-
-
-

AU MARCHE

La noix de Saint-Jacques

En France, la pêche de la coquille Saint-Jacques est très réglementée et n'est autorisée qu'entre le 1er octobre et le 1er mai. Achetez-la encore vivante : en appuyant légèrement dessus, elle doit se refermer immédiatement. Comptez 6 kg de coquillages pour un 1 kg de noix. Peu calorique, elle est riche en protéines, en phosphore, en vitamines B12 et B9, en sélénium, en fer, mais aussi en sodium (270 mg/100 g). Elle est délicieuse en carpaccio avec des fruits de la passion.

Info + Faites cuire le corail 2 heures à 140 °C (th. 4-5), mixez et saupoudrez-le sur une purée, ou bien un poisson... **M.-A. D**

Petits fléchés

Grille 1

- TOM-POUCE
- IL A LA FORME D'UN PIEU
- GOÛTE DU REGARD
- ACCESSOIRE DU *YAM'S*
- BOULETTE DE LAMENTIN
- GROSSE MOUCHE
- QUAND ON FAIT SA FÊTE AU PATRON
- CLAUSE DE RACHAT
- TANTALE
- COURS DE BAVIÈRE
- PIÈCES DÉTACHÉES
- S'ESQUIVE
- BLESSÉE PROFONDÉMENT
- IL EST À L'ORIGINE DE CERTAINES ROUGEURS
- *DO* USÉ
- CENTRE OSTRÉICOLE DU FINISTÈRE
- CITÉ DANS UNE DÉPÊCHE
- LE CÉSIUM
- SPÉCIALISTE EN SON DOMAINE
- CÈDE À LA TENTATION

Grille 2

- IL FAIT LE TOUR DU SUJET
- STATION ALPINE
- IL EST DOUX
- PAS POUR TOUS
- PASSE AU LAMINOIR
- IL PRÉSENTE LES ARMES
- BONNE ASSIETTE
- VIN LIQUOREUX
- ANCIEN GRAND DU VÉLO
- SOCIÉTÉ
- TÊTE D'ABRUTI
- CHEF MALGACHE
- UNITÉ DE FLUX MAGNÉTIQUE
- BOUTS D'ESSAI
- INDIENNE DE HAUT RANG
- HABITUÉ DES BIBLIOTHÈQUES
- ASSEZ RÉVOLUTIONNAIRE AVEC ÇA !
- À COURT DE LIQUIDE
- THERMES D'ARIÈGE
- COMPOSITEUR ET PIANISTE FRANÇAIS
- AMENÉ À UN NIVEAU D'ÉNERGIE SUPÉRIEUR

Solution au vendredi 4 octobre

« Octobre en gelées,
chenilles trépassées. »
Dicton

D'un mot à l'autre

En regroupant et en mélangeant les lettres de chaque mot donné avec la lettre qui le suit, vous devez trouver un second mot composé, selon le cas, de quatre, cinq, six ou sept lettres. Aucun mot au pluriel n'est admis ni aucun verbe conjugué.

Mots de 4 lettres

1 SIS + U = ☐☐☐☐

2 ASE + X = ☐☐☐☐

3 PAR + W = ☐☐☐☐

Mots de 5 lettres

4 POSE + U = ☐☐☐☐☐

5 AOUT + M = ☐☐☐☐☐

6 MUET + F = ☐☐☐☐☐

7 ROLE + C = ☐☐☐☐☐

Mots de 6 lettres

8 CAHOT + N = ☐☐☐☐☐☐

9 TIARE + O = ☐☐☐☐☐☐

10 LIMON + U = ☐☐☐☐☐☐

Mots de 7 lettres

11 OUVERT + I = ☐☐☐☐☐☐☐

12 LIVRER + L = ☐☐☐☐☐☐☐

13 TOREER + L = ☐☐☐☐☐☐☐

14 SONGER + C = ☐☐☐☐☐☐☐

Solution au dimanche 6 octobre

À FAIRE :

•

•

•

•

•

•

•

•

A TABLE

Le céleri-rave

Le céleri-rave est signalé pour la première fois au XVIe siècle en Italie. Très vite, ce légume-racine, descendant de l'ache sauvage, s'implante en Allemagne. La cuisine française l'adopte à la fin du XVIIIe siècle. Les variétés anciennes comme le géant de Prague, le géant danois, celui d'Erfurt ou le blanc de Rueil témoignent de son parcours européen.

Aujourd'hui, on apprécie son goût unique en purée, en gratin, en beignet et même en carpaccio. La recette la plus classique est le céleri rémoulade, blanchi et coupé en julienne, qui nous rappelle la cantine. Ce mot d'origine italienne signifie « remoudre ». En effet, une rémoulade contient de l'ail, du persil et d'autres herbes finement hachées. **P.-Y. N.**

QUELLE HISTOIRE !

La ville égyptienne d'Alexandrie doit son nom au Grec Alexandre le Grand qui conquit l'Égypte en 332 avant Jésus-Christ et fonda cette ville à laquelle il donna son nom… comme à 70 autres ! Mais l'Alexandrie égyptienne reste la plus célèbre. M. Q.

vendredi 4 octobre

Saint François d'Assise

« À la Saint-François,
vient le premier froid. »
Dicton

À FAIRE :

•
•
•
•
•
•
•
•
•

AU JARDIN

Cultiver les parfums et l'exubérance

© Pierre Yves Nedelec

Recherchez des fleurs étonnantes adaptées à l'exposition de votre jardin. Côté soleil, l'incroyable bananier nain *Musella lasiocarpa*, vivace chinoise du Yunnan, donne de grosses fleurs jaune d'or érigées en forme de lotus. Parmi les innombrables variétés d'hibiscus, retenez le rustique hibiscus des marais. Ses fleurs blanches, roses ou rouge foncé mesurent jusqu'à 25 cm de diamètre ! En été, cette vivace réclame de la chaleur et de copieux arrosages.

Adoptez aussi le grand arum blanc, le petit à fleurs noires et leur intrigante cousine, la serpentine. L'inflorescence en cornet pourpre de cette dernière atteint 1 m de haut. Les incontournables fleurs d'hedychium, de clianthus, d'abutilon, d'érythrine crête-de-coq et oiseaux de paradis (*Strelitzia*) s'inviteront dans votre jardin le temps de la belle saison ; tout comme la passiflore bleue qui prendra vite d'assaut une haie ou un treillage.

Côté ombre, misez sur le pouvoir couvre-sol du rustique *Begonia grandis*, de la surprenante plante souris (*Arisarum*), des délicates fleurs des elphes et des joyeux fuchsias. Mais que serait ce jardin sans parfums ? Pensez aux grimpantes comme le jasmin officinal, la bignone capreolata aux fragrances de chocolat et de café, l'holboelia qui sent l'ylang-ylang ou le wattakaka aux notes de fleur d'oranger. **P.-Y. N.**

Mots à mot

En regroupant et en mélangeant les lettres des deux mots de quatre et trois lettres proposés, composez un troisième mot de sept lettres.

I	N	D	E	+	M	E	C	=	M						
A	Q	U	A	+	T	E	T	=				A			
P	U	L	L	+	B	I	T	=							L

SOLUTION : Médecin - Attaque - Pitbull.

SOLUTION DU MERCREDI 2

	P		A		A	
P	A	D	D	O	C	K
	R	E	M	E	R	E
T	A		I	S	A	R
	P	A	R	T		M
U	L	C	E	R	E	E
	U	T		E	M	S
R	I	E	C		O	S
	E	S	S	A	I	E

	P		A		E	
L	E	S	G	E	T	S
	R	A	N	C	I	O
B	I		E	U	R	L
	M	A	L		E	I
W	E	B	E	R		D
	T		T	A	R	I
I	R	A		N	A	T
	E	X	C	I	T	E

« Toute autorité est parfaitement avilissante. Elle avilit celui qui l'exerce et celui qui la subit. »
Oscar Wilde

Mini-fléchés

ÉCHEC COMPLET / ÉPICES INDIENNES		SAPENT LE MORAL		HABITANT DE CAGLIARI
INDIQUER LE MOIS ET L'ANNÉE		RÉPLIQUE PUÉRILE / AU LEVER DU SOLEIL		
CHARNIÈRE DE PORTE / MET AU REBUT				

BOUCHERA LES ISSUES / TABLE D'ÉGLISE		FLAIRÉE / PALPER		SOLIDES ATTACHES
ELLE A PRIS MARI EN SARI / PROPRE				
FILTRE DU CORPS / CANARDIÈRES				

ÉTENDUE UNIFORME / ÉTOILE DU CENTAURE		ÉBAHIE / BAC D'AZALÉE		SINGE AUX MEMBRES GRACILES
MOIS CHAUD / COIFFE LE PRÉLAT				
DÉPOUILLÉE DE SON ÉCORCE		L'HOMME DONT ON PARLE		

TÂCHE DE BOUCHER / GÂTEAUX MOULÉS		DEVINS CÉLÈBRE / MASSEURS		CONVENIR COMME IL FAUT
ÉCLAT JOYEUX / ATTAQUE DE BANQUE				
BEL EMPLUMÉ / FORTE INCLINATION				

Solution au lundi 7 octobre

Le saviez-vous

Supportée par une forêt de tuteurs, une glycine vénérable attire les foules dans le parc floral d'Ashikaga au Japon. L'arbre au tronc puissant, dont les rameaux courent à l'horizontale sur un maillage de plus de 600 m de treillage, est un monument national. Il devient féerique au printemps lorsque ses myriades de grappes violettes forment un dais. Cette célèbre glycine du Japon, de la variété « Domino », serait âgée de plus de 150 ans. P.-Y. N.

C'EST ARRIVÉ LE...

5 OCTOBRE 1962

L'insubmersible espion britannique fête à Londres le soixantième anniversaire de la première projection de *James Bond 007 contre Dr No*, premier opus de la série. L'agent secret est incarné par Sean Connery. Six acteurs différents se succéderont au cours des 25 films retraçant ses aventures. S. P.

dimanche 6 octobre

Fête des grands-pères

Saint Bruno

« Quand on sème à la Saint-Bruno,
la rouille s'y mettra bientôt. »
Dicton

À FAIRE :

•

•

•

•

•

•

•

•

•

EN CHANSON

1984 Julien Clerc « Mélissa »

© Jacques Loew/Photo12

Les voyages ne sont-ils pas propices à l'inspiration ? La chanson *Mélissa* en est bien la preuve puisqu'elle est née lors d'un séjour à Ibiza. Non pas dans l'esprit de Julien Clerc mais dans celui de son auteur, David McNeil. En effet, celui-ci contemple de sa fenêtre une jeune fille derrière des persiennes. Lorsqu'elle s'effeuille avant la douche, les premiers mots de la chanson lui viennent à l'esprit. Le hasard veut que, de retour à Paris, il croise la route de Julien Clerc.

Si les deux artistes se connaissent déjà, ils n'ont encore jamais collaboré. Cette occasion est trop belle. Ils évoquent illico la possibilité d'enregistrer un album ensemble. Quelques jours passent avant que David et Julien ne se retrouvent autour d'un florilège de chansons en devenir. Ils évoquent leur passion pour les Antilles et Julien confie à David une biguine dont il a récemment eu l'idée. En écoutant cette musique « *caliente* », David songe au texte qu'il a écrit à Ibiza, le reprend et imagine une certaine Mélissa, muse pour des apprentis peintres se prenant pour Matisse.

Julien n'est guère emballé, il pense que le grand public ne connaît pas Matisse ! L'auteur, médusé, fait un sondage dans la rue. Force est de constater que Julien avait raison… David McNeil transforme alors « Imitez Matisse » par « Matez ma métisse » ! Julien enregistre cette chanson qu'il adore… C'est un carton ! 600 000 exemplaires du 45-tours sont vendus ! Mais la plus belle récompense, c'est le nombre colossal de petites filles baptisées Mélissa dans les années 1980. **D. L.-H.**

« Mélissa, métisse d'Ibiza, / vit toujours dévêtue /
Dites jamais que je vous ai dit ça / ou Mélissa me tue /
Le matin derrière ses canisses / alors qu'elle est moitié nue /
Sur les murs, devant chez Mélissa, / y a tout plein d'inconnus /
Descendez, ça, c'est défendu, / oh ! c'est indécent / Elle crie
mais bien entendu / personne ne descend / Sous la scie
de sa jupe fendue, / en zoom, en gros plan / Tout un tas
d'individus filment en noir et blanc

Auteur : David McNeil. Compositeur : Julien Clerc. Producteur : Christopher Neil – Label : Virgin, 1984.

SOLUTION DU JEUDI 3

4 lettres : 1/ issu - 2/ saxe - 3/ wrap. **5 lettres :** 4/ soupe - 5/ matou. 6/ fumet - 7/ clore. **6 lettres :** 8/ chaton - 9/ otarie. 10/ moulin. **7 lettres :** 11/ voiture - 12/ vriller - 13/ tolérer - 14/ congrès.

« À Saint-Serge, achetez vos habits de serge. »
Dicton

Méli-mélo

Foires et fêtes dans l'histoire

Nous avons mélangé entre elles les lettres de fêtes et foires. Trouvez-les et placez-les au-dessus de la définition qui convient.

Lettres à replacer :

BDAAAEEEPRLGTLC
RONET
UNEUNE
AHNATCITAREUB
SSNVOORRAMEDUGE
TOSKETOFREB

N° 1 ....
Cette foire (avec son nom régional) se déroule dans le quartier de la Croix-Rousse à Lyon. Née il y a plus de 150 ans, elle est la survivante d'une tradition foraine locale dont le nom rappelle les premiers fruits offerts en automne (trois mots).

N° 2 ....
Cette immense foire (environ 6 millions de visiteurs) se déroule à Munich où coule à flots la boisson nationale, à savoir la bière, et ce pendant les 15 derniers jours du mois de septembre (mot en allemand).

N° 3 ....
Cette ville de Loire-Atlantique organise une foire considérée comme l'une des plus anciennes de France. Ses origines remontent officiellement à l'an 1050, époque où Airard, évêque de Nantes, confirme son existence.

N° 4 ....
C'est autour de la rose que sont organisées de nombreuses activités dans cet espace du XVIe arrondissement de Paris. Le bâtiment qui lui donne son nom a été construit en 64 jours suite à un pari entre Marie-Antoinette et le comte d'Artois (trois mots).

N° 5 ....
Cette fête foraine très populaire, créée par un décret impérial de Napoléon Ier en 1815, porte le nom (doublé) de la première syllabe de la ville où elle se déroule fin juin-début juillet, se déployant à partir de la porte Maillot (fête à...).

N° 6 ....
Il s'agirait de la plus grande fête foraine itinérante de France, autrefois appelée « foire aux pains d'épices ». Elle se déroule de nos jours sur la pelouse de Reuilly, dans le bois de Vincennes, et ce pendant 2 mois (foire du...).

Solution au mercredi 9 octobre

Vite, une astuce !

Placez votre frigidaire loin de votre radiateur, d'une fenêtre ensoleillée ou de votre four même si les plus modernes dégagent moins de chaleur que les modèles vieillissants. Le frigidaire a plus d'« énergie » à fournir dans une pièce à 23 °C qu'à 18 °C. Cela peut se traduire par une consommation jusqu'à 30 % plus élevée. Vous pouvez également installer une plaque isolante entre le four et le réfrigérateur. Enfin, laissez de l'espace (5 mm) entre le frigo et le mur ou les autres appareils.

À FAIRE :

•
•
•
•
•
•
•

SOLUTION DU SAMEDI 5

	R		M	
C	A	R	I	S
	T		N	A
D	A	T	E	R
	G	O	N	D
J	E	T	T	E

	M		S	
A	U	T	E	L
	R	A	N	I
N	E	T	T	E
	R	E	I	N
M	A	R	E	S

	P		A	
A	L	P	H	A
	A	O	U	T
M	I	T	R	E
	N		I	L
P	E	L	E	E

	P		P	
C	A	K	E	S
	R	I	R	E
B	A	N	C	O
	G	E	A	I
D	E	S	I	R

mardi 8 octobre

Sainte Pélagie

« J'entendrai des regards
que vous croirez muets. »
Jean Racine

À FAIRE:

-
-
-
-
-
-
-

A TABLE

Tarte sablée rustique aux reines-claudes

Pour 6 personnes • 65 g de beurre mou • 65 g de cassonade • 1 pincée de sel • 1 petit œuf • 65 g de poudre d'amandes • 125 g de farine • 600 g de reines-claudes • 1 c. à soupe de purée de noisettes bio • 1 sachet de sucre vanillé.

1. Mélangez le beurre avec la cassonade et le sel. Incorporez l'œuf battu, la poudre d'amandes, la farine. Réservez 2 heures au réfrigérateur.

2. Lavez les reines-claudes, coupez-les en deux en les dénoyautant.

3. Faites réchauffer le four à 180 °C (th. 6).

4. Étalez la pâte sur une grande feuille de papier cuisson en dépassant largement de la feuille. Transférez la pâte sur une plaque à four. Tartinez le centre de purée de noisettes en laissant 5 cm de bords libres. Ajoutez les reines-claudes, saupoudrez de sucre vanillé, rabattez les bords de pâte.

© Ploton/Photocuisine/sucré salé

5. Enfournez de 35 à 45 minutes en surveillant la coloration. Laissez tiédir avant de déguster. **M.-A. D.**

Super croisés

	A	B	C	D	E	F	G	H	I	J	K	L
1												
2										■		
3							■					
4						■						
5											■	
6				■				■				
7		■			■							
8									■			

Horizontalement

1. Ondulée, de façon permanente. **2.** Commerçant sans scrupule. Fluide glacial. **3.** Vénus en bord de mer. Qui n'a pas trouvé bon de rester sur place. **4.** Souffrant d'un manque de précipitations. Eaux-de-vie. **5.** Il aura peut-être à faire parler la poudre. **6.** Travail nécessitant de l'adresse. Devient plus vif en prenant de la hauteur. Où tailler une bavette. **7.** Révolte de mineurs. Force de caractère. **8.** Ferment hermétiquement. Venue au monde.

Verticalement

A. Accordés. **B.** Faire connaître par un récit. **C.** Mise sur la voie, elle la surveille. **D.** Bouclier, symbole d'une protection. Article voisin. **E.** Fera son trou. **F.** Artère en ville. Il fait défaut. **G.** Vient souvent avec elle. Un milieu où l'on peut revenir sans inquiétude. **H.** Ceux de sa famille. Clef musicale. **I.** Faire par écrit ses commentaires. **J.** Poisson plat des mers froides. **K.** Réserve une place pour le spectacle. Moyen en histoire. **L.** Taillée en pointe.

Solution au jeudi 10 octobre

« S'il pleut à la Saint-Denis,
la rivière sort neuf fois de son lit. »
Dicton

AU JARDIN

Des fleurs utiles au potager

Agréables à contempler, les fleurs ont aussi bien d'autres avantages dans un potager. Pour protéger la tomate ou l'aubergine des parasites, il est conseillé de planter au pied l'œillet d'Inde dont la forte odeur a la réputation de tenir à l'écart les pucerons, les aleurodes et les nématodes du sol. Le basilic aurait aussi un rôle protecteur contre l'oïdium.

Autre mariage réussi : la sauge officinale et le fraisier éloignant les fourmis. Pour avoir moins de pucerons sur vos légumes, semez des capucines qui retiendront les colonies sur leurs fleurs. Les belles auraient aussi le pouvoir d'écarter la maladie du mildiou. Afin de détourner les piérides, des papillons qui pondent dans vos choux, pensez à la sauge et au thym. **P.-Y. N.**

© Pierre Yves Nedelec

À FAIRE :

Mini-fléchés

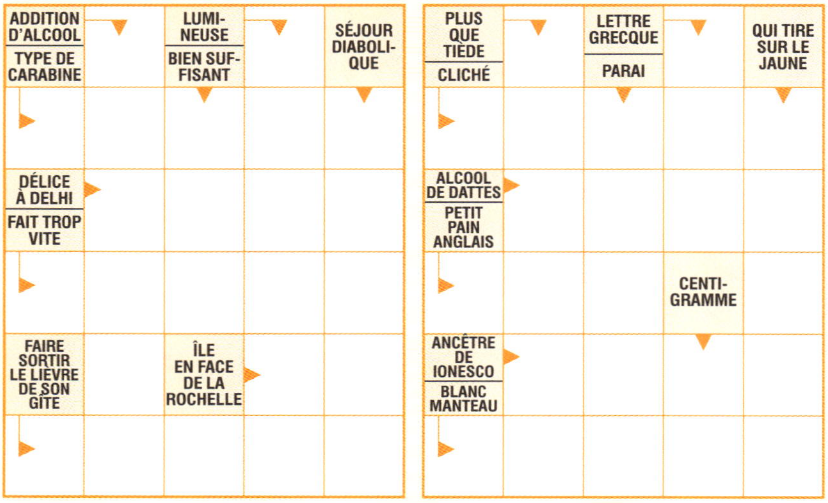

Solution au samedi 12 octobre

SOLUTION DU LUNDI 7

1. Vogue des marrons **2.** Oktoberfest **3.** Châteaubriant **4.** Parc de Bagatelle **5.** Neuneu **6.** Trône.

jeudi 10 octobre

Saint Ghislain

« Temps sec à la Saint-Ghislain,
annonce un hiver d'eau plein. »
Dicton

À FAIRE :

•

•

•

•

•

•

•

•

•

•

© pbd Studio/stock.adobe.com

EN FORME

Plus de légumineuses au menu !

Elles contiennent des protéines Remplacez la viande par des légumineuses au moins deux fois par semaine. Associez-les à des céréales : riz, blé, semoule… Cela limite l'apport en graisses saturées, dont l'excès favorise l'augmentation du cholestérol sanguin.

Elles fournissent des fibres 100 g de légumineuses cuites en procurent entre 8 g (lentilles, pois cassés, pois chiches) et 15 g (haricots secs). Un apport quotidien supérieur à 25 g est associé à une réduction du risque de développement d'une maladie cardiovasculaire, d'un diabète de type 2 ou d'un cancer du sein ou du côlon. Cependant, les légumineuses peuvent provoquer des ballonnements à cause de leurs glucides qui fermentent dans l'intestin. Misez alors sur les lentilles corail, plus digestes.

Elles sont riches en minéraux 100 g de légumes secs cuits apportent 10 % du besoin journalier en potassium, magnésium, zinc et 25 % de celui en fer. Pour en améliorer l'assimilation, combinez-les avec une source de vitamine C : choux, épinards, agrumes, kiwis, persil ou jus de citron. **F. D.**

Tout compte fait

Dans chacune des trois lignes, placez les nombres 1 4 7 8 9 de façon à obtenir, en réalisant quatre opérations successives, le total indiqué.

	+		x		-		:		= 11
	x		+		:		-		= 8
	x		:		-		+		= 12

SOLUTION : 1 + 8 x 9 - 4 : 7 = 11 / 7 x 9 + 1 : 4 - 8 = 8 / 8 x 9 : 4 - 7 + 1 = 12

SOLUTION DU MARDI 8

I	N	D	E	F	R	I	S	A	B	L	E
M	A	R	G	O	U	L	I	N		O	B
P	R	A	I	R	E		E	N	F	U	I
A	R	I	D	E		G	N	O	L	E	S
R	E	S	E	R	V	I	S	T	E		E
T	R	I		A	I	R		E	T	A	L
I		N	A		C	O	U	R	A	G	E
S	C	E	L	L	E	N	T		N	E	E

« À la Saint-Firmin,
l'hiver est en chemin. »
Dicton

Mots mélangés

Tous les mots de la liste figurent dans cette grille et peuvent se lire dans toutes les directions. Chaque lettre peut être utilisée une ou plusieurs fois, sauf celles formant l'énigme répondant à la définition suivante : couleur de la rose du Caire.

ACACIA
ALIÉNISTE
ARPETTE
ARRIVISTE
BISCORNU
BLENNIE
CHEVEU
COULEUVRE
CURISTE
DÉMÊLE
ÉCUREUIL
ENTREMÊLÉ
ÉPINGLE
ÉTEIGNOIR
FILETER
FLOPÉE
FOURBE
FUMÉE
GAÉLIQUE
GAVAGE
GOUSSET
GRÉEMENT
LYRIQUE
MEUBLER
NAGEUSE
NARRER
OBSTACLE
OGRESSE
OLÉINE
ONUSIEN
OPPOSÉ
ORGANISER
PESAGE
PRIEURÉ
QUATRIÈME
RANCŒUR
REINE
RENOM
ROMANCE
SECRÈTE
SEMBLANT
STUPÉFACTION
TANAGRA
TAUPE
TOUPET
UKULÉLÉ
VARIÉTÉ
VENDREDI
VEXATION
VIÈLE
ZÉROTAGE

E	L	C	A	T	S	B	O	E	L	G	N	I	P	E
I	D	E	R	D	N	E	V	O	A	I	C	A	C	A
O	A	R	G	A	N	A	T	E	L	E	L	U	K	U
R	E	R	R	A	N	E	L	E	M	E	R	T	N	E
G	A	V	A	G	E	I	P	E	T	E	I	R	A	V
A	L	N	O	R	Q	P	I	E	U	U	O	N	G	E
N	I	L	C	U	R	R	N	I	E	C	N	O	E	H
I	E	Y	E	O	T	I	L	R	S	U	G	I	U	C
S	N	R	G	A	E	E	V	I	R	R	I	T	S	V
E	I	I	U	R	I	U	B	I	E	I	E	C	E	E
R	S	Q	O	N	E	R	R	S	S	S	T	A	Z	X
M	T	U	N	L	P	E	S	E	P	T	E	F	E	A
E	E	E	U	E	L	E	M	E	D	E	E	E	R	T
U	L	O	S	E	R	B	O	E	S	O	P	P	O	I
B	C	A	I	S	L	R	N	M	N	O	E	U	T	O
L	G	V	E	A	U	U	E	U	L	T	P	T	A	N
E	E	C	N	A	M	O	R	F	T	E	E	S	G	T
R	E	T	E	L	I	F	G	E	T	E	R	C	E	S

SOLUTION : Pourpre.

À FAIRE :

•

•

•

•

•

•

•

•

•

Le saviez-vous

Récoltées entre août et octobre, les grappes de petites graines vertes et brunes de l'ortie sèchent vite à l'abri du soleil, dans des cageots tapissés de papier journal ou de tissu. Tamisez-les et conservez-les dans des bocaux. Riches en protéines, en antioxydants, en minéraux et en vitamines A, C et E, elles préservent la santé. Tonifiantes, elles sont recommandées en cas de fatigue ou de stress. On les utilise pour préparer du pesto, du gomasio, enrober un fromage frais, améliorer une salade ou encore enrichir un pain. Leur goût évoque celui de la noisette. P.-Y. N.

C'EST ARRIVÉ LE...

11 OCTOBRE 1972

Yves Boisset signe un nouveau film politique avec *L'Attentat*, inspiré par l'affaire Mehdi Ben Barka. Dans les rôles principaux, Gian Maria Volonté, Jean-Louis Trintignant et Michel Piccoli sont servis par le scénario de Jorge Semprún et la musique d'Ennio Morricone. F. M.

samedi 12 octobre

Saint Wilfried

« Saint-Wilfried ensoleillé,
deux jours plus tard emmitouflé. »
Dicton

À FAIRE :

Sudokus

	1	5	9		2			7
7					8		2	6
2		4		1	7			
		2				8	9	4
1			4		9			
		8				6	1	3
8		7		5	6			
3					1		5	2
	5	1	7		4			8

				3		2	4	
5		3	7		2	1	8	
2	8		5					
		4		8			3	9
		5	4	1				8
		7		5			1	2
1	6		3					
4		8	1		9	6	7	
				4		9	5	

6	2						8	9
	9	4				6	7	
			6		9			
	4			2			5	
				3				
3		5				8		7
		6	3	9	8	5		
8			2		4			6
		1				4		

						3	1	
	5	6			3			
	1			8	9			
9		2	4					6
4	8		5	2				1
1		5	3					8
	4			7	1			
	9	3			4			
						4	7	

Solution au mardi 15 octobre

SOLUTION DU MERCREDI 9

■	V	■	C	■
R	I	F	L	E
■	N	A	A	N
H	A	T	I	F
■	G	■	R	E
L	E	V	E	R

■	C	■	E	■
P	H	O	T	O
■	A	R	A	C
B	U	N	■	R
■	D	A	C	E
N	E	I	G	E

QUELLE HISTOIRE !

Les calissons, une vraie bénédiction !

La gourmandise n'est pas toujours un péché. En témoigne l'histoire du calisson, béni et distribué à la place de l'hostie lors d'une messe donnée en 1630 à Aix-en-Provence pour remercier Marie d'avoir protégé la ville de l'épidémie de peste. La formule latine « *venite ad calicem* » (« venez tous au calice ») prononcée par le prêtre et traduite en provençal par « *venes toutei per lei calissoun* » serait à l'origine du mot « calisson ». Sous ce nom, la friandise à la pâte d'amande fait la fierté d'Aix depuis le XVe siècle et le remariage du roi René, comte de Provence. La légende raconte que ce jour-là, en goûtant un calisson, son épouse esquissa enfin un sourire de bonheur ! **M. Q.**

« Brouillards d'octobre et pluvieux novembre, font bon décembre. »
Dicton

© Emmanuel TDR

BALADE EN FRANCE

Cap sur Cavalaire

À Cavalaire, commencez par savourer un petit noir à *La Rhum Caffée* avant de filer au marché provençal pour faire le plein de produits locaux – tomates, melons, pêches, olives, épices… Si Cavalaire a gagné une réputation de station balnéaire aux plages de sable fin, elle mérite aussi d'être explorée pour son passé historique, à découvrir à l'espace archéologique municipal Aristide Fabre. Le lieu présente notamment des poteries attestant du commerce de vin dans la région dès l'Antiquité. Remontez encore le temps en visitant l'oppidum de Montjean. Spectaculaires, les vestiges de cette forteresse construite par les Ligures entre les VIe et IVe siècles avant notre ère dominent la baie à 460 m d'altitude.

Puisqu'ici, la nature est le plus beau des musées, empruntez le chemin du littoral jusqu'au cap Lardier après avoir dépassé la belle plage de Gigaro, au niveau de La Croix-Valmer. Ce site protégé par le conservatoire du littoral s'ouvre sur la presqu'île de Saint-Tropez. Depuis Saint-Maxime, accessible en voiture, différents circuits vous proposent de découvrir à pied un patrimoine d'exception. Mêlant style provençal, moderne et Art déco, il est si riche qu'il a valu à la ville l'attribution du label Architecture contemporaine remarquable. Envie d'une pause ? Attablez-vous au *Petit Zinc* ou au restaurant *Wyc*, sur la plage de la Nartelle.

Chaussez ensuite vos baskets pour emprunter le sentier du Fenouillet, avec le massif des Maures en toile de fond jusqu'à la belle crique de Bonporteau, et surtout la calanque de la Cron. Grimpez pour profiter d'un panorama unique sur l'archipel des îles d'Or vers lesquelles vous pourrez embarquer à bord d'une vedette. Les îles du Levant, de Port-Cros et de Porquerolles offrent un cadre idyllique, avec des plages de rêve comme celle de Notre-Dame (à Porquerolles). Ce coin abrite aussi des vignes produisant un délicieux côte-de-provence. Ne passez pas à côté du fort Sainte-Agathe dont les origines remontent à l'Antiquité. Cette ancienne fortification est aujourd'hui un lieu d'expositions offrant une vue exceptionnelle sur la rade d'Hyères. **F. O.**

À FAIRE :

-
-
-
-
-
-
-
-
-

C'EST ARRIVÉ LE…

13 OCTOBRE 1972

Un avion transportant des rugbymen uruguayens et leurs familles s'écrase dans la Cordillère des Andes. 16 rescapés survivent deux mois dans des conditions extrêmes, avant l'arrivée des secours. **S. P.**

lundi 14 octobre

Saint Juste

« Octobre en bruine, hiver en ruine. »
Dicton

À FAIRE:

•
•
•
•
•
•
•
•
•

A TABLE

Endives au jambon et béchamel de sarrasin

Pour 4 personnes • 3 endives • 6 tranches de jambon blanc • 60 g de beurre demi-sel • 60 g de farine de sarrasin • 30 cl de lait entier froid • 60 g d'emmental râpé • Sel.

1. Préchauffez le four à 200 °C (th. 6-7). Coupez les endives dans le sens de la longueur, disposez-les dans un plat allant au four. Salez, enfournez 20 minutes. Sortez ensuite le plat du four, laissez-le tiédir puis enroulez les endives dans les tranches de jambon.

2. La béchamel: dans une casserole, faites fondre le beurre. Ajoutez la farine, mélangez en évitant la formation de grumeaux. Hors du feu, attendez quelques instants puis ajoutez le lait froid en fouettant. Remettez sur le feu, laissez épaissir sans cesser de remuer.

3. Versez la béchamel sur les endives. Ajoutez l'emmental râpé, faites gratiner au four 10 minutes. Servez chaud.

Info + L'endive contient des vitamines B, A, du potassium, des antioxydants. Allégez-la en diminuant les quantités de beurre. **M.-A. D.**

© Louis Laurent Grandadam, recettes extraites du livre *Sarrasin*, éd. de La Martinière

Recette extraite de *Sarrasin*, Bertrand Larcher, éd. de La Martinière

Clin d'œil

Guillaume, jeune Alsacien de 6 ans, s'initie au tennis avec son grand-père. À la question: « Il y a le coup droit et... ? », il répond avec assurance: « Le kouglof ! »

C'EST ARRIVÉ LE...

14 OCTOBRE 1952

Charles Édouard Jeanneret, dit Le Corbusier, inaugure sa Cité radieuse à Marseille. L'immeuble est composé de 321 appartements en duplex, de bureaux, d'un hôtel, de commerces et d'un toit terrasse pourvu d'une école maternelle, d'un gymnase, d'une piscine, d'une piste d'athlétisme et d'un auditorium en plein air. L'ensemble est classé monument historique depuis 1995. **S. P.**

« On a trouvé, en bonne politique, le secret de faire mourir de faim ceux qui, en cultivant la terre, font vivre les autres. »
Voltaire

Mots croisés

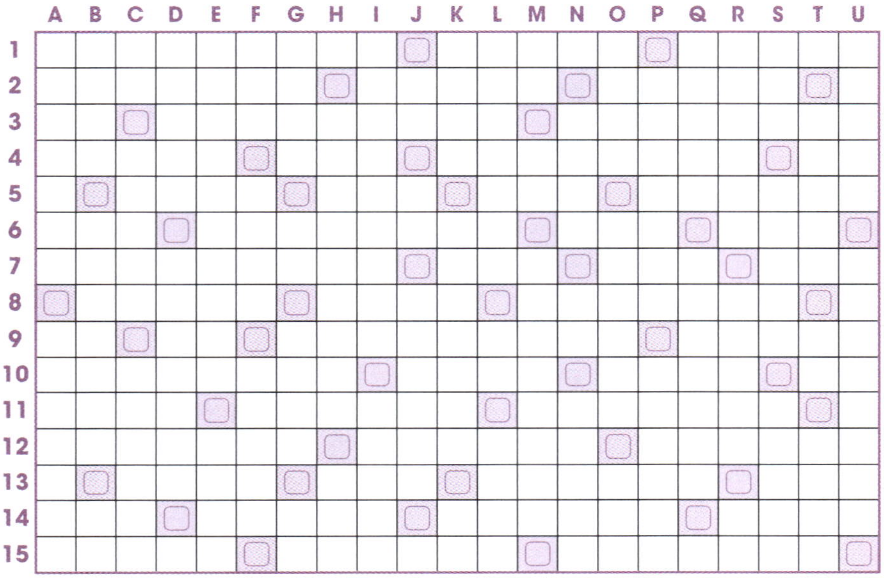

Solution au vendredi 18 octobre

À FAIRE :

Horizontalement
1. Robes longues d'Afrique du Nord. Elles se créent en attente. Tissus de bloc. **2.** Vestale couronnée... Fabuleux prétentieux... Non écrite. **3.** Propose le choix. Productrices de moutarde. Comme une voie réservée aux pas. **4.** Accusé de déception. Il supporte bien les risées. Ils permettent des repos. Préposition. **5.** Vends des salades. Se lance sur un marché. Abréviation devant un grand. Fils d'Agamemnon. **6.** Roi de la Bible. Il n'a que peu d'expérience. Elle se prend avec la fuite. Il fait la manche sur le court. **7.** Met des panneaux. Il grossit le Rhin. Fatigua. Dans les armoiries de Paris. **8.** On ne peut les empêcher de jaser. Dans la tête. Qui peuvent être qualifiés de bouchés. **9.** Unité de temps. Ville morte. Agent d'assurance. Partie de l'intestin. **10.** Contraire aux usages. Sur un plateau anglais. Château de la Loire. Tableau de Degas. **11.** Père et mer. Froides précipitations. Il nécessite un certain dépouillement. **12.** Très honorés. Se débite idiotement. Qui s'y frotte s'y pique. **13.** Un homme qui fut rajeuni. Pronom personnel. Bien plus légères ainsi. Agit avec pêne. **14.** Rivière autrichienne. Qui est bon pour le service. Ne manquant pas d'expression. Sorte de chien. **15.** Pomme de terre de qualité. Mesures commerciales. Vers qui ne connaissent pas la terre.

Verticalement
A. Envoyées du ciel. Arriver sur une nappe. **B.** Elle rougit sous le soufflet. Filiation. Mot capricieux. **C.** Vis ta vie. Symbole de sagesse. Sortent de terre. **D.** Elle permet au singe d'évoluer. Signes d'expulsion. **E.** Très célèbre. Invention qui tourne encore. **F.** Son plumage est coloré. Pour faire revenir, dans le passé. Fonctionnaire. **G.** Passages de gaz. Passe devant pour doubler. Ensemble de têtes chercheuses. Adresse sur le Net. **H.** Nettoyé avec le plumeau. Flottante pour le dessert. **I.** Auteur de message écrit. Vraiment trop relevés ou trop élevés. **J.** Mit pour rire. Coule en France. Des objets en métal. **K.** Illustrations de la supériorité féminine. Fait entendre de vilains sons. Cube de jeu. **L.** Ne lâcha pas le morceau. Il a les bras en croix. Des rayons lumineux. **M.** Coupon. Près du *sol.* Passées près d'une source de chaleur. **N.** Homme qui a des droits. Assemblage de planches. Médicament à usage externe. **O.** Attention. Il peut accumuler les livres tout en restant mince. École des cadres. **P.** Refermé après être passé au bloc. Sécurité. **Q.** Pourrir. Ils devaient finir à la lanterne dans une certaine chanson. **R.** Sortes de sardines. Essence malaise. Indication de lieu. **S.** Vraiment cool. Logique. Eut son aire. **T.** Impeccable. Personnalité floue. Choisis après la campagne. **U.** On y monte pour jouer. Plante méditerranéenne.

SOLUTION DU SAMEDI 12

6	1	5	9	3	2	4	8	7
7	3	9	5	4	8	1	2	6
2	8	4	6	1	7	5	3	9
5	7	2	1	6	3	8	9	4
1	6	3	4	8	9	2	7	5
4	9	8	2	7	5	6	1	3
8	2	7	3	5	6	9	4	1
3	4	6	8	9	1	7	5	2
9	5	1	7	2	4	3	6	8

7	9	6	8	3	1	2	4	5
5	4	3	7	9	2	1	8	6
2	8	1	5	6	4	3	9	7
6	1	4	2	8	7	5	3	9
9	2	5	4	1	3	7	6	8
8	3	7	9	5	6	4	1	2
1	6	9	3	7	5	8	2	4
4	5	8	1	2	9	6	7	3
3	7	2	6	4	8	9	5	1

6	2	7	4	5	3	1	8	9
5	9	4	1	8	2	6	7	3
1	8	3	6	7	9	2	4	5
9	4	8	7	2	6	3	5	1
7	1	2	8	3	5	9	6	4
3	6	5	9	4	1	8	2	7
4	7	6	3	9	8	5	1	2
8	5	9	2	1	4	7	3	6
2	3	1	5	6	7	4	9	8

8	7	9	6	5	2	3	1	4
2	5	6	1	4	3	8	9	7
3	1	4	7	8	9	5	6	2
9	3	2	4	1	8	7	5	6
4	8	7	5	2	6	9	3	1
1	6	5	3	9	7	2	4	8
5	4	8	9	7	1	6	2	3
7	9	3	2	6	4	1	8	5
6	2	1	8	3	5	4	7	9

mercredi 16 octobre

Sainte Edwige

« Beaucoup de pluie en octobre,
beaucoup de vent en décembre. »
Dicton

À FAIRE :

•

•

•

•

EN FORME

La mélatonine, mieux que les somnifères

La version de synthèse de cette neurohormone du sommeil peut être prise en complément alimentaire sans effets secondaires, contrairement aux autres somnifères. Après 60 ans, la mélatonine est donc intéressante pour recaler l'horloge interne qui ralentit. La mélatonine est aussi une aide précieuse pour les personnes atteintes par la maladie d'Alzheimer, dont les troubles du sommeil sont un des premiers symptômes.
Avec le zinc, la mélatonine est le traitement de base pour un sommeil naturel. Elle doit être à libération prolongée, bien dosée (1,9 mg) et prise au bon moment. Avis médical requis ! En spray, elle apaise illico un réveil nocturne. Chronobiane protect LD (Laboratoire Pileje) permet de lutter contre les réveils précoces et les difficultés à se rendormir en fin de nuit. **M. Q.**

Petits fléchés

CARICATURISTE / TAHITIENNES		PURIN / S'ACCOUTUMER (S')		FISSURE À BOUCHER / PANIERS EN MER		CUBERAS DU BOIS
FRÔLANT / ÉTUDIANT QUI TRAVAILLE						
CHANGER LE TON / PARE-BRISE						
					PETITE SURFACE DE TERRAIN	
APPRIS PAR CŒUR / ENLEVÉE			SE PÊCHE EN MÉDITERRANÉE / EST-OUEST			
				IL RÉCHAUFFAIT OSIRIS		
USÉS PAR FROTTEMENT						

INTRANSIGEANT / TRAQUENT		PAYS, NATION / DÉJÀ DIT ET REDIT		TOTALITÉ / FAIRE DANS LE DÉTAIL		RÉCIPIENTS DE LABORATOIRE
DAME DE TAILLE / ACCIDENTEL						
PARTICIPE PLAISANT / SERPENTER			MARQUE UNE APPARTENANCE			
						PIGEONNÉE
PRONOM / PLATINE POUR LE CHIMISTE			CRIE SOUS LES BOIS / REPÉRÉ			
		QUI A PASSÉ DE QUOI SORTIR				
RENDUE PLUS DÉLICATE						

Solution au samedi 19 octobre

Saint Baudoin

jeudi 17 octobre

« À la Saint-René, couvre ton nez ! »
Dicton

AU JARDIN

Le céleri-rave, une forte tête

© Harold Verspieren/stock.adobe.com

Apparu en Italie, puis développé en Allemagne, ce légume-racine est très gourmand. Pour produire sa boule lourde et dense, le céleri puise toute son énergie dans la terre. Entre le semis et la récolte, l'apiacée se développe pendant près de sept longs mois. Pas étonnant qu'elle exige une terre très riche et de copieux arrosages. Très gourmand en potasse, le céleri ne pourra être cultivé au même emplacement que tous les quatre ans. **Après deux repiquages successifs**, le jeune céleri est mis à sa place définitive au potager, sans omettre de couper un bon tiers de son feuillage et l'extrémité de sa racine charnue. Pour la faire grossir et évoluer en boule de 500 g à 1,5 kg, il convient au cours de l'été de retirer les feuilles extérieures ainsi que les radicelles apparentes en périphérie.

Les premiers sont récoltés primeurs avec leurs fanes dès juillet. Les céleris d'automne, arrachés avant les gelées, sont parés, brossés et lavés. Un séchage en plein soleil aide à une meilleure conservation. Les grosses racines à la chair dense, sensibles aux chocs, peuvent alors être stockées dans du sable à la cave. P.-Y. N.

À FAIRE :

-
-
-
-
-
-
-
-

Figures manquantes

Observez cette chaîne pendant 30 secondes, puis cachez-la.

Reproduisez de mémoire les trois formes manquantes dans la chaîne ci-dessous.

QUELLE HISTOIRE !

C'est en hommage à Wilhelmine d'Orange -Nassau, sacrée souveraine des Pays-Bas en 1180, à l'âge de 10 ans, que le vélo fut surnommé « la petite reine ». En visite à Paris en 1898, elle fut saluée par la presse française comme « la petite reine à bicyclette ». M. Q.

AUTOMNE

vendredi 18 octobre

Saint Luc

« À la Saint-Luc, la pluie du vallon,
fait de la neige sur le mont. »
Dicton

À FAIRE :

•
•
•
•
•
•
•
•
•

A TABLE

Tarte aux prunes et crème d'amandes aux noix

Pour 6 personnes • 250 g de farine (et un peu pour étaler la pâte) • 1 pincée de sel • 125 g de sucre semoule • 1 œuf • 125 g de beurre mou (+ pour le moule) • 600 g de prunes rouges.
La crème d'amandes-noix : 50 g de beurre mou • 50 g de cassonade • 1 œuf • 25 g d'amandes complètes décortiquées • 25 g de cerneaux de noix • 1 c. à café de cannelle.

1. Mélangez farine, sel, sucre et œuf. Ajoutez-y le beurre en parcelles et pétrissez. Enveloppez la pâte dans un film alimentaire, réservez 30 minutes au réfrigérateur.
2. Lavez les prunes, puis coupez-les en fins quartiers.
3. Préparez la crème en fouettant le beurre et la cassonade, incorporez l'œuf. Mixez les amandes avec les noix, ajoutez la poudre ainsi obtenue et la cannelle. Réservez au frais.
4. Étalez sommairement la pâte sur une surface farinée au rouleau à pâtisserie. Placez la pâte dans un moule beurré et pressez du bout des doigts. Préchauffez le four à 180 °C (th. 6)

© Ploton/Photocuisine/ sucré salé

5. Piquez le fond, disposez dessus du papier cuisson et des poids. Enfournez 15 minutes. Retirez les poids et le papier, répartissez les prunes, versez la crème. Enfournez la tarte pendant 20-25 minutes.
6. Laissez légèrement refroidir avant de déguster.
Info + Délicieux aussi avec de la poudre de noisettes ! **M.- A. D.**

Mots à mot

En regroupant et en mélangeant les lettres des deux mots de quatre lettres proposés, composez un troisième mot de huit lettres.

V E L O + S U E R = S _ _ _ _ _ _ _

R I D E + P R E T = _ _ _ _ P _ _ _

B O X E + L A D Y = _ _ _ _ _ _ L _

SOLUTION : Soulever - Trépider - Oxydable.

SOLUTION DU MARDI 15

D	J	E	L	L	A	B	A	S	■	F	I	L	E	S	■	G	A	Z	E	S
R	O	S	I	E	R	E	■	C	H	E	N	E	■	O	R	A	L	E	■	C
O	U	■	A	G	A	C	E	R	I	E	S	■	P	I	E	T	O	N	N	E
P	E	I	N	E	■	S	P	I	■	S	I	L	E	N	C	E	S	■	E	N
E	■	M	E	N	S	■	O	P	A	■	S	A	R	■	O	R	E	S	T	E
E	L	A	■	D	E	B	U	T	A	N	T	■	E	A	U	■	S	E	T	■
S	I	G	N	A	L	I	S	E	■	A	A	R	■	U	S	A	■	N	E	F
■	G	E	A	I	S	■	S	U	E	S	■	O	B	T	U	R	E	S	■	E
A	N	■	U	R	■	C	E	R	T	I	T	U	D	E	■	I	L	E	O	N
M	A	L	S	E	A	N	T	■	A	L	E	S	■	U	S	S	E	■	N	U
E	G	E	E	■	G	R	E	S	I	L	■	S	C	R	U	T	I	N	■	G
R	E	V	E	R	E	S	■	A	N	E	R	I	E	■	R	O	S	I	E	R
R	■	E	S	O	N	■	I	L	S	■	A	E	R	E	E	S	■	C	L	E
I	N	N	■	U	T	I	L	E	■	D	I	S	A	N	T	■	C	H	I	C
R	A	T	T	E	■	P	E	S	E	E	S	■	T	A	E	N	I	A	S	■

« Gelée d'octobre,
rend le vigneron sobre. »
Dicton

Mini-fléchés

Grille 1

- IL VENTILE LA GALERIE
- MAGAZINE
- PAS FINAUDE
- VOLÉE DE BRAVOS
- MISES À UN AUTRE ENDROIT
- BRAME
- BATEAU À FOND PLAT
- CHERCHES À CONNAÎTRE LE POIDS
- PRONOM PERSONNEL RÉFLÉCHI

Grille 2

- BOX À L'ÉCURIE
- FEUX ARRIÈRE
- HOMME À L'AFFÛT
- MATIÈRE DE PANIER
- ABRI DES PLANTES EXOTIQUES
- MINEURE, EN TURQUIE
- COURBER
- À EUX
- COMME LE RÉSEAU DES TRAINS

Grille 3

- JOUER DU CARILLON
- GAMINS FAMILIERS
- LIQUEUR ALPINE
- CONSTAT D'ÉCHECS
- LAND ALLEMAND
- NOM DE JEUNE FILLE
- AVANT AU FOOT
- QU'ON NE PEUT CONTESTER
- PLUS PETIT QUE PROFESSEUR

Grille 4

- CHEF D'UNE SECTE
- CARTE MAGIQUE
- LIVRE DE LA BIBLE
- POIGNARD D'ASIE
- FORME DE RÉSISTANCE
- BOÎTE À CENDRES
- PROCHE DU REPROCHE
- DE FORTE CHARPENTE
- FINESSES

Solution au lundi 21 octobre

À FAIRE :

•
•
•
•
•
•
•
•
•

Le saviez-vous

La chauve-souris n'a pas son pareil pour se déplacer très vite dans l'obscurité sans se cogner. Comment ? En émettant des ultrasons. Au début des années 2000, en intégrant cette faculté de la créature nocturne à des cannes pour malvoyants, les chercheurs du CNRS d'Orsay ont imaginé la canne blanche électronique. Celle-ci détecte un obstacle jusqu'à 4 m et émet des vibrations dans la poignée pour alerter celui qui en est équipé de l'approche imminente d'un danger. M. Q.

SOLUTION DU MERCREDI 16

■	P	■	L	■	F	■
V	A	H	I	N	E	S
■	R	A	S	A	N	T
J	O	B	I	S	T	E
■	D	I	E	S	E	R
V	I	T	R	E	■	E
■	S	U	■	S	A	R
O	T	E	E	■	R	A
■	E	R	O	D	E	S

■	R	■	E	■	E	■
P	I	S	T	E	N	T
■	G	E	A	N	T	E
F	O	R	T	U	I	T
■	R	I	■	M	E	S
S	I	N	U	E	R	■
■	S	E	■	R	E	E
P	T	■	V	E	T	U
■	E	P	U	R	E	E

dimanche 20 octobre

Sainte Adeline

« Le mot que tu retiens est ton esclave,
celui que tu prononces ton maître. »
Proverbe arabe

À FAIRE :

-
-
-
-
-
-
-
-
-

© OT-vaison-ventoux-provence-t.champetier

BALADE EN FRANCE

Vaison-la-Romaine, deux mille ans d'histoire

La physionomie actuelle et le nom de cette petite cité vauclusienne tiennent pour une bonne part à l'initiative du chanoine Sautel, également archéologue, au début du XXe siècle. Sur une colline qui domine la ville, il découvre le mur d'un théâtre antique et dévoile de gigantesques statues de l'empereur Claude et du couple impérial formé par Hadrien et Sabine. En 1924, la cité devient alors Vaison-la-Romaine. Grâce au mécène Maurice Burrus, le promeneur découvre ce site archéologique transformé en parc où l'on flâne parmi les mosaïques, à l'ombre des cyprès, arbousiers et grenadiers.
Le mardi, difficile de trouver où s'asseoir place Montfort tant les Vaisonnais apprécient le marché dont l'origine remonte à la bulle du pape Sixte IV, édictée en 1483. Pour savourer la spécialité locale, rendez-vous à la boucherie Gargantua où Gilles confectionne le pontias, une saucisse aux olives de Nyons. Un régal ! Ensuite, il faut passer le pont romain qui, depuis 2000 ans, résiste à toutes les inondations jusqu'à la cité médiévale. Au XIIIe siècle, les habitants abandonnent la ville basse pour se réfugier sur ce piton rocheux lors des conflits entre les évêques et les comtes de Toulouse. Une ruelle en calade mène à la porte surmontée d'un beffroi datant du XIVe siècle. À deux pas, la cathédrale Sainte-Marie-de-l'Assomption arbore fièrement ses vitraux réalisés par le prêtre et artiste coréen Kim En Joong. L'édifice n'est ouvert que l'été.
Après avoir admiré le mont Ventoux, il faut déambuler dans les ruelles de ce quartier qui accueille aujourd'hui des résidences secondaires et des artistes. Il est temps de se poser pour rêvasser devant la fontaine de la place du marché. Même en été, Vaison recèle une multitude de lieux bucoliques pour vous replonger dans le passé. **J.-P. R.**

Le saviez-vous

Aux Antilles, l'acronyme CRS n'a rien à voir avec les Compagnies républicaines de sécurité, qui répriment les troubles à l'ordre public. Ces initiales désignent le ti-punch, cette boisson emblématique composée de citron vert, de rhum et de sucre de canne. M. O.

Sainte Céline

« La politique est l'art d'empêcher les gens de se mêler de ce qui les regarde. »
Paul Valéry

Mots codés

Dans la grille ci-dessous, les lettres ont été remplacées par des nombres, un même nombre représentant toujours la même lettre. Pour commencer le jeu, utilisez les lettres du mot dont le code est déjà indiqué. Les cases ci-dessous servent d'aide-mémoire ; vous pouvez y inscrire les lettres au fur et à mesure que vous les trouvez.

1 R	2 A	3 I	4 F	5 O	6 T	7	8	9	10	11	12	13
14	15	16	17	18	19	20	21	22	23	24	25	26

1 R	2 A	3 I	4 F	5 O	1 R	6 T	■	14	5	15	1	7	9	7	8	6
7	■	8	■	20	■	5	■	20	■	2	■	20	■	6	■	7
16	3	6	5	18	7	8	8	7	■	16	19	7	12	2	11	10
7	■	7	■	9	■	8	■	7	■	5	■	22	■	3	■	6
17	7	1	3	17	20	7	■	17	3	8	6	2	21	7	2	11
6	■	7	■	3	■	■	■	3	■	■	■	8	■	9	■	1
7	10	6	1	2	■	23	7	8	22	7	■	6	1	7	12	7
11	■	■	■	21	■	19	■	22	■	1	■	■	■	8	■	■
1	7	13	11	7	1	3	1	■	17	1	5	24	7	6	7	1
■	■	11	■	■	■	14	■	25	■	7	■	7	■	■	■	2
26	1	2	4	6	■	6	1	3	7	1	■	2	3	22	1	3
3	■	14	■	25	■	■	■	15	■	■	■	8	■	2	■	20
5	17	3	8	3	2	6	1	7	■	9	5	8	21	3	2	20
14	■	9	■	22	■	1	■	20	■	3	■	7	■	20	■	7
13	11	7	14	2	16	5	■	3	8	6	3	6	11	20	7	1
11	■	8	■	8	■	8	■	8	■	1	■	6	■	7	■	3
7	8	6	1	7	9	7	20	7	■	7	9	7	6	6	1	7

Solution au mercredi 23 octobre

Vite, une astuce !

Vous arrivez exténué à l'hôtel, le smartphone à deux doigts de la panne de batterie. Vous sortez le chargeur et, horreur, la prise n'est pas compatible ! Que faire dans cette situation ? Notre astuce consiste simplement à brancher votre portable sur la prise USB du téléviseur de la chambre. La grande majorité des appareils accepteront de recharger un téléphone ou une tablette via le port USB, à condition que la télé reste allumée pendant le processus.

À FAIRE :

-
-
-
-
-
-
-

SOLUTION DU SAMEDI 19

■	A	■	I	■
H	E	B	D	O
■	R	A	I	T
C	A	N	O	E
■	G	■	T	E
P	E	S	E	S

■	S	■	E	■
S	T	O	P	S
■	A	S	I	E
P	L	I	E	R
■	L	E	U	R
F	E	R	R	E

■	S	■	G	■
M	O	M	E	S
■	N	A	N	A
I	N	T	E	R
■	E	■	P	R
V	R	A	I	E

■	G	■	G	■
J	O	K	E	R
■	U	R	N	E
G	R	I	E	F
■	O	S	S	U
R	U	S	E	S

mardi 22 octobre

Sainte Élodie

« Octobre glacé,
fait vermine trépasser. »
Dicton

À FAIRE :

-
-
-
-
-
-
-

A TABLE

Poêlée de potiron aux lentilles vertes

© Nicolas Edwige/Photocuisine

Pour 4 personnes • 125 g de lentilles vertes • 1 l de bouillon de légumes • 500 g de potiron • 200 g de tofu ferme • 1 oignon doux des Cévennes • 4 c. à soupe d'huile d'olive • Sel, poivre du moulin • 1 c. à soupe d'huile vierge de noix de coco • 1 botte de coriandre.

1. La veille, faites tremper les lentilles dans un grand volume d'eau. Portez le bouillon de légumes à ébullition, versez les lentilles égouttées, laissez cuire 40-45 minutes.

2. Pelez puis épépinez le potiron. Coupez-le en cubes d'environ 1,5 à 2 cm de côté. Coupez le tofu en cubes de 1,5 cm de côté.

3. Faites suer l'oignon émincé dans une sauteuse avec l'huile d'olive pendant 5 minutes, ajoutez le potiron, assaisonnez, faites revenir 5 minutes. Ajoutez 1 louche du bouillon des lentilles, couvrez. Laissez frémir 12 minutes, ajoutez du bouillon si besoin. Retirez le couvercle, faites réduire. Le potiron doit être *al dente*.

4. Faites griller le tofu dans une poêle avec l'huile de noix de coco.

5. Égouttez les lentilles, mélangez-les au potiron, incorporez le tofu.

6. Dressez, parsemez de coriandre hachée avant de servir.

Info + Parsemez votre plat de noisettes concassées ou de noix de cajou grillées. **M.-A. D**

Super croisés

	A	B	C	D	E	F	G	H	I	J	K	L
1												
2				■								
3								■				
4						■				■		
5					■							■
6				■					■			
7							■					
8								■				

Horizontalement

1. L'origine de son pavillon n'est pas garantie. **2.** Service rapide. Héros de court métrage. **3.** Il coule en Alsace. Trépassé. **4.** Éléments du repas. Il donne du blé. Préfixe privatif. **5.** Traître shakespearien. Un progrès rapide. **6.** Refuse d'admettre. Cours africain. Certain. **7.** Champs de tees. Il vaut mieux la boire en terrasse qu'en mer. **8.** Période d'examens. Être grand ouvert.

Verticalement

A. Espaces des tentes. **B.** Tel un globe. **C.** Traitées avec des égards. **D.** Travaux forcés. Préposition. **E.** Circulait à Riga. Soudé. **F.** Dix sur dix. Monnaie des Philippines. **G.** Qu'on ne peut pas toucher. **H.** Points cardinaux. Une façon d'avancer. **I.** A une langue de vipère. Note mitigée. **J.** Éclose. Elle porte la culotte. **K.** Elle veut tout savoir. **L.** L'Irlande du poète. Il traverse Paris avec des rames.

Solution au vendredi 25 octobre

« À la Saint-Jean d'automne,
repiquez avant soleil levé. »
Dicton

© macrossphoto/stock.adobe.com

AU JARDIN

Les cannas sortent le grand jeu

Il a fallu l'audace du paysagiste Jean-Pierre Barillet-Deschamps pour introduire, en 1856, dans les parcs de la ville de Paris, les cannas au feuillage exotique. 10 ans plus tard, des formes horticoles bien plus florifères égayaient déjà les bordures. Leurs coloris chaleureux et leurs feuillages luxuriants font désormais partie des incontournables de nos plates-bandes estivales. Celui qui ressemble le plus à un bananier est le *Canna musafolia*.
Ce géant à la croissance fulgurante élance ses grandes feuilles vert bronze à 2,50 m de haut. Pour mettre de la gaieté dans vos massifs, misez sur les feuillages pourpres de « Triomphe », le noir de « Black Cleopatra » ou le panaché de crème de « Stuttgart ». On aime aussi « *Andaloucia* » aux feuilles rainurées de rouge, de rose et de vert, comme un plumage.
En France, les plus rustiques restent en terre toute l'année. La tête au soleil et les pieds au frais, tel est le secret de la culture des cannas. On peut les démarrer à l'abri dès février ou attendre la fin de gelées pour planter leurs rhizomes. Plantées dans un sol riche et avec de bons arrosages, leurs cannes poussent à vue d'œil pour fleurir jusqu'à l'automne. Les variétés les plus rustiques resteront en place sous un épais paillage. Les plus frileuses seront arrachées avant les gelées et stockées comme les dahlias. **P.-Y. N.**

La pyramide

Trouvez le chemin pour descendre la pyramide en passant par des blocs voisins et en marquant le nombre de points indiqué. Progressez à chaque fois d'une case latérale ou vers le bas, sans jamais remonter.

SOLUTION :
Il faut passer sur les plots 1, 16, 8, 4.

À FAIRE :

•
•
•
•
•
•
•
•
•
•
•

SOLUTION DU LUNDI 21

1	2	3	4	5	6	7	8	9	10	11	12	13
R	A	I	F	O	T	E	N	M	X	U	V	Q
14	15	16	17	18	19	20	21	22	23	24	25	26
S	B	C	P	Y	H	L	D	G	W	J	Z	K

jeudi 24 octobre

Saint Florentin

« Souvent à la Saint-Florentin,
l'hiver laisse son chemin. »
Dicton

Jackpot

Dans chaque jeu, trouvez trois mots de quatre, cinq, six ou sept lettres en ne prenant qu'une lettre par colonne. Chaque lettre ne sert qu'une fois. Un exemple vous est déjà donné.

1 Mots de 4 lettres

C	L	V	E
M	I	U	S
R	A	I	B

RIVE
....
....

2 Mots de 5 lettres

I	I	O	E	E
G	R	L	U	X
C	D	E	L	T

....
....
....

3 Mots de 6 lettres

S	U	A	U	E	E
P	H	E	I	I	R
C	I	N	R	N	L

....
....
....

4 Mots de 7 lettres

P	N	T	Z	Z	R	N
M	H	I	L	T	I	T
E	U	E	R	A	N	E

....
....
....

Solution au samedi 26 octobre

À FAIRE :

-
-
-
-
-
-
-
-
-

C'EST ARRIVÉ LE…

24 OCTOBRE 1902

Pour la première fois, un criminel est confondu grâce au relevé de ses empreintes digitales. Le criminologue français Alphonse Bertillon est l'auteur de ce coup d'éclat. Il vient de poser les premiers jalons de la création d'une police scientifique. S. P.

NOS EXPRESSIONS

SI ÇA ME CHANTE !

Cette autre façon de dire « si j'en ai envie » est signée Jean-Jacques Rousseau. Philosophe mais aussi compositeur, l'auteur de *La Nouvelle Héloïse* inventa la tournure « comme la tête me chante » dans *Les Confessions* pour décrire cette petite voix interne décisionnaire du désir, avant que « ça » ne remplace « la tête » au XIXe siècle qui voit l'expression se populariser. M. Q.

« À la Saint-Crépin,
les mouches voient leur fin. »
Dicton

© toraya/stock.adobe.com

AU JARDIN

Bouturer l'hortensia

Pour satisfaire vos envies d'hortensias ou tout simplement pour faire plaisir à votre entourage, tentez le bouturage. Le mieux est de commencer cette étape à l'automne, en prélevant une tige verte par une simple traction. Ainsi, la base aura une partie ligneuse baptisée « talon » à partir de laquelle se développeront les racines.

Coupez le feuillage de moitié avant de piquer la bouture dans de la terre humide ; au pied d'un mur, c'est parfait. Sinon, faites raciner la plante dans un pot rempli d'un mélange à parts égales de terreau et de sable. Placez le tout dans un endroit ombragé, sans oublier d'arroser régulièrement. Attendez la fin du printemps pour installer vos plants en pleine terre. **P.-Y. N.**

EN FORME

Téléconsultation, mode d'emploi

Les plateformes comme Doctolib, Qare, Medadom ou Livi proposent des services de téléconsultation via leurs applications ou leurs sites web. Vous pouvez sélectionner un médecin par critères (spécialité, distance, disponibilité…) et, si besoin, poser des alertes pour être informé lorsqu'un créneau de rendez-vous se libère. Diagnostics, prescriptions d'ordonnances et d'examens complémentaires, factures et remboursements, tout se passe comme au cabinet médical.

L'Assurance maladie vous rembourse au taux d'une consultation en cabinet, sans exiger le respect du parcours de soins coordonné, donc sans surcoût. Les personnes en Ehpad, en établissement pour adultes handicapés ou éloignées de leur domicile initial peuvent bénéficier du même service. Les données médicales sont protégées par un hébergement de données de santé certifié par le ministère de la Santé. **A. P.**

À FAIRE :

-
-
-
-
-
-
-
-
-
-

SOLUTION DU MARDI 22

C	O	M	P	L	A	I	S	A	N	C	E
A	C	E	■	A	R	R	O	S	E	U	R
M	U	N	S	T	E	R	■	P	E	R	I
P	L	A	T	S	■	E	P	I	■	I	N
I	A	G	O	■	P	E	R	C	E	E	■
N	I	E	■	U	E	L	E	■	S	U	R
G	R	E	E	N	S	■	T	A	S	S	E
S	E	S	S	I	O	N	■	B	E	E	R

samedi 26 octobre

Saint Dimitri

« Les sentiments d'amour
ne durent pas toujours »
Proverbe espagnol

À FAIRE :

•
•
•
•
•
•
•
•
•
•

Sudokus

	1		8			3		4
			6	7				
	5	7		3				9
1						7	2	
8					3			
5						9	6	
	2	4		5				6
			4	6				
	6		9			2		5

8			6	5			9	2
1		4		3				
			4				6	
	3	5				9		
9				1	4			
	1	6				8		
			9				5	
6		8		7				
7			5	2			1	6

8				3	9			4
9	3				1			
							6	
6		7	8					
			5			1		2
2		8	9					
							5	
1	9				6			
5				9	2			6

				4		2		5
			2	1		9		
3	7						1	
							2	6
2			8		3			9
7	5							
	2						9	3
		1		2	8			
9		4		3				

Solution au mardi 29 octobre

SOLUTION DU JEUDI 24

1. rive / mais / club.
2. idole / creux / gilet.
3. puéril / sinuer / chaîne.
4. entrant / philtre / muezzin.

AU JARDIN

Généreuses vivaces

Garnissez vos massifs avec une base de plantes vivaces, à compléter plus tard avec des fleurs annuelles. Les jeunes vivaces vont rapidement fleurir, avec plus de vigueur chaque année. Pour un décor réussi et très coloré, plantez chaque variété par groupe de 3 au minimum. En prévision d'un été chaud, misez sur les fleurs les plus résistantes.
Une inspiration champêtre Plantez le gaura blanc ou rose, les multicolores bouquets d'achillées, les cierges bleus d'agastaches, les épis roses de linaires et les ombelles pourpres de la verveine de Buenos Aires. Une plate-bande à l'anglaise sera parfaite avec les plantureuses touffes de sédum, les brassées étoilées de coréopsis, les tapis bleutés de népétas ou les pompons violacés de la scabieuse. Le paillage limitera la pousse des mauvaises herbes en évitant à la terre de trop sécher. **P.-Y. N.**

« Le timide a toujours l'air de faire un mauvais coup. »
Proverbe français

© 2021 Musée du Louvre/Nicolas Guiraud

BALADE EN FRANCE

Incontournable pyramide du Louvre

Tout commence en 1981, lorsque Jack Lang, ministre de la Culture, propose au président François Mitterrand de faire du Louvre le plus grand musée du monde. « Bonne idée, mais difficile à réaliser », griffonne le président sur la note. En effet, la cour Napoléon est alors un parking et, idée ô combien sacrilège, il faut expulser les hiérarques du ministère des Finances qui, depuis 1871, occupent l'aile Richelieu. D'abord réticent, le président décide finalement de « rendre le Louvre à l'histoire de France ». Il choisit seul l'architecte chargé de cette mission. Pour contourner la règle des marchés publics, Ieoh Ming Pei est officiellement chargé d'une mission de rénovation… Responsable du projet, Émile Biasini explicite ce choix : « Comme Chinois, il a une compréhension de la civilisation antique et comme Américain, il a un goût pour la modernité. »

De fait, l'architecte veut doter le Louvre d'une entrée fonctionnelle et lumineuse : une pyramide de verre ! Présentée en 1984, cette idée est rejetée en bloc. La presse tire à boulets rouges sur le projet soutenu par François Mitterrand qu'elle surnomme « Mitteramsès » et « Tontonkhamon », tandis que *Le Canard enchaîné* affirme que « Tonton veut être le premier pharaon de notre histoire ». En 1986, Jacques Chirac approuve finalement le projet après avoir exigé une simulation grandeur nature. Seul Édouard Balladur, alors ministre des Finances, refuse jusqu'en 1989 de quitter les ors de ce palais où il avait son bureau.

Le nouveau Louvre ouvre au public en mars 1989. Conçu pour accueillir entre 3 et 5 millions de visiteurs, l'édifice en reçoit finalement près de 10 millions par an. Jean-Luc Martinez, son ancien président, pouvait légitimement affirmer : « Le Louvre est le seul musée au monde dont l'entrée est une œuvre d'art ! » **J. P. R.**

À FAIRE :

•
•
•
•
•
•
•
•

C'EST ARRIVÉ LE…

27 OCTOBRE 1972

Un décret oblige désormais les professionnels de l'agro-alimentaire à fournir les informations essentielles sur les étiquettes des produits alimentaires préemballés : fabricant, origine, composition exacte et complète. Les additifs, indiqués sous forme de code alphanumérique, restent opaques. **F. M.**

lundi 28 octobre

Saint Simon, saint Jude

« Quand Simon et Jude n'apportent pas la pluie, elle n'arrive qu'à la Sainte-Cécile. »
Dicton

À FAIRE :

NOS EXPRESSIONS

C'EST DU PIPEAU !

Pour qualifier un propos mensonger, le pipeau en question ne fait pas référence à la flûte champêtre mais à l'appeau utilisé par les chasseurs pour leurrer les oiseaux en imitant leurs cris. Certains puristes disent encore « c'est de la pipe », nom du pipeau au XIIIe siècle, dont sont issus les dés pipés... **M. Q**

NOTRE TERRE

Fleurs : le bon choix pour la planète

Savez-vous qu'en France, 9 fleurs sur 10 sont importées du Kenya, de Colombie ou d'Éthiopie? Pour inverser la tendance, privilégiez les bouquets provenant d'artisans fleuristes, comme Monsieur Marguerite ou le Collectif de la fleur française. Vous faites ainsi un geste pour l'économie locale et pour la planète car ces fleurs sont cultivées chez nous et suivent les saisons. Vous pouvez aussi acheter des bouquets frais sur un marché local où les petits producteurs proposent leurs pivoines, tulipes, lys, œillets ou lilas. **P.-Y. N.**

« Neige le jour de Saint-Narcisse,
pour le blé est un bénéfice. »
Dicton

A TABLE

Petits clafoutis aux prunes et à l'amande

© Ploton/Photocuisine/sucré salé

Pour 4 personnes • 3 œufs • 125 g de sucre • 25 g de poudre d'amandes • 100 g de farine • 1 pincée de sel • l de lait entier • 1 c. à soupe d'amaretto (liqueur italienne à base d'amandes amères, ingrédient facultatif) • 500 g de prunes rouges • 10 g de beurre pour le moule • 1 c. à soupe d'amandes effilées • 2 sachets de sucre vanillé.

1. Faites préchauffer votre four à 170 °C (th. 5-6).

2. Fouettez les œufs avec le sucre jusqu'à ce qu'ils blanchissent. Ajoutez la poudre d'amandes, la farine, le sel, fouettez bien. Incorporez ensuite le lait et l'amaretto (ce dernier est facultatif).

3. Nettoyez et coupez les prunes en quartiers en les dénoyautant. Beurrez 4 moules à gratin individuels, répartissez les prunes au fond.

4. Versez la pâte à clafoutis sur les prunes, enfournez 25 minutes.

5. Parsemez les gâteaux d'amandes effilées, saupoudrez de sucre vanillé, enfournez encore 20-25 minutes, jusqu'à ce que les clafoutis soient bien dorés.

6. Laissez refroidir, dégustez frais ou à température ambiante.

Info + Testez cette recette avec un lait végétal : amandes, avoine, épeautre... **M.-A. D.**

À FAIRE :

•
•
•
•
•
•
•
•

Mots à mot

En regroupant et en mélangeant les lettres des deux mots de quatre et trois lettres proposés, composez un troisième mot de sept lettres.

A S T I + N U L = _ _ _ _ _ N _

B E T E + I R E = _ _ _ _ E _ _

H I E R + S E S = _ _ _ _ _ _ E

SOLUTION : Luisant - Ébriété - Hérissé.

SOLUTION DU SAMEDI 26

6	1	9	8	2	5	3	7	4
4	3	8	6	7	9	5	1	2
2	5	7	1	3	4	6	8	9
1	9	3	5	4	6	7	2	8
8	7	6	2	9	3	4	5	1
5	4	2	7	1	8	9	6	3
7	2	4	3	5	1	8	9	6
9	8	5	4	6	2	1	3	7
3	6	1	9	8	7	2	4	5

8	7	3	6	5	1	4	9	2
1	6	4	2	3	9	5	8	7
5	9	2	4	8	7	1	6	3
4	3	5	8	6	2	9	7	1
9	8	7	3	1	4	6	2	5
2	1	6	7	9	5	8	3	4
3	2	1	9	4	6	7	5	8
6	5	8	1	7	3	2	4	9
7	4	9	5	2	8	3	1	6

8	2	5	6	3	9	7	1	4
9	3	6	4	7	1	8	2	5
4	7	1	2	8	5	3	6	9
6	1	7	8	2	4	5	9	3
3	4	9	5	6	7	1	8	2
2	5	8	9	1	3	6	4	7
7	6	2	3	4	8	9	5	1
1	9	4	7	5	6	2	3	8
5	8	3	1	9	2	4	7	6

1	9	8	3	4	6	2	7	5
6	4	5	2	1	7	9	3	8
3	7	2	5	8	9	6	1	4
4	8	3	1	9	5	7	2	6
2	1	6	8	7	3	5	4	9
7	5	9	4	6	2	3	8	1
8	2	7	6	5	4	1	9	3
5	3	1	9	2	8	4	6	7
9	6	4	7	3	1	8	5	2

mercredi 30 octobre

Saint Bienvenue

« Qui peint la fleur
n'en peut peindre l'odeur. »
Proverbe français

À FAIRE :

•

•

•

•

AU MARCHE

Le yuzu

À l'automne, cet agrume très parfumé arrive à maturité. Depuis peu, il est cultivé en France. Il doit être d'un beau jaune soutenu, sans meurtrissures. Il est précieux pour ses vitamines C et A. Ses flavonoïdes contribuent à prévenir certaines maladies dégénératives.
Plus parfumé que le citron, il se marie à merveille avec des noix de Saint-Jacques, un tartare de poisson, un cake. Entamé, conservez-le bien emballé au réfrigérateur.

© serena_v/stock.adobe.com

Info + Une fois le yuzu coupé en deux, conservez la moitié inutilisée au congélateur pour en profiter plus longtemps. M.-A. D.

Petits fléchés

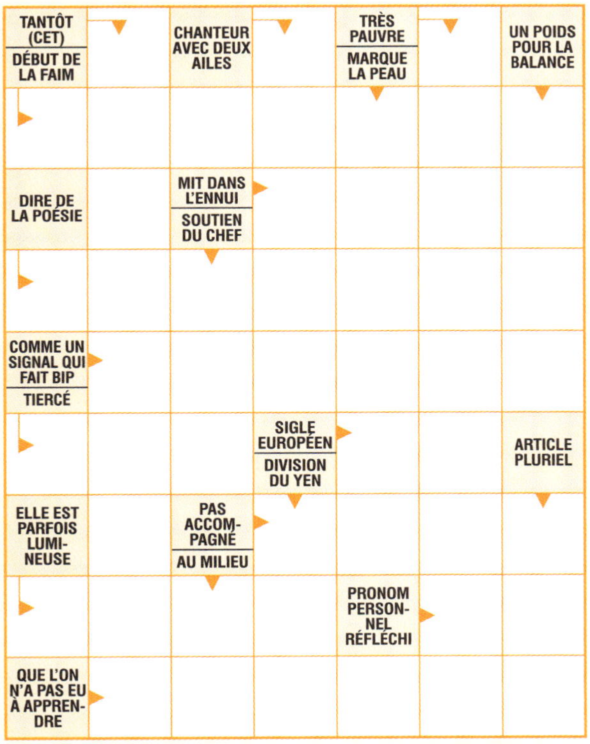

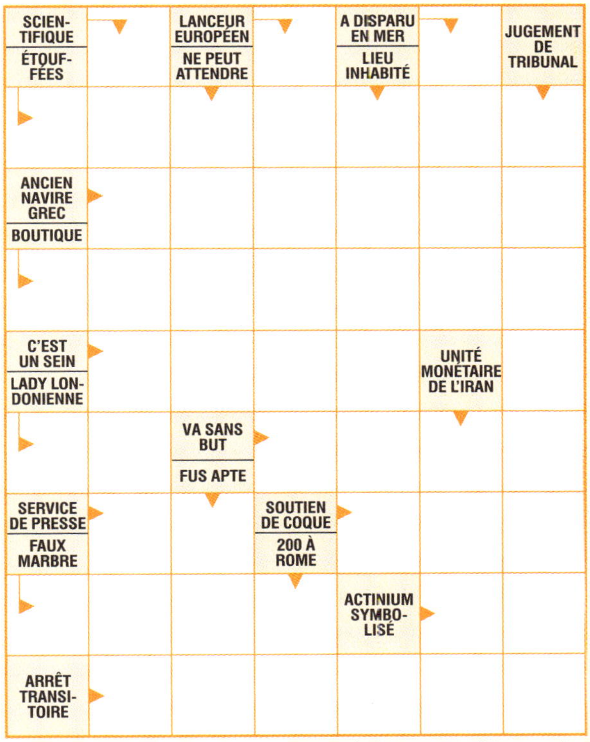

Solution au samedi 2 novembre

« Quand l'argent précède,
toutes les portes s'ouvrent. »
William Shakespeare

Mini-croisés

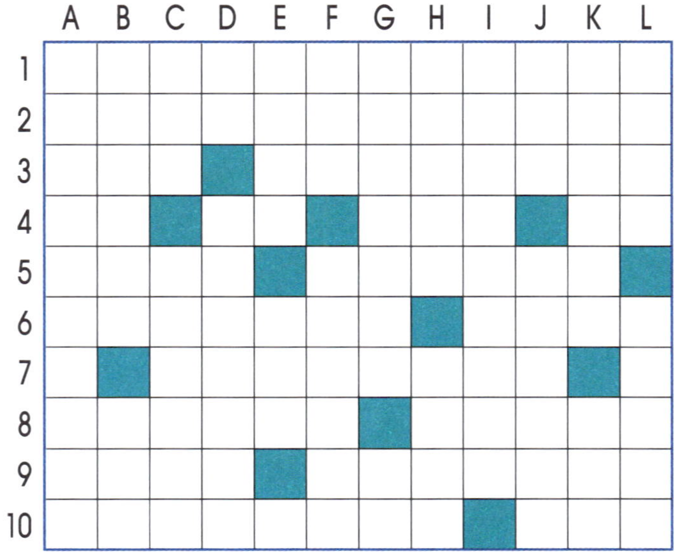

Solution au dimanche 3 novembre

Horizontalement
1. Il vous embarque à Paris. **2.** Chien de chasse aux poils roux. **3.** Mot d'explication. Bon pour l'atmosphère. **4.** Cité bretonne légendaire. Un tout petit peu d'ère. Elle est tributaire du lac Balkhach. Note de Fauré. **5.** Labo de physique. Qui a pris de la bouteille. **6.** Prénom théâtral. On s'y met en retirant sa veste. **7.** Revêtement de charme. **8.** Chemin de marcheur. Ses forces ne doivent pas lui manquer. **9.** Donne un coup de pouce. Accueillant avec faveur. **10.** Totalement interdite. Hélas comme autrefois.

Verticalement
A. Dans la famille des clous. **B.** Usée par l'érosion. Quelque chose en plus. **C.** Activité bien ciblée. Dresse une planche. **D.** Annonce la spécialité. Travailler en marge. **E.** Ne sort pas sans effort. Pièce de vers du Moyen Âge. **F.** Un homme de réserve. Il sert à fixer l'aviron. **G.** Auteur de Carmen. Elle eut des tremblements. **H.** De bouche à oreille. Tel un certain oiseau. **I.** Sa crise peut intervenir après l'ingestion. **J.** Quartier de Murcie. Hivernal. **K.** Tours d'aiguille. Son inverse n'y entre pas. **L.** Une allure de dragueur. Offres au public.

À FAIRE :

•
•
•
•
•
•
•

Vite, une astuce !

Préparer un liquide vaisselle naturel et efficace est simplissime ! La base est toujours la même : savon de Marseille liquide et bicarbonate de soude, auxquels on ajoute un cocktail d'huiles essentielles pour parfumer et éliminer les germes et les graisses. Les huiles essentielles d'agrumes, par exemple, sont de puissants dégraissants. Dans un flacon hermétique (bouteille en plastique), versez 60 cl de savon de Marseille liquide, ajoutez 20 gouttes d'huile essentielle (HE) de citron vert, 10 gouttes d'HE d'orange douce, 5 gouttes d'extrait de pépins de pamplemousse et 1 c. à café de bicarbonate. Secouez avant l'emploi et versez 2 c. à soupe dans votre eau chaude de vaisselle. C'est prêt !

QUELLE HISTOIRE !

Le 22 septembre 1992, à Vaison-la-Romaine, l'Ouvèze se métamorphose en torrent de boue charriant arbres, voitures et caravanes. Cette crue fit 42 victimes. Les autorités ayant accordé des permis de construire en zone inondable furent mises en cause.

J.-P. R.

vendredi 1er novembre

Toussaint

Sainte Cassandre

« Vent de Toussaint,
terreur de marin. »
Dicton

© Francois Roux/stock.adobe.com

À FAIRE :

-
-
-
-
-
-
-
-
-

EN FORME

La lavande, zen attitude

Apaisante et sédative, elle agit sur le système nerveux sans effets secondaires, chez les adultes comme chez les enfants, d'où son efficacité pour réguler les troubles du sommeil, les crises d'anxiété, l'irritabilité et le stress. Antiseptique, elle est précieuse lors d'infections respiratoires et de problèmes cutanés (brûlures, coups de soleil).

En cas de grande anxiété, massez le plexus solaire (situé entre le sternum et le nombril) avec 2 gouttes d'huile essentielle (HE) de lavande vraie pure. Vous pouvez aussi respirer quatre gouttes d'HE de lavande vraie déposées dans un diffuseur ou en inhalation.

En cas de brûlure ou de coup de soleil, appliquez sur la zone irritée 2 gouttes pures ou diluées dans un gel d'aloe vera.

Pour favoriser le sommeil, versez dans un bain chaud 10 gouttes d'HE de lavande vraie diluées dans une base lavante neutre. Au bout de 20 minutes, séchez-vous sans vous rincer et glissez-vous dans votre lit !

En infusion Pour profiter de ses vertus relaxantes, laisser infuser 7 minutes 1 à 2 cuillerées à café de fleurs séchées dans 150 ml d'eau frémissante. 3 fois par jour, ou au coucher en cas d'insomnie. **F. O.**

Clin d'œil

Anthony, 4 ans, à l'église avec sa grand-mère, récite le *Je vous salue Marie*. Au moment de dire « Priez pour nous, pauvres pêcheurs », il s'écrie d'une voix forte : « Qui n'a pas pris de poissons ? »

Tout compte fait

Dans chacune des trois lignes, placez les nombres 1 2 3 4 5 de façon à obtenir, en réalisant quatre opérations successives, le total indiqué.

	+		-		x		:		=	5
	x		-		:		+		=	19
	+		-		:		x		=	3

SOLUTION : 1 + 4 - 2 x 5 : 3 = 5 / 4 x 5 - 3 : 1 + 2 = 19 / 1 + 5 - 4 : 2 x 3 = 3.

« Ni l'ignorance n'est défaut d'esprit, ni le savoir n'est preuve de génie. »
Vauvenargues

Mini-fléchés

ANCIEN COLLIER DE FER / ILLUSOIRE		MONO-CHROME / PIÈCE DE VERS		UNIS EN AMÉRIQUE
FAIT LE CERF / EXAMEN INDOLORE				
			DANS UN SENS NÉGATIF	
MESSE ANNI-VERSAIRE / VIRAGES À SKIS				

POISSON QUI MORD / À DEUX VITESSES		SE LIBÉRER DE LA PRESSE / NICHER		ON LUI A ADRESSÉ UNE LETTRE
IL CIRCULE À TÉHÉRAN / FLÉTRI				
ARRIVÉES SUR TERRE / COUPE OU FLÛTE				

PRÉCÈDE LOUISE / CONSIS-TANCE		RONDE / BEL EMPLUMÉ		UNE LOUVE LE RECUEILLIT
ÉCOSSAIS / CONCES-SION MINIÈRE				
SÉMIL-LANTES		CE QUE L'INTIMITÉ FAIT DE VOUS		

ATMO-SPHÉRIQUE / MALA-DRESSE		FLOCONS DU MATIN / CALES		FOURNIS-SEUR D'HUILE DE PALME
COMPRIS DANS L'EFFECTIF / REPRIS				
PRÉNOM DE MME NIN		IL NE MÈNE PAS LOIN EN CHINE		

Solution au mercredi 6 novembre

À FAIRE :

-
-
-
-
-
-
-
-
-

QUELLE HISTOIRE !

La salade niçoise ou la guerre des chefs

Née à la fin du XVIIIe siècle, la salade niçoise était, comme le pan-bagnat, un plat du pauvre. Faites de tomates, d'anchois et d'un filet d'huile d'olive, elle s'est enrichie de poivrons, de cébettes et d'un œuf dur, seul ingrédient cuit autorisé. Aussi, lorsqu'Auguste Escoffier a ajouté à sa niçoise des haricots verts et des pommes de terre, les vrais Niçois ont crié au scandale ! Idem quand Cyril Lignac souhaita revisiter cette institution avec du parmesan. On ne plaisante pas avec la « Cuisine Nissarde » qui se reconnaît à un label ornant les établissements soucieux du respect des traditions ! **M. Q.**

SOLUTION DU MERCREDI 30

	A		S		M	
A	P	P	E	T	I	T
	R		R	A	S	A
R	E	C	I	T	E	R
	S	O	N	O	R	E
P	M	U		U	E	
	I		S	E	U	L
I	D	E	E		S	E
	I	N	N	E	E	S

	B		A		P	
S	O	U	R	D	E	S
	T	R	I	E	R	E
M	A	G	A	S	I	N
	N	E	N	E		T
D	I		E	R	R	E
	S	P		T	I	N
S	T	U	C		A	C
	E	S	C	A	L	E

dimanche 3 novembre

Rentrée des zones A, B et C

Saint Hubert

« La meilleure façon de ne pas avancer est de suivre une idée fixe. »
Jacques Prévert

À FAIRE :

-
-
-
-
-
-
-
-
-

SOLUTION DU JEUDI 31

B	A	T	E	A	U	M	O	U	C	H	E
I	R	I	S	H	T	E	R	R	I	E	R
C	A	R	■	A	E	R	A	T	E	U	R
Y	S	■	A	N	■	I	L	I	■	R	E
C	E	R	N	■	E	M	E	C	H	E	■
L	E	A	N	D	R	E	■	A	I	S	E
E	■	B	O	I	S	E	R	I	E	■	M
T	R	O	T	T	E	■	A	R	M	E	E
T	A	T	E	■	A	G	R	E	A	N	T
E	B	E	R	L	U	E	E	■	L	A	S

© OT Ciotat

BALADE EN FRANCE

Les lumières de La Ciotat

Difficile de ne pas tomber sous le charme de la vieille ville en flânant dans ses rues piétonnes. Après une halte gourmande à la pâtisserie Carré Noir, visitez le musée ciotaden qui vous livrera un éclairage historique sur la vie quotidienne, économique, sociale et culturelle de la cité depuis la Préhistoire. Recueillez-vous devant la beauté de Notre-Dame-de-l'Assomption qui surplombe le vieux port d'où vous pourrez embarquer en direction de l'île Verte. Ce joyau de la nature héberge de nombreuses essences et recèle des vestiges de fortifications que vous découvrirez avant de profiter d'une vue magnifique sur La Ciotat, les calanques et le cap Canaille. De retour sur la terre ferme, filez au parc du Mugel, jardin botanique remarquable qui abrite une incroyable variété de plantes ainsi que deux petites plages. **Ne manquez pas de vous faire une toile à l'Eden Théâtre,** la plus ancienne salle de cinéma en activité dans le monde. Inauguré comme théâtre en 1889, ce cinéma fut le temple des frères Lumière, qui y projetèrent les premiers films de l'histoire, dont *L'Arrivée d'un train en gare de La Ciotat* ou *L'Arroseur arrosé*. Sur le vieux port, allez siroter un cocktail dans l'ambiance conviviale et la déco originale du bar *Béné*. Poursuivez votre promenade en savourant une cuisine provençale revisitée aux *Minots* tout en admirant les vieux gréements et l'église joliment illuminée. **Dans ce pays de calanques et de falaises,** l'idéal est de louer un petit bateau pour caboter de crique en crique, ou de découvrir la côte en passant par les crêtes, à condition d'être bien chaussé. La randonnée du sentier des calanques vous conduira le long des falaises maritimes Soubeyranes, qui comptent parmi les plus hautes d'Europe. Enfin, vous atteindrez le mythique cap Canaille, qui tirerait son nom de « cap Naïo » signifiant en provençal « montagne qui nage » ou « avance sur la mer ». Dominant à près de 400 m, ce majestueux monument naturel vous offrira une vue extraordinaire sur la baie de La Ciotat et celle de Cassis. **F. O.**

« On ne mange pas le diable sans avaler ses cornes. »
Proverbe italien

Mots mélangés

Tous les mots de la liste figurent dans cette grille et peuvent se lire dans toutes les directions. Chaque lettre peut être utilisée une ou plusieurs fois, sauf celles formant l'énigme répondant à la définition suivante : retourne la terre.

ABREUVOIR
ADVERSAIRE
AÉRATION
AÉROPORT
AIRELLE
ALARMER
ANNEXER
APICOLE
APOTHICAIRE
ASDIC
AZALÉE
BEDEAU
CABARETIER
CENDRÉE
COMPARSE
CRÊPE
CROUPIER
DAPHNÉ
DAUPHIN
ÉCERVELÉ
EFFICACE
EMPESÉ
ESCARPIN
FAÎTE
FICTION
GRILL
GROSSESSE
IMAGINER
IMPER
INTENSIFIER
INVÉTÉRÉ
IVRAIE
MALAGA
NON-LIEU
OLÉAGINEUX
PIERROT
PISCINE
PRACTICE
PRÉFIXE
RAMBARDE
RÉNOVER
RETRACER
SOMBRERO
SOUCI
TAXATION
TEINTURERIE
TOTALITÉ
UTILITAIRE
ZUMBA

E	L	O	C	I	P	A	E	D	R	A	B	M	A	R
A	G	A	L	A	M	L	E	C	A	C	I	F	F	E
U	A	E	D	E	B	A	B	R	E	U	V	O	I	R
T	D	I	A	R	A	A	G	P	A	R	P	N	U	E
I	V	R	A	I	E	G	R	I	I	T	V	H	E	V
L	E	E	Z	A	R	R	I	E	N	E	I	E	I	O
I	R	R	U	C	O	O	L	N	T	E	R	O	L	N
T	S	U	M	I	P	S	L	E	E	I	R	R	N	E
A	A	T	B	H	O	S	R	F	N	U	E	E	O	R
I	I	N	A	T	R	E	B	A	S	F	X	R	N	T
R	R	I	I	O	T	S	E	I	I	I	E	B	T	O
E	E	E	M	P	E	S	E	T	F	C	N	M	A	T
C	I	T	O	A	R	E	U	E	I	T	N	O	X	A
R	E	M	R	A	L	A	R	T	E	I	A	S	A	L
E	N	H	P	A	D	P	C	D	R	O	S	O	T	I
P	R	M	Z	E	C	A	E	S	N	N	D	U	I	T
E	O	A	A	I	R	E	L	L	E	E	I	C	O	E
C	R	O	U	P	I	E	R	P	I	S	C	I	N	E

SOLUTION : Laboure.

À FAIRE :

•

•

•

•

•

•

•

•

•

EN FORME

Par quoi remplacer la viande ?

Un régime sans viande n'occasionne pas de carences, les nutritionnistes l'assurent. Le fer et le zinc sont présents dans les légumes secs, les aliments céréaliers complets (2 à 3 fois plus que dans les aliments raffinés) et les fruits à coque (une poignée par jour). Pour stimuler l'assimilation du fer végétal, pensez à y associer de la vitamine C que vous pouvez retrouver dans les agrumes, kiwis, épinards ou poivrons. Si vous faites aussi l'impasse sur le poisson, des compléments alimentaires permettent de ne pas manquer d'iode, de sélénium, de vitamines B12 et D ni d'oméga 3 EPA et DHA. **F. D.**

C'EST ARRIVÉ LE...

4 NOVEMBRE 1982

Le cinéaste français Jacques Tati meurt à Paris, à l'âge de 75 ans. Réalisateur facétieux, il est surtout connu pour ses films remplis de fantaisie *Jour de fête*, *Les Vacances de M. Hulot*... En 1977, il avait reçu un César d'honneur pour l'ensemble de sa carrière. **S.P.**

mardi 5 novembre

Sainte Sylvie

« Le cinq, tu sauras,
quel mois tu auras. »
Dicton

À FAIRE :

A TABLE

Salade d'avocats au granola

Pour 4 personnes • 30 g de flocons d'avoine • 1 c. à café de poudre de curry • 2 c. à soupe de graines de sésame • 15 g de graines de courge • 1 c. à soupe de copeaux de noix de coco séchée • 6 noix du Brésil • Sel, poivre • 15 g d'huile vierge de noix de coco • 10 g de sirop d'érable • 1 salade feuille de chêne blonde • 2 avocats mûrs à point • 1 oignon doux des Cévennes • 8 radis roses • 6 c. à soupe d'huile de pépins de courge • 4 c. à soupe de vinaigre de cidre.

1. Préchauffez le four à 150 °C (th. 5).
2. Mélangez les flocons d'avoine avec la poudre de curry, les graines de sésame et de courge, les copeaux de noix de coco, les noix du Brésil hachées. Assaisonnez.
3. Faites fondre l'huile de noix de coco avec le sirop d'érable. Mélangez avec la préparation précédente.
4. Éparpillez sur une plaque à four chemisée de papier cuisson, enfournez 30 minutes. Laissez refroidir.
5. Effeuillez, lavez, essorez la salade. Tranchez les avocats en lamelles. Pelez, émincez l'oignon, désolidarisez les rouelles. Lavez et taillez les radis en rondelles.

© Ploton/Photocuisine/Sucré Salé

6. Fouettez l'huile avec le vinaigre et assaisonnez votre salade avec ce mélange.
7. Répartissez les avocats dans les assiettes, ajoutez les feuilles de chêne, l'oignon, les radis. Nappez de vinaigrette, parsemez de granola. **M.-A. D.**

Super croisés

	A	B	C	D	E	F	G	H	I	J	K	L
1												
2							■					
3			■							■		
4						■					■	
5					■							
6									■			
7							■					
8			■									

Horizontalement

1. Une ceinture avec des bretelles. **2.** Rond d'aile. La Môme, en personne. **3.** Il est de bon ton de le donner. Mère de famille nombreuse. Le molybdène. **4.** Serpent de verre. Traverse la Silésie et rejoint la Baltique. **5.** A le mot de la fin. Se perdait en vains propos. **6.** Des choses de poids. Elle est rarement seule dans le ciel. **7.** Agirai par déduction. À la base de la sculpture. **8.** Mis à jour. Couteaux de poche.

Verticalement

A. Il risque de perdre des plumes dans la bataille. **B.** Rouge de honte. **C.** Touche de piano. Qui a changé de propriétaire. **D.** Sa culture est à faible rendement. **E.** Sujet sans relief. S'expose si elle est forte. **F.** Fait appel. Le petit en bave beaucoup. **G.** Fut enlevée par Héraclès. **H.** Prit de nouveau sur lui. **I.** Sont souvent l'objet d'associations. Aveu médiéval. **J.** Calcul de tête. Ferme dans l'Ouest. **K.** Système de projection terrestre. Ver à pieds. **L.** Sans pudeur.

Solution au vendredi 8 novembre

Sainte Bertille

« Ce ne sont pas les hommes qui gouvernent les sociétés, ce sont les principes – à défaut de principes, ce sont les situations. »
Proudhon

© Poliuszko/stock.adobe.com

AU JARDIN

Jouez les motifs et les couleurs

Pour dynamiser un décor où le vert domine, apportez de la fantaisie avec des plantes à feuillage coloré ou marbré. Avec les heuchères, vous aurez le choix entre le doré, le bronze, le caramel, le chocolat, le pourpre et le violet. Elles vous raviront, quelle que soit l'exposition.
Pour une zone semi-ombragée, ne passez pas à côté des plantureux hostas dorés ou panachés de blanc. Ceux à feuillage bleu supportent mieux le soleil. En avril, n'oubliez pas de disperser des granulés contre les limaces.
Plantez chaque printemps des cannas dont le feuillage érigé uni ou panaché ne passe jamais inaperçu. Complétez avec les ipomées batatas, des plantes annuelles. Leurs feuillages noirs, anis ou pourpres en forme de dômes couvriront le sol. Le lin de Nouvelle-Zélande ou *Phormium* propose aussi un grand choix de variétés à feuilles persistantes aux tons roses, pourpres, noirs ou orangés. Cette vivace doit impérativement être exposée au soleil. **P.-Y. N.**

À FAIRE :

•

•

•

•

•

•

•

Mini fléchés

CHANGERA DE POSTE / AURORES	▼	LÂCHE PRISE / ÉDIFIER	▼	COMME LA NOTE EN COUP DE FUSIL
▶				
PRÉPARA LA PESÉE ▶ / MORTEL				
▶				
GLISSE ▶ / BIEN DÉCORÉE				
▶				

CONTÉE / ÉTAT SUR LE GOLFE PERSIQUE	▼	JOINT MÉCANIQUE / UNE FORÊT DU FROID	▼	QUI ONT UNE EXISTENCE
▶				
DIFFICILE À TROUVER ▶ / BIEN TROP SEC				
▶				
DE MÊME NIVEAU ▶ / C'EST ICI				
▶				

Solution au samedi 9 novembre

SOLUTION DU SAMEDI 2

	G		U			M		F	
V	A	I	N	E	D	U	A	L	E
	R	A	I	T		R	I	A	L
I	R	M		A	T	E	R	N	I
	O	B	I	T		N	E	E	S
S	T	E	M	S	V	E	R	R	E

	T		V			A		M	
C	H	A	I	R	B	E	V	U	E
	E	R	S	E		R	E	E	L
C	L	A	I	M	B	I	S	S	E
	M		T	U		E		L	I
G	A	I	E	S	A	N	A	I	S

jeudi 7 novembre

Sainte Carine

« Ils ne se servent de la pensée
que pour autoriser leurs injustices
et n'emploient les paroles
que pour déguiser leurs pensées. »
Voltaire

À FAIRE :

-
-
-
-
-
-
-
-
-

© K.-U. Häßler/stock.adobe.com

AU JARDIN

La ronde de l'étourneau

Curieux, peu farouches et d'un tempérament grégaire, ces passereaux se plaisent en ville. Ils tournoient dans le ciel avant de s'agglutiner dans un arbre pour y dormir en sécurité. De loin, on peut confondre l'étourneau et le merle noir. Mais le premier est plus petit et pèse à peine 100 g. Sa queue est plus courte et ses ailes sont plus longues. L'étourneau arbore un superbe plumage, noir moucheté de blanc, aux reflets violets et verts.
Avec sa vue perçante et son bec effilé, notre passereau n'a aucun mal à capturer au sol les vers, les larves, les insectes parasites et les petits escargots. Comme son régime est très varié, il profite des semences et des fruits pour fondre sur les cultures. Cerises, figues, raisins et pommes font aussi partie de son menu. Si la nourriture vient à manquer, il se rabat sur les décharges à ciel ouvert et les mangeoires du bétail.
Pour passer la nuit, les étourneaux se perchent en nombre dans de grands arbres, avec une préférence pour les platanes. Ils ne sont pas les bienvenus en ville où leurs fientes souillent les trottoirs et les voitures. Pour remédier à ce problème, les municipalités investissent dans des effaroucheurs sonores ou à ultrasons, posent des filets ou abattent les arbres dortoirs où les oiseaux se réfugient. **P.-Y. N.**

C'EST ARRIVÉ LE...

7 NOVEMBRE 1972

Richard Nixon bat George McGovern et est réélu président des États-Unis avec un score triomphal de 60,7 %. 2 ans plus tard, rattrapé par le scandale des écoutes illégales du Watergate, il doit démissionner et confier la Maison Blanche au vice-président, Gerald Ford. **F. M.**

Mots à mot

En regroupant et en mélangeant les lettres des deux mots de quatre et trois lettres proposés, composez un troisième mot de sept lettres.

C A P E + A N E = P _ _ _ _ _ _

G A T E + L E V = _ _ _ E _ _ _

L I G E + E N A = _ _ _ _ _ _ E

SOLUTION : Panacée - Végétal - Inégale.

Saint Geoffroy

vendredi 8 novembre

« La langue du muet vaut mieux que celle du menteur. »
Proverbe français

D'un mot à l'autre

En regroupant et en mélangeant les lettres de chaque mot donné avec la lettre qui le suit, vous devez trouver un second mot composé, selon le cas, de quatre, cinq, six ou sept lettres. Aucun mot au pluriel n'est admis ni aucun verbe conjugué.

Mots de 4 lettres

1 C I L + A = ☐☐☐☐

2 H I E + A = ☐☐☐☐

3 N U E + O = ☐☐☐☐

Mots de 5 lettres

4 F I N I + L = ☐☐☐☐☐

5 A C N E + N = ☐☐☐☐☐

6 F E T A + U = ☐☐☐☐☐

7 R A I D + O = ☐☐☐☐☐

Mots de 6 lettres

8 D E L T A + U = ☐☐☐☐☐☐

9 G I R I E + D = ☐☐☐☐☐☐

10 P I E C E + A = ☐☐☐☐☐☐

Mots de 7 lettres

11 C L O U T E + T = ☐☐☐☐☐☐☐

12 D E P A R T + O = ☐☐☐☐☐☐☐

13 C H O E U R + E = ☐☐☐☐☐☐☐

14 L E G I O N + B = ☐☐☐☐☐☐☐

Solution au dimanche 10 novembre

À FAIRE :

-
-
-
-
-
-
-
-
-
-

EN FORME

Constipé ? L'alimentation joue un rôle clé

VRAI L'alimentation est essentielle ! Ce sont surtout les fibres apportées par les fruits, les légumes, les céréales complètes et les légumineuses qui assurent un transit optimal. Nous n'en consommons en moyenne que 10 g par jour alors qu'il en faut de 30 g à 40 g, soit 2 ou 3 fruits, une assiette de crudités et une portion de légumes au quotidien. Il faut manger des céréales complètes régulièrement et des légumineuses au moins 3 fois par semaine. Augmentez les rations petit à petit pour ne pas agresser vos intestins. Enfin, éliminez les ennemis du transit : une alimentation trop riche en graisses saturées présentes dans la charcuterie, la viande rouge, le fromage, le beurre, ou encore les plats industriels. **S. V.-V.**

SOLUTION DU MARDI 5

P	E	R	I	P	H	E	R	I	Q	U	E
O	C	E	L	L	E	■	E	D	I	T	H
L	A	■	L	A	P	I	N	E	■	M	O
O	R	V	E	T	■	O	D	E	R	■	N
C	L	O	T	■	G	L	O	S	A	I	T
H	A	L	T	E	R	E	S	■	N	U	E
O	T	E	R	A	I	■	S	O	C	L	E
N	E	■	E	U	S	T	A	C	H	E	S

samedi 9 novembre

Saint Théodore

« Nos défauts sont parfois
les meilleurs adversaires
que nous opposions à nos vices. »
Marguerite Yourcenar

À FAIRE :

-
-
-
-
-
-
-
-
-

Sudokus

1	4		2	7				
5				8			3	4
7					9		5	2
2	9	5						6
	7		4		2		1	
8						9	2	3
6	3		7					9
4	8			5				1
				1	6		4	7

				3				4
		7	6				9	2
	6	9	4	2		5	7	
		6	1		4	2		
8	1	5				4	6	9
		4	8		5	1		
	9	3		4	6	7	8	
6	7				2	3		
4				8				

6	8	1		7		4	9	5
		2				1		
				9				
	4		5		7		6	
	7			6			1	
			3		2			
1		5				9		3
			6		4			
		8				5		

	1	7						9
						6	7	
	9		3		1			
9			8	5		4		
8		1		9				6
6			2	1		8		
	4		6		5			
						2	5	
	2	5						7

Solution au lundi 11 novembre

SOLUTION DU MERCREDI 6

■	M	■	D	■
A	U	B	E	S
■	T	A	R	A
L	E	T	A	L
■	R	I	P	E
P	A	R	E	E

■	N	■	C	■
Q	A	T	A	R
■	R	A	R	E
A	R	I	D	E
■	E	G	A	L
C	E	A	N	S

EN FORME

Le miel, l'atout antitoux

Ses bienfaits Une étude publiée dans *Pediatrics* en 2014 confirme que les antioxydants présents dans le miel aident à lutter contre les infections de la gorge. C'est vrai aussi de son taux élevé de sucre, qui engendre une hypersalivation, très utile pour apaiser le pharynx et le larynx et calmer ainsi la toux. C'est d'ailleurs un truc prisé par les chanteurs avant d'entrer en scène pour s'adoucir la gorge et s'éclaircir la voix.

Mode d'emploi Pour calmer une toux sèche, dite d'irritation, avalez 1 cuillerée à café de miel de thym, seule, mélangée à une boisson chaude ou à du jus de citron. La toux est un réflexe naturel de défense de l'organisme : elle permet de débarrasser les bronches des poussières ou autres impuretés produites par la pollution et de dégager les voies respiratoires. Lorsqu'elle persiste, elle peut devenir irritante, voire douloureuse. **I. H.**

« Ce grand ressort méconnu
de tant de conduites humaines,
le désœuvrement. »
Henry de Montherlant

EN CHANSON

1974 Dave « Du côté de chez Swann »

Fort du récent succès de *Vanina*, Dave est en 1974 le chanteur à midinettes par excellence. Abonné aux adaptations de standards américains, il veut cette fois présenter un inédit. Son compagnon et parolier, Patrick Loiseau, lui tend un texte qu'il vient d'écrire, *Du côté de chez Swann*. Si Dave a le goût de la littérature, il craint que son image ne soit guère compatible avec l'univers de Marcel Proust.

« Je trouvais ça ambitieux », se souvient Dave. Finalement, il se laisse convaincre et se met en quête d'une musique. De nombreuses propositions surgissent, dont l'air de *Faut pas pleurer comme ça*. Michel Cywie, compositeur pour Gérard Lenorman et Michel Delpech, décroche la timbale. « Michel me disait que cette musique avait cette même particularité que le *Milord* de Piaf, un joli couplet et une mélodie de refrain efficace », explique aujourd'hui le chanteur.

© Vim/ABACA

Durant l'été 1974, Dave présente sa trouvaille à Juan-les-Pins, lors de la convention annuelle de sa maison de disques. Il craint de dérouter son auditoire. Pourtant, il remporte tous les suffrages et les radios passent bientôt la chanson en boucle. Calogero l'a reprise à son tour sur scène, plus de 30 ans plus tard. **D. L.-H.**

« On oublie, hier est loin, si loin d'aujourd'hui / Mais il m'arrive souvent de rêver encore / À l'adolescent que je ne suis plus / On sourit en revoyant sur les photos jaunies / L'air un peu trop sûr de soi que l'on prend à 16 ans / Et que l'on fait de son mieux pour paraître plus vieux / J'irais bien refaire un tour du côté de chez Swann / Revoir mon premier amour qui m'a donné rendez-vous sous le chêne / Et se laissait embrasser sur la joue / Je ne voudrais pas refaire le chemin à l'envers / Et pourtant je paierais cher pour revivre un seul instant / Le temps du bonheur à l'ombre d'une fille en fleurs. »

Auteur: Patrick Loiseau. Compositeur: Michel Cywie.
Producteur: Jean-Jacques Souplet. Label: CBS Records.

À FAIRE:

-
-
-
-
-
-
-
-
-

SOLUTION DU VENDREDI 8

4 lettres: 1/ Laïc – 2/ Haie – 3/ Noué. **5 lettres:** 4/ Filin – 5/ Canne – 6/ Faute – 7/ Radio. **6 lettres:** 8/ Adulte – 9/ Rigide – 10/ Épicéa. **7 lettres:** 11/ Culotte – 12/ Adopter – 13/ Échouer – 14/ Ignoble.

lundi 11 novembre

Armistice 1918

Saint Martin

« À la Saint-Martin, l'hiver est en chemin, manchons aux bras et gants aux mains. »
Dicton

À FAIRE :

-
-
-
-
-
-
-
-

A TABLE

Poires rôties au miel, pistaches et raisins secs

Pour 4 personnes • 30 g de beurre • 1 citron • 60 g de miel liquide • 6 petites poires • 20 g de pistaches émondées non salées • 20 g de raisins blonds.

1. Faites préchauffer le four à 180 °C (th. 6), puis réchauffez le beurre avec le jus du citron et le miel dans une casserole.

2. Lavez les poires et coupez-les en deux, creusez-les pour ôter les trognons. Déposez-les ensuite dans un plat à gratin chemisé de papier sulfurisé.

3. Arrosez les fruits du mélange beurre-citron-miel. Enfournez votre préparation pendant 25 minutes.

4. Hachez grossièrement les pistaches. Mélangez-les avec les raisins. Parsemez-en le dessus des poires à la sortie du four. Arrosez les fruits cuits de jus de cuisson, servez aussitôt.

© Ploton/Photocuisine/Sucré Salé

Le + santé Le miel a beaucoup d'atouts : il est antioxydant, antibactérien, antiseptique et anti-inflammatoire. **M.-A. D.**

Tout compte fait

Dans chacune des trois lignes, placez les nombres 2 3 6 7 8 de façon à obtenir, en réalisant quatre opérations successives, le total indiqué.

	:		+		x		-		=	27
	x		:		+		-		=	21
	+		x		:		-		=	49

SOLUTION : 8 : 2 + 7 x 3 - 6 = 27 / 6 x 8 : 3 + 7 - 2 = 21 / 6 + 7 x 8 : 2 - 3 = 49.

SOLUTION DU SAMEDI 9

1	4	3	2	7	5	6	9	8
5	2	9	6	8	1	7	3	4
7	6	8	3	4	9	1	5	2
2	9	5	1	3	8	4	7	6
3	7	6	4	9	2	8	1	5
8	1	4	5	6	7	9	2	3
6	3	1	7	2	4	5	8	9
4	8	7	9	5	3	2	6	1
9	5	2	8	1	6	3	4	7

5	8	2	7	3	9	6	1	4
3	4	7	6	5	1	8	9	2
1	6	9	4	2	8	5	7	3
7	3	6	1	9	4	2	5	8
8	1	5	2	7	3	4	6	9
9	2	4	8	6	5	1	3	7
2	9	3	5	4	6	7	8	1
6	7	8	9	1	2	3	4	5
4	5	1	3	8	7	9	2	6

6	8	1	2	7	3	4	9	5
9	5	2	4	8	6	1	3	7
7	3	4	1	9	5	6	8	2
2	4	9	5	1	7	3	6	8
5	7	3	8	6	9	2	1	4
8	1	6	3	4	2	7	5	9
1	6	5	7	2	8	9	4	3
3	9	7	6	5	4	8	2	1
4	2	8	9	3	1	5	7	6

2	1	7	5	6	8	3	4	9
5	8	3	9	4	2	6	7	1
4	9	6	3	7	1	5	8	2
9	7	2	8	5	6	4	1	3
8	5	1	4	9	3	7	2	6
6	3	4	2	1	7	8	9	5
7	4	9	6	2	5	1	3	8
1	6	8	7	3	9	2	5	4
3	2	5	1	8	4	9	6	7

« Dans un voyage, le plus long est de franchir le seuil. »
Proverbe italien

AU JARDIN

Vibrants alstroemères

Ces vivaces robustes aux feuilles lancéolées fleurissent les massifs et jardinières de mai à octobre. Leurs fleurs tiennent très bien dans un vase. Les hybrides modernes se déclinent dans d'incroyables coloris et motifs. Parmi ces variétés, on aime « Spitre », rouge vif relevé de jaune, « Uranus », rose carmin, « Neptune », rose lilas, et « Douceur d'Automne », rouge clair à cœur jaune. Au printemps, traitez contre les limaces et paillez avant l'hiver en région froide. Veillez à ne pas blesser les racines cassantes en binant.
Où les planter À exposition chaude et baignée de soleil, dans le sol riche et bien drainé d'un massif ou d'une bordure, à l'abri des limaces.
Les bonnes compagnies Associez les alstroemères avec les bulbes de printemps comme la tulipe ou les narcisses ainsi que des plantes estivales tels le gaura, la verveine de Buenos Aires, l'agapanthe et la sauge.
Comment les multiplier Profitez des racines charnues qui aiment s'étendre pour prélever des rejets au printemps. **P.-Y. N.**

À FAIRE :

-
-
-
-

Petits fléchés

MISE À NIVEAU / SONT MIS EN BOÎTE
TENACE / SIMPLET, PAR EXEMPLE
ÉGAL / CRUS ET SALÉS
SON EFFET EST DANGEREUX
VIEILLIE EN BOULANGERIE / SINGE
DÉCORTIQUA
PARFUMER / HAUTE TENSION
LE MAUVAIS EST VITE PRIS
SYMBOLE DU CÉRIUM / ON S'EN BAT L'ŒIL
RACINE VOMITIVE / FLEURS JAUNES
S'EMPLOIE EN ÉCHAFAUDANT
CE QUI EST DERRIÈRE EST ÉLIMINÉ
HISTOIRE AVEC DES PIEDS

VARIÉTÉ DE CYPRÈS / GALON DE CAPORAL
FLAGORNÉE / MÉMOIRE DE PC
PETITE NATURE / ÉLÉMENT NÉGATIF
BOAS DE L'EAU
BONNE BERCEUSE / IL BALISE LE WEB
MANGANÈSE / SUSCITE L'INTÉRÊT
FAIRE DES CORNES
L'ARME À GAUCHE / FAISAIENT BOUILLIR
DEVANT CERTAINS PRÉNOMS ANGLAIS
FIN DE L'AIR / SORTIE D'ÂNE
IL OFFRE UN SPECTACLE MATINAL
DANS LES
ILS COÛTÈRENT CHER À ÉSAÜ

Solution au mercredi 13 novembre

mercredi 13 novembre

Saint Brice

« Nous sommes lents à croire
ce qui fait mal à croire. »
Ovide

À FAIRE :

-
-
-
-
-
-
-
-
-

EN FORME

Lumineuse camomille

© Victoria/stock.adobe.com

Apaisante, sédative, antispasmodique, anti-inflammatoire, elle soulage migraines, insomnies, anxiété et problèmes digestifs, dermatologiques et oculaires. Elle éclaire également les chevelures de beaux reflets dorés.

En compresse : pour soulager les irritations oculaires et dégonfler les poches sous les yeux. Faites bouillir 50 g de fleurs séchées dans 1 l d'eau. Laissez infuser pendant 15 minutes, filtrez et laissez refroidir. Appliquez les compresses imbibées sur les paupières pendant 10 minutes. Conservez la lotion au frais 3 jours maximum.

En infusion : contre l'insomnie, 3 c. à soupe de fleurs séchées dans 200 ml d'eau bouillie. Faites infuser 10 minutes en couvrant le récipient. Buvez 20 minutes avant le coucher.

En aromathérapie : pour calmer l'anxiété. Respirez 3 secondes au-dessus d'un flacon d'huile essentielle de camomille romaine. Évitez de consommer cette substance si vous prenez des médicaments anticoagulants.

En décoction : pour raviver la blondeur. Maintenez à ébullition 100 g de fleurs séchées dans 1 l d'eau, pendant 20 minutes. Ajoutez le jus d'un citron et filtrez. Laissez poser sur les cheveux 10 minutes après le shampoing, puis rincez. **F. O.**

Sudokus

	1	9	5	3				7
7				1	6	3		
	6					2	8	
5				2			3	6
6			7		3			
4				5			1	8
	5					4	6	
1				9	2	8		
	2	7	4	6				3

1		9						
			4	5			1	
							7	3
			3		2	1		
	3	6			7	2		
			6		4	8		
							4	5
			1	6			2	
2		7						

Solution au vendredi 15 novembre

SOLUTION DU MARDI 12

	F		O		U	
B	O	N	B	O	N	S
	R	A	S	S	I	E
I	M	I	T	E		R
	A	N	I	S	E	R
H	T		N		C	E
	I	P	E	C	A	
S	O	L	E	I	L	S
	N	I		L	A	I

	S		A		G	
S	A	R	D	I	N	E
	N	O	U	N	O	U
H	T	M	L		M	N
	O		E	P	E	E
P	L	I	E	R		C
	I	R		E	S	T
I	N	E	P	T	I	E
	E	S		E	R	S

« Brouillard en novembre,
l'hiver sera tendre. »
Dicton

Mots croisés

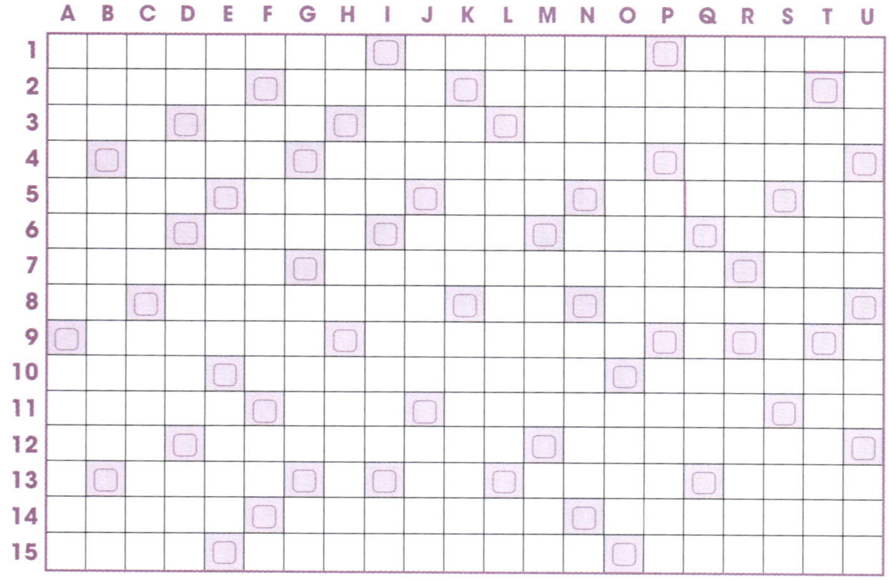

Solution au dimanche 17 novembre

Horizontalement
1. Écarte du droit chemin. Son sirop sent l'amande. Réveillait tout le quartier. **2.** Mince. Donne un bon éclairage par le toit. Enchevêtrant. **3.** Un des premiers cantons. Place. Il rejoint la Défense. Te mettras au lit (te). **4.** Connaît un succès... monstre. Qui ne passent pas inaperçus. Gagne à être connue quand elle est bonne. **5.** Coton. Classe. On ne saurait l'ajouter à des fadaises. Donne une bonne chaîne. A été bien gai. **6.** Reste baba d'étonnement. Ils parfument des salons. Heureux homme. Ville de Serbie. Ancienne monnaie chinoise. **7.** Plus unie. Elles peuvent être condamnées à vie. Adresse électronique. **8.** Indique que tout n'est pas dit. Unité avancée. Grand cycle. Coq de bruyère quand il est grand. **9.** Nettoyer un tissu. Sujets à traiter. **10.** Raymond point carré... Chausseurs travaillant le bois. Suit la piste comme un berger. **11.** Enlève la mise. Pièce de radoub. N'est jamais loin des gueulards. Article contracté qui vaut de l'or. **12.** Alla de l'avant. Hommes de clans. Coupant le faîte. **13.** Poisson dont on mange la queue. Le béryllium au labo. Empereur qui ne fait plus fureur. Sifflées. **14.** Garder en bouche. Une intruse. Bien eues. **15.** Langue celtique. Prendre pour raison. Motif ornemental.

Verticalement
A. Qui peut être formé. Prend sous sa responsabilité. **B.** Envoie des paquets non recommandés. Renouvelés. L'argon. **C.** Véhicules de guerre. Poète romantique allemand. **D.** Paresseux. Château de Normandie. Rivière de France. Monnaie nordique. **E.** Doses dont il faut se méfier. Subtil. Se fait en boudant. **F.** Sont peut-être trop attachés à la forme. Pour désigner. **G.** Se trouvait derrière un rideau. Deuxième degré de la gamme. Compagne de Chénier. Ça use les souliers. **H.** Interpellation. Peau qui coûte bonbon. Dite une nouvelle fois. **I.** Lac d'Amérique. Agents de la force. Livre de la Bible. **J.** Ne manquent pas de lyrisme. Narine de cétacé. Passage d'eau. **K.** Fonctionne avec cartouches. Qui n'exprime pas la vertu. **L.** Vieille Terre. Creux avec vase. Patron. **M.** Occupé. Plaça des manchettes. Socle pour un sportif. **N.** Connaissance. Œuvre dépouillée. Ouvertures de violon. **O.** Supports pour supporters. Elle est adulée. **P.** Pêché à la ligne. Parlait bien grec. Content de lui. **Q.** Cas de déclinaison. Instrument de chirurgie. Cité en ruines. **R.** Qui n'est pas encore sorti. Comme une bonne terre. **S.** Mange de la bûche avant Noël. Sans poli. Ce qu'on y porte est adoré. **T.** Ventilées. Point réussies. **U.** Nourriture du bétail. Rivière alsacienne. Donne carte blanche quand il est vert. Direction.

À FAIRE :

-
-
-
-
-
-
-
-

QUELLE HISTOIRE !

Dès 1893, une taxe annuelle de 10 francs fut mise en place pour tous les possesseurs de vélocipèdes, sommés de fixer sur leur vélo une plaque mentionnant son année de perception. Elle sera remplacée par un timbre fiscal à partir de 1943, directive supprimée en 1959.

M. Q.

vendredi 15 novembre

Saint Albert

« Un grand parleur est un homme sans fond. »
Proverbe français

À FAIRE :

•

•

•

•

•

•

•

•

•

•

SOLUTION DU MERCREDI 13

2	1	9	5	3	8	6	4	7
7	8	4	2	1	6	3	5	9
3	6	5	9	4	7	2	8	1
5	7	8	1	2	4	9	3	6
6	9	1	7	8	3	5	2	4
4	3	2	6	5	9	7	1	8
9	5	3	8	7	1	4	6	2
1	4	6	3	9	2	8	7	5
8	2	7	4	6	5	1	9	3

1	5	9	7	3	6	4	8	2
7	2	3	4	5	8	6	1	9
4	6	8	9	2	1	5	7	3
9	7	4	3	8	2	1	5	6
8	3	6	5	1	7	2	9	4
5	1	2	6	9	4	8	3	7
6	8	1	2	7	3	9	4	5
3	4	5	1	6	9	7	2	8
2	9	7	8	4	5	3	6	1

© Printemps/stock.adobe.com

À TABLE

Le topinambour

Quelle saveur ? Son goût sucré se rapproche de celui de l'artichaut.
Quels bienfaits ? Aussi énergisant que la pomme de terre, il est plus intéressant que cette dernière sur le plan nutritionnel, car il ne contient pas d'amidon, mais de l'inuline qui favorise le transit et, surtout, nourrit le microbiote intestinal. Son index glycémique bas en fait un aliment parfait pour les diabétiques et il est source de magnésium.
Quelle cuisson ? Du fait de sa forme biscornue, il est plus facile de le peler après l'avoir cuit, à la vapeur ou à l'eau bouillante durant environ 20 minutes. Vous pouvez ensuite le couper en rondelles pour le cuisiner en gratin ou le faire revenir avec des herbes et du citron (pour éviter l'oxydation). Délicieux en accompagnement d'une viande ou d'un poisson, il se déguste aussi tiède ou froid sur un lit de mâche, par exemple. **I. G.**

Dessiner de mémoire

Observez ces quatre formes pendant 30 secondes, puis cachez-les.

Redessinez les formes dans le bon ordre.

« Ceux qui essaient de mener le peuple ne peuvent le faire qu'en suivant la foule. »
Oscar Wilde

Mini-fléchés

Grille 1

IMBU DE SA PERSONNE / ARRIMER / POISSON MARIN / DOUZE ROMAIN / REVUE À LA CORRECTION / MEMBRE DE L'UE / PLANCTON / QUI MANQUE DE DYNAMISME / ARTICLE CONTRACTÉ

Grille 2

DISQUE / PRÉFÉRÉ ENCORE UNE FOIS / ONDULATION DU STADE / CANARD / ANCIENNE CAPITALE DU FRIOUL / DEMEURE MAROCAINE / TYPE DE TÉLÉ / AGRÉMENT POUR DE VIEUX PROVENÇAUX / BLUM OU ZITRONE / AGITE DOUCEMENT

Grille 3

ÉLÉMENT CHIMIQUE / REMIS ÇA / GRAND LECTEUR / DÉLICE BIGOUDEN / ESCLAVE MÉDIÉVALE / DEVENU CHAUVE / AMENER À SOI / RÉSINE FOSSILE DE CONIFÈRE / RAYONS MOINS FRÉQUENTS EN HIVER

Grille 4

TIRERA LE LAIT / PEAU DE SAC / AVANT, CELUI-CI / HOMME D'OREILLES / CARDINAL DE BRETAGNE / MOT DE BÉBÉ / DISTANCE EN MER / VERT À L'ACADÉMIE FRANÇAISE / LES JEUNES LES TROUVENT RINGARDS

Solution au lundi 18 novembre

À FAIRE :

•

•

•

•

•

•

•

•

QUELLE HISTOIRE !

Le pan-bagnat, casse-croûte du travailleur

En nissart (dialecte niçois), *pan-bagnat* signifie « pain mouillé » ou « pain baigné ». À l'origine, c'était un plat du pauvre, sans huile ni thon, réalisé pour ne pas gâcher le pain rassis. Imbibé d'eau, garni d'une tomate mûre écrasée et d'une purée d'anchois, il permettait de préparer à moindres frais un bon en-cas. Il s'est enrichi d'ingrédients locaux et bon marché, puis est devenu le réceptacle de la (vraie) salade niçoise, huile d'olive comprise. Selon les puristes, il ne doit jamais contenir de salade verte ou de concombre ! **M. Q.**

C'EST ARRIVÉ LE...

16 NOVEMBRE 1972

L'Unesco adopte la Convention du patrimoine culturel et naturel pour protéger les sites mondiaux « d'un intérêt exceptionnel » et « d'une valeur universelle ». À partir de 1978, chaque année, l'institution proclamera la liste des sites inscrits au patrimoine mondial. **F. M.**

dimanche 17 novembre

Sainte Élisabeth

« Le vin ne connaît pas les convenances. »
Proverbe français

À FAIRE :

•

•

•

•

•

•

•

•

•

© Raimund/stock.adobe.com

BALADE EN FRANCE

La basilique de Brioude, chef-d'œuvre roman

Les premières traces d'un édifice dédié à saint Julien à Brioude remontent au IVe siècle. Soldat romain converti au christianisme, il s'enfuit en 303 de Vienne pour échapper aux persécutions et rejoint l'Auvergne avant d'être arrêté à Brioude et décapité. Dès le VIe siècle, Grégoire de Tours évoque les pèlerinages qui honorent ce saint célébré pour avoir rendu la jeunesse à deux vieillards. Des fouilles récentes ont permis d'exhumer des bâtiments de cette époque.

Une nouvelle basilique est bâtie au XIIe siècle pour impressionner les visiteurs. Faite de basalte et de grès bicolore, elle s'avère d'autant plus colorée que des tuiles vernissées coiffent son clocher. Placée sous la responsabilité de chanoines issus de la meilleure noblesse, elle offre une profusion de décors, notamment 180 chapiteaux où se mêlent sirènes, chimères, dompteurs de singes et génies ailés. Les chanoines s'étaient fait bâtir de somptueux hôtels particuliers tout autour, provoquant l'indignation de la population. Le Doyenné témoigne de ce faste passé avec ses plafonds ornés d'animaux mythologiques. Réhabilité, il accueille de formidables expositions.

Pendant longtemps, la splendeur de cette église a pourtant été cachée. « Dans les années 1950, raconte Delphine, guide conférencière, les enduits ont été enlevés, découvrant des peintures. Puis, en installant du chauffage, la magnifique calade en galets de l'Allier a été remise au jour. D'un coup, cette église a été révélée. » Un concours international a été lancé pour l'éclairer. Les verrières conçues en 2008 par le père dominicain et maître verrier Kim En Joong diffusent une lumière chaleureuse. Il faut aussi se promener dans les ruelles à la recherche des châteaux urbains comme celui de Gueffier de Talairat, premier maire de Brioude, puis entrer dans l'hôtel de la dentelle pour ses collections, typiques du savoir-faire de la ville. **J.-P. R.**

SOLUTION DU JEUDI 14

E	M	B	A	R	D	E	E	■	O	R	G	E	A	T	■	D	I	A	N	E
D	E	L	I	E	■	S	H	E	D	■	E	M	M	E	L	A	N	T	■	R
U	R	I	■	M	E	T	■	R	E	R	■	P	I	E	U	T	E	R	A	S
C	■	N	E	S	S	■	V	I	S	I	B	L	E	S	■	I	D	E	E	■
A	R	D	U	■	T	R	I	E	■	F	O	I	■	H	I	F	I	■	R	I
B	E	E	■	T	H	E	S	■	E	L	U	■	N	I	S	■	T	A	E	L
L	I	S	S	E	E	■	O	U	V	E	R	T	U	R	E	S	■	M	E	L
E	T	■	A	N	T	E	N	N	E	■	B	I	■	T	E	T	R	A	S	■
■	E	N	O	U	E	R	■	I	N	V	I	T	E	S	■	Y	■	T	■	F
A	R	O	N	■	S	A	B	O	T	I	E	R	S	■	F	L	A	I	R	E
D	E	V	E	T	■	T	I	N	■	C	R	A	S	S	I	E	R	■	A	U
O	S	A	■	E	C	O	S	S	A	I	S	■	E	T	E	T	A	N	T	■
P	■	L	O	T	E	■	S	■	B	E	■	T	S	A	R	■	B	U	E	S
T	A	I	R	E	■	G	E	N	E	U	S	E	■	R	O	U	L	E	E	S
E	R	S	E	■	P	R	E	T	E	X	T	E	R	■	T	R	E	S	S	E

Sainte Aude

lundi 18 novembre

« Quand le loup est pris,
tous les chiens lui lardent les fesses. »
Proverbe français

Mots codés

Dans la grille ci-dessous, les lettres ont été remplacées par des nombres, un même nombre représentant toujours la même lettre. Pour commencer le jeu, utilisez les lettres du mot dont le code est déjà indiqué. Les cases ci-dessous servent d'aide-mémoire ; vous pouvez y inscrire les lettres au fur et à mesure que vous les trouvez.

1 S	2 U	3 P	4 O	5 R	6 T	7	8	9	10	11	12	13
14	15	16	17	18	19	20	21	22	23	24	25	26

1 S	2 U	3 P	3 P	4 O	5 R	6 T	■	18	16	8	4	5	16	17	12	7
4	■	4	■	5	■	5	■	9	■	9	■	7	■	4	■	22
11	4	2	5	16	20	7	2	19	■	5	16	23	7	2	21	9
10	■	■	■	12	■	8	■	16	■	7	■	7	■	12	■	21
2	13	2	12	7	12	7	■	6	5	7	21	6	9	7	22	7
7	■	21	■	22	■	■	■	7	■	■	■	4	■	8	■	21
6	4	9	12	7	■	14	4	2	15	7	■	21	7	16	21	6
6	■	■	■	21	■	9	■	5	■	17	■	■	■	5	■	■
7	20	24	3	6	9	7	21	■	12	7	15	16	5	14	7	5
■	■	4	■	■	■	1	■	10	■	21	■	21	■	■	■	16
3	7	5	6	7	■	7	6	2	14	7	■	6	4	16	1	6
16	■	13	■	8	■	■	■	7	■	■	■	7	■	3	■	16
3	4	1	6	9	12	12	4	21	■	26	16	5	5	16	21	6
24	■	25	■	14	■	24	■	7	■	9	■	9	■	21	■	9
5	16	9	14	7	2	5	■	12	7	21	14	7	22	16	9	21
2	■	5	■	21	■	9	■	12	■	11	■	2	■	20	■	7
1	3	7	11	6	16	11	12	7	■	25	2	5	12	7	2	5

Solution au mercredi 20 novembre

À FAIRE :

•

•

•

•

•

•

•

C'EST ARRIVÉ LE…

18 NOVEMBRE 1307

Guillaume Tell, un badaud qui avait refusé de s'incliner devant le pouvoir du représentant du Saint Empire romain germanique, est condamné à tirer un carreau d'arbalète dans une pomme perchée sur la tête de son fils. Contre toute attente, la flèche atteint sa cible. Guillaume Tell finira par tuer le perfide officier impérial. Un mythe est né. **S. P.**

SOLUTION DU SAMEDI 16

■	F	■	M	■
F	I	X	E	R
■	E	I	R	E
K	R	I	L	L
■	O	■	A	U
A	T	O	N	E

■	C	■	O	■
R	E	E	L	U
■	R	I	A	D
L	C	D	■	I
■	L	E	O	N
B	E	R	C	E

■	C	■	L	■
R	E	F	I	S
■	R	A	S	E
T	I	R	E	R
■	U	■	U	V
A	M	B	R	E

■	T	■	I	■
C	R	O	C	O
■	A	R	E	U
M	I	L	L	E
■	R	■	U	S
H	A	B	I	T

mardi 19 novembre

Saint Tanguy

« À la Saint-Tanguy, le temps est toujours gris. »
Dicton

À FAIRE :

•

•

•

•

•

•

•

A TABLE

Fagots de haricots verts au beurre noisette et pignons

Pour 4 personnes • 250 g de haricots verts surgelés • 50 g de pignons de pin • 25 g de beurre • 3 c. à soupe de vinaigre de cidre • sel, poivre du moulin • 6 fines tranches de prosciutto • 6 brins de cerfeuil.

1. Plongez les haricots verts dans une casserole d'eau bouillante salée. Égouttez-les après 10 minutes de cuisson.

2. Faites griller les pignons à sec dans une petite poêle sur feu doux. Faites fondre le beurre dans une casserole sur feu vif, jusqu'à ce qu'il prenne une teinte dorée et une odeur de noisette. Retirez du feu, puis fouettez dans un bol avec le vinaigre, les pignons, du sel et du poivre.

3. Formez des fagots avec les haricots verts, enroulez-les dans une tranche de prosciutto.

4. Nappez les fagots de beurre et parsemez d'épluchures de cerfeuil.

© Ploton/Photocuisine

Info + Remplacez le prosciutto par des lamelles de courgettes marinées. M.-A. D.

Super croisés

	A	B	C	D	E	F	G	H	I	J	K	L
1												
2									■			
3						■						
4					■						■	
5				■				■				
6			■						■			
7								■				
8							■					

Horizontalement

1. Lieux de quartiers restaurés. **2.** Kiribatien ou Salomonais, entre autres. République qui n'a vécu que quelques années. **3.** Crie en faisant un effet bœuf. On en sort grandi. **4.** Cartes sur table. Pierre du souvenir. **5.** Fait d'arme. Crème anglaise. Amener à la réforme. **6.** Hic. Compagnon de marche. On a beaucoup tiré de son sol. **7.** L'homme de Florence. Patrie de philosophes. **8.** Portées vers un idéal. Famille d'artistes de cirque.

Verticalement

A. Nombreux sont ceux qui le quittent après avoir pris des coups. **B.** S'intéresse à ce que l'on a en vue. **C.** Assurer une conduite. Petite avenue. **D.** Ciel de lit. Oseille ou radis. **E.** Pigeonnent. Est utile à celui qui fait un travail d'orfèvre. **F.** Conjonction. Ils reçoivent de nombreuses visites. **G.** À l'intérieur d'un noyau. **H.** Pose un bouton. **I.** Conduit à la victoire. Erbium. **J.** En train de flotter. **K.** Elle peut rester en carafe. Doublées. **L.** Murmurés doucement.

Solution au jeudi 21 novembre

« De fortune et de santé il ne faut jamais se vanter. »
Proverbe italien

AU JARDIN

Misez sur les feuillages démesurés

© Pierre Yves Nedelec

Pièces maîtresses du décor, les feuillages XXL imposent leur style, notamment ceux du palmier. Les feuilles persistantes en éventail du rustique palmier de Chine peuvent dépasser 1 m de large. D'un vert plus tendre, les feuilles du bananier du Japon se déploient sur 4 à 5 m de haut. Idéal pour procurer de l'ombre aux plantes basses ! Cette variété doit être cultivée à l'abri du vent, qui déchire ses feuillages.
Venue du Brésil, la rhubarbe géante ou *Gunnera* en impose, avec ses feuilles de 2 m de diamètre portées par des pétioles épineux de 2 à 3 m de long. Cette vivace aime les sols riches et humides. L'hiver, vous devrez mettre son énorme rhizome à l'abri du froid avec un tapis de feuilles mortes.
Vous aimerez aussi l'élégant *Tetrapanax* de Chine pour ses grandes feuilles. L'arbuste de 3 m de haut se propage par ses rhizomes souterrains. Unique en son genre, la fougère arborescente de Tasmanie a des frondes très découpées de plus de 2 m de long. Elle réclame une forte hygrométrie et un brumisateur installé au sommet de son stipe (le tronc). **P.-Y. N.**

Mini-fléchés

TRANCHA DANS LE VIF / UN PARMI CINQ		BIEN ATTRAPÉE / GRANDES AIGUILLES		SYMBOLE D'UN GAZ RARE
RIVIÈRE / VOILIER DE RÉGATES				
				VITESSE
VIRAGE / ELLES VAGISSENT				

PAS BOULOT NI RAMASSÉ / S'ÉCOULER		ANCIENNE COIFFURE FÉMININE / FUSION		ELLE ÉTAIT PETITE SUR LA ROUTE
MÈRE DE MARIE / AFFLUENT DU MARONI				
POINT DE COLLE / GRANDE PLUME				

Solution au samedi 23 novembre

À FAIRE :

•
•
•
•
•
•
•
•
•
•
•

SOLUTION DU LUNDI 18

1	2	3	4	5	6	7	8	9	10	11	12	13
S	U	P	O	R	T	E	V	I	Q	C	L	K
14	15	16	17	18	19	20	21	22	23	24	25	26
D	Z	A	B	F	X	G	N	M	J	Y	H	W

jeudi 21 novembre

Présentation de Marie au temple

« Mourir en laissant une œuvre,
ce n'est plus mourir autant. »
Roger Martin du Gard

À FAIRE :

•

•

•

•

•

•

•

•

•

EN FORME

Éviter les chutes

© Lordn/stock.adobe.com

Restez actif! Pratiqués régulièrement, les exercices d'équilibre, de musculation et d'endurance s'avèrent très efficaces.

Vue et audition sous contrôle Les lunettes et les aides auditives diminuent les risques de chute. Une bonne vision est essentielle pour savoir où vous mettez les pieds. Et une audition en baisse vous oblige à vous concentrer pour entendre, ce qui limite l'attention sur la marche.

Prudence avec les médicaments ! Ce sont eux qui perturbent le plus l'équilibre, surtout la nuit. C'est le cas notamment des décontractants musculaires, des diurétiques et des antihypertenseurs.

Être bien chaussé Le pied doit être maintenu à l'avant comme à l'arrière, avec un large talon de 2 à 3 cm.

Choisissez des appuis bien stables et installez des rampes dans les escaliers, y compris pour quelques marches.

Ajoutez des lampes dans les couloirs, les escaliers, les abords de votre lit, les allées du jardin...

Ni tapis ni fils dans le passage Fixez les tapis au sol ou enlevez-les. Supprimez les fils électriques ou de téléphone qui traînent. Équipez-vous de tapis antidérapants à l'extérieur et à l'intérieur de la baignoire ou de la douche, voire d'une planche de bain pour vous permettant d'entrer dans la baignoire en position assise.

Placez à portée de main les objets dont vous vous servez souvent, et réservez les placards pour ceux dont vous vous servez rarement. C. R.-N.

Mots à mot

En regroupant et en mélangeant les lettres des deux mots de quatre lettres proposés, composez un troisième mot de huit lettres.

INDU + GAGE = G _ _ _ _ _ _ _

VEAU + RING = _ _ _ I _ _ _ _

GENT + NAIF = _ _ _ _ _ _ N _

SOLUTION : Guindage – Naviguer – Feignant.

SOLUTION DU MARDI 19

C	O	R	D	O	N	N	E	R	I	E	S
O	C	E	A	N	I	E	N	■	R	A	U
M	U	G	I	T	■	U	T	E	R	U	S
P	L	I	S	■	S	T	E	L	E	■	U
T	I	R	■	S	I	R	■	U	S	E	R
O	S	■	B	A	T	O	N	■	O	U	R
I	T	A	L	I	E	N	■	E	L	E	E
R	E	V	E	E	S	■	G	R	U	S	S

Sainte Cécile

« À la Sainte-Cécile, si on plante des pois, ils viennent comme des mâts. »
Dicton

Mots mélangés

Tous les mots de la liste figurent dans cette grille et peuvent se lire dans toutes les directions. Chaque lettre peut être utilisée une ou plusieurs fois, sauf celles formant l'énigme répondant à la définition suivante : carré, fichu.

AMNISTIÉ
ARSENIC
AUNAIE
BRUITAGE
CAILLOU
CATALPA
CINTRER
CLIENT
ÉBÈNE
ÉGLEFIN
EMPLETTES
ÉPIER
FACTORIEL
FAISAN
FANTASIA
FILIALE
FOULÉE
FRISOTTIS
GOURDIN
GYROSCOPE
HIDALGO
HORLOGE
ILLÉGAL
IRRÉELLE
LAMBOURDE
MEILLEUR
MENOTTE
MONACO
NARQUOIS
NÉFASTE
OMISSION
PHOTOGRAPHIE
POÉSIE
RADINE
RÂLER
RÉFORMETTE
SECTAIRE
SÉISME
SIRUPEUX
SOULAGER
STRATÈGE
TAPAGE
TARTARE
TEE-SHIRT
TEIGNEUSE
TIROIR
TOILETTE
TOTAL
TRICHE
VINAIGRETTE
XÉRUS

E	D	R	U	O	B	M	A	L	N	A	S	I	A	F
O	C	A	N	O	M	S	E	T	T	E	L	P	M	E
L	A	G	E	L	L	I	R	E	G	A	L	U	O	S
E	N	I	D	A	R	L	S	T	R	A	T	E	G	E
F	R	I	S	O	T	T	I	S	T	N	E	I	L	C
T	A	R	T	A	R	E	E	A	I	R	V	A	A	T
R	P	C	E	O	T	N	C	F	C	O	I	M	D	A
E	A	H	P	T	I	N	E	E	F	L	N	C	I	I
F	T	O	O	C	E	L	A	N	I	I	A	C	H	R
O	E	N	C	T	G	U	E	F	S	E	I	S	M	E
R	E	I	S	E	O	P	L	T	L	N	G	I	E	B
M	S	D	O	I	L	G	I	A	T	I	R	O	I	R
E	H	R	R	G	R	E	R	R	T	E	E	U	L	U
T	I	U	Y	N	O	U	E	A	E	O	T	Q	L	I
T	R	O	G	E	H	R	P	L	P	B	T	R	E	T
E	T	G	A	U	N	A	I	E	U	H	E	A	U	A
X	E	R	U	S	G	A	E	R	U	O	I	N	R	G
R	E	L	L	E	E	R	R	I	D	X	F	E	E	E

SOLUTION : Foulard.

À FAIRE :

•

•

•

•

•

•

•

•

NOS EXPRESSIONS

C'EST CLOCHEMERLE ICI !

Nom d'un village imaginaire du Beaujolais, Clochemerle est aussi le titre d'un roman éponyme signé par Gabriel Chevallier et paru en 1934, relatant les luttes burlesques entre Clochemerlins à propos de tout et de rien. Le roman traduit en 26 langues, adapté sur petit et grand écran, rencontra un tel succès que lorsque des voisins se chamaillent pour des peccadilles, le quartier est encore qualifié de Clochemerle. À la parution de l'ouvrage, loin de s'offusquer de cette satire villageoise, plusieurs communes ont même revendiqué avoir servi de modèle à l'auteur. Mais c'est à Vaux-en-Beaujolais, entre Lyon et Mâcon, que Gabriel Chevallier inaugura en 1956 une rue à son nom et où siège une *Auberge de Clochemerle*… **M. O.**

C'EST ARRIVÉ LE…

22 NOVEMBRE 1972

Le comédien Raymond Souplex meurt à 71 ans. Depuis 1958, il incarnait avec succès le commissaire Bourrel, héros moustachu de la première série TV policière française *Les Cinq Dernières Minutes*, ponctuée de son célèbre « Bon Dieu ! Mais c'est bien sûr ! » **F. M.**

samedi 23 novembre

Saint Clément

« Quand l'hiver vient doucement,
il est là à la Saint-Clément. »
Dicton

À FAIRE :

Sudokus

3						5	7	
	6	1		4				
2			9	1				
	2				4	1		
	4				6	9		5
	7				5	8		
6			2	5				
	8	2		6				
5						6	8	

					6			5
8		5						
					3	2		6
				6			1	3
	8		1	2	4		5	
9	7			8				
5		4	9					
						3		9
2			4					

			6	7	3			
4					1			
1	2						7	
		5			9	3		
			5	1	4			
		6	2			1		
	3						4	7
			8					9
			3	5	7			

	5			4			7	
	6						2	
		8	9	2	7	1		
3		2				6		5
				1				
		4	6		2	7		
			7		8			
1		9				3		2

Solution au lundi 25 novembre

EN FORME

AVC : les 6 signes qui doivent vous alerter

En cas d'apparition brutale d'un de ces 6 signes, il faut agir vite :

- un engourdissement du visage vous empêchant de sourire ;
- une perte de force ou l'engourdissement d'un bras ou d'une jambe ;
- un trouble de la parole, des difficultés à parler ou à répéter une phrase ;
- la perte soudaine de la vision d'un œil ou d'une partie du champ visuel ;
- un trouble de l'équilibre et de la marche ;
- un mal de tête violent.

« Même si ces signes disparaissent aussi vite qu'ils sont apparus, ils signalent un obstacle à la circulation du sang dans le cerveau avec un risque élevé d'AVC dans les heures ou les jours qui suivent. Contactez rapidement les urgences », recommande le Pr Mikael Mazighi. I. H.

SOLUTION DU MERCREDI 20

■	I	■	B	■
I	N	D	E	X
■	C	E	R	E
F	I	N	N	■
■	S	T	E	M
H	A	S	E	S

■	E	■	H	■
F	L	U	E	R
■	A	N	N	E
I	N	I	N	I
■	C	O	I	N
P	E	N	N	E

Sainte Flora

« Les grandes pensées viennent du cœur. »
Vauvenargues

© Photo Bretrand/Cogolin Pipes

QUELLE HISTOIRE !

Courrieu, sacré nom d'une pipe

C'est à Cogolin que, dans les premières années du XIXe siècle, un agriculteur du nom d'Ulysse Courrieu fabrique ses premières pipes en bruyère. L'homme en offre à ses amis, qui en parlent à leur entourage. Bientôt, l'Empereur en entend parler et commande des pipes pour ses grognards. Aujourd'hui, René et sa femme Rosaline représentent la dixième génération de ces maîtres pipiers. Épaulé par leur fils Thierry et quatre autres artisans, Thierry réalise les pipes de A à Z. Sa matière première, il la trouve à quelques kilomètres de là, dans le massif des Maures.

Dans une racine de 20 kg, le maître pipier peut fabriquer jusqu'à quatre pipes. Il commence donc par tailler 4 ébauches dans chacune de ces racines, puis il les fait bouillir pendant une dizaine d'heures pour enlever la sève. Ensuite, elles sèchent à l'air libre entre 3 à 5 ans. « Quand le bois est très sec, poursuit René, nous tournons les pipes en commençant par le foyer, puis par la tige. Après, nous fraisons pour arrondir le foyer. Ensuite, nous perçons pour monter le tuyau en ébonite, un matériau dur qui résulte de la vulcanisation du caoutchouc. Le travail de finition commence alors, avec un polissage au papier de verre très fin suivi par un ponçage et un lustrage avec de la cire d'abeille. » Fin prête, la pipe peut alors être gravée et marquée du coq qui est l'emblème de l'entreprise.

Il y a bien sûr des modèles classiques de pipes, mais on en trouve des plus fines pour les dames. Il y a aussi celles sculptées à l'effigie de Sherlock Holmes, du commissaire Maigret ou d'Emmanuel Macron, mais les meilleures ventes demeurent les pipes qui représentent Napoléon et De Gaulle. « Michel Galabru, Louis de Funès, Georges Simenon, Charles Aznavour, Raymond Devos, Pierre Sabbagh, Bernard Blier, nous avons toujours eu une grosse clientèle d'artistes, d'écrivains et de scénaristes, raconte René. Nous avons un joli métier, mais aussi une clientèle en or. » **J.-P. R.**

À FAIRE :

-
-
-
-
-
-
-
-
-
-

Clin d'œil

Morgane, 4 ans, voit sa grand-mère ratisser les feuilles, et s'écrie : « Moi aussi je veux rater, Mamie ! »

lundi 25 novembre

Sainte Catherine

« Un état bien dangereux :
croire comprendre. »
Paul Valéry

À FAIRE :

-
-
-
-
-
-
-
-

SOLUTION DU SAMEDI 23

3	9	4	6	8	2	5	7	1
7	6	1	5	4	3	2	9	8
2	5	8	9	1	7	4	3	6
8	2	5	3	9	4	1	6	7
1	4	3	8	7	6	9	2	5
9	7	6	1	2	5	8	4	3
6	3	9	2	5	8	7	1	4
4	8	2	7	6	1	3	5	9
5	1	7	4	3	9	6	8	2

3	2	7	8	4	6	1	9	5
8	6	5	2	9	1	7	3	4
1	4	9	5	7	3	2	8	6
4	5	2	7	6	9	8	1	3
6	8	3	1	2	4	9	5	7
9	7	1	3	8	5	4	6	2
5	3	4	9	1	7	6	2	8
7	1	8	6	5	2	3	4	9
2	9	6	4	3	8	5	7	1

9	5	8	6	7	3	4	2	1
4	6	7	9	2	1	8	5	3
1	2	3	4	8	5	9	7	6
2	1	5	7	6	9	3	8	4
3	8	9	5	1	4	7	6	2
7	4	6	2	3	8	1	9	5
8	3	2	1	9	6	5	4	7
5	7	1	8	4	2	6	3	9
6	9	4	3	5	7	2	1	8

2	5	1	8	4	6	9	7	3
9	6	7	1	5	3	8	2	4
4	3	8	9	2	7	1	5	6
3	8	2	4	7	9	6	1	5
7	9	6	3	1	5	2	4	8
5	1	4	6	8	2	7	3	9
8	4	3	2	9	1	5	6	7
6	2	5	7	3	8	4	9	1
1	7	9	5	6	4	3	8	2

NOS EXPRESSIONS

FAIRE LONG FEU…

Pour remporter le championnat de France des fumeurs de pipe, c'est très simple : il faut faire durer ses 3 grammes de tabac le plus longtemps possible sans rallumer sa bouffarde ! Et les règles sont strictes : le participant dispose de 5 minutes pour bourrer sa pipe, puis de deux allumettes et de 2 minutes pour l'allumer. Dès que les premières volutes s'échappent, c'est parti ! Si vous souhaitez vous entraîner, sachez que le record du monde est détenu par un Italien en 3 heures, 33 minutes et 38 secondes ! **J.-P. R.**

Sainte Delphine

« Voici des fruits, des fleurs, des feuilles et des branches et puis voici mon cœur, qui ne bat que pour vous. »
Verlaine

A TABLE

Salade aux trois légumineuses marinées

Pour 6 personnes • 150 g de haricots cocos blancs secs • 150 g de haricots rouges secs • 150 g de pois chiches secs • 1 bouquet garni • 1 oignon rouge • 2 petites branches de céleri • 6 cornichons • 6 mini-épis de maïs (en bocaux) • 1 petit bouquet d'herbes fraîches (basilic, coriandre, persil) • 6 c. à soupe d'huile d'olive • 1 citron bio • Sel, poivre.

1. La veille, faites tremper les haricots et les pois chiches dans un grand saladier d'eau froide.

2. Égouttez les légumes secs et mettez-les dans une cocotte. Ajoutez le bouquet garni, couvrez largement d'eau froide. Portez à ébullition et faites cuire de 40 à 45 minutes. Salez en fin de cuisson. Égouttez et laissez refroidir.

3. Pelez et hachez l'oignon. Effilez et hachez le céleri. Égouttez les cornichons et les épis de maïs, puis coupez-les en rondelles. Effeuillez et ciselez les herbes.

4. Dans un grand saladier, mélangez l'huile avec le jus du citron, salez, poivrez. Ajoutez les légumes secs, l'oignon, le céleri, les cornichons, le maïs et les herbes. Mélangez et laissez mariner au moins 1 heure au frais avant de déguster la salade.

© Lawton/Photocuisine/Sucré salé

Info + Ajoutez des petits dés de feta à l'huile d'olive et au citron à votre salade. Dans ce cas, inutile de saler la vinaigrette. M.-A. D.

À FAIRE :

•

•

•

•

•

•

•

•

•

Le bon signe

Entre chaque nombre, placez l'un des quatre signes + x : et - afin d'obtenir le total indiqué. Chaque signe n'apparaît qu'une seule fois par opération.

10	3	5	6	4	=	18
3	4	6	9	8	=	3
9	4	8	10	7	=	11

SOLUTION : 10 - 3 + 5 x 6 : 4 = 18 / 3 x 4 : 6 + 9 - 8 = 3 / 9 - 4 x 8 : 10 + 7 = 11.

C'EST ARRIVÉ LE...

26 NOVEMBRE 1755

Stanislas, duc de Lorraine, inaugure la place Royale de Nancy qui prendra son nom dès 1831. Cette grande et belle place de 106 sur 124 m a été voulue par le duc pour honorer son gendre, Louis XV. S. P.

mercredi 27 novembre

Saint Séverin

« Quand en novembre la pluie noie la terre, ce sera du bien pour tout l'hiver. »
Dicton

À FAIRE :

-
-
-
-

A TABLE

Le crosne

© Joanna wnuk/stock.adobe.com

Quelle saveur ? Ce tubercule a un goût fin, légèrement sucré. Pour qu'il vous révèle toute sa saveur, il faut le choisir ferme et clair.
Quels bienfaits ? Riches en glucides à index glycémique bas, les crosnes apportent de l'énergie sans affoler votre balance ! Bien pourvus en protéines végétales, ils procurent un effet de satiété. Leurs fibres stimulent le transit et participent à la prévention des maladies cardiovasculaires en régulant la glycémie et le cholestérol. Leur teneur en calcium et en phosphore est un atout pour la reminéralisation des os.
Quelle cuisson ? Brossez le crosne pour éliminer la terre et la peau sèche. Plongez-le 5 minutes dans de l'eau bouillante, avec un peu de citron pour éviter l'oxydation. Faites-le revenir dans de l'huile d'olive, avec de l'ail et du persil. Le crosne est idéal pour accompagner une viande ou un poisson. **I. G.**

Petits fléchés

TRAVAIL AU BLOC / ON Y DORT
LARGEMENT / RELATION INTIME
SUPPLIÉS / IL ROULE SUR LA PELOUSE
QUI SONT SANS DEMEURE
CINQ OU SEPT / CUIRE À LA BRAISE
PUBLICITÉ
PRÉNOM FÉMININ / VILLE D'ALGÉRIE
INTERJECTION DOULOUREUSE
PIERRE ROUGE / PLAT DE PROVENCE
C'EST-À-DIRE EN PLUS COURT
PÉNÈTRES DANS UNE PIÈCE

PARLER, PARLER / CELLULE DE CIRE
TRANQUILLITÉS / EXISTE
DÉCHIRURE / HANTE L'ESPRIT
DÉTACHÉES DES GRAPPES
PARECHOC / ARRIVER À AVOIR
MONSIEUR, EN INDE
UN GRAND NOMBRE
S'EXPRIME COMME UN PORTEUR DE BOIS
DÉVOILÉE, DIVULGUÉE
BAGNOLE / SIX À OSTIE
COUPS DE VENT

Solution au vendredi 29 novembre

« Il faut faire vite ce qui ne presse pas pour pouvoir faire lentement ce qui presse. »
Proverbe chinois

La ronde des mots

Trouvez dix-neuf mots et notez chacun d'eux dans le sens des aiguilles d'une montre autour de la case de définition correspondante.
La première lettre de chaque mot est indiquée par le triangle noir.
Le premier mot est donné en exemple.

Solution au samedi 30 novembre

À FAIRE :

•

•

•

•

•

•

•

•

•

NOS EXPRESSIONS

Allô, allô ?

Exclusivement destiné à engager une conversation téléphonique, ce mot de quatre lettres résonne dans nos combinés depuis 1879 et l'installation du premier central téléphonique à Paris. Contrairement aux apparences, « allô » ne serait pas une simple déformation de *hello* (« bonjour » en anglais), mais découlerait de *halloo*, une interjection anglo-normande utilisée à partir du XIe siècle pour attirer l'attention à distance, comme une sorte de cri de ralliement. Devenu « hallo », puis « allô », avec ou sans accent, *halloo* était lui-même issu du verbe *halloer*, signifiant « poursuivre en criant »... Voilà qui pourrait expliquer pourquoi certains « allô » sont si tonitruants ! **M. Q.**

Vite, une astuce !

Si vous faites les courses avec l'estomac dans les talons, vous serez attiré par les produits transformés, à la fois chers au kilo et d'une qualité nutritive faible, surtout les apéritifs ou les desserts. Certains ne vous font envie que parce que vous avez faim !

vendredi 29 novembre

Saint Saturnin

« Le travail est l'opium du peuple…
Je ne veux pas mourir drogué ! »
Boris Vian

À FAIRE :

•

•

•

•

•

•

•

•

•

EN FORME

Genou : je protège mon articulation

© Seventyfour/stock.adobe.com

Bougez régulièrement, autant que possible. L'activité physique entretient la mobilité, la tonicité des muscles qui entourent l'articulation et stimule les cellules du cartilage, indispensables à son renouvellement. Cyclisme, natation, danse, musculation, course à pied… aucun sport n'est interdit. Autre avantage à bouger : cela favorise la perte de poids, le surpoid étant un facteur aggravant de l'arthrose.

Revoir le contenu de votre assiette : privilégiez les légumes, les céréales complètes, les fruits, les viandes maigres (viandes blanches…), limitez les aliments gras tels les plats en sauce, fritures, charcuteries et viandes rouges, restez raisonnable dans les portions de fromage et les pâtisseries. Certains aliments peuvent aider à préserver la qualité du cartilage par leur richesse en cuivre, comme les fruits de mer, les noix et les graines. Les poissons gras (saumon, thon, sardine, maquereau), les noix et les huiles de lin et de colza apportent en plus des oméga 3 (acides gras aux propriétés anti-inflammatoires). **I. H.**

Vite, une astuce !

Désinfectants antimoisissures faits maison

Au thym Portez ½ l d'eau à ébullition dans une petite casserole. Plongez-y 5 ou 6 brins de thym frais. Laissez infuser une demi-heure hors du feu. Filtrez l'infusion et versez-la dans un vaporisateur. Ajoutez 60 g de bicarbonate de soude et secouez vigoureusement le mélange. À vaporiser sur la surface à traiter avant de nettoyer à l'éponge. Le thym frais peut aisément être remplacé par 10 gouttes d'huile essentielle de thym, inutile alors de chauffer la préparation.

Au pin Mélangez ½ l d'eau, 2 c. à café de bicarbonate de soude, 8 gouttes d'HE de pin et 4 gouttes d'HE de cèdre dans un vaporisateur et secouez avant l'emploi.

SOLUTION DU MERCREDI 27

■	C	■	A	■	P	■
C	H	A	M	B	R	E
■	I	M	P	A	I	R
G	R	I	L	L	E	R
■	U	■	E	L	S	A
P	R	O	M	O	■	N
■	G	R	E	N	A	T
T	I	A	N	■	I	E
■	E	N	T	R	E	S

■	B	■	S	■	P	■
A	L	V	E	O	L	E
■	A	I	R	B	A	G
O	B	T	E	N	I	R
■	L	■	N	U	E	E
S	A	H	I	B	■	N
■	T	■	T	I	R	E
R	E	V	E	L	E	E
■	R	I	S	E	E	S

« La musique est peut-être l'exemple unique de ce qu'aurait pu être la communication des âmes. »
Marcel Proust

Mini-fléchés

Grille 1

IL MANGE LE SOIR / TAPIS D'ORIENT / FLEUR MEXICAINE / MATIÈRE DOUCE / POINT BRILLANTES / BELLE FILLE / PLEURNICHE / ASSEMBLÉE / DONNAS VIE

Grille 2

PÈRE OU MÈRE / UNITÉS D'AMPOULE / APPORTE DE L'AIR AU FEU / PESAI / DONNER DU GOÛT AU METS / LOUPA / DANGER / FAMILIÈREMENT TRÈS FATIGUÉ / CANAL

Grille 3

MIMER BÊTEMENT / MESURES DE POIDS / COMME UN ÉTÉ PLUVIEUX / RÈGLE / ON S'Y MET POUR S'ASSEOIR / CONTRACTÉ PAR L'ÉMOTION / OPÉRERA / SE RENDRAIT / GRANDE VOIE DE CIRCULATION

Grille 4

CAPITALE ALBANAISE / ÔTA LA MOUSSE / VIDÉE DE SON EAU / PARTISAN D'UNE ANCIENNE HÉRÉSIE / SE CHASSE EN TOUTES SAISONS / CEPENDANT / BAS DE CARTE / ESSAIM / DOUBLÉ EN ALLEMAGNE

Solution au lundi 2 décembre

À FAIRE :

•
•
•
•
•
•
•
•
•

QUELLE HISTOIRE !

« C'est moi qui suis Colargol… »

La deuxième chaîne de l'ORTF diffuse à partir de novembre une série d'animation pour les enfants, baptisée *Les Aventures de Colargol*. Ce programme de 53 épisodes met en scène un ourson qui rêve de chanter mais se trouve incapable d'émettre des sons mélodieux… Heureusement, il est adorable et immédiatement adopté ! Les jeunes spectateurs d'alors ont longtemps fredonné la chanson du générique, composée par Mireille : « C'est moi qui suis Colargol, l'ours qui chante en *fa* et en *sol* ». F.M.

SOLUTION DU JEUDI 28

Ligne 1: webcam, trombe, stator, imamat. **Ligne 2:** crêper, métrer, truste, majeur. **Ligne 3:** pilafs, rempli, sésame, embase. **Ligne 4:** anodin, perron, aciéré, agaric. **Ligne 5:** délace, ridule, éfendi, relief.

dimanche 1er décembre

Sainte Florence

« Malheureux, dont le cœur ne sait pas comme on aime, et qui n'ont point connu la douceur de pleurer ! »
Voltaire

À FAIRE :

•

•

•

•

•

•

•

© Pierre vincent/stock.adobe.com

BALADE EN FRANCE

Nancy aux bons soins de saint Nicolas

La période des fêtes de fin d'année est sans doute la plus belle pour découvrir Nancy. Pour commencer, rien de mieux que la place Stanislas, ce joyau du XVIIIe siècle classé au patrimoine mondial de l'Humanité pour son architecture à la fois classique, rococo et rocaille. Inaugurée en 1755, elle fut créée par Stanislas Leszczynski pour relier la ville Renaissance à la ville Neuve. Le dernier duc de Lorraine l'avait dédiée à son beau-père Louis XV. Aujourd'hui, il y trône entre la mairie, l'Opéra, le Grand Hôtel de la reine et le musée des Beaux-Arts, où une étape s'impose. Après un passage dans la première salle consacrée à l'architecte et designer Jean Prouvé, on découvre au sous-sol la collection de la cristallerie Daum.

De retour sur la place, on ne se lasse pas d'admirer les fontaines en style rocaille et les grilles en fer forgé, avant de passer sous l'arc de triomphe Héré pour découvrir aussi la place de la Carrière qui servait aux parades militaires. Au fond, voici le palais de Gouvernement. À gauche, la Grande-Rue mène au palais des Ducs de Lorraine où le musée Lorrain est en pleine rénovation. Dans cette rue prestigieuse, il faut entrer dans l'église des Cordeliers où Otto de Habsbourg-Lorraine, en 1951, a épousé Regina de Saxe-Meiningen.

De retour place de la Carrière, le parc de la Pépinière mène à la place Stanislas. Au 55 de la rue des Dominicains, un coup d'œil sur la demeure des Adam, concepteurs du grand bassin de Neptune à Versailles, permet d'admirer les lions, éléphants, chevaux, chameaux et crocodiles qui la décorent. Après avoir acheté des bonbons à la bergamote créés par le pâtissier de Stanislas (Maison des sœurs Macaron au 21 de la rue Gambetta), il faut prendre un verre à *L'Excelsior* qui possède un fabuleux décor Art nouveau. Ensuite, il est temps de grimper dans un tramway pour visiter deux chefs-d'œuvre du genre : la maison Majorelle et le musée de l'École de Nancy. La ville compte tant de trésors… **J.-P. R.**

Le saviez-vous

À l'origine, le mot « pharaon » signifiait juste… « grande maison » ! Autrement dit, le palais royal, siège du pouvoir de celui appelé « roi » ou « seigneur » mais pas encore « pharaon ». Ce n'est que vers 700 avant Jésus-Christ que le mot commença à désigner le roi résidant dans ce bâtiment, et seulement après le début de notre ère que le mot transcrit de l'égyptien *per-âa* en grec *pharao* lui fut exclusivement attribué. M. Q.

« Temps clair à la Sainte-Viviane,
temps clair pendant quarante jours
et une semaine. »
Dicton

© Xalanx/stock.adobe.com

AU JARDIN

Choisir un arbre fruitier

La forme fruitière la plus simple et la plus économique (moins de 20 €) n'est autre que le scion. Il s'agit d'un arbre greffé, vieux d'un an, avec à la base, une tige unique et bien droite. Si vous souhaitez gagner un ou deux ans, investissez, pour 10 € de plus, dans une forme en gobelet ou en fuseau. C'est l'idéal pour un petit jardin, car cela offre une fructification rapide et des tailles simplifiées. Avec son tronc de 1,20 m de haut, greffé au pied et en tête depuis trois ou quatre ans, l'arbre demi-tige affiche une mise à fruit rapide mais coûte plus cher qu'un scion. Si la récolte promet d'être abondante et régulière, veillez à lui offrir de la place en l'installant au milieu de la pelouse. **Avec sa forme de « U » simple ou double,** la palmette offre une belle architecture avec un minimum d'encombrement. Il est conseillé de la palisser contre un mur ou le long de fils tendus pour une mise à fruit dès la première année. Il en va de même pour les cordons de 60 cm de haut, à palisser le long d'une allée ou d'un potager. Les palmettes, les cordons et les formes colonnaires (de 50 jusqu'à plus de 100 €) sont parfaits pour les poiriers et les pommiers dans un petit jardin. **P.-Y. N.**

Le saviez-vous

Observez bien les pommes de pin décortiquées qui jonchent le sol et vous saurez quel animal est passé par là. L'écureuil grignote la pomme de pin de bas en haut en la tournant entre ses pattes. Rassasié, il laisse choir son repas sans en finir la partie haute. Le pic coince le cône entre son corps et un arbre pour l'évider en retirant les graines une à une. S'il endommage les écailles, elles restent toujours en place. Quant au bec-croisé des sapins, cet habile oiseau fend les écailles en deux pour récupérer la graine à l'aide de sa langue. J.-P. R.

À FAIRE :

•
•
•
•
•
•
•

SOLUTION DU SAMEDI 30

	D		Z	
K	I	L	I	M
	N	A	N	A
G	E	I	N	T
	U	N	I	E
C	R	E	A	S

	P		A	
W	A	T	T	S
	R	A	T	A
P	E	R	I	L
	N	A	S	E
E	T	I	E	R

	S		P	
K	I	L	O	S
	N	O	U	E
A	G	I	R	A
	E		R	N
I	R	A	I	T

	T		E	
R	I	N	C	A
	R		O	R
G	A	S	P	I
	N	U	E	E
B	A	D	E	N

mardi 3 décembre

Saint François-Xavier

« Amitié de gendre,
soleil de décembre. »
Dicton

À FAIRE :

•

•

•

•

•

•

•

A TABLE

Cookies au sarrasin

Pour 4 personnes • 60 g de beurre demi-sel à température ambiante • 60 g de cassonade • 105 g de farine de sarrasin • 45 g de poudre d'amandes • 3 g de levure chimique • 1 œuf • 2 cl de lait • 70 g de fruits à coque de votre choix • 15 g de graines de sarrasin • 70 g de pépites de chocolat.

1. Préchauffez le four à 170 °C (th. 5-6), puis recouvrez une plaque à pâtisserie de papier sulfurisé.

2. Dans un cul-de-poule, mélangez à la spatule le beurre, la cassonade, la farine, la poudre d'amandes et la levure chimique. Ajoutez l'œuf, le lait, mélangez.

3. Réservez une partie des fruits à coque, des graines de sarrasin et des pépites de chocolat pour la décoration. Ajoutez le restant au contenu du cul-de-poule, mélangez.

4. Disposez sur la plaque des petits tas de pâte, tassez, puis disposez les éléments de décor. Enfournez environ 15 minutes. Si nécessaire, baissez la température du four et rallongez la cuisson d'une minute ou deux. Soulevez les cookies avec une spatule, laissez-les refroidir sur une grille.

Recette extraite de
Sarrasin,
Bertrand Larcher,
éd. de La Martinière

Super croisés

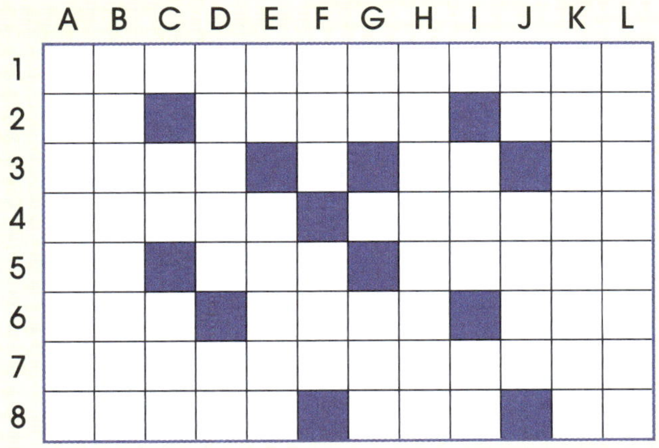

Horizontalement

1. Il a des images plein la tête. **2.** Fin de mode. Évincé. Oncle d'Amérique. **3.** Accessoire de jardin. Mendélévium. Demi-poulbot. **4.** De bonne souche. Inquiète. **5.** Rive gauche. Travaux forcés. Carnation. **6.** Point de passage pour aller aux cabinets. Petite voiture. Distinct. **7.** Passe-montagne. **8.** Sous le pont Mirabeau. Poil sur le caillou. Île de France.

Verticalement

A. Tours de chants. **B.** Passe sa vie sur la toile. **C.** Sur la Tille. Il épousa la fille du Prophète. **D.** Roberts. Adverbe de lieu. **E.** Ancien petit ami. Repos du voyageur. **F.** Trouble alimentaire. Interjection. **G.** Onze à Lyon. Nouvel An au Vietnam. **H.** Rondouillard dans le cercle. **I.** À toucher. Égouttoir. **J.** Bon pour les chiens. Comme les doigts de la main. **K.** Homme de glace. **L.** Réduite en petits morceaux.

Solution au jeudi 5 décembre

Sainte Barbara

« À la Sainte-Barbe, soleil peu arde. »
Dicton

EN FORME

Mieux se protéger du froid chez soi

© Prostock-studio/stock.adobe.com

Selon l'Ademe (Agence de la transition écologique), l'idéal est de viser 19 °C dans les pièces de vie si l'on est actif, 21 °C si l'on est assis dans un fauteuil, 22 °C dans la salle de bains au moment de la toilette et 17 °C dans la chambre. Le plaid sous lequel vous blottir pour lire, la bouillotte dans le lit cinq minutes avant de vous coucher, les boudins de porte pour empêcher l'air froid de s'infiltrer, les volets et rideaux thermiques, voilà qui contribue de manière simple à votre confort si votre logement n'est pas bien isolé. **Surtout, n'oubliez pas de bien ventiler les pièces,** seul moyen d'éviter la prolifération de microbes : aérez quelques minutes régulièrement chaque jour, quitte à mettre un pull supplémentaire et à pratiquer quelques mouvements pour vous réchauffer. « Ne bouchez jamais les ventilations et entretenez vos appareils de chauffage », insiste la Dr Pascal. Si l'air est sec, installez un humidificateur sur vos radiateurs pour réhydrater vos muqueuses et buvez des boissons chaudes à intervalles réguliers. Enfin, pour rester en bonne santé, refusez fermement les visites de vos proches malades. **N. S.**

À FAIRE :

•

•

•

•

•

•

•

Sudokus

		2				6	3	
9	5		2	8	6			
4		6			5		8	
5				2	3	9	6	
7				5				4
	3	9	6	4				1
	2		1			8		3
			8	6	7		4	2
	1	4				7		

3				6				1
			3		2			
7								4
	8		6		5		4	
	5		7		8		9	
				4				
		7		1		8		
		6				5		
1				7				9

Solution au vendredi 6 décembre

C'EST ARRIVÉ LE…

4 DÉCEMBRE 1922

Gérard Philipe naît à Cannes. L'homme qui s'imposera comme un des acteurs les plus brillants de sa génération s'illustre au théâtre et est révélé au public par le *Caligula* d'Albert Camus. Il gagne le statut d'icône du cinéma français grâce au *Diable au corps* (Autant-Lara, 1947) et à *La Chartreuse de Parme* (Christian-Jaque, 1948). Il meurt d'une embolie le 25 novembre 1959, à l'âge de 36 ans. **S. P.**

jeudi 5 décembre

Saint Gérald

« À la saint Gérald, neige de décembre,
c'est pour le jardin cendres. »
Dicton

À FAIRE :

•

•

•

•

•

•

•

•

•

EN FORME

Vite, un bon plan détox !

La perspective d'un repas festif est réjouissante… mais gare aux lendemains difficiles ! Voici notre pharmacie naturelle pour prévenir ou guérir les maux d'estomac.

En prévention

Une tisane de graines de fenouil en fin de repas améliore la motricité de l'estomac et diminue son gonflement. Versez 1 c. à café de graines dans 150 ml d'eau bouillante, laissez frémir 2 minutes, puis infusez 10 minutes à couvert.

La tisane d'angélique stimule aussi les sécrétions gastriques et permet d'éviter la formation de gaz liée à l'alcool (10 g de racines dans 20 cl d'eau bouillante, infusées 10 minutes). Ces boissons judicieusement servies à la fin d'un repas très riche peuvent être bues 2 ou 3 fois pendant la journée.

© manyakotic/stock.adobe.com

Pour réparer les dégâts

Le radis noir. Détoxifiant et anti-ballonnement, il permet également de lutter contre les nausées. C'est le remède idéal quand foie et vésicule biliaire sont débordés. À prendre sous forme de jus (en ampoules disponibles en pharmacie), 1 ml, 2 à 6 fois par jour, pendant plusieurs semaines si nécessaire.

L'artichaut. Il stimule également le foie et la sécrétion de bile grâce à la cynarine, un antioxydant présent dans les feuilles de sa tige (et non dans celles que nous mangeons). C. D.

D'un mot à l'autre

En regroupant et en mélangeant les lettres de chaque mot, donné avec la lettre qui le suit, trouvez un second mot composé de sept lettres.

1 VESTON + U = _ _ _ _ _ _ _

2 POULET + N = _ _ _ _ _ _ _

3 CRAYON + T = _ _ _ _ _ _ _

4 VANITE + E = _ _ _ _ _ _ _

5 MASTER + N = _ _ _ _ _ _ _

SOLUTION : 1/ Souvent. 2/ Opulent. 3/ Croyant. 4/ Naïveté. 5/ Sarment.

SOLUTION DU MARDI 3

M	A	G	N	E	T	O	S	C	O	P	E
I	R	■	E	X	C	L	U	■	S	A	M
N	A	I	N	■	A	■	M	D	■	T	I
A	I	S	E	E	■	S	O	U	C	I	E
R	G	■	S	T	O	■	T	E	I	N	T
E	N	A	■	A	U	T	O	■	N	E	T
T	E	L	E	P	H	E	R	I	Q	U	E
S	E	I	N	E	■	T	I	F	■	R	E

« Neige à la Saint-Nicolas donne froid pour trois mois. »
Dicton

Méli-mélo

Bonaparte en Égypte

Nous avons mélangé entre elles les lettres de noms de lieux et personnages qui ont joué un rôle dans la campagne d'Égypte de Bonaparte. Trouvez-les et placez-les au-dessus de la définition qui convient.

Lettres à replacer :

YPOEIGOLTEG
RIKAUOB
PDETERORTESREIE
EILAEXRADN
DREGNGSAOMAP
TCEDRIOREI

N° 1 ....
C'est le pouvoir présent en France depuis août 1795 qui a organisé, en 1798, cette expédition de Napoléon Bonaparte vers l'Égypte, faisant appareiller de Toulon treize vaisseaux de ligne, des frégates, 40 000 hommes et 10 000 marins.

N° 2 ....
Ce mathématicien et homme politique, né en 1746 à Beaune, initiateur de l'École polytechnique, est l'un des seuls personnages à connaître la destination de cette armada. Il rentrera en catimini avec Bonaparte en 1799 (prénom et nom).

N° 3 ....
En juillet 1798, ce port principal d'Égypte voit débarquer (dans une anse qui se trouve un peu à l'écart) Bonaparte et une partie de ses troupes. La ville fut connue autrefois pour son exceptionnelle bibliothèque et son phare.

N° 4 ....
Cet artefact un peu particulier (une stèle en granodiorite), qui fut découvert par les Français en 1799 puis récupéré par les Anglais (il se trouve au British Museum), a permis à Champollion de déchiffrer les hiéroglyphes (trois mots).

N° 5 ....
Il s'agit ici du nom du lieu proche d'Alexandrie où se déroula, en août 1798, une bataille navale qui se solda par une cuisante défaite française, donnant à la Royal Navy la maîtrise définitive de la Méditerranée.

N° 6 ....
Ce champ d'étude doit beaucoup à Vivant Denon (1747-1825), graveur, écrivain, diplomate et administrateur français qui participa à cette campagne. Il agencera le musée du Louvre, donnant toute son importance à cette discipline.

Solution au dimanche 8 décembre

À FAIRE :

•
•
•
•
•
•
•
•
•
•

AU MARCHE

Le chou pommé

Jusqu'en avril, profitez des vertus de cette variété de chou. Il doit être lourd et dense, avec des feuilles vertes, brillantes et craquantes. Utilisé depuis des siècles comme médicament : il est riche en fibres et en antioxydants, mais aussi en vitamines du groupe B et en minéraux. Le chou se savoure de mille façons. Entier, il se conserve 1 semaine au réfrigérateur.

Info + Pour atténuer son odeur soufrée, plongez dans l'eau de cuisson une branche de céleri, un quignon de pain ou une noix avec sa coquille. **M.-A. D.**

SOLUTION DU MERCREDI 4

1	8	2	4	7	9	6	3	5
9	5	3	2	8	6	4	1	7
4	7	6	3	1	5	2	8	9
5	4	1	7	2	3	9	6	8
7	6	8	9	5	1	3	2	4
2	3	9	6	4	8	5	7	1
6	2	7	1	9	4	8	5	3
3	9	5	8	6	7	1	4	2
8	1	4	5	3	2	7	9	6

3	2	5	4	6	7	9	8	1
8	1	4	3	9	2	6	7	5
7	6	9	8	5	1	2	3	4
9	8	1	6	3	5	7	4	2
4	5	3	7	2	8	1	9	6
6	7	2	1	4	9	3	5	8
5	9	7	2	1	4	8	6	3
2	4	6	9	8	3	5	1	7
1	3	8	5	7	6	4	2	9

samedi 7 décembre

Saint Ambroise

« Quand Saint-Ambroise voit neiger,
de dix-huit jours de froid
sommes en danger. »
Dicton

À FAIRE :

•

•

•

•

•

•

•

•

•

Sudokus

			8		6			
8	5		4	7	2		1	3
6			5		1			4
7		4				2		9
			1		9			
9	2	5				3	8	1
				1				
5	6						2	7
1	9		2	8	7		4	6

7		6			1			8
			2	5		3		7
	3			8		1	6	
5	4				9			
2	8						4	1
			5				3	9
	9	5		3			7	
4		8		6	5			
3			9			8		2

		6	4		8	5		
7				5				3
		8				9		
			6	7	5			
2								4
9			3		2			6
6	3						4	2
	5			6			3	
			1		7			

9			5					
		2					7	
4	8		6		2			
		3	8	5				2
8		5		9		1		6
2				3	4	9		
			7		8		2	3
	2					6		
					3			8

Solution au lundi 9 décembre

Vite, une astuce !

Après avoir nettoyé la poubelle, saupoudrez le fond de bicarbonate de soude. Faites de même dans le sac qui recueillera les déchets. En cours d'utilisation, si des odeurs vous incommodent, saupoudrez encore du bicarbonate sur les ordures. C'est un « dévoreur d'odeurs » très efficace !

A TABLE

Amuse-bouche pour réveillon mini-prix

Rose de pomme de terre et truite fumée Tranchez finement 6 pommes de terre de taille moyenne (type charlotte ou amandine) à l'aide d'une mandoline. Mélangez-les avec 2 gousses d'ail ciselées, ½ bouquet d'aneth ciselé, 80 g de beurre fondu, puis salez et poivrez. Sur une plaque à muffins, formez des roses en alternant les pommes de terre et les morceaux de 2 tranches de truite fumée. Enfournez 45 minutes à 200 °C (th. 6-7), disposez sur un plat de service avec quelques brins d'aneth.
Champignons aux œufs de caille Brossez 12 champignons de Paris, ôtez les pieds. Mélangez 120 g de fromage frais avec une branche de ciboulette ciselée, salez, poivrez, garnissez les champignons. Cassez un œuf de caille sur chacun des champignons, enfournez 10 minutes à 180 °C (th. 6). Parsemez de ciboulette avant de servir. **M.-A. D.**

« Jour de l'Immaculée,
ne passe jamais sans gelée. »
Dicton

© hardyuno/stock.adobe.com

BALADE EN FRANCE

Rennes, cœur breton

La métropole bretonne est classée dans le top 3 des grandes villes où il fait bon vivre en France. Et cela ne date pas d'hier. D'emblée, le visiteur est saisi par la richesse de son patrimoine. Ainsi, au centre de la place Sainte-Anne, la basilique Notre-Dame-de-Bonne-Nouvelle se dresse face au couvent des Jacobins, à l'endroit même où se trouvait la voie principale de l'ancienne cité gallo-romaine de Condate Riedonum. Aujourd'hui, ce couvent du XIVe siècle a été transformé en centre des congrès.

En empruntant la rue Saint-Michel, surnommée « la rue de la Soif » par les étudiants, on découvre aussi quelques-unes des 400 maisons à pans de bois du vieux Rennes. Un peu plus loin, c'est sur la place des Lices que le chevalier Du Guesclin livra en 1337 les premières joutes qui l'ont rendu célèbre. Aujourd'hui, les halles Martenot accueillent un des plus grands marchés de France. Encore quelques pas, et voici les portes Mordelaises qui marquaient l'entrée de la ville fortifiée. Deux puissantes tours encadrent ces remparts bâtis au XVe siècle sur des vestiges gallo-romains. Face à elles, vous pourrez voir la cathédrale Saint-Pierre, reconstruite au XIXe siècle dans un style néoclassique avec des plafonds à caissons. En sortant, vous débouchez rue de la Psalette, l'une des plus anciennes de la cité avec ses maisonnettes typiques. À côté, la basilique Saint-Sauveur a été miraculeusement épargnée par le gigantesque incendie qui, en 1720, a dévasté la ville pendant six jours.

Au-delà, c'est la nouvelle cité conçue par Gabriel, architecte du roi Louis XV, qui a dessiné des rues rectilignes aux façades alignées. D'abord, il faut découvrir la mairie dont les deux bâtiments sont reliés par une chapelle avec, en face, l'Opéra. Juste à côté, voilà le fameux Parlement de Bretagne… Il a fallu 55 millions d'euros pour rénover ce bâtiment après l'incendie provoqué par une fusée lancée en 1994 lors d'une manifestation de marins-pêcheurs. Le bâtiment du XVIIe siècle a retrouvé son aspect après 10 ans de travaux et accueille dorénavant la cour d'appel. **J.-P. R.**

À FAIRE :

•
•
•
•
•
•
•
•
•
•

SOLUTION DU VENDREDI 6

1. Directoire **2.** Gaspard Monge **3.** Alexandrie **4.** Pierre de Rosette **5.** Aboukir **6.** Égyptologie.

lundi 9 décembre

Saint Pierre Fourrier

« Le bien il le faut chercher
et le mal il le faut attendre. »
Proverbe espagnol

À FAIRE:

•
•
•
•
•
•
•
•

La ronde des mots

Trouvez dix-neuf mots et notez chacun d'eux dans le sens des aiguilles d'une montre autour de la case de définition correspondante. La première lettre de chaque mot est indiquée par le triangle noir. Le premier mot est donné en exemple.

Solution au jeudi 12 décembre

SOLUTION DU SAMEDI 7

4	3	1	8	9	6	7	5	2
8	5	9	4	7	2	6	1	3
6	7	2	5	3	1	8	9	4
7	1	4	3	5	8	2	6	9
3	8	6	1	2	9	4	7	5
9	2	5	7	6	4	3	8	1
2	4	7	6	1	5	9	3	8
5	6	8	9	4	3	1	2	7
1	9	3	2	8	7	5	4	6

7	5	6	3	9	1	4	2	8
8	1	4	2	5	6	3	9	7
9	3	2	4	8	7	1	6	5
5	4	3	1	2	9	7	8	6
2	8	9	6	7	3	5	4	1
6	7	1	5	4	8	2	3	9
1	9	5	8	3	2	6	7	4
4	2	8	7	6	5	9	1	3
3	6	7	9	1	4	8	5	2

3	9	6	4	1	8	5	2	7
7	1	2	9	5	6	4	8	3
5	4	8	7	2	3	9	6	1
4	8	3	6	7	5	2	1	9
2	6	5	8	9	1	3	7	4
9	7	1	3	4	2	8	5	6
6	3	7	5	8	9	1	4	2
1	5	9	2	6	4	7	3	8
8	2	4	1	3	7	6	9	5

9	3	7	5	8	1	2	6	4
6	5	2	3	4	9	8	7	1
4	8	1	6	7	2	3	5	9
1	9	3	8	5	6	7	4	2
8	4	5	2	9	7	1	3	6
2	7	6	1	3	4	9	8	5
5	1	9	7	6	8	4	2	3
3	2	8	4	1	5	6	9	7
7	6	4	9	2	3	5	1	8

EN FORME

Réveillons : limitez les graisses saturées

Pendant les fêtes, les mets à surveiller sont le foie gras et les fromages, qui contiennent de 20 % à 30 % de graisses. À l'apéritif, n'abusez pas des amuse-bouches, ou remplacez la crème par un fromage blanc allégé. Préférez les pâtes feuilletées pur beurre aux pâtes contenant de l'huile de palme, dont les graisses font monter le taux de cholestérol. Misez sur les tartares de poisson gras, dont les oméga 3 protègent les artères, ou les tartes aux légumes riches en fibres qui réduisent l'assimilation des graisses. **F. D.**

Saint Romaric

« Ce qui compte ce n'est pas le bonheur de tout le monde, c'est le bonheur de chacun. »
Boris Vian

A TABLE

Salade de mogettes au jambon blanc

© Ploton/Photocuisine

Plat pour 4 personnes • 300 g de mogettes de Vendée sèches • 2 gousses d'ail • 1 bouquet de thym • 500 g de jambon blanc • 2 brins de persil plat • 50 g de roquette • 1 oignon doux des Cévennes. **Pour la vinaigrette :** • 4 c. à soupe d'huile d'olive • 2 c. à soupe d'huile de noix • 4 c. à soupe de vinaigre de cidre • 1 c. à soupe de moutarde à l'ancienne • Sel, poivre.

1. La veille, mettez les mogettes à tremper toute la nuit.

2. Le lendemain, rincez les mogettes, placez-les dans une casserole d'eau, ajoutez les gousses d'ail pelées coupées en deux avec le thym, puis couvrez la préparation et portez à ébullition. Laissez cuire 2 heures à mi-couvert, jusqu'à ce que les mogettes soient tendres.

3. Égouttez les mogettes et placez-les dans un saladier.

4. Taillez le jambon en petits morceaux, ajoutez-le aux mogettes.

5. Confectionnez la vinaigrette en mélangeant tous les ingrédients.

6. Versez la sauce sur les mogettes. Ajoutez le persil effeuillé et haché, la roquette et l'oignon ciselé. Mélangez, servez aussitôt.

Info + Remplacez le jambon par des copeaux de parmesan et des amandes effilées. **M.-A. D.**

À FAIRE :

•
•
•
•
•
•
•
•

Kemarus®

Une grille est composée de zones de 1 à 5 cases entourées de gras.
- Complétez la grille avec les chiffres manquants sachant qu'une zone d'une case contient le chiffre 1, une zone de deux cases contient les chiffres 1 et 2, une zone de trois cases contient les chiffres 1, 2 et 3, etc.
- Deux chiffres identiques ne peuvent être placés côte à côte, ni en diagonale.

Exemple :

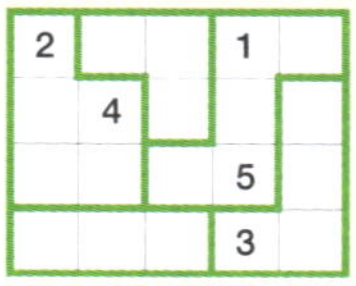

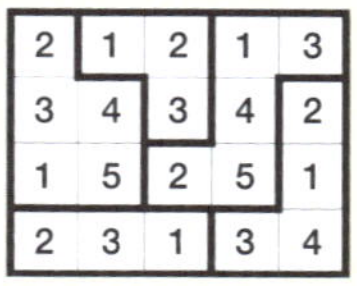

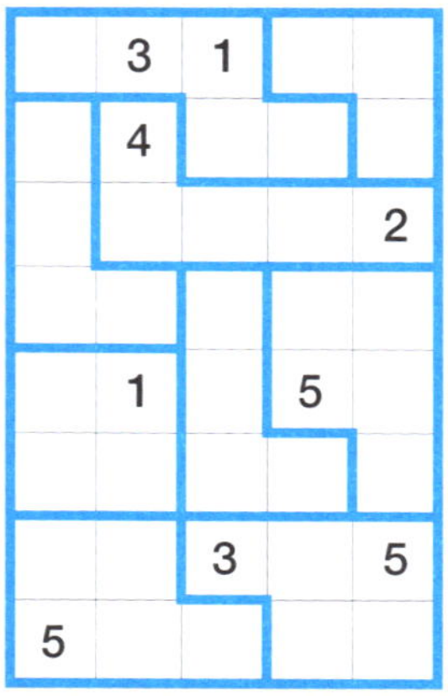

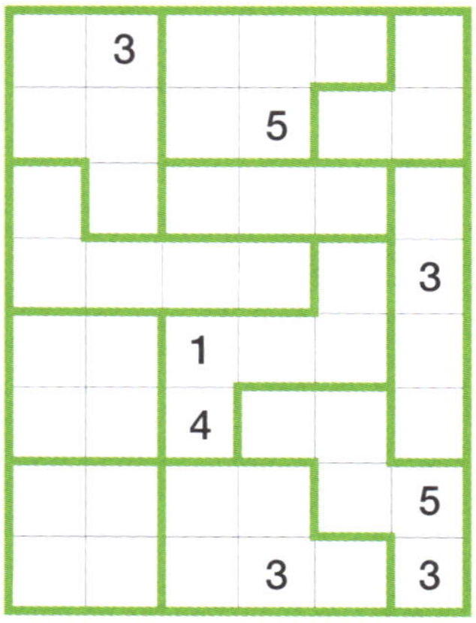

Solution au vendredi 13 décembre

mercredi 11 décembre

Saint Daniel

« Tel temps à la Saint-Daniel,
même temps à Noël. »
Dicton

À FAIRE :

•

•

•

•

•

•

•

•

•

© Sappheiros/stock.adobe.com

AU JARDIN

L'attendrissant *Pilea*

Cette petite plante verte, qui a connu son heure de gloire dans les années 1970, revient en force dans nos intérieurs. Facile à vivre et peu exigeante, elle purifie l'air et chasse les mauvaises odeurs. Ses feuilles rondes, plates et coriaces se balancent au bout de fines tiges. Cette caractéristique a valu au *Pilea peperomioides*, originaire du Yunnan, le nom de « plante à monnaie chinoise ». En grandissant, jusqu'à 40 cm de haut en moins de 2 ans, ses tiges se courbent naturellement. Profitez-en pour bouturer les jeunes pousses en pot.

Sa place préférée Dans une pièce lumineuse mais sans soleil direct, qui risquerait de brûler son feuillage.

Aux petits soins Arrosez-le 2 fois par semaine pour maintenir le terreau frais. Donnez-lui de l'engrais au printemps et en été.

Notre astuce Si vous souhaitez conserver son port compact, pincez les nouvelles tiges. **P.-Y. N.**

Tout compte fait

Dans chacune des trois lignes, placez les nombres 1 2 4 5 6 de façon à obtenir, en réalisant quatre opérations successives, le total indiqué.

	:		-		+		x		=	28
	-		:		+		x		=	10
	:		+		x		-		=	11

SOLUTION : 6 : 2 - 1 + 5 x 4 = 28 / 6 - 2 : 4 + 1 x 5 = 10 / 6 : 2 + 1 x 4 - 5 = 11

C'EST ARRIVÉ LE...

11 DÉCEMBRE 1972

Le module lunaire Challenger de la mission Apollo 17 se pose sur la Lune pour la dernière mission habitée. Les Américains Eugene Cernan et Harrison Schmitt sont les derniers hommes à avoir foulé son sol. **S. P.**

« Le lit est l'endroit le plus dangereux du monde : 80 % des gens y meurent. »
Mark Twain

Jackpot

Dans chaque jeu, trouvez trois mots de quatre, cinq, six ou sept lettres en ne prenant qu'une lettre par colonne. Chaque lettre ne sert qu'une fois. Un exemple vous est déjà donné.

① **Mots de 4 lettres**

O	G	T	U
R	E	R	N
T	I	E	E

OGRE
....
....

② **Mots de 5 lettres**

A	U	R	B	E
J	P	M	U	M
O	O	I	T	O

....
....
....

③ **Mots de 6 lettres**

A	H	O	U	P	E
C	P	E	Q	E	T
E	B	R	V	U	U

....
....
....

④ **Mots de 7 lettres**

M	R	A	A	N	K	E
D	A	Z	U	R	T	R
G	E	J	V	I	E	A

....
....
....

Solution au samedi 14 décembre

À FAIRE :

-
-
-
-
-
-
-
-
-

EN FORME

Diabète : prenez tous les glucides en compte

La pâte feuilletée contient de la farine qui augmente le taux de sucre sanguin. Une part de tarte ou des feuilletés apéritifs remplacent la portion de féculents lors du repas. En revanche, vous pouvez vous régaler de tartare de poisson, de champignons ou de carpaccio de betterave. Gare aux desserts qui font grimper la glycémie ! Chaque portion de bûche contient environ 50 g de sucre. **F. D.**

SOLUTION DU LUNDI 9

Ligne 1 : harpon, rémora, inerme, ancien. **Ligne 2 :** pédale, oréade, raller, impala. **Ligne 3 :** aladin, animal, levain, achevé. **Ligne 4 :** dollar, mégalo, aérage, effaré. **Ligne 5 :** lésant, alaise, atonal, aligot.

vendredi 13 décembre

Sainte Lucie

« À la Sainte-Luce, le jour croît d'un saut de puce. »
Dicton

À FAIRE :

•
•
•
•
•
•
•
•
•

EN FORME

Le froid a du bon

© standret/stock.adobe.com

Lorsque les températures deviennent négatives, certaines infections reculent : ainsi, en 2020, lorsque les températures relevées dans certains départements du nord de la France sont passées sous la barre des – 10 °C avec un air très sec, la diffusion de la Covid-19 a diminué. « Pour autant, des températures très basses sont globalement responsables d'une augmentation de la mortalité, l'effet persiste 21 jours après l'exposition contre 3 jours en cas de forte chaleur », observe la Dr Mathilde Pascal, épidémiologiste à Santé publique France. En cause : plus de décès par maladies cardiovasculaires, d'intoxications au monoxyde de carbone, de traumatologie (neige, verglas) et d'infections respiratoires.

Contrairement à une idée reçue, virus et bactéries sont plutôt résistants aux températures autour de 0 °C, a fortiori quand l'humidité favorise la propagation des gouttelettes en suspension émises lorsque nous respirons, toussons, éternuons. Le froid irrite les muqueuses des voies aériennes : les microbes nous infectent alors plus facilement, d'où l'intérêt de respirer par le nez plutôt que par la bouche, afin que l'air se réchauffe en passant dans les fosses nasales.

Autre conseil : ne restez pas cloîtré chez vous. L'exposition au soleil en hiver permet de reconstituer vos stocks de vitamine D. Cette vitamine indispensable à une bonne immunité peut aussi vous être prescrite en supplémentation. **N. S.**

SOLUTION DU MARDI 10

5	3	1	3	2
1	4	2	4	1
3	5	1	3	2
2	4	2	4	1
3	1	3	5	2
4	2	4	1	3
3	1	3	2	5
5	2	4	1	4

2	3	2	3	4	1
1	5	1	5	2	3
2	4	2	3	1	4
1	3	5	4	2	3
4	2	1	3	5	1
1	3	4	2	4	2
4	2	1	5	1	5
1	3	4	3	2	3

Mots à mot

En regroupant et en mélangeant les lettres des deux mots de quatre et trois lettres proposés, composez un troisième mot de sept lettres.

STEM + MOI = S _ _ _ _ _ _

ELUE + MIR = _ _ _ I _ _ _

BASE + ROT = _ _ _ _ _ _ R

SOLUTION : Sommité - Lumière - Saboter.

Sainte Odile

samedi 14 décembre

« Le monde entier est un théâtre. »
William Shakespeare

Mini-fléchés

Grille 1

- CRAQUER TOTALEMENT
- MAXIME
- ASTICOTER, TITILLER
- COUSIN DU LORI
- PÉNÈTRE DANS LA PIÈCE
- PORT D'ALGÉRIE
- FEUILLE À DISTRIBUER
- IL FAIT PARTIE DE LA FRATRIE
- FIN DE VERBE DU PREMIER GROUPE

Grille 2

- FIABILITÉ
- QUI CONCERNE LE SON
- POLICE PARALLÈLE
- MATIÈRE DE JEAN
- FEMELLE PLANTIGRADE
- CORRIGÉ
- AVOIR BIEN EN MAIN
- GESTES NERVEUX
- DISSÉMINÉE ÇÀ ET LÀ

Grille 3

- IMMOBILISAI EN MER
- TERRE ANGEVINE
- BAR CÔTÉ SALON
- ATTACHES ENSEMBLE
- DEVENIR PRESSANT
- CERCLE D'ADMIRATEURS
- DRELIN !
- ENVOYÉ DIVIN
- DONNER UN BAISER

Grille 4

- NON OUVRABLE
- ÉMET UNE PLAINTE
- BORDURE DE TISSU
- NOM D'UN CHIEN !
- PESER LA BOÎTE À VIDE
- ENNUYA
- METTRE EN CAQUE
- PAYS D'EUROPE
- RENDRE EMPRUNTÉ

Solution au lundi 16 décembre

À FAIRE :

-
-
-
-
-
-
-
-
-
-

AU MARCHE

La fourme de Montbrison

Ce fromage au lait de vache à pâte persillée, dont le savoir-faire est inscrit au patrimoine immatériel de l'Unesco, fête cette année les 20 ans de son AOP. Il contient de la vitamine D, du phosphore et du calcium, bien absorbé par l'organisme. Dégustez-le sur un toast avec des lamelles d'avocat, des graines de courge, de la roquette. Au frais, la fourme se conserve jusqu'à 2 semaines.

Info + Sortez la fourme du réfrigérateur 2 heures avant la dégustation. M.-A. D.

SOLUTION DU JEUDI 12

1. ogre / rien / têtu.
2. aorte / opium / jumbo.
3. cheveu / abrupt / époque.
4. gravier / mazurka / déjanté.

dimanche 15 décembre

Sainte Ninon

« Le monde de la réalité a ses limites,
le monde de l'imagination
est sans frontières. »
Jean-Jacques Rousseau

À FAIRE :

•

•

•

•

•

•

•

•

EN CHANSON

1988 Vanessa Paradis « Marilyn et John »

Été 1987, la jeune Vanessa Paradis déferle sur les ondes, flanquée de *Joe le taxi*. Un raz-de-marée ! Quelques mois plus tard, le rêve se poursuit à l'étranger, le tube se classe même à la troisième position du top britannique. Il est enfin temps pour la lolita d'entrer en studio afin d'enregistrer son premier album. Sa petite équipe, formée de son oncle et parrain, Didier Pain, du compositeur Franck Langolff et de l'auteur Étienne Roda-Gil, entend lui proposer des chansons sur mesure.

Connaissant la passion de Vanessa pour Marilyn Monroe, Étienne Roda-Gil imagine d'un seul trait ce texte sur une mélodie composée par Langolff. Lorsqu'elle découvre ses mots, Vanessa est bouleversée : ce sont près de six minutes relatant la romance « d'une étoile et d'un lion » : Marilyn et John Kennedy, le président américain. Détail amusant, le jour où elle l'enregistre, Barbara, la plus grande dame de la chanson française, se trouve dans la cabine voisine ce qui impressionne beaucoup Vanessa !

© AFP

En mai 1988, *Marilyn et John* sera le titre d'ouverture de son premier album, intitulé *M&J*. Cet album s'achève par une version anglaise de ce même titre, laquelle sortira sur le marché américain un an plus tard. Deuxième extrait de l'album à être édité en 45-tours, *Marilyn et John* est le tube de l'automne 1988. La chanson sera reprise au Brésil, par Angelica, une chanteuse locale qui avait déjà enregistré *Joe le taxi* en portugais. **D. L.-H.**

« Marilyn peint sa bouche / Elle pense à John / Rien qu'à John / Un sourire / Puis un soupir / Elle fredonne une chanson / Ni triste, ni gaie / Entre deux-trois interviews / Et du swing qui mousse / Dans son bain, c'est fou / Marilyn chante son nom / Elle s'invente des chansons / Sur le mariage d'une étoile et d'un lion. »

Auteur : Étienne Roda-Gil. Compositeur : Franck Langolff.
Label : Savatipitoi / Véranda / Polydor, Polygram, 1988.

C'EST ARRIVÉ LE…

15 DÉCEMBRE 1908

Le passionné de vélo Louis Rustin, installé en région parisienne, à Clichy, dépose un premier brevet pour réparer les pneumatiques. En 1922, la version définitive de son invention est brevetée. Il donne son nom aux petites rondelles de caoutchouc bien connues des cyclistes : les rustines. **S. P.**

Sainte Alice

« Ne redoute pas la calomnie,
elle ne s'attache qu'à la vertu. »
Proverbe français

A TABLE

La bûche mandarine et chocolat

© Bernhard Winkelmann
Stylisme Julie Maurence

Pour 8 personnes La mousse : • 190 ml de crème liquide • 115 g de chocolat à 64 % • 100 ml de lait. **La marmelade :** • 150 g de mandarines bio • 45 g de sucre semoule. **La dacquoise :** • 110 g de sucre glace • 45 g de poudre d'amandes • 45 g de poudre de noisettes • 35 g de farine • ½ g de levure chimique • 135 g de blancs d'œufs (soit 4 gros blancs) • 45 g de sucre semoule **La décoration :** • 200 g de chocolat noir • Cacao en poudre • Mandarines confites.

1. Montez la crème jusqu'à obtenir une texture légère, réservez. Laissez fondre le chocolat au bain-marie. Faites bouillir le lait, puis versez-le sur le chocolat. Laissez refroidir à 40-45 °C avant d'ajouter la crème. Laissez figer au moins 8 heures au réfrigérateur.

2. Coupez les mandarines en brunoise, mélangez-les avec le sucre. Recouvrez les fruits d'eau, puis faites-les cuire à feu doux jusqu'à évaporation totale. Hachez les fruits refroidis.

3. Tamisez le sucre glace, mélangez-le avec les poudres d'amandes et de noisettes, la farine et la levure. Montez les blancs en neige avec le sucre semoule, ajoutez les poudres. Sur une plaque chemisée, étalez un rectangle de 20 cm x 30 cm. Faites cuire entre 15 et 18 minutes à 180 °C (th. 6), à chaleur tournante.

4. Découpez plusieurs rectangles de 10 cm x 20 cm dans le papier cuisson. Faites fondre le chocolat. À l'aide d'un pinceau, étalez-le finement sur le papier. Roulez le papier pour former des tubes (fixés avec des trombones aux extrémités). Réservez une nuit au réfrigérateur.

5. Détaillez la dacquoise en disques de 8 cm de diamètre. Étalez une fine couche de marmelade de mandarine, déposez la mousse au chocolat à l'aide d'une poche à douille (format n° 10). Superposez les disques, puis posez le montage à l'horizontale dans le sens de la longueur. Recouvrez de mousse au chocolat, laissez prendre la bûche une nuit au réfrigérateur.

6. Au dernier moment, démoulez les copeaux de chocolat et disposez-les sur la bûche. Saupoudrez de cacao en poudre, décorez de quartiers de mandarines confites. **M.-A. D.**

À FAIRE :

•

•

•

•

•

•

•

Le saviez-vous

Dans le langage des fleurs, la rose blanche exprime la sincérité d'un sentiment, alors que si elle est rose, la reine des fleurs traduit l'amour tendre. La pivoine rose symbolise l'amour et la beauté féminine, tandis que le lys, rose ou blanc, porte un message d'affection et de tendresse... tout comme l'œillet blanc ! P.-Y. N.

SOLUTION DU SAMEDI 14

	A		A	
A	D	A	G	E
	O	R	A	N
T	R	A	C	T
	E		E	R
F	R	E	R	E

	S		M	
A	U	D	I	O
	R	E	L	U
T	E	N	I	R
	T	I	C	S
S	E	M	E	E

	A		L	
A	N	J	O	U
	C	O	U	R
D	R	I	N	G
	A	N	G	E
B	I	S	E	R

	F		L	
G	E	M	I	T
	R	A	S	A
L	I	T	E	R
	E	I	R	E
G	E	N	E	R

mardi 17 décembre

Saint Gaël

« Le monde ne vaut que par les ultras
et ne dure que par les modérés. »
Paul Valéry

À FAIRE :

•

•

•

•

•

•

•

AU JARDIN

Feuilles mortes : un super-paillage

© coco/stock.adobe.com

Recyclées en compost, étalées en paillage, en protection antigel ou directement utilisées dans votre potager, les feuilles mortes sont un don du ciel. Au pied des haies, dans les massifs ou au potager, le paillage n'a que des avantages. Il protège le sol du froid et de la sécheresse, évite qu'il s'érode ou se tasse, le nourrit, limite la pousse des mauvaises herbes. Misez sur le compostage de surface en étalant sur la terre nue une couche d'au moins 10 cm de feuilles mortes.

En simple tas ou dans un composteur fermé, un bon compost s'obtient par un juste équilibre entre les matières riches en azote (fanes de légumes, tontes de gazon…) et celles riches en carbone (feuilles mortes, rameaux broyés, sciure de bois…). Alternez les couches de 10 cm d'épaisseur de matières vertes et brunes en profitant de cette manne que sont les feuilles mortes. Ramassées avec la tondeuse, et donc broyées, elles se décomposeront plus vite. Au bout de 6 mois, 100 kg de déchets recyclés vous donneront 50 l de bon compost.

Il vous en reste trop ? Au lieu de vous débarrasser des feuilles mortes à la déchetterie, stockez-les chez vous dans des sacs poubelle fermés ou dans un silo monté avec un grillage à moutons. Dans 1 ou 2 ans, vous obtiendrez un terreau de feuilles idéal pour vos semis et rempotages. **P.-Y. N.**

Super croisés

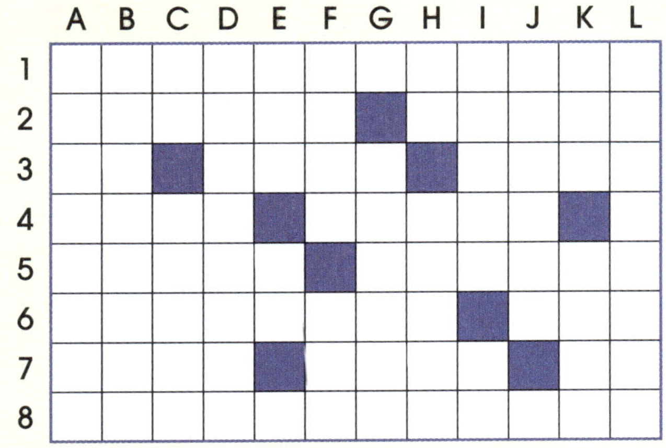

Horizontalement

1. Panique à bord ! **2.** Est pastoral pour un évêque. Belle orchidée d'Asie et d'Océanie. **3.** Se donne avant une exécution. Couper le souffle. Lettres sur la Croix. **4.** Qui brûle la gorge. Elle attaque en rongeant. **5.** Ancienne monnaie espagnole. Qui suit l'ordre d'ébranlement, dans un tremblement de terre. **6.** Complètement stupide ! Bugle à fleurs jaunes. **7.** Lieu de délices. Alla d'œillet en œillet. À l'intérieur. **8.** Quand on est dans un tel état, on n'en veut plus.

Verticalement

A. La frisée y prend son bain. **B.** Rampe en Amérique du Sud. **C.** Un numéro sans précédent. Ficelles de grosseurs variables. **D.** Sont depuis longtemps dans la carrière. **E.** Peut faire une chute. Mauvaise langue. **F.** Il est tout à fait relatif. Ces messieurs. **G.** Séjournai. **H.** Romains pour Henri. Faite avec des choux, quand elle est montée. **I.** Hauts personnages. Avant le déjeuner. **J.** Juré, il est irréductible. **K.** Ancien parti. Trou en province. **L.** Prennent des ciseaux… ou la tangente.

Solution au vendredi 20 décembre

« À la Saint-Gatien,
le temps ne vaut rien. »
Dicton

EN FORME

5 trucs anti-lourdeurs

© marrakeshh/stock.adobe.com

1. Buvez beaucoup d'eau, pour aider vos reins à drainer les déchets et à les éliminer plus vite.
2. Pressez le jus d'½ citron dans un verre d'eau tiède à votre réveil. Les composés de cet agrume sont souverains pour détoxifier le foie. Renouvelez plusieurs fois dans la journée pendant la semaine qui suit les repas les plus copieux.
3. Misez sur l'huile essentielle de menthe poivrée. Elle soulage tous les petits problèmes digestifs. Déposez 1 goutte sur un comprimé neutre, un sucre ou une cuillerée de miel, à renouveler 2 ou 3 fois le lendemain de la fête.
4. Prenez du bicarbonate de soude alimentaire. Il apaise les maux d'estomac, réduit la gêne intestinale et aide à dissiper les nausées. Diluez 1 c. à café de poudre dans un grand verre d'eau froide, buvez par petites gorgées. En recours ponctuel uniquement (pour éviter les risques d'aigreurs). Ne pas prendre en cas d'insuffisance cardiaque ou rénale.
5. Enfin, essayez de vous contenter de petites doses de chocolat, de foie gras et de champagne en prenant le temps de les savourer. Ces aliments sont certes délicieux mais plus lourds à digérer si vous avez l'habitude de manger léger. **C. D.**

À FAIRE :

•
•
•
•
•
•
•
•

Mini-fléchés

AMEUBLIR UNE TERRE / NOURRISSONS		DIRIGEAIT LA BOÎTE / DIPLÔME		L'INSTRUMENT DE PANORAMIX
PEU FRÉQUENT / STATUETTE DE CINÉMA				
EN TIFS, C'EST PAS LA BANANE		ADRESSE D'ORDINATEUR		

METTRA À L'ABRI / PAYSAGE ARGENTIN		ELLE ABSORBE L'EAU / JOLI MOIS		D'UN TEMPS LOINTAIN (D')
ÉTAPE DANS LES VOSGES / ENCERCLÉ				
ADEPTE D'UN CULTE ANTIQUE		SYMBOLE DU GALLIUM		

Solution au samedi 21 décembre

C'EST ARRIVÉ LE...

18 DÉCEMBRE 1737

Antonio Stradivari, le célèbre luthier italien, mieux connu sous le nom de Stradivarius, meurt à Crémone à 93 ans. Ses violons sont une référence. Le maître n'a jamais révélé le secret de la composition de son vernis. En tout, il aura fabriqué un millier d'instruments, dont certains sont dans un état exceptionnel de conservation. **S. P.**

jeudi 19 décembre

Saint Urbain

« S'il pleut à la Saint-Urbain,
c'est quarante jours de pluie
en chemin. »
Dicton

À FAIRE :

EN FORME

Misez sur les protéines végétales

© Tesgro Tessieri/stock.adobe.com

Mangez des légumineuses à volonté Cap sur les recettes traditionnelles telles que le couscous (pois chiches + semoule), le minestrone (haricots blancs + pâtes) ou les fajitas (haricots rouges + maïs). Associées aux céréales, elles permettent à l'organisme de mieux assimiler les protéines. Ainsi, 150 g de légumes secs cuits et 150 g de céréales cuites ou 60 g de pain remplacent 100 g de viande. Si vous avez l'intestin fragile, laissez tremper les légumes secs pendant 12 heures avant de les cuisiner et veillez à les cuire suffisamment : de 25 minutes pour les lentilles à 2 heures pour les pois chiches. Pour varier, penser aux pois cassés, flageolets, fèves, lentilles vertes ou corail.

Du soja avec modération Le soja fournit d'excellentes protéines, notamment le tofu à incorporer dans une salade composée ou une poêlée de légumes. L'Agence nationale de sécurité sanitaire de l'alimentation (Anses) recommande néanmoins de ne pas consommer plus d'un aliment à base de soja par jour, pour ne pas ingérer trop de phytoœstrogènes. Le Réseau national alimentation cancer recherche (Nacre) conseille de se limiter à 2 à 3 portions par semaine en cas d'antécédents personnels ou familiaux de cancer du sein. **F. D.**

Tout compte fait

Dans chacune des trois lignes, placez les nombres 1 2 4 6 7 de façon à obtenir, en réalisant quatre opérations successives, le total indiqué.

	:		-		+		x		=	48
	x		-		:		+		=	15
	-		+		:		x		=	12

SOLUTION : 4 : 2 - 1 + 7 x 6 = 48 / 2 x 6 - 4 : 1 + 7 = 15 / 2 - 1 + 7 : 4 x 6 = 12

C'EST ARRIVÉ LE…

19 DÉCEMBRE 1915

Le psychiatre et neurologue allemand Aloïs Alzheimer meurt en Bavière à 51 ans de complications rénales. Il fut le premier à décrire les symptômes de la maladie neurodégénérative qui porte son nom. **S. P.**

« Au vingt de Noël, les jours rallongent d'un pas d'hirondelle. »
Dicton

D'un mot à l'autre

En regroupant et en mélangeant les lettres de chaque mot donné avec la lettre qui le suit, vous devez trouver un second mot composé, selon le cas, de quatre, cinq, six ou sept lettres. Aucun mot au pluriel n'est admis ni aucun verbe conjugué.

Mots de 4 lettres

1 NUE + O = ____

2 TEL + N = ____

3 COR + C = ____

Mots de 5 lettres

4 EDEN + O = _____

5 CINE + P = _____

6 OBUS + S = _____

7 ALTO + T = _____

Mots de 6 lettres

8 SALER + N = ______

9 BENIT + J = ______

10 BRAVO + I = ______

Mots de 7 lettres

11 FERLER + A = _______

12 AUTOUR + Q = _______

13 LEGATO + V = _______

14 RETAME + I = _______

Solution au dimanche 22 décembre

À FAIRE :

-
-
-
-
-
-
-

Le saviez-vous

C'est au XVIe siècle que *Mon beau sapin* devient l'hymne de Noël par excellence. D'origine allemande sous le titre *O Tannenbaum*, ses premières paroles dateraient de 1550. Une autre version apparaît en 1615, signée Melchior Franck avant celle, définitive, de 1824, d'un certain Ernst Anschütz, organiste à Leipzig. L'air deviendra en Angleterre *The Red Flag*, le chant du Mouvement International de Travailleurs et, en 1939, celui de l'hymne officiel de l'État du Maryland aux États-Unis. Le texte a été traduit en de nombreuses langues, et notamment en anglais. En 1856, il est adapté en français sous le titre *Le Sapin*, puis *Mon beau sapin*, un texte imaginé par Laurent Delcasso, alors recteur de l'académie de Strasbourg. D. L.-H.

SOLUTION DU MARDI 17

S	A	U	V	E	Q	U	I	P	E	U	T
A	N	N	E	A	U	■	V	A	N	D	A
L	A	■	T	U	E	R	■	I	N	R	I
A	C	R	E	■	L	E	P	R	E	■	L
D	O	U	R	O	■	S	I	S	M	A	L
I	N	S	A	N	I	T	E	■	I	V	E
E	D	E	N	■	L	A	C	A	■	E	N
R	A	S	S	A	S	I	E	M	E	N	T

samedi 21 décembre

Début des vacances des zones A, B et C

Saint Pierre Canisius

« Il est bien des merveilles
en ce monde, il n'en est pas
de plus grande que l'homme. »
Sophocle

À FAIRE :

-
-
-
-
-
-
-
-
-

Sudokus

2		3				9		6
		5	8	6	4	3		
		7				1		
7								5
			9		8			
8			3		1			9
				3				
	6						9	
	3		7		2		8	

6				3		2		
4						9	6	
		7	6		8	1		
	3						7	9
			7	5	9			
5	7						4	
		2	4		3	7		
	5	1						3
		6		7				1

			5		3			
		5				8		
		7				1		
	2	3				7	4	
	1						2	
			6	7	2			
3				1				7
5			7		8			3
9				2				5

		6		3		5		
9								8
3				6				7
			7		2			
	9						5	
		3		5		1		
	1		6		4		9	
	2						1	
			9		8			

Solution au lundi 23 décembre

A TABLE

Gaufrettes aux œufs de poisson

Pour 4 personnes • 125 g de farine de sarrasin • 125 g de farine blanche • 1 sachet de levure chimique • 1 c. à soupe de sucre • 1 pincée de sel • 4 œufs • 150 g de beurre • 35 cl de lait • 25 cl de crème liquide entière • 1 c. à soupe de raifort • 1 bouquet d'aneth ciselé • Baies roses • Œufs de lompe noirs • Œufs de saumon.

1. Pour la pâte à gaufrettes : mélangez les farines, la levure, le sucre et le sel. Ensuite, incorporez les œufs, le beurre fondu, le lait. Mélangez et laissez reposer 1 heure au frais.

2. Pour la crème : montez la crème, ajoutez le raifort, incorporez l'aneth ciselé et les baies roses écrasées.

3. Faites cuire les gaufrettes de 3 à 4 minutes, taillez-les en languettes pour réaliser des amuse-bouches. Ajoutez la garniture à base de crème, d'œufs de lompe noirs et d'œufs de saumon. **M.-A. D.**

SOLUTION DU MERCREDI 18

	H		G	
B	E	B	E	S
	R	A	R	E
O	S	C	A	R
	E		I	P
C	R	E	T	E

	G		E	
P	A	M	P	A
	R	A	O	N
C	E	I	N	T
	R		G	A
P	A	I	E	N

« Il y a plus d'une sagesse, et toutes sont nécessaires au monde – il n'est pas mauvais qu'elles alternent. »
Marguerite Yourcenar

© Leonid Andronov/stock.adobe.com

BALADE EN FRANCE

Dans les méandres de la Charente

Perchée majestueusement sur un éperon calcaire dominant la Charente, Angoulême n'usurpe pas son surnom de « balcon du Sud-Ouest ». Laissez-vous envoûter par la magie de ce lieu chargé d'histoire en commençant par faire le tour des remparts, dont les premiers éléments datent de l'époque gallo-romaine. Plongez ensuite dans le cœur de la vieille ville et contemplez les maisons charentaises, l'Hôtel de Ville situé dans les vestiges du château comtal, le palais de justice établi dans un ancien couvent… Sans oublier la cathédrale Saint-Pierre. Édifié au XIIe siècle, ce somptueux témoignage d'art roman a été endommagé durant les guerres de Religion, puis restauré aux XVIe et XIXe siècles. Son impressionnante façade sculptée comporte notamment un relief représentant saint Georges tuant le dragon, ainsi qu'un linteau retraçant un combat inspiré de *La Chanson de Roland*.
Le patrimoine artistique urbain d'Angoulême se révèle aussi spectaculaire. Ici, impossible d'oublier que vous vous trouvez dans la capitale de la BD. Outre sa Cité internationale de la bande dessinée et de l'image, vous pourrez admirer de nombreux murs peints par des artistes. Vous pourrez aussi visiter le musée du Papier, installé dans les anciennes papeteries Lacroix, avant d'aller faire du shopping dans les boutiques. Pour terminer votre journée dans une ambiance festive, passez prendre un verre au *Café Chaud*.
Après Angoulême la citadine, partez vous mettre au vert en explorant les environs. À Saint-Saturnin, vous pourrez admirer une jolie église du XIIe siècle, un lavoir et un portail anciens, ainsi que le château de Maillou, au donjon massif et carré, qui abrite une exploitation viticole. Vindelle saura vous charmer avec son patrimoine typiquement charentais. Découvrez aussi les lacs, dont celui de Grande Prairie à Saint-Yrieix, aménagé en base nautique. Empruntez la Coulée verte qui longe la Charente sur près de 17 km. À pied ou à vélo, c'est une promenade qui permet de découvrir un patrimoine remarquable au fil de l'eau. F. O.

À FAIRE :

•

•

•

•

•

•

•

•

•

SOLUTION DU VENDREDI 20

4 lettres : 1/ noué - 2/ lent - 3/ croc. **5 lettres :** 4/ ondée - 5/ pince - 6/ bossu - 7/ total. **6 lettres :** 8/ larsen - 9/ bintje - 10/ bavoir. **7 lettres :** 11/ érafler - 12/ quatuor - 13/ voltage - 14/ matière.

lundi 23 décembre

Saint Armand

« Il croit qu'il devient sourd
parce qu'il n'entend plus parler de lui. »
Talleyrand

À FAIRE :

•
•
•
•
•
•
•
•

Méli-mélo

Les mots français venus d'ailleurs

Nous avons mélangé entre elles les lettres de mots français dont l'origine est étrangère. Trouvez-les et placez-les au-dessus de la définition qui convient.

Lettres à replacer :

ECTAEHUOAC
TABPEOUQ
AAISSVTS
UEEOAIIRNQRM
GHNIPMAOS
NTAPNOLA

N° 1 ....
C'est un établissement où l'on élabore un cuir de qualité. Le terme dérive de l'espagnol qui désignait la peau de chèvre traitée avec un produit astringent ; mot provenant de l'arabe et rappelant le pays d'origine de cette technique…

N° 2 ....
Ce terme est emprunté, après francisation, à deux mots anglais qui désignaient un bâtiment qui transportait du courrier. *Le France* en fut un bel exemple. De nos jours, il est plutôt utilisé pour des bâtiments dédiés à la croisière.

N° 3 ....
Entré dans le langage courant au début du XIXe siècle, ce terme dérive de l'espagnol qui provient lui-même d'un terme aztèque (*tlacacahuatl*). Il désigne l'arachide grillée qui peut aussi s'appeler pinotte au Canada et son beurre est connu.

N° 4 ....
Ce terme qui désigne un habit porté par les hommes, et parfois par les femmes, est utilisé dans ce sens depuis la Révolution, en opposition à celui de culotte. Son origine remonte au nom d'un bouffon de la commedia dell'arte.

N° 5 ....
Via l'anglais, ce mot d'origine hindie signifiant « pétrir, masser » a donné le nom de ce produit que nous utilisons quasi quotidiennement, et qui peut être orthographié de deux façons. Il apparaît en France vers 1877.

N°6 ....
C'est un petit vantail pouvant s'ouvrir dans une porte ou une fenêtre. Sous la Révolution, il désignait la lucarne de la guillotine. Son origine est allemande, provenant de la question posée (qu'est-ce que c'est ?) à travers un guichet.

Solution au vendredi 27 décembre

SOLUTION DU SAMEDI 21

2	8	3	5	1	7	9	4	6
9	1	5	8	6	4	3	7	2
6	4	7	2	9	3	1	5	8
7	9	1	4	2	6	8	3	5
3	2	6	9	5	8	4	1	7
8	5	4	3	7	1	2	6	9
1	7	8	6	3	9	5	2	4
4	6	2	1	8	5	7	9	3
5	3	9	7	4	2	6	8	1

6	1	5	9	3	7	2	8	4
4	8	3	1	2	5	9	6	7
9	2	7	6	4	8	1	3	5
1	3	8	2	6	4	5	7	9
2	6	4	7	5	9	3	1	8
5	7	9	3	8	1	6	4	2
8	9	2	4	1	3	7	5	6
7	5	1	3	9	6	4	2	3
3	4	6	5	7	2	8	9	1

1	9	4	5	8	3	6	7	2
2	6	5	1	4	7	8	3	9
8	3	7	2	6	9	1	5	4
6	2	3	9	5	1	7	4	8
7	1	9	8	3	4	5	2	6
4	5	8	6	7	2	3	9	1
3	8	2	4	1	5	9	6	7
5	4	6	7	9	8	2	1	3
9	7	1	3	2	6	4	8	5

8	7	6	2	3	9	5	4	1
9	5	2	1	4	7	6	3	8
3	4	1	8	6	5	9	2	7
1	6	5	7	9	2	4	8	3
4	9	7	3	8	1	2	5	6
2	8	3	4	5	6	1	7	9
7	1	8	6	2	4	3	9	5
6	2	9	5	7	3	8	1	4
5	3	4	9	1	8	7	6	2

À TABLE

Tartare de maquereau au kiwi

Pour 4 personnes • 4 filets de maquereau • 4 kiwis jaunes • 1 oignon rouge • 1 citron vert • 1 c. à soupe d'huile d'olive • Tabasco • 1 bouquet de menthe fraîche • Quelques baies roses • Sel, poivre.

1. Coupez les filets de maquereau en brunoise. Pelez et coupez les kiwis. Ciselez l'oignon. Râpez le zeste du citron, puis pressez-le.

2. Pour la marinade : émulsionnez le jus de citron, l'huile d'olive, salez, poivrez, réservez. Ajoutez quelques gouttes de tabasco.

3. Mélangez les maquereaux, les kiwis, l'oignon, versez la marinade. Ajoutez de la menthe ciselée, des baies roses et des zestes de citron. **M.-A. D.**

Sainte Adèle

« Beau temps à Sainte-Adèle
est un cadeau du ciel. »
Dicton

AU JARDIN

Au balcon, 4 gestes de saison

1. Videz vos jardinières Les fleurs annuelles à bout de souffle doivent être coupées à ras ou mieux, arrachées. Faites-le sans regret, car leur cycle est bouclé. Enlevez la terre des jardinières et retirez les plantes vivaces qui seront divisées et replantées sans plus tarder. Comme le terreau est sec et épuisé, il est nécessaire de le renouveler entièrement. Juste avant, lavez les contenants à l'eau savonneuse.

2. Composez un décor flamboyant Un petit tour en jardinerie et vous craquerez sûrement pour les petits chrysanthèmes, les bruyères d'hiver, les pensées, les choux d'ornement et les graminées colorées. Faites vos compositions sans hésiter à serrer ces plantes qui pousseront lentement. Le fond des pots sera bien drainé avec un lit de billes d'argile et le terreau copieusement arrosé. Les pluies d'automne feront le reste.

3. Bichonnez les arbustes Après avoir été légèrement taillés puis délestés de leurs rameaux secs, les arbustes en pots bénéficieront

© encierro/stock.adobe.com

d'un bon surfaçage. Pour cela, enlevez la terre de surface avec une fourchette, puis remplacez-la par un terreau plus riche. Réduisez les arrosages et arrêtez les apports d'engrais.

4. Préparez le printemps Il est encore temps de garnir pots, coupes et jardinières de bulbes à floraison printanière. Vous avez le choix entre les crocus, les iris réticulés, les narcisses nains, les tulipes botaniques, les jacinthes... Un bulbe doit être enterré à une profondeur égale à 1 fois et demie sa hauteur dans un terreau léger. Choisissez des bulbes de différentes grosseurs, vous pourrez ainsi réaliser des compositions végétales à plusieurs strates. **P.-Y. N.**

À FAIRE :

•
•
•
•
•
•
•
•
•

Le bon signe

Entre chaque nombre, placez l'un des quatre signes + x : et - afin d'obtenir le total indiqué. Chaque signe n'apparaît qu'une seule fois par opération.

6 8 5 10 2 = 45

3 10 7 9 8 = 4

9 3 8 6 4 = 20

SOLUTION : 6 + 8 - 5 x 10 : 2 = 45 / 3 x 10 - 7 + 9 : 8 = 4 / 9 : 3 + 8 - 6 x 4 = 20.

Clin d'œil

Alexian, 5 ans, épluche une clémentine. Quand il a terminé, son père lui dit : « Maintenant, sens tes doigts ! » « Mais papa, répond Alexian, sans mes doigts, je ne peux pas ! »

mercredi 25 décembre

Noël

« Soyez patient avec tout le monde,
mais surtout avec vous-même. »
François de Sales

À FAIRE :

•

•

•

•

A TABLE

Mini-tartes jardin d'hiver

© Bernhard Winkelman. Stylisme Julie Maurence

Pour 4 personnes • 1 rouleau de pâte feuilletée • 250 g de brousse de brebis • 1 bouquet de ciboulette • 1 c. à soupe d'huile d'olive • Quelques fleurettes de brocoli • 1 avocat • 2 carottes • 1 endive • Quelques feuilles de mâche • Quelques noix • 1 citron • 1 oignon rouge • Graines de pavot • Sel, poivre.

1. Découpez 4 disques dans la pâte feuilletée. Déposez dessus du papier cuisson lesté avec des poids. Faites cuire pendant 15 minutes à 170 °C (th. 5-6), retirez papier et poids, enfournez encore 5 minutes.

2. Mélangez la brousse de brebis avec la ciboulette et l'huile d'olive, salez et poivrez.

3. Faites cuire les fleurettes de brocoli pendant 6 minutes puis rincez-les. Découpez l'avocat en tranches, taillez les carottes en lamelles, coupez 1 morceau d'endive.

4. Disposez les légumes sur les tartes, ajoutez un peu de mâche, des noix, le zeste d'un citron, des lamelles d'oignon rouge et parsemez de pavot. **M.-A. D.**

Petits fléchés

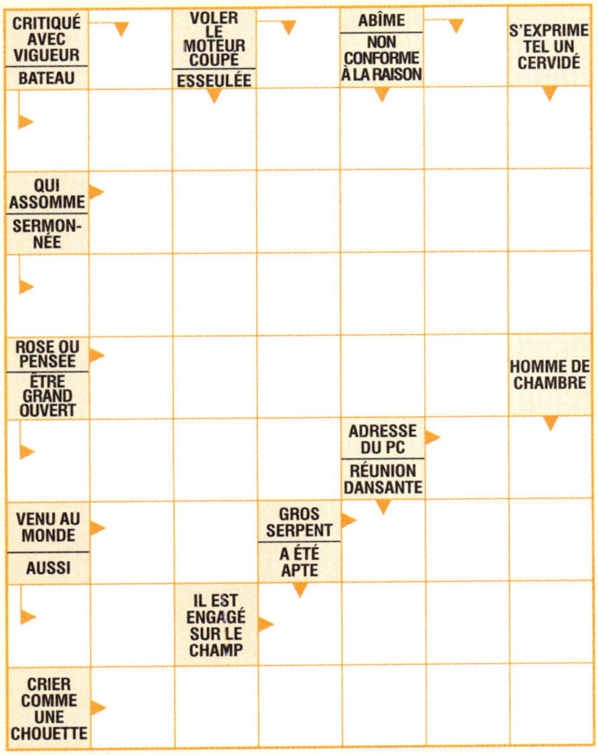

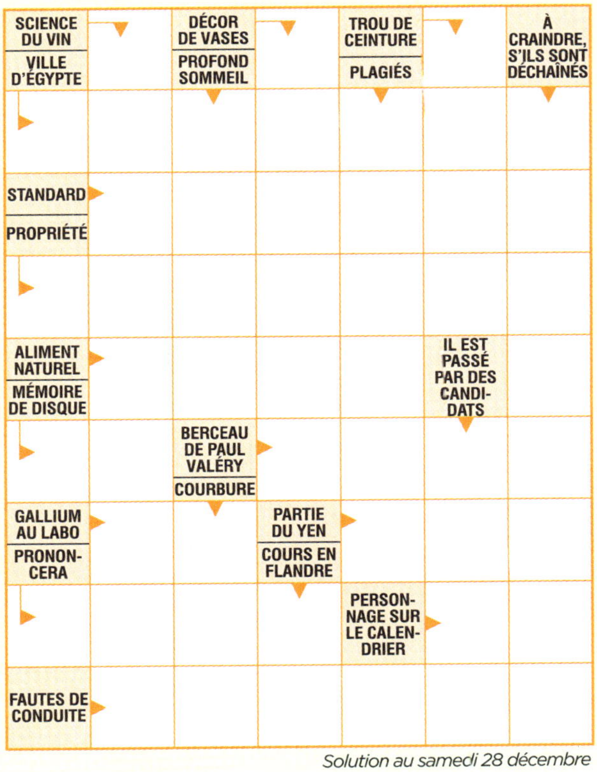

Solution au samedi 28 décembre

« Que resterait-il de l'histoire du monde si l'on n'admettait que l'erreur fait partie de la réalité ? »
Pierre Reverdy

Mots croisés

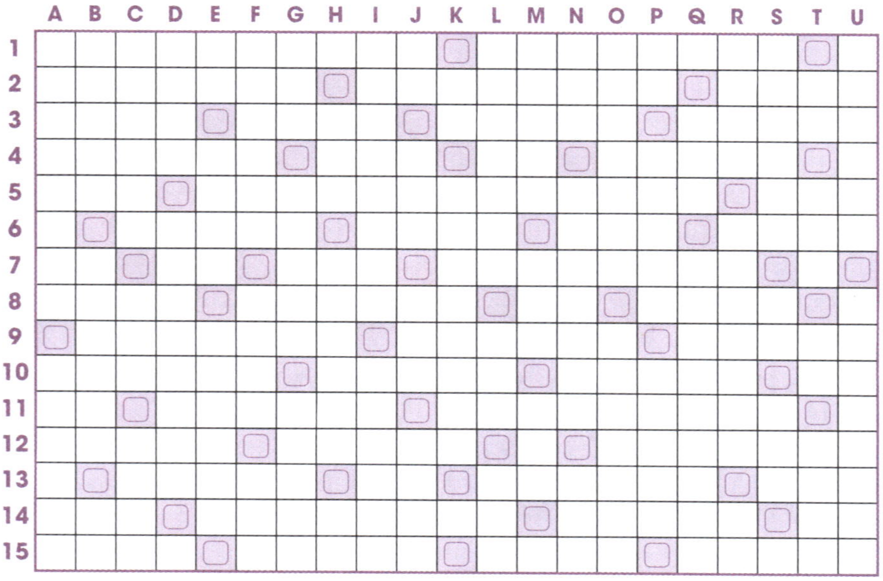

Solution au dimanche 29 décembre

Horizontalement
1. Exercices difficiles. Opéra de Verdi. **2.** Cabane à la mer. Aisance. À lui la grosse part. **3.** Domine encore quand elle est vaincue. Il fait autorité en la matière. Ville blanche. Se ferme comme une huître. **4.** Plat en terrain montagneux. Façonna. Canton normand. Elle inspira plus d'un poète. **5.** Agit par déduction. Pattes de merlan. Serpent africain. **6.** Nourrissent le nourrisson. Ils sont encore cotés en Bourse. C'est un ordre. Dévidoir à soie. **7.** Il naît au mont Viso. Terme de négation. Il invite à se découvrir. Libellules. **8.** Elles firent grogner les grognards. Se hache souvent avec de l'ail. Signe d'harmonie. Pas en Italie. **9.** Tapante ou sonnante. Conditionner le comportement. Ce que le cuistot fait avec le cuissot ou le cuisseau. **10.** Tendrement aimés. Donné en location. C'est interdit. Marque de mépris. **11.** Petit glandeur. Tangible. Comme un palais pour homme d'Église. **12.** Imaginer. Homère fut l'un d'eux. Entre deux merlons. **13.** Son huile est utilisée en cosmétique. Branché à Londres. Traduit ce qui est crypté. Travailleur de la terre. **14.** Lentilles. Qui est membre d'un syndicat. Patinoire au Québec. Dans la portée. **15.** Gardées secrètes. Mise en sillon. Se fait en ne faisant rien. Sombres dépôts.

Verticalement
A. Ramassé sur soi. Sorti pour la note. **B.** Sera bientôt hors de portée... Aiguillette. Filet d'eau. **C.** Couverts de bois. Point de départ. Fond de bourbier. **D.** Ornements architecturaux. Tenir fermement. **E.** Vieux clou. Remet de l'ordre. Pleure à chaudes larmes lors d'un requiem... **F.** Pied en pompe. Ville sur l'Arno. Parties de lustre. **G.** Indication pour musicien. Bonnes à... plus rien. Expédié. **H.** En marge. La couleur ou l'argent. Pour la matinée. **I.** Minces et allongées. Participer aux répétitions. **J.** Possessif. Répond à un tic, mais pas à un toc. Orne les bassins. Inséré. **K.** Intéresse le psy. Font le mérite de quelqu'un. **L.** Ouvrière du textile. Pied dont on se régale des fruits. Diode. **M.** Pigment de la mer. Croûton sans sel. Sorte de bugle. **N.** Mauvaise fréquentation. Ils se présentent à l'entrée. Véhicule de tourisme. **O.** Il serait idiot de l'amidonner. Est utilisé pour garder le contact. **P.** Il reste les bras croisés. Flottent près des côtes. Longe. **Q.** Effets de jambes. Des États comme la France. **R.** Vit au fond de l'eau. Barrage pour un lac artificiel. Article contracté. **S.** Gazons. Conjonction de coordination. Monnaie bulgare. **T.** Lac haut placé. Bois tropical. Peut se tailler en boule. Ventilé. **U.** Garni de boucles. Petits poissons cuits.

À FAIRE :

•

•

•

•

•

•

•

C'EST ARRIVÉ LE...

16 DÉCEMBRE 1898

Poursuivant les travaux sur la radioactivité du physicien français Henri Becquerel, Marie et Pierre Curie annoncent devant l'Académie de médecine de Paris qu'ils ont isolé deux éléments inconnus jusque-là : le polonium et le radium. Ils découvrent ainsi la radioactivité naturelle. Cette découverte vaudra au couple Curie et à Henri Becquerel de se partager le prix Nobel de physique en 1903. S. P.

vendredi 27 décembre

Saint Jean Apôtre

« La vérité, c'est ce qui simplifie le monde et non ce qui crée le chaos. »
Antoine de Saint-Exupéry

À FAIRE :

•

•

•

•

•

•

•

•

•

•

© NDABCREATIVITY/stock.adobe.com

EN FORME

Diabète : je me compose une assiette équilibrée

Le diabète ne vous condamne pas à manger fade, surtout durant les fêtes ! « L'important est d'avoir une alimentation équilibrée dans laquelle chacun des groupes alimentaires a sa place, afin de rééquilibrer la glycémie, et de perdre quelques kilos s'il y a surpoids », encourage Marie-Laure André, diététicienne-nutritionniste. Perdre de 8 à 10 % de votre poids initial suffit souvent à faire baisser votre taux de glycémie. Concrètement, cela signifie avoir dans votre assiette autant de légumes que de féculents, plus une portion de viande, de poisson, d'œuf ou de protéines végétales telles que des légumineuses ou du soja… Idéalement, il s'agit d'associer des protéines et des fibres pour être bien rassasié et réduire le passage des sucres dans le sang. En dessert, optez pour un laitage nature et/ou un fruit frais ou en compote sans sucre ajouté. **I. H.**

Mots à mot

En regroupant et en mélangeant les lettres des deux mots de quatre lettres proposés, composez un troisième mot de huit lettres.

AVIS + CENT = V _ _ _ _ _ _ _

CHAT + RIEN = _ _ _ _ N _ _ _

CENE + USER = _ _ _ _ _ _ E _

SOLUTION : Vésicant - Chantier - Censurée.

SOLUTION DU LUNDI 23

1. Maroquinerie. **2.** Paquebot. **3.** Cacahouète. **4.** Pantalon. **5.** Shampoing. **6.** Vasistas.

« Faut pas parler aux cons, ça les instruit. »
Michel Audiard

Mini-fléchés

RÉPÉTÉE / BILES / BON À ENFERMER / BOUCLIER D'ANTAN / TRAÎNÉE DANS LA BOUE / COUPA / D'UN EMPLOI COURANT / VIVEMENT SOUHAITÉE / NÉGATION TOUJOURS DOUBLÉE

ATTRIBUAI / PERCER LE SOL / LA CITÉ DES DOGES / PLANTE EN BOTTE / POINT RÉUSSIE / FILLE DE ZOLA / BRUIT QUI COURT / FACILE / BRISE PASSAGÈRE

CEINTURE DE BOIS / QUI A TROP SERVI / ÉVOLUER DANS LES AIRS / VIEUX BOVIN / MENTION AU VERSO D'UNE TRAITE / ESCALE ALGÉRIENNE / ATTRAPE / GRANDS FRISSONS / DIRECTIONS OPPOSÉES

PEINTRE FAUVE / PAUSE ACCORDÉE / DÉCOUPÉ EN FINESSE / SORTIS / TOUCHÉE DU BOUT DES DOIGTS / COUPA COURT / CHAT LIBÉRÉ / VER À PIEDS / IL ÉTUDIE L'ÉCONOMIE

Solution au lundi 30 décembre

À FAIRE :

•
•
•
•
•
•
•
•
•

Le saviez-vous

En 1944, le producteur et auteur Émile Audiffred et le compositeur Henri Martinet imaginent *Petit Papa Noël* pour la revue *Ça reviendra* donnée à l'Odéon de Marseille. Il s'agit de la prière d'un enfant demandant au Père Noël le retour de son père, prisonnier en Allemagne. Deux ans plus tard, pour le film *Destins*, Tino Rossi, cherche un chant de Noël. Il opte pour *Petit Papa Noël* avec de nouvelles paroles ne faisant plus mention de la guerre. Pour le gouvernement qui veut supprimer les chants religieux chers au régime de Vichy, le très laïc *Petit Papa Noël* tombe à pic. C'est un succès énorme : 80 millions de disques ont été vendus dans le monde ! D. L.-H.

SOLUTION DU MERCREDI 25

	P		P		D	
V	O	I	L	I	E	R
	U	S	A	N	T	E
G	R	O	N	D	E	E
	F	L	E	U	R	
B	E	E	R		I	P
	N	E		B	O	A
I	D		P	A	R	I
	U	L	U	L	E	R

	O		M		C	
L	E	C	A	I	R	E
	N	O	R	M	A	L
D	O	M	A	I	N	E
	L	A	I	T		M
M	O		S	E	T	E
	G	A		S	E	N
D	I	R	A		S	T
	E	C	A	R	T	S

dimanche 29 décembre

Saint David

« La politique dans une œuvre littéraire,
c'est un coup de pistolet au milieu
d'un concert. »
Stendhal

À FAIRE :

•

•

•

•

•

•

•

© swisshippo/stock.adobe.com

QUELLE HISTOIRE !

L'épopée de l'obélisque de la Concorde

Comment aurait-on pu imaginer que l'un des emblèmes de la capitale française serait un héritage de l'Égypte ancienne? L'affaire remonte à 1829, lorsque Méhémet Ali, vice-roi d'Égypte, offre à Charles X les obélisques du temple d'Amon à Louxor pour qu'ils servent « éternellement de lien entre les deux pays ». Chargé par le roi de repérer le premier qui sera installé à Paris, Champollion choisit le plus occidental. Pour transporter ce monolithe de 220 tonnes, une barge est spécialement construite pour passer sous les ponts de la Seine. Après son départ de Toulon en avril 1831, celle-ci arrive à Louxor en août de la même année. Des centaines de fellahs, des paysans, construisent un canal pour qu'elle parvienne jusqu'au temple.
Ce n'est qu'en 1833 que la barge reprend la mer, remorquée par une corvette jusqu'à Paris, où elle arrive le 23 décembre. Commence alors une longue période d'attente. D'abord, il y a le choix du lieu. Ensuite, le socle orné de babouins déplaît à Louis-Philippe… Le grand jour arrive enfin le 25 octobre 1836, à 11 h 30. Les 200 000 Parisiens présents retiennent leur souffle. À 14 h 30, l'obélisque est installé sur son piédestal. Sculpté 23 siècles avant la fondation de Lutèce, il devient l'un des symboles de Paris.
20 ans plus tard, Napoléon III envisagera de le déplacer pour réaménager la place. Face à l'opposition d'Haussmann, il y renoncera et l'obélisque sera classé monument historique en 1937. Clap de fin? Non, car en 1998, un pyramidion en bronze doré est installé à son sommet sur les conseils de l'égyptologue Christiane Desroches-Noblecourt. La France a restitué le second obélisque de Louxor en 1981, mais depuis juin 2022, le premier trône sur la place, nettoyé de la pollution pour que les rayons du soleil jouent à nouveau avec les hiéroglyphes, comme le souhaitaient les Égyptiens. **J.-P. R.**

SOLUTION DU JEUDI 26

Horizontalement : 1. ACROBATIES. FALSTAFF. **2.** CHAVIRE. FACILITÉ. LION. **3.** CIME. PROF. ALGER. BELON. **4.** RŒSTI. FIT. EU. ÉRATO. **5.** ÔTE. ROUFLAQUETTES. NIL. **6.** SEINS. ÉCUS. ICI. ASPE. **7.** PÔ. NE. ÉTÉ. ÆSCHNES. **8.** IRES. PERSIL. O.K. SUSE. **9.** PRÉCISE. DICTER. RÔTIR. **10.** CHÉRIS. FRÉTÉ. TABOU. FI. **11.** AÏ. RÉELLE. ÉPISCOPAL. **12.** RÊVER. AÈDES. CRÉNEAU. **13.** ARGAN. IN. DÉCODE. VER. **14.** ERS. ENCARTÉE. ARÉNA. RÉ. **15.** TUES. SEMÉE. LARD. SUIES.
Verticalement : A. ACCROUPI. CARNET. **B.** CHIOT. ORPHIE. RU. **C.** RAMÉES. ÈRE. VASE. **D.** OVES. ENSERRER. **E.** BI. TRIE. CIERGE. **F.** ARPION. PISE. ANS. **G.** TER. USÉES. LANCÉ. **H.** OFF. TRÈFLE. A.M. **I.** EFFILÉES. REDIRE. **J.** SA. TAC. IDE. ENTÉ. **K.** ÇA. QUALITÉS. **L.** FILEUSE. CEP. DEL. **M.** ALGUE. SOT. IVE. **N.** LIE. TICKETS. CAR. **O.** STRETCH. RACCORD. **P.** TÉ. REINS. BORDE. **Q.** BAS. EUROPÉENS. **R.** FLET. ASSOUAN. AU. **S.** FILONS. ET. LEV. **T.** OÔ. IPÉ. IF. AÉRÉ. **U.** ANNELÉ. FRITURES.

Saint Roger

lundi 30 décembre

« Chaque chose en son temps, les navets et les choux pour le mois de l'Avent. »
Dicton

A TABLE

Buffet de fête

Billes de chèvre frais au raisin Malaxez 200 g de chèvre frais, formez des boules de 2 cm. Concassez 50 g de pistaches et 50 g de noix ou noisettes. Enrobez les billes de chèvre avec des morceaux de fruits secs, des graines de pavot, ou du curry. Servez les billes de chèvre avec des grains de raisins.

Feuilletés en farandole Découpez 4 rouleaux de pâtes feuilletées en deux, étalez dessus au choix: de la truite fumée, du caviar, de la tomate, du chèvre frais... Roulez la pâte, réservez 1 heure au frais. Disposez des tronçons d'1 cm sur une plaque chemisée. Badigeonnez de jaune d'œuf, enfournez 40 minutes à 200 °C (th. 6-7), servez avec de la ciboulette et des graines de pavot.

Baguettes étoilées À l'aide d'emporte-pièces en forme d'étoiles, prélevez des morceaux de tomme de chèvre, de mimolette, de tomme au pesto. Fixez-les sur des pics, parsemez de sésame blond, de pistaches concassées, de piment d'Espelette... Servez avec des grains de raisin.

© Bernhard Winkelman
Stylisme Julie Maurence

Carpaccio de betterave en mimosa Taillez 2 betteraves à la mandoline. Disposez les tranches en rosaces. Écrasez 2 œufs durs avec 1 c. à café de câpres, ½ botte de persil plat ciselé, salez, poivrez, ajoutez 2 c. à soupe d'huile de pépins de raisin. Déposez une cuillerée au centre de chaque rosace, versez un filet d'huile sur les betteraves, ajoutez une pincée de fleur de sel et du persil. **M.-A. D.**

À FAIRE:

•

•

•

•

•

•

•

Mots à mot

En regroupant et en mélangeant les lettres des deux mots de quatre et trois lettres proposés, composez un troisième mot de sept lettres.

A R M E + A R T = _ _ _ _ _ R _

G A I N + B E R = _ _ _ _ N _ _

P R I E + G A L = _ _ _ _ _ _ R

SOLUTION : Marâtre - Baigner - Plagier.

SOLUTION DU SAMEDI 28

■	B	■	A	■
F	I	E	L	S
■	S	C	I	A
U	S	U	E	L
■	E	■	N	I
R	E	V	E	E

■	D	■	V	■
F	O	R	E	R
■	N	A	N	A
O	N	D	I	T
■	A	I	S	E
R	I	S	E	E

■	E	■	P	■
E	C	U	L	E
■	O	R	A	N
P	R	E	N	D
■	C	■	E	O
P	E	U	R	S

■	D	■	C	■
R	E	P	I	T
■	R	A	S	A
H	A	R	E	T
■	I	U	L	E
I	N	S	E	E

mardi 31 décembre

Saint Sylvestre

« L'amour ne connaît de lois que les siennes. »
Proverbe espagnol

À FAIRE :

•
•
•
•
•
•
•
•

Mots mélangés

Tous les mots de la liste figurent dans cette grille et peuvent se lire dans toutes les directions. Chaque lettre peut être utilisée une ou plusieurs fois, sauf celles formant l'énigme répondant à la définition suivante : aide technique.

ALCHIMIE
ALLÉGRESSE
ALTERNER
ALTIMÈTRE
APLATIR
ARDENT
ARPENTEUR
BRIDGE
CABOSSE
CARLIN
COMPRIMÉ
DAHLIA
DILATER
ÉDITORIAL
ESSEULÉ
EXPRESS
FITNESS
FLÉTRIR
FONDUE
GAGNER
GEIGNARD
GESTION
GOINFRERIE
GRAPPA
HORDE
INTELLECT
LÉGALITÉ
LESTER
LISSER
LOCATIF
LONGUEUR
MALINGRE
MERLAN
MYSTÈRE
OENOLOGIE
ONIRISME
ORGELET
ORPAILLEUR
ORTHODOXE
PALISSADE
PATRIE
RATIÈRE
ROYAUME
SOLEN
SPIRITUEL
STADIUM
TAPENADE
TRILATÉRAL
VANDALISME
YUCCA

N	E	L	O	S	R	U	E	L	L	I	A	P	R	O
E	G	D	I	R	B	R	E	S	A	I	L	H	A	D
A	P	P	A	R	G	U	F	I	T	A	C	O	L	T
A	R	P	E	N	T	E	U	R	N	I	L	R	A	C
L	L	A	I	I	E	A	L	T	I	M	E	T	R	E
N	A	L	R	E	M	P	U	E	D	R	O	H	E	L
E	A	I	E	I	R	T	A	P	T	P	N	O	T	L
M	P	S	R	G	I	R	E	T	A	L	I	D	A	E
S	L	S	F	O	R	G	A	G	N	E	R	O	L	T
I	A	A	N	L	T	E	E	P	A	G	I	X	I	N
L	T	D	I	O	E	I	S	S	L	A	S	E	R	I
A	I	E	O	N	L	G	D	S	T	L	M	F	T	R
D	R	S	G	E	F	N	T	E	E	I	E	I	A	O
N	E	S	S	O	B	A	C	R	R	T	O	T	C	Y
A	O	T	N	E	D	R	A	P	N	E	I	N	C	A
V	E	D	R	I	R	D	M	X	E	E	T	E	U	U
R	U	E	U	G	N	O	L	E	R	E	T	S	Y	M
E	I	M	I	H	C	L	A	E	L	U	E	S	S	E

SOLUTION : Support.

NOS EXPRESSIONS

IL BEUGLE À TUE-TÊTE

Issu de l'ancien française « bugler » (« corner » au sens d'émettre un son) et « bugle » (jeune taureau), le verbe a qualifié naturellement le bovidé poussant son cri et, par analogie, le son puissant et disgracieux d'une personne qui hurle. Au XIXe siècle, un beuglant était un café-concert et par extension, la beuglante, une mauvaise chanteuse de cabaret… M. O.

Le saviez-vous

Pourquoi les feuilles des plantes tombent-elles ? La baisse de luminosité combinée à la chute des températures fait que les feuilles des végétaux dits caducs ne remplissent plus leur rôle de photosynthèse. Il se forme alors un petit bouchon de liège à la base de chaque feuille, et c'est celui-ci qui empêche la sève de circuler. La chlorophylle se dégrade peu à peu puis les feuilles prennent leurs belles couleurs automnales avant de tomber inexorablement au sol. Avec le réchauffement climatique et le stress hydrique causé par les canicules, les arbres peuvent se délester en plein été d'une partie de leur feuillage afin de limiter la transpiration. P.-Y. N.

Notes

Notes

Calendrier

janvier

1	M	Jour de l'An
2	J	
3	V	
4	S	
5	D	
6	L	
7	M	
8	M	
9	J	
10	V	
11	S	
12	D	
13	L	
14	M	
15	M	
16	J	
17	V	
18	S	
19	D	
20	L	
21	M	
22	M	
23	J	
24	V	
25	S	
26	D	
27	L	
28	M	
29	M	
30	J	
31	V	

février

1	S
2	D
3	L
4	M
5	M
6	J
7	V
8	S
9	D
10	L
11	M
12	M
13	J
14	V
15	S
16	D
17	L
18	M
19	M
20	J
21	V
22	S
23	D
24	L
25	M
26	M
27	J
28	V

mars

1	S
2	D
3	L
4	M
5	M
6	J
7	V
8	S
9	D
10	L
11	M
12	M
13	J
14	V
15	S
16	D
17	L
18	M
19	M
20	J
21	V
22	S
23	D
24	L
25	M
26	M
27	J
28	V
29	S
30	D
31	L

Férié

2025

avril			mai			juin		
1	M	Lundi de Pâques	1	J	Fête du Travail	1	D	
2	M		2	V		2	L	
3	J		3	S		3	M	
4	V		4	D		4	M	
5	S		5	L		5	J	
6	D		6	M		6	V	
7	L		7	M		7	S	
8	M		8	J	Armistice 1945	8	D	Pentecôte
9	M		9	V	Ascension	9	L	Lundi de Pentecôte
10	J		10	S		10	M	
11	V		11	D		11	M	
12	S		12	L		12	J	
13	D		13	M		13	V	
14	L		14	M		14	S	
15	M		15	J		15	D	
16	M		16	V		16	L	
17	J		17	S		17	M	
18	V		18	D		18	M	
19	S		19	L		19	J	
20	D	Pâques	20	M		20	V	
21	L	Lundi de Pâques	21	M		21	S	
22	M		22	J		22	D	
23	M		23	V		23	L	
24	J		24	S		24	M	
25	V		25	D		25	M	
26	S		26	L		26	J	
27	D		27	M		27	V	
28	L		28	M		28	S	
29	M		29	J	Ascension	29	D	
30	M		30	V		30	L	
			31	S				

Calendrier

juillet			août			septembre		
1	M		1	V		1	L	
2	M		2	S		2	M	
3	J		3	D		3	M	
4	V		4	L		4	J	
5	S		5	M		5	V	
6	D		6	M		6	S	
7	L		7	J		7	D	
8	M		8	V		8	L	
9	M		9	S		9	M	
10	J		10	D		10	M	
11	V		11	L		11	J	
12	S		12	M		12	V	
13	D		13	M		13	S	
14	L	Fête nationale	14	J		14	D	
15	M		15	V	Assomption	15	L	
16	M		16	S		16	M	
17	J		17	D		17	M	
18	V		18	L		18	J	
19	S		19	M		19	V	
20	D		20	M		20	S	
21	L		21	J		21	D	
22	M		22	V		22	L	
23	M		23	S		23	M	
24	J		24	D		24	M	
25	V		25	L		25	J	
26	S		26	M		26	V	
27	D		27	M		27	S	
28	L		28	J		28	D	
29	M		29	V		29	L	
30	M		30	S		30	M	
31	J		31	D				

Férié

2025

octobre

1	M	
2	J	
3	V	
4	S	
5	D	
6	L	
7	M	
8	M	
9	J	
10	V	
11	S	
12	D	
13	L	
14	M	
15	M	
16	J	
17	V	
18	S	
19	D	
20	L	
21	M	
22	M	
23	J	
24	V	
25	S	
26	D	
27	L	
28	M	
29	M	
30	J	
31	V	

novembre

1	S	Toussaint
2	D	
3	L	
4	M	
5	M	
6	J	
7	V	
8	S	
9	D	
10	L	
11	M	Armistice 1918
12	M	
13	J	
14	V	
15	S	
16	D	
17	L	
18	M	
19	M	
20	J	
21	V	
22	S	
23	D	
24	L	
25	M	
26	M	
27	J	
28	V	
29	S	
30	D	

décembre

1	L	
2	M	
3	M	
4	J	
5	V	
6	S	
7	D	
8	L	
9	M	
10	M	
11	J	
12	V	
13	S	
14	D	
15	L	
16	M	
17	M	
18	J	
19	V	
20	S	
21	D	
22	L	
23	M	
24	M	
25	J	Noël
26	V	
27	S	
28	D	
29	L	
30	M	
31	M	

Notre temps

NOTRE TEMPS
18, rue Barbès
92128 Montrouge
Cedex.
Tél. 01 74 31 60 60.
Fax 0825 825 845.

Fondateur :
Roger Lavialle

Site Internet :
www.notretemps.com

ILLUSTRATIONS DE COUVERTURE LULU LA NANTAISE

DIRECTION **Président du directoire et directeur de la publication :** Pascal Ruffenach. **Directrice pôle Grand public :** Emmanuelle Delapierre.

DIRECTION DES RÉDACTIONS **Directrice :** Marie Auffret. **Directrice artistique :** Isabelle Raul. **Secrétaire générale de la rédaction :** Sophie Postel. **Photo :** Nicole Bouchereau. **Communication et événements :** Christelle Dellière.

RÉDACTION ALMANACH **Rédactrice en chef déléguée :** Marie-Ève Gualbert. **Rédactrice photo :** Nina Le Gallou. **Ont collaboré à ce numéro :**

Violaine Badi, Florence Daine, Cécile Dard, Marie-Alexandra Desfontaines, Caroline Dor, Isabelle Dubois, Patricia Erb, Gabs, Isabelle Gravillon, Ingrid Haberfeld, Virginie Koerfer, David Lelait-Helo, Delphine Loez, Guillaume Le Nagard, Florence Monteil, Pierre-Yves Nédélec, Frédérique Odasso, Amélie Pelletier, Sarah Petitbon, Magali Quent, Corine Renou-Nativel, Jean-Pierre Reymond, Nathalie Szapiro, Diane de Tugny, Sophie Viguier-Vinson. **Correction des textes et mise en pages :** Agence Graph'M, Montrouge. **Fabrication :** Sylvie Derouet (6617). Les articles publiés sont déjà parus dans Notre Temps, Notre Temps Jeux, Notre Temps Santé et Bien-être, dans les hors-séries ou sur le site notretemps.com. Les jeux publiés dans *l'Almanach* sont parus dans *Notre temps Jeux* et *Notre temps*. **Conception des jeux :** RCI.

DÉVELOPPEMENT MARKETING Sandra Bacou **(responsable)**, Héloïse Liban **(cheffe de marché)**

DÉVELOPPEMENTS ET PARTENARIATS **Directrice commerciale :** Astrid Neujahr.

Pour les ventes directes et ventes en gros : astrid.neujahr@bayard-presse.com

VENTE AU NUMÉRO **Responsable :** Marie-Pierre Tour.

MARKETING CLIENTS **Directrice marketing :** Aurore Bertrand.

Pour les marchands de journaux, dépositaires : tél. 0800 293 687.

BAYARD MÉDIAS DÉVELOPPEMENT **Directrice générale :** Sibylle Le Maire. **Directrice générale adjointe :** Fabienne Marquet.

Bayard S.A. : société anonyme à directoire et conseil de surveillance au capital de 16 500 000 €. **Directoire :** Pascal Ruffenach (président) ; André Antoni, Florence Guémy, Jean-Marie Montel (directeurs généraux). **Président du Conseil de surveillance :** Hubert Chicou. **Actionnaires :** Augustins de l'Assomption (93,7%), S.a. Saint-Loup, Association Notre-Dame de Salut. Dépôt légal à date de parution. Imprimerie Pollina (Luçon, Vendée). Reproduction d'articles interdite, sauf autorisation de la Direction.

Impression Factory Books and Magazine S.L., San Fernando Henares, Madrid, Espagne. Tél.: + 00 34 917 37 35 08

PEFC
PEFC/14-38-00257
Certifié PEFC
papier issu(e) de forêts gérées durablement et de sources contrôlées
www.pefc-france.org

FR